조선의 영진보성

조선의 영진보성

남해안 지역을 중심으로

국학자료원

　성곽은 개인, 집단, 부족, 국가 등의 물리적인 힘으로부터 생명과 재
산을 지키기 위해 동일한 관념과 행동양식을 가진 개인들이 결합된 집
단체들이 축조한 결과의 산물이다.

　따라서 과거 선조들의 생명과 재산을 보호하였다는 역사적 의의 이
외에도 당시의 정치·경제·사회·문화 등의 우리 역사 전반을 이해하는데
더없이 귀중한 자료가 될 뿐만 아니라, 해당 지역의 역사전개나 지리적
인 특성과도 밀접한 관련을 맺고 있어 역사적 변모나 성격을 유추해 볼
수 있는 것이다.

　특히 이 성곽유적에 대한 고고학적 조사에서는 문헌사 연구에서 확
인할 수 없는 다양한 유구와 유물이 확인되고 있다. 이를 통해 당시 사
람들의 건축 및 토목기술, 생활관념, 지형에 대한 이해, 군사전략, 전술,
무기체계, 일반적인 생활상, 사후 매장 및 분묘에 대한 정보 등을 획득
할 수 있는 것이다.

따라서 우리나라 성곽에 대한 지식을 숙지한다면 선조들의 당대를 이해하는데 조금이나마 도움이 되리라고 생각한다.

우리나라 성곽 가운데 조선시대 축조된 성곽은 크게 읍성과 영진보성, 산성을 꼽을 수 있다. 이 가운데 조선 전기 지방 행정거점에 설치한 읍성은 행정적 기능과 군사적 기능을 동시에 수행하였다.

반면에 영진보성은 행정적 기능도 수행하였지만 군사적 기능 위주로 축조한 성곽이었다. 즉 조선시대 군사편제 및 주변 국가와 대외관계를 이해하는 중요한 자료라고 할 수 있는 것이다. 이 영진보성 가운데 특히 경상도와 전라도 연해지역을 아우르는 우리나라 남해안지역에 소재한 영진보성이 조선시대 영진보성을 대표할 수 있는 성곽인 것이다.

남해안지역 영진보성은 해안으로 침입하는 왜구를 방어하기 위해 해류를 포함한 지리적인 영향을 고려한 왜구 도박처에 해당하는 연해 고을을 중심으로 축조하였다.

특히 영진보성은 설치와 이동에 관련하여서는 동일한 고지도내에 수록된 지명 가운데 명칭이 중복되어 나타나는 것을 알 수 있다. 즉 영진보성 설치와 폐지에 따라 해당지역 지명이 변천됨을 파악할 수 있는 것이다. 이것은 조선 전기 남해안지역 영진보성이 설치되는 지역에 따라 그 고을 명칭이 달라지는 것으로 알 수 있는 것이다. 따라서 영진보성 명칭이 해당 지역 고을 명칭으로 전환되는 것이다.

고지도에 표시된 영진보성 위치와 문헌사료에 기록된 영진보성 위치 및 형태가 동일하게 확인되지 않는 예가 있다. 즉 동일한 명칭을 가진 영진보성 지명이 후대에 그대로 기록되는 것과 동일한 지형과 위치에 명칭을 달리하는 영진보성도 확인되고 있다. 이러한 것은 다시 임진왜란을 기준으로 조선시대 전기와 후기에 축성양상과 영진보성 운용에 따라 상당히 변화를 가지는 것을 확인할 수 있다.

성종조 부터 집중적으로 축조되기 시작한 남해안지역 영진보성은 인접한 읍성 축조수법과 동일하거나 유사하게 축조되었다. 반면 임진왜란 이후에는 영진보 설치와 폐지에 따라 성곽을 축조하지 않고 목책이나 토루 및 관아만이 축조되는 양상으로 변환하고 있는 것을 확인할 수 있다.

조선 전기와 중기에 축조된 남해안지역 영진보성과 달리 임진왜란 이후에 축조된 영진보성은 조선시대 후기 남해안 영진보성을 파악할 수 있다는 점에 그 중요성이 있다고 할 수 있다.

특히 양란 이후 도성주변 산성 축조 및 수원화성 축조 등 도성이어처 성곽축조수법의 변화에 관해서는 자료의 축적 및 연구가 일부 이루어지고 있는 현실에 비해 지방지역 특히 임진왜란 이후 축조된 영진보성과 산성을 비롯한 관방성의 연구는 전무한 실정이었다. 그러나 성곽축성사에 있어 과도기적 성곽에 해당하는 후기 진주성, 통영성 등이 조선 후기 성곽축조수법 변화를 파악할 수 있는 중요한 유적으로 판단되었다.

임진, 정유왜란 시기에 축조된 왜성에 인접한 영진보성 체성 및 부대시설은 의도적인 해체를 거쳐 왜성 축성 재료에 사용된 것을 확인할 수 있다. 또한 이렇게 축조된 왜성에서는 조선 영진보성 및 읍성 축조수법에 영향을 받은 시설 및 축조수법 등이 확인되고 있는 것이다. 특히 울산 서생포왜성은 최근 고고학적 조사를 통해 확인된 목조 굴립주 건물 잔존양상 을 볼 때, 조선 남부에 일본군이 장기주둔 하려는 의도를 확인할 수 있다. 또한 임진왜란이 종전 된 후 왜성을 수리 후 영진보성으로 사용한 사례가 확인되고 있어 16, 17세기 남해안 지역 영진보성 축조와 운용 및 왜성에 대한 당시 관념과 더 나아가서 일본성과의 관련성을 확인 할 수 있다.

남해안 영진보성 내부에는 고고학적 조사결과 조선시대 이전부터 사용된 유구들이 확인되었다. 이 중 고려시대 제철유적 및 각종 용도미상의 다수 건물지 등이 포함되어 있다. 이것은 조선시대 영진보성이 축조되기 이전에 해당지역에 토성 혹은 목책 등과 일부 석축이 구비된 성곽이 축조되어 있었으며 고려시대 사용된 수군기지 및 해안초소를 기준으로 조선시대 영진보성 등이 축조된 것으로 파악할 수 있다.

이외에도 해자 및 함정과 목익시설 등의 방어시설과 선창 및 선소의 위치와 훈련장 및 구도로 등이 확인되었으며 부대시설을 갖춘 영진보성과 그렇지 않은 영진보로 나뉘고, 봉수를 구비한 영진보성과 미구비한 영진보성으로 나눌 수 있다. 이를 통해 남해안지역 영진보성 주변에 축조된 봉수대가 기존 봉수체계와는 또 다른 운영체계 즉 영진보성과의 연락을 유지하며 영진보성에서 확인되지 않는 사각지점에 대한 레이더기지 역할을 수행한 것으로 조선시대 영진보성 방어체계 및 운영체계를 파악할 수 있다.

남해안지역 영진보성은 조선 전기 연해읍성 축조 연장선상에서 이루어졌다. 체성 평면형태, 체성 축조수법, 부대시설 규모와 설치 수에 있어서 연해읍성 축조전통을 답습함과 동시에 외벽석축내탁식, 사직선기단식, 방형의 부분 치석된 성석 등과 같은 새로운 경향을 가진 축조수법이 동시에 확인되어 남해안지역 영진보성 연구가 조선 전기에서 후기로 이어지는 성곽 축조수법의 변화양상을 파악할 수 있는 것이다.

이 책은 전체 2부로 구성되어 있다. 우선 제1부는 총 8장으로 구성되어 있다. 제 I 장 서론에서는 본서를 출판하게 된 목적과 영진보성 정의, 최근까지 이루어진 남해안지역 영진보성 연구 성과에 대하여 기술하였다. 제 II 장에서는 조선시대 각종 지리지와 백과사전을 비롯한 각종 문헌에 수록된 남해안지역 영진보성의 현황을 기술하였다. 제 III 장에서는 남해안지역 영진보성을 분류하였다. 특히 고지도와 현 지형도를 비교하여 입지적 특징에 따라 분류하였다. 또한 체성 축조수법에 따라 형식분류 하였다. 제 IV 장에서는 영진보성 체성 축조수법, 제 V 장 영진보성 부대시설, 제 VI 장 영진보성 축성사적 의미, 제 VII 장 영진보성 축조 시기구분을 기술하였다. 제 VIII 장에서는 각 장에서 언급한 남해안 영진보성 특징에 대하여 정리 기술하는 것으로 결론에 갈음하였다. 이러한

8장까지 영진보성 대강의 개요를 바탕으로 제2부에서는 총 7장으로 나누어 개별 영진보성에 대한 검토를 실시하였다.

　제2부 제Ⅰ장 창원 합포성에 대한 고고학적 검토를 통하여 창원 합포성은 고려시대 말부터 조선 전기에 이르기까지 창원지역 치소성으로 행정적인 기능과 아울러 경상우도 절도사영이 소재하던 내상성으로서 경상도 해안 및 내륙지역 군사거점으로서 왜구에 대한 최일선 방어의 중심지 역할을 수행한 매우 중요한 위치를 차지하는 유적임을 밝혔다. 아울러 그와 같은 사실을 증명하는 치성은 조선 전기 영진보성 연구에도 중요한 자료가 될 것으로 파악하였다.

　제Ⅱ장 울산 개운포진성 연구에서는 조선시대 초 경상좌수영성인 울산 개운포진성에 설치된 선소 비정 검토와 이를 통하여 조선시대 선소 및 선창에 대하여 검토하였다.

　제Ⅲ장 기장 두모포진성에 대한 소고 에서는 조선 명종 때 개축된 기장 두모포진성 입지와 구조, 축조수법 및 잔존유구를 검토하였다. 특히 임진왜란 당시 왜군에 의해 기장 죽성리왜성에 포함되어 왜성 일부로 활용되어 평면형태가 기존 오각형으로 알려진 것에 대하여 방형 평면형태를 갖춘 평산성으로 축성된 조선시대 영진보성임을 밝혔다. 아울러 문지가 왜성문지로 활용되었음을 밝혔다.

　제Ⅳ장 부산 다대진성에 대한 연구에서는 최근 조사된 고고학적 현황을 바탕으로 다대포진의 설치와 축성, 진성의 규모와 축조수법을 파악해보고자 하였다. 이를 통해 부산지역 관방체계의 한 단면과 남해안지역 영진보성의 축성을 파악하는 계기로 삼고자 하였다.

제Ⅴ장 옥포진성에 대한 소고에서는 옥포진성 전체 가운데 공동주택건설로 인해 훼손될 지역에 위치하는 체성 축조수법 조사를 통해 거제도 지역 영진보성 축조양상의 한단면을 파악하고 옥포진성 연혁과 구조 및 축조수법을 검토하여 남해안지역 영진보성 가운데 도서지역 영진보성 특징을 파악하였다.

제Ⅵ장 조선 후기 축조 통영성에 대한 소고에서는 통영성 동포루지 발굴조사 성과를 중심으로 최근 조사된 통영성 관련 고고학적 조사 결과에 대한 현황을 살펴본다. 이 가운데 통영성에서 확인되는 체성 축조수법과 최근까지 조사된 조선후기 성곽 체성 축조수법과 비교를 통하여 조선시대 후기 성곽의 축조 양상을 파악해보았다.

제Ⅶ장 전라병영성과 영진보 축성에서는 강진 전라병영성에서 확인된 품방에 대한 검토를 통하여 조선시대 영진보성에 설치된 해자 이외 외곽 방어시설에 대하여 살펴보았다. 특히 각종 문헌기록에서 확인되는 조선성곽 외부 방어시설에 대한 고고학적 검증을 통해 조선시대 성곽메커니즘을 파악하였다.

마지막 부록에서는 최근까지 필자가 조사하거나 자문 및 연구에 참여한 영진보성에 대한 간략한 내용과 도면, 사진을 부록으로 수록하여 독자의 이해를 돕고자 하였다.

이 책은 저자가 남해안지역을 비롯한 전국에 산재한 조선시대 영진보성에 대한 조사 및 연구에 참여하면서 정리한 자료 중 조선시대 영진보성 특징이 잘 드러나고 아울러 고고학적 조사 성과가 일정 부분 확인된 성곽자료를 정리한 것이다. 따라서 기존 논저들과는 체계에 있어 다른 점이 있다. 그러나 막상 작업을 마치고 보니 단지 기존 보고서와 별반 차이가 없는 것 같아 괜히 지면만 낭비한 것이 아닌가 하는 두려움 마음이 들었다. 그것은 여기에 수록된 내용이 조선시대 영진보성을 모두 규명할 수는 없기 때문이다. 특히 이 책의 바탕이 되는 "남해안지역 영진보성에 대한 연구"가 진행된 이후 새롭게 조사 연구된 자료가 있어 이 책의 내용과는 차이점도 분명히 확인되고 있기 때문이다. 그럼에도 이 책을 감히 출판하려 한 것은 이 책에서 언급한 내용들이 조선시대 영진보성 연구에 여전히 유효한 부분이 있고 아울러 필자의 남해안지역 영진보성 연구 진전과정의 일환으로 인식하였기 때문이다. 또한 이미 보고서가 출간되었으나 조사 이후 정비 복원과 개발 및 방치 등으로 오히려 조사 당시의 원상보존은 처치하고 훼손이 날로 심해져 멸실되는 영진보성이 늘어나는 상황에 이르고 있어 안타까운 심정에 우선 기록으로 남겨두어야겠다는 급한 마음에 이 책을 출간하게 되었다. 지면 전개상 다소 모호한 표현과 필자의 우견이 피력되어 있는 바 선학동배(先學同輩)의 아낌없는 질정(叱正)을 바란다.

끝으로, 여전히 왕성한 집필과 연구활동으로 학문연구에 모범을 보여주시며 저자의 우견에 늘 교시를 주시는 스승이신 심봉근 전 동아대학교 총장님께 감사드린다. 또한 부족한 저자의 책 출판을 권해주시며 격려해주신 또 한분의 스승이신 심정보 선생님께도 감사드린다. 이 책이 나오기까지 물심양면 도움과 지원을 아끼지 않은 우리 연구원 조태희 실장님, 박진국 선생, 김진영 선생, 김해룡 팀장을 비롯한 연구원 식구들에게도 고마움을 전한다. 관련 자료제공 및 연구에 많은 도움을 주신 허재혁 선생님, 김용화 민족문화사 사장님께도 감사의 말씀을 전한다. 아울러 본서 출판을 기꺼이 맡아주신 정찬용 국학자료원 원장님, 정구형 대표님께도 감사의 말씀을 드린다.

2022년 1월 금정산 자락에서 필자 씀.

차례

1부

| I |

서론

1. 연구목적

우리나라 성곽유적은 고대부터 정치, 경제, 군사 등 시대적 상황과 맞물려 지속적인 사용으로 수개축작업이 반복되었다. 이러한 성곽유적 중 조선시대 읍성·영진보성·산성은 거대한 인공구조물로서 규모 면에 있어 여타 유구를 압도한다. 그러나 1910년 일제에 의한 성곽 철폐령으로 해체되기 시작한 조선시대 읍성, 영진보성은 이후 산업화와 도시화로 인해 그 양상을 파악하기가 더욱 곤란해졌다. 또한 광복 이후 현재까지 진행된 읍성, 영진보성을 비롯한 조선시대 성곽 조사는 구제발굴인 경우가 대부분으로 부분조사에 치중하여 체계적인 자료 수집과 검토가 이루어지지 않는 실정이다. 특히 부분조사 이후 성곽에 대한 보존 및 종합정비계획 미수립과 성급한 복원을 시행하여 성곽 파괴라는 악순환이 되풀이되고 있는 것이 오늘날의 실정이고 보면, 21세기의

* 이 저서는 2011년도 정부(교육부)의 재원으로 한국연구재단의 지원을 받아 연구되었음(NRF－2011－327－A00111)

반세기도 흐르기 전에 우리는 더 이상 조선시대 영진보성을 비롯한 조선시대 성곽의 원형을 볼 수 없을 지도 모르겠다.

따라서 이 책에서는 조선시대 성곽에 대하여 좀 더 많은 이해와 관심을 가져볼 수 있는 계기로 삼고저 고고학적 조사사례와 연구 성과를 중심으로 남해안지역 영진보성을 살펴본다. 또한 이러한 작업을 바탕으로 조선시대 성곽을 분류하여 조선시대 성곽의 축성사적 흐름을 살펴보고자 하였다.

이 조선시대 성곽은 시기구분을 할 때 4단계로 나누어 볼 수 있다. 각 단계별 중심이 되는 성곽은 읍성, 영진보성, 산성 등이다. 이 가운데 읍성은 행정치소와 피난성을 겸하고 산성은 입보농성이 축성 목적이며 영진보성은 군사적 목적에 따라 축조된 것이다. 특히 영진보성은 당대 군사전략, 군사편제, 축성기술, 무기체계, 동원체계 및 주변 국가와의 대외관계를 이해하는데 중요한 성곽이라 할 수 있다. 이러한 관점에서 필자는 15~16세기 조선 전기에 축조되어 임진왜란 및 병자호란을 거쳐 조선 후기에도 부분적인 수개축과 그 기능을 유지하였던 영진보성 실체를 파악하는 것이 조선시대 성곽을 더욱 잘 이해할 수 있을 것이라고 생각하였다.

이 책에서는 영진보성 축조를 읍성이나 산성 축조와는 또 다른 새로운 경향으로 전반적인 이해의 전제를 바탕으로 한다.

기존 연구에서 개별적으로 다룬 조선시대 남해안지역 영진보성을 보다 광범위한 고고학적 자료를 인용하여 그 축조양상을 검토한다. 이 것을 위해 남해안지역에서 이루어진 발굴조사 및 정밀지표 조사된 영진보성 현황을 서술하고 그 규모와 형태, 축조수법과 부대시설물로 나눠 비교 분석한다.

그러나 이 책에서 다루는 남해안지역 영진보성을 중심으로 하는 분류와 시기구분에 대해서도 역시 이견이 없지 않을 것이 예상된다. 다만 여기서는 하나의 시안(試案)을 마련하여 조선시대 성곽 연구를 제고시키는 계기를 만든다는 의미에서 이 책을 출간하고자 함을 언급해 둔다.

2. 영진보성 정의

조선시대에 "진보(鎭堡)"란 주로 도성·읍성·산성 등 일반적인 성곽과는 구분되는 것이다. 왜구와 북방 이민족 침입 요로에(당시는 이를 적로라고 칭하였다.) 설치한 방어시설을 관방(關防)이라 하고 그 관방의 하나로 진보를 분류하고 있다. 뿐만 아니라 조선 후기에 저술된 『연려실기술(練藜室記述)』에서는 성지, 관방, 진보, 산성, 폐산성, 봉수 등으로 구분하고 진영, 변진, 번곤을 통칭하여 관방이라 하였다.[1] 『만기요람(萬機要覽)』에서는 해안진보를 관방에 포함하여 "凡道路控會 嶺隘墼要 築城置兵 以備外侮 皆是物也" 라고 정의하고 있다. 또한 『신증동국여지승람(新增東國輿地勝覽)』관방조에서는 영(營)·진(鎭)·보(堡)·수(戍) 등으로 나누고 있고, "병마·수군절도사영을 비롯하여 진, 영, 보, 수, 농보(農堡), 장성(長城), 목책(木柵), 등이 그 격에 따라 병마(兵馬)·수군절도사(水軍節度使), 첨절제사(僉節制使), 만호(萬戶), 권관(權官)이 배치되어 관장하거나 단순히 병사(兵士)만을 배치하는 경우도 있다". 라고 하였다.

이처럼 진보는 영, 진, 보, 수, 농보, 장성, 목책과 같은 군사시설의 하

---

1) 『연려실기술』별집 권17 변어전고.

나로 넓게는 관방이라는 범주에 포함되어 왔고, 좁게는 도성이나 읍성, 산성과 같은 일반적인 성곽을 제외한 특수성곽으로 분류된다.

원래 진(鎭)이란 군사적으로 중요한 지역에 설치한 지방행정구역의 하나로서, 우리 역사에 등장하는 진(鎭)의 설치는 신라시대에 비롯하였다. 동해안지역 말갈을 막기 위한 북진(삼척), 서해안방비를 위한 패강진(평산)이 설치되어 있었다. 이외 해상 방어를 위한 진으로서 청해진(淸海鎭:완도), 당성진(唐城鎭:남양), 혈구진(穴口鎭:강화도) 등이 있었다.

진 설치는 후삼국시대 궁예 때에도 계속되어 패서에 13진(905년)을 두었다는 기록이 있다. 고려 때에도 계속하여 설치하였는데 전국 29진 중 대부분이 북쪽 국경지역에 집중적으로 설치된 점이 특징이다.

조선시대에는 주진(主鎭), 거진(巨鎭), 제진(諸鎭)으로 편성, 상하관계를 명백히 밝히면서, 진이라는 명칭은 이후 지속적으로 사용되었다. 신라 말기 상업적인 필요에 의하여 처음 설치되었던 진은 고려시대 동안 무장성곽도시 또는 지방행정구역으로 존재하다가 조선시대에 들어와서 순수한 군사적 거점의 성격으로 축소되었다.[2]

보(堡)는 『세종실록(世宗實錄)』에 보면 ①적 동태 감시, ②주민대피, ③전투시설의 3가지가 중요한 기능이라고 할 수 있다. 보 주변에는 연대(煙臺)가 설치되어 즉시 봉수(烽燧)나 방포(放砲) 혹은 취각(吹角)을 통하여 주변 주민과 인근 지역 및 내지(內地)에 알리는 역할을 하였다.[3]라고 하고 있다.

이러한 보는 제진의 보조적 방어시설로서 이전의 목책과 같은 임시적·응급적 시설을 석축으로 바뀐 것을 말한다. 이러한 보는 읍성(邑

---

2) 『한국민족문화대백과사전21』, 정신문화연구원, 395쪽.
3) 『세종실록』권73, 세종 18년, 윤6월 계미.

城)·진과는 동일한 목적과 의도에서 만들어진 것은 아니며, 읍성 역할에 가깝되 지키는 군사는 진에서 파견된 것이었다. 그리고 위급한 때에는 인근 주민들이 보(堡)로 들어오는 입보처(入堡處)의 역할도 겸하였다. 따라서 보는 읍성에서 멀리 떨어지거나 진에서 멀리 떨어진 곳에 설치되기도 하였다. 이들 보에는 대략 권관(權官)이 파견되어 보의 방비를 책임졌으며, 권관은 대략 내상(內廂)의 무재군관(武才軍官)이 선택 차출 되었다.

보는 세종 때부터 집중적으로 설치되었는데 특히 4군 6진의 설치로 압록강과 두만강 연변에 주로 배치하였다. 이러한 보는 설치지역 주민을 보호하고, 또한 적 침입에 있어서 작은 요새 역할을 할뿐 아니라 우리 영내에 있는 주민이 여진이나 중국, 일본 등 국외로의 이탈을 막는 역할까지 겸하고 있었다. 보 주변 주민들은 생업에 종사하다가 적 침입시 보로 입보하였다. 보의 설비가 미비하거나 군액(軍額)이 적어 자체적으로 방어하기 어려운 경우는 인근 읍성으로 입보하는 경우도 있었다.4)

이 진보를 목적에 따라 분류하면, 통상 행정적인 기능과 군사적인 기능으로 나눌 수 있다. 다시 군사적 기능에 의한 진보를 세분하면, 통상 육군진성과 수군진성으로 나누어진다. 더욱 세분하면 절도사영, 첨사진, 만호진과 같은 육군과 수군 관할지역 군사지휘부로서 기록상 혹은 군사편제상 위상이 확인 가능한 곳이다. 대부분 그 위치나 시대, 축성 시기가 분명하게 드러나는 곳과, 또 하나는 수많은 무명 구릉성 및 해안성으로 그 축조시기 및 정확한 사용목적과 양상이 거의 알려진 것과 없는 것으로 나눌 수 있다.

통상 이러한 것은 보로써 필요에 따라 설치되어 이용된 것으로 조선

---

4) 『세종실록』 권123, 세종 32년, 3월 무자.

초기에는 목책 혹은 녹각성(鹿角城) 등의 급조된 성책(城柵)을 사용하였다. 관방이 정비되는 15세기 이후에는 목책 대신 석보(石堡)로 전환되며 권관이 방비하는 곳도 진으로 불리기도 하였다. 이들 15세기 후반에 시설된 보는 규모에 있어서 읍성과 다를 바 없이 2,000척(尺)이 넘는 규모가 있었으나 대부분이 1,000척(尺) 미만의 작은 규모였다.[5]

3. 연구사

최근까지 영진보성에 대한 연구는 군제사와 해방사 등 문헌연구가 주를 이루어 왔다. 이러한 연구경향은 문헌과 고지도 등을 바탕으로 조선시대를 포함한 군대의 제도적 변천과 영진보 설치와 폐지, 이동 등에 관한 연구가 주를 이룬다고 할 수 있다. 대체로 군제사 경우에는 국방군사연구소, 육군사관학교, 해군사관학교 등과 소속 연구자에 의해서 다수 연구 성과가 이루어졌다.[6] 그 마저도 임진왜란 이전 수군진에 대한 연구에 편중된 까닭에 임란 이후 조선 후기 수군진에 대한 연구는 전무한 편이다.[7] 특히 영진보성은 함경도, 평안도 등에 위치하였던 4군과 6진을 중심으로 한 육군진을 제외하면 하삼도(경상, 전라, 충청

---

5) 차용걸, 「고려말·조선전기 대왜 관방사 연구」, 충남대 대학원 박사학위논문, 1988.
6) 차문섭, 『조선시대군제연구』, 단국대출판부, 1973, 육군사관학교한국군사연구실 편, 『한국군제사−군세조선전기편−』, 육군본부, 1968, 『한국군제사−군세조선전기편−』, 육군본부, 1979, 국방군사연구소, 『왜구토벌사』, 1993, 장학근, 『조선시대 해방사 연구』, 단국대학교, 1986, 『조선시대 해양활동사』, 해군사관학교, 1987, 『조선시대 해양방위사』, 창미사, 1988, 「조선초기 수군만호고」, 『조선전기논문선집』 41, 삼귀문화사, 1997, 김홍, 『한국군제사』, 학연문화사, 2001 외 다수.
7) 고용규, 「목포진성의 구조와 성격」, 『목포진성의 복원과 활용방안』, 목포대박물관, 2012, 30쪽.

도) 육군절도사영성(陸軍節度使營城) 이외에는 대부분 수군 영진보가 주를 이룬다. 이렇다보니 연구 대부분은 고문헌과 고지도를 바탕으로 한 수군진성 축조시기 및 위치비정에 한정되어 입지, 규모, 축조수법, 각종 부대시설 및 설치요인 등에 대한 연구는 체계적으로 이루어지지 않았다.

건축분야에서도 읍성 및 영진보성 내부 시설물 즉 관아와 객사를 비롯한 각종 관청건물의 배치 및 도시구조와 발달에 초점을 맞춘 연구가 이루어졌다. 그러나 이러한 연구 역시 영진보성 내 관아건물 건물배치와 가로망 공간구성에 대한 것이 주를 이루고 있어 영진보성 실체를 파악하는 데는 한계를 보이고 있다.[8]

영진보성에 대한 고고학적인 조사 연구는,『창원군내 성지조사보고』[9],『고흥발포진성발굴조사보고서』[10],『울산왜성·병영성지』[11],『무안군의 문화유적』[12],『해남군의문화유적』[13],『신안군의 문화유적』[14],『장흥군 문화유적』[15],『경상좌수영성지지표조사보고서』[16],『마산합포성지기초조사보고서』[17],『강진병영성』[18],『거제 오양성지』[19],『거제시

---

8) 탁형수,「옛지도를 통하여 본 성곽시설물에 관한 연구」, 전남대학교 석사학위논문, 2002.

9) 丁仲煥·沈奉謹,「창원군내 성지조사보고」,『석당논총』제1집, 1976.

10) 최몽룡,「고흥발포진성 발굴조사보고서」,『백산학보』29, 1984.

11) 심봉근,『울산왜성·병영성지』, 동아대학교박물관, 1986.

12) 목포대학교박물관,『무안군의 문화유적』, 1986.

13) 목포대학교박물관,「해남군의 문화유적」, 1986.

14) 목포대학교박물관,「신안군의 문화유적」, 1987.

15) 목포대학교박물관,「장흥군의 문화유적」, 1989.

16) 부산대학교 한국문화연구소,「경상좌수영성지 지표조사보고서」, 1990.

17) 심봉근,「마산합포성지기초조사보고서」, 동아대학교박물관, 1991.

18) 목포대학교박물관,「강진 병영성 발굴조사보고서」,『목포대학교학술총서』23, 1991.

성지 조사보고서』20), 『완도군의 문화유적』21), 『거제장목관광단지조성지역문화유적지표조사보고서』22), 『당포성지표조사보고서』23), 『금단곶보성지 발굴조사 개보』24), 『기장군 문화유적 지표조사보고서』25), 『장암진성 발굴조사보고서』26), 『구소을비포성지 지표조사보고서』27), 『울산병영성북문지』28), 『강진 마도진 만호성지 학술조사보고서』29), 『영광 법성진성－정밀지표조사보고서－』30), 『통영 삼덕항 내 당포수중유적』31), 『진도금갑진성지표조사보고서』32), 『거제옥포진성』33), 『마산합포성지』34), 『안흥진성』35), 『진도금갑진성』36), 『다대1구역주택재개발정비사업부지에 대한 문화재지표조사보고서』37), 『울산개운포성지

19) 심봉근, 「거제 오양성지」, 동아대학교박물관, 1994.

20) 심봉근, 「거제시 성지 조사보고서」, 동아대학교박물관, 1995.

21) 목포대학교박물관, 「완도군의 문화유적」, 1995.

22) 동아대학교박물관, 「거제장목관광단지조성지역문화유적지표조사보고서」, 1997.

23) 통영시, 「당포성 지표조사보고서」, 1997.

24) 나동욱 · 성현주, 「금단곶보성지 발굴조사 개보」, 『박물관연구논집』 6, 부산광역시립박물관, 1997.

25) 부산대학교박물관, 「기장군 문화유적 지표조사 보고서」, 1998.

26) 국립부여박물관, 「서천 장암진성」, 『국립부여박물관고적조사보고』 제5책, 1997.

27) 동아대학교박물관, 「구소을비포성지 지표조사보고서」, 1999.

28) 울산시 · 국립창원문화재연구소, 「울산 병영성북문지」, 학술조사보고서 제11집, 2001.5.

29) 강진군, 『강진 마도진 만호성지 학술조사보고서』, 2001.

30) 순천대학교박물관 · 영광군, 「영광 법성진성－정밀지표조사보고서－」, 2001.

31) 경남문화재연구원, 『통영 삼덕항 내 당포수중유적』, 학술조사연구총서 제9집, 2001.

32) 진도군 · 전남대학교 박물관, 「진도 금갑진성 지표조사보고서」, 박물관 학술총서 79, 2003.

33) 경남발전연구원, 「거제 옥포진성」, 조사연구보고서 제36책, 2005.

34) 경남발전연구원, 「마산 합포성지」, 조사연구보고서 제49책, 2006.

35) 충청남도역사문화연구원, 「안흥진성」, 유적조사보고 46책, 2008.

36) 동신대학교 문화박물관, 「진도 금갑진성」, 2008.

37) 한국문물연구원, 『다대1구역 주택재개발정비사업부지 문화재 지표조사결과보고서』, 2006.

II』38),『기장 두모포진성』39)『경상좌병영성』40),『장흥회령진성』41),『
통영성북문지유적』42),『조선시대수군진조사Ⅰ 전라우수영편』43),『여
수전라좌수영성지』44),『부산 수영동 15－2번지유적』45),『조선시대수
군진조사Ⅰ 전라좌수영편』46),『경상좌수영성－북문지 일원－』47),『조
선시대수군진조사Ⅰ 경상우수영편』48),『부산 다대진성』49),『천성진성』50)
등이 있어 영진보 및 성곽 연구 자료를 제공하고 있다.

　이러한 고고학적 조사는 영진보성에 대한 연구 진전을 보였지만 대
부분이 구제발굴 및 복원정비를 위한 조사인 관계로 체계적인 연구가
이루어지지 않았다. 그럼에도 한정된 고고학적 자료와 문헌을 중심으
로 이루어진 연구 가운데 차용걸의 연구가 특히 돋보인다.

　차용걸은 관방성 특히 남해안지역 진보를 조선시대 전기 성곽축성
사에 있어 전대와 다른 특징적인 것으로 보았다.51) 반면에 심정보는 연

38) 울산발전연구원 문화재센터, 「울산 개운포성지Ⅱ」, 2007.
39) 복천박물관, 「기장 두모포진성 · 죽성리왜성－시온~죽성간도로공사구간내－」, 2008.
40) 울산발전연구원 문화재센터, 「경상좌병영성」, 학술연구총서 제59집, 2011.
41) 장흥군 · (재)대한문화유산연구센터, 「장흥 회령진성」, 2011.
42) (재)경상문화재연구원 · 통영시, 「통영성북문지유적」, 발굴조사보고서 제12책, 2011.
43) 국립해양문화재연구소, 「전라우수영 편」, 국립해양문화재연구소 학술총서 제24
　　집, 2011.
44) 여수시 · (재)대한문화유산연구센터, 「여수전라좌수영성지」, 2011.
45) 수영구 · (재)한국문물연구원, 「부산 수영동 15－2번지유적」, 고적조사보고 제30
　　책, 2013.
46) 국립해양문화재연구소, 「전라좌수영 편」, 국립해양문화재연구소 학술총서 제33
　　집, 2014.
47) 부산박물관 · 수영구, 「경상좌수영성지－북문지 일원－」, 부산박물관 학술연구총
　　서 제50집, 2016.
48) 국립해양문화재연구소, 「경상우수영 편」, 『국립해양문화재연구소 학술총서』 제
　　41집, 2016.
49) 국보학술문화연구원, 「부산 다대진성 문화재 발굴조사 결과보고서」, 2016.7.
50) 부산박물관, 「천성진성」, 『부산박물관 학술연구총서』 제55집, 2017.

해읍성과 더불어 전체적으로 관방성으로 분류하고 있다.[52]

민덕식은, 진보 축성이전 목책도니성과 녹각성에 관해서 언급하고, 특히 진보 축성시 초기 목책도니성 형태에서 석축으로 전환과정을 사료를 바탕으로 설명하였다. 또한 수중목책에 관해서도 진보 축성 시 부대시설로의 설치를 사료 기록에 의거하여 언급하고 있다.[53]

유재춘은, 『신증동국여지승람(新增東國輿地勝覽)』 내용을 분석하여 『신증동국여지승람』 성곽기록에 표기된 척은 모두는 아니지만 대체로 포백척(布帛尺)을 기준으로 하였다고 주장하였다. 더구나 『조선왕조실록(朝鮮王朝實錄)』에 나타나는 척도 표시를 보면 성보 둘레는 대부분 포백척을 사용하고 있으며, 특히 성종 16년 홍응(洪應)의 제포보에 대한 심정시 회령포와 영등포 보의 길이가 신증동국여지승람 기록과 일치함을 들어 그 용척이 포백척이라고 주장하였다. 아울러 성곽 표시 단위가 '보(步)' 중심에서 '척(尺)' 중심으로 바뀌었다고 하였다.[54]

심봉근은, 기존 문헌사료 해석과 대입에 의한 성곽연구 한계성을 지적하였다. 그 보완방법으로 남해연안에서 고고학적으로 발굴조사 된 성지 체성 축조수법과 구조, 규모, 축성재료 등 제요소를 정리하여 성곽 시기별 특징을 밝혔다. 이를 토대로 전국에 분포한 각종 성지 축조 시기와 용도를 추정해 볼 수 있는 틀을 마련하였다.[55]

---

51) 차용걸, 「조선 성종대 해방축조논의와 그 양상」, 『백산학보』 23, 1977, 「조선전기 관방시설의 정비과정」, 『한국사론』 7, 1983, 「고려말 왜구방수책으로서의 진수와 축성」, 『사학연구』 제38호, 한국사학회 1984, 「고려말·조선전기 대외 관방사 연구」, 충남대학교 대학원 박사학위논문, 1988.

52) 심정보, 『한국 읍성의 연구』, 학연문화사, 1995.

53) 민덕식, 「조선시대의 목책」, 『충북사학』 11-12호, 충북대사학회, 2000.

54) 유재춘, 「조선전기 성곽 연구」, 『군사』 제33호, 국방군사연구소, 1996.

55) 심봉근, 『한국남해연안성지의 고고학적 연구』, 학연문화사, 1995.

이일갑은, 영진보성의 고고학적 조사현황을 통해 영진보성 분류와 특징을 밝혔다. 또한 평면형태에 있어 연해읍성이나 산성과 달리 자연적인 조건에 의한 축성보다는 병영으로서 제식적 목적이었음을 밝혔다.[56] 그리고 영진보성 치성 축조에서 지형적인 조건이나 성둘레에 따라 길이와 너비가 가감되며, 더불어 상위지휘체계 영진보성일수록 치성 길이와 너비가 더 크게 축조되었음을 밝혔다. 또한 15세기에서 16세기로 접어드는 성종과 중종 조에 축조된 영진보성 치성 길이는 5m내외로 세종 15년 이후 연해읍성 치성 축조시 규식화된 20척(9.4m)과는 일정한 차이를 보이며 영진보성 치성 축조에는 세종조 규식이 시행되지 않는다고 하였다.[57]

반면에 나동욱은, 남해안지역 영진보성 평면형태가 제식적인 것이 아닌 지형적인 요인에 따라 축조되었다고 하였다.[58] 고용규는 고하도 진성이 기존 수군진성과는 다른 입지 및 성곽 형식으로서 특징을 지닌 성으로서 삼도수군통제사영성으로서 가치와 위상을 지닌 유적으로 파악하였다.[59]

또한 최근 심봉근에 의해 부산진성에 대한 고찰[60]과 나동욱[61], 지윤미[62]에 의해 고고학적인 조사가 이루어진 영진보성에 대한 현황이 언

---

56) 이일갑, 「남해안지역 조선시대 진 · 보에 관한 연구」, 동아대학교 대학원 석사학위 논문, 2000.

57) 이일갑, 「경남 남해안지역 영 · 진 · 보성에 대한 검토」, 영남고고학회, 2008.

58) 국립해양문화재연구소, 「경상우수영 편」, 『국립해양문화재연구소 학술총서』 제41집, 2014.

59) 고용규, 「고하도진성의 현황과 과제」, 『이순신과 역사의 섬 고하도』, 고하도역사 재조명학술대회, 목포대 도서문화연구원, 2017.4.

60) 심봉근, 「부산진성」, 『문물연구』 31, 2017.

61) 나동욱, 「慶南地域 邑城과 鎭城의 試 · 發掘調査 成果」, 『東亞文化』 創刊號, 2005.

62) 지윤미, 「서생포만호진성의 해자에 관한 연구」, 『울주의 성곽』, (재)한겨레문화재

급되어 이 방면에 대한 연구의 진전이 일부 이루어진 상태이다.

이일갑은, 최신 연구로서 다대포진성 축조수법을 검토하여 조선시대 전기에 축조된 다대포진성 축조수법은 임진왜란, 병자호란을 거쳐 조선 후기에 이르기까지 변화 양상을 이루어지지 않음을 밝히고 아울러 17세기 전후 근대성곽 축조술 도입 역시 확인되지 않음을 밝혔다.63) 이 외에도 고용규64), 김상룡65), 박세나66), 변동명67) 등의 연구성과가 있다.

이상의 조사와 연구성과를 살펴보면, 영진보성에 대한 연구는 개별 유적과 그 가운데서도 일부 분야에서만 연구가 이루어졌을 뿐 여전히 답보상태이다. 특히 최근까지 조사된 영진보성 관련 각 유적에서 새로운 자료들이 확인되고 있으나 이를 반영한 연구성과는 전무한 편이다.

연구원 개원 5주년 기념 학술대회, 2014.

63) 이일갑, 「부산 다대포진성에 대한 연구」, 『항도부산』 제35호, 2018.

64) 고용규, 「조선시대 전라도 수군진의 고찰 – 연혁을 중심으로」, 『전남문화재』 12, 전라남도, 2005.

65) 김상룡, 「조선시대 경상도수군 영진의 변천과정과 그 원인에 관한 연구」, 경남대학교대학원 석사학위논문, 2005.

66) 박세나, 「조선시대 전라우수영 연구」, 목포대학교 대학원 석사학위논문, 2010.

67) 변동명, 「법성진의 설치와 운영」, 『영광 법성진성』, 순천대박물관, 영광군, 2001.

문헌기록 속 영진보성

조선시대 관방체제 정비는 도성축조 이후 연해지역 읍성 축조와 내륙지역 읍성이 계획적으로 축성된다. 그 다음으로 주진인 육군 주요 군영과 해안 수군 군영 등이 순차적으로 축성되는 가운데 지리적으로 적로(賊路)에 해당하여 왜구(倭寇) 창궐이 빈발하여 피해가 막심한 하삼도(경상, 전라, 충청도)에 우선적으로 설치된 것이다. 특히 15세기말 성종조에 이르러서는 해안 영진에 대한 축성, 즉 수군 영진성에 대한 축성이 진척되었다. 이후 16세기 초엽에 일어난 경오왜변(1510)을 계기로 중종조에서 전국 읍성과 영진보성에 대한 2차적인 수축과 보완이 이루어졌다. 이때는 15세기 중앙정부에 의해서 의욕적으로 시행된 축성공역으로 축조된 읍성과 영진보성 등이 상당수 훼손 및 관리 미비로 퇴락된 상황에서 새로운 축성수법을 도입하거나 시설물 확충보다는 기존 성곽 체성의 부분적 보수와 시설물 보강, 수중목책 설치 등의 임시방편적인 정책이 대부분 시행되었다.

16세기 임진왜란 이후 조선 관방체제는 전기 당시 축성된 읍성과 영진보성을 중심으로 한 진관체제(鎭管體制)의 약점이 드러나 임진(壬辰), 병자(丙子) 양란에서 엄청난 피해를 입은 점을 참고하여 산성 중심 지역거점방어(地域據點防禦)로 전환하게 되었다. 따라서 이때 수도 한양을 중심으로 도성이어처(道成移御處)에 해당하는 남한산성, 북한산성 수축과 정비, 강화도지역에 대한 방어시설 강화 등으로 이어졌다. 지방에서도 해당 지역 거점산성을 지정하여 수개축을 통하여 활용토록 하였다. 이러한 정책은 조선 후기 대원군 집권시까지 큰 틀에서의 변화 없이 계속적으로 이어져 왔다. 이후 조선 관방체제는 갑오개혁과 성곽 철폐령 등으로 인하여 그 기능을 상실하였다.

이와 같은 시간적 흐름 속에서 조선시대 영진보성 축성은 성종조 이전과 이후로 나누어 볼 수 있다.

먼저 조선시대 성종조 이전 영진보성 축성을 살펴보면, 왜구를 방비하기 위한 시설로서 관방은 이미 삼국시대부터 있어 왔다.[1] 고려시대에도 현종대부터 읍성류 및 농보류 축성이 동여진(東女眞)과 왜(倭)에 대한 관방시설로서 축조가 이루어졌던 기록이 확인된다.[2]

이러한 전 시대 축성관련과 연결하여 조선시대에도 남해안으로 대표되는 남방 방비는 북방 방비와 더불어 가장 큰 문제가 아닐 수 없었

---

1) 『삼국사기』 권8, 성덕왕 21년, 겨울 10월조.
2) 『고려사』 병지의 성보조에서 연해읍에 대한 이 시기의 축성사실을 정리하면 다음과 같다.
  ① 목종 10년(1007) 성울진
  ② 현종 2년(1011) 성청하, 흥해, 영일, 울주, 장기
  ③ 현종 3년(1012) 성경주
  ④ 현종 12년(1021) 수동래군성
  ⑤ 덕종 3년(1034) 수명주성
  ⑥ 정종 6년(1040) 성김해부
  ⑦ 문종 즉위년(1046) 유병부낭중김경 자동래지남해 축연변성보농장 이액해적지충

다. 따라서 개국 초 태조 연간부터 여말선초로 이어지는 왜구 침입을 방비하기 위한 많은 논의들이 있어 왔다.[3] 더욱이 태종대에는 기존 산성을 수리하거나 축조하고 또한 평지성과 읍성을 동일시하여 산성과 대비시키고 수비의 편의를 내세워 산성 축조를 강조하고 있다.[4] 그러나 태종 13년 7월에 이르러 의정부에서 계하기를, 각 도, 각 고을의 3·4식(息)정도 안에 산성을 설치하되 구기(舊基)가 있는 것은 거듭 수리하고, 구기가 없는 것은 택지(擇地)하여 새로 쌓아서 그 안에 창고를 설치하고 양곡을 저축하여, 위급한 일이 있을 때 산성에 입보하도록 건의하여 시행하고 있다. 동년 8월에는 각 도에 경차관을 보내어 각 고을 산성의 구기로서 수리할 곳과 신기(新基)로서 축조할 곳을 순심토록 하고 있다.

이러한 태종 13년에 시행한 비변책(備邊策)은 이제까지 구기만을 수리하여 사용하는 계획성이 결여된 소극적인 방책에서 계획성 있는 적극적인 방책으로의 전환이 이루어진 것이다.

조선 초기 군제는 주로 고려 말기부터 창궐하던 왜구방비에 주안점을 두고 있었다. 물론 중기에 와서 임진왜란을 겪으면서는 더욱 연해방비를 위해 수군진 관리에 역점을 두었다. 조선 후기에는 대만해적(臺灣海賊)과 서구열강(西歐列强)의 진출에 대비하는 체제를 보완하였다. 이같은 정책에 따라 해역이 넓고 섬이 많은 남해안 지방에는 많은 수군관방이 설치될 수밖에 없었다.

---

3) 『태조실록』 권5, 3년 1월 무진. 『태조실록』 권7, 4년 5월 계사삭. 『태조실록』 권8, 4년 11월 경오.
4) 산성을 중심으로 한 대왜정책은 태종 7년 성석린이 올린 시무20조에 잘 나타나고 있다. 「領議政府事成石隣 上書陳時務二十條…負固恃險 不依兵法 擇深阻 築山城 安置老少 收納菽栗 擧烽相應 間道潛通 出其不意 以取勝者 東人之長技也 平地之城 固不可無 然自古東人之善守者鮮 不可專恃邑城」.

한편 "태조 6년, 5월 임신"에, 이때는 모두 15개소의 진이 설치되었던 것으로 파악된다. 즉 조선 태조 초 1397년 5월에 이르러 각 도에 2~4개 진이 설치되었으며, 그 책임자인 첨절제사가 부근 군·현의 병마를 통괄하게 하였다. 이것이 바로 영진체제(營鎭體制)라고 부를 수 있는 것이다. 이 체제에서 첨절제사(僉節制使)는 관찰사(觀察使)의 감독을 받도록 되어 있었다. 또한 도(道) 보다는 작은 소단위 군사구역을 설정하고, 연해지역 중심 거점인 진을 위주로 하는 방위체제가 마련되었던 것이다.

이로써 1397년경 설진(設鎭), 설영(設營) 조치로 인해 전국 영진체제는 일단 정비되었던 것으로 보여진다. 이 같은 편제는 연해지역 왜구침탈을 적기에 효율적으로 방어하기 위하여 수군 진영들이 적 진출로에 연한 해안쪽으로 이동하면서 재정비되어 가고 있는 것으로 파악할 수 있다.

이상과 같은 경로를 밟아 태종대 이후 지방군 편제는 도절제사(都節制使)가 파견되는 영(營), 첨절제사가 파견되는 진(鎭)으로 정비되어 영진군(營鎭軍)을 바탕으로 하는 국방체제(國防體制)를 갖추게 되었다.

한편 전국의 기선군(騎船軍)은 각 도별로 수군도절제사(水軍都節制使)에 의하여 통합되었는데, 사실상 수어처(守禦處)별로 군사적 단위를 이루는 것은 만호(萬戶)였다. 각 도별로 1인 혹은 2인의 수군절제사가 수영(水營)을 본거지로 하여 지휘를 책임 맡았고, 다시 각 처에 첨사(僉使), 만호 등을 지휘관으로 하는 포(浦)가 있어서 기선군이 배치되었다.

주로 해안 및 도서지역에 편제되어 고려 말 이래 왜구 격퇴에 큰 역할을 한 바 있는 기선군 수는『세종실록지리지(世宗實錄地理志)』에 약 5만으로 나타나고 있어 매우 큰 규모였음을 알 수 있다. 고려 말 기선군 총원은 노젓기에 익숙한 연해민으로써 충당시킨다는 원칙이 강조되었다. 조선 건국 초에도 마찬가지였던 것 같고, 대부분이 도서민이었던 기선군 소속 군인에게는 조어(釣魚) 및 제염(製鹽) 특권을 보장하여 줌으로써 염법(鹽法)에 의한 국가전매사업 특례를 인정하였다.

태종 다음 대인 세종에 이르러서는 보다 적극적인 방어책이 강구되기에 이르렀다. 그것은 세종 원년(1449년) 대마도 정벌과 병행하여 연해읍성(沿海邑城) 축조도 지속적으로 추진함을 의미하는 것이다.

세종조 왜구에 대한 적극적인 방어책을 강구하여 실행에 옮기게 된 것은, 세종 11년 1월 25일에 허조(許稠)가 계하여, "경상도 연해 각읍은 왜구가 조석으로 오가는데 성보가 완전하지 못하니 매년 농한기마다 쌓아 10년을 기약하면 성보(城堡)가 완전해질 것"이라[5] 한 것이 계기가 되어 동년 2월 4일 병조판서(兵曹判書) 최윤덕(崔潤德)을 충청, 전라, 경상도 도순무사(都巡撫使)로 삼아[6] 성기(城基) 심정(審定)을 시작하는 시점부터로 볼 수 있다.

〈표 1〉 15세기 후반 진으로 칭하던 석보

관방처	泉 · 溪 · 井	성둘레	비고
柳浦石堡			革罷
三千鎭		2,050尺	設權管留防
城古介堡		760尺	設權管戌之
牛古介堡		913尺	設權管戌之
彌助項古鎭		335尺	
金丹串堡	大 井	2,568尺	設權管留戌
栗浦堡	泉1 溪1	900尺	設權管留戌
麗水石堡	井3	1,479尺	節度使分兵戌之

최윤덕은 동년 2월 10일에 6개 항목으로 이루어진『각관성자조축조

5)『세종실록』권43, 11년 정월 임신.
6)『세종실록』권43, 11년 2월 경진.

건(各官城子造築條件)』을 마련하여 올렸는데 그 내용을 살펴보면 다음과 같다.

① 下三道의 각 고을 城子 중에서 방어가 가장 긴요한 연변군현은 山城을 없애고 모두 邑城을 쌓을 것이며, 邑城으로 소용이 없을 듯한 것은 이전대로 山城을 수축하도록 한다.
② 각 고을에서 城을 축조할 때에는 각기 그 부근의 陸地州縣 3·4읍 혹은 5·6읍을 한도로 아울러서 점차로 축조하게 한다
③ 민호 수가 적고 또 城을 쌓을 수 없는 各 고을은 인근 고을의 城子로 入城토록 한다.
④ 각 고을은 사용이 가능한 舊城이 있으면 그대로 수축하고 사용이 가능한 舊城이 없으면 근처의 새로운 城基를 택하여 축조한다
⑤ 각 고을의 견실하지 못한 城子가 있으면 각기 戶數의 多少에 따라 退築하거나 축소하여 편의에 따라 개축한다.
⑥ 各 고을의 城子를 일시에 다 쌓을 수 없으니 각기 城子의 大小를 헤아리고 마땅히 년한을 정하여 견실하게 축조한다.[7]

이러한 『각관성자조축조건(各官城子造築條件)』을 기준으로 하여 가장 긴요한 연해읍들은 산성(山城) 대신 읍성(邑城)을 축조하는 것을 기본원칙으로 하여 축성이 진행되었다. 그러나 세종 12년 말에 축성 공역이 춘추(春秋)로 이어져 축성군의 사망자가 많이 발생하였다는 권진(權軫)의 상소로 인하여 많은 변화에 직면하게 되었다. 이에 봄에는 사역시키지 않는다는 것, 매년 각 도에 1성씩만을 쌓게 하며 완성치 못하면 다음 해에 쌓는다는 것, 성기 심정은 도순무사(都巡撫使)가 하고 축성 감독은 각 도 감사(監司) 및 절제사(節制使)가 하도록 이원화(二元化)

---

7) 『세종실록』 권43, 11년 2월 병술.

하고 있다.8)

 그러나 축성역이 예상보다 늦어지고 공역이 줄지 않자, 세종 16년 7월에 우의정(右議政) 최윤덕과 형조판서(刑曹判書) 정흠지(鄭欽之) 등이 경상도 내상성(內廂城)·영일(迎日)·곤남성(昆南城)이 5년이 지나도 필축(畢築)치 못한 것은 매년 역일을 한정하였기 때문임을 들어,

> 첫째 각 고을의 군인 다소에 따라 성기를 나누어 주어 축성을 마칠 때까지 한정하여, 감사와 도절제사가 순행하며 고찰케 하고,
> 둘째 그 고을의 성보(城堡)는 다른 고을의 군인을 사역치 않고 경내의 경작하는 바의 다소에 의해 성기를 나누어 주어 완성때까지 해마다 쌓게 하며,
> 셋째, 남해도에도 백성이 많이 살고 있어서 축성하기에 이르렀으니 수령 배치 여부를 순심토록 건의함에

그대로 따르고 있다. 이때부터 당해 읍성은 당해 읍민이 축조토록 하였던 것이다.

 한편 세종 20년에는 『축성신도(築城新圖)』를 반포하여 일정한 규식에 의하여 성곽이 축조토록 하였다.9) 세종 21년 7월에 동지중추원사(同知中樞院使) 이사검(李思儉)이 비변책을 올려, 경상도 방수(防守)에 관하여 건의하고 있다. 상소에서 각 포의 방수하는 배가 바다에 떠있는 것이 한 두척에 지나지 못하여, 만일 왜변이 있다면 응하여 대적하기가 어려울 것임을 지적하였다. 육지 군도 다만 도절제사영 군사 50인씩 4

8) 『세종실록』 권54, 13년 10월 갑진.
9) 즉 세종 25년 11월에 성균관주부(兼成均注簿) 이보흠(李甫欽)이 상소한 내용을 보면 "근년에 쌓은 여러 성이 모두 퇴비 되었다고 하는데, 이는 무오년(세종 20년)에 「축성신도(築城新圖)」를 반포한 이래 관리가 입법한 뜻을 알지 못하고 법을 지키는 폐단이 그렇게 만든 것이라고 하여 알 수 있다.

번으로 나누어 지키고 있어, 그 방어가 매우 허술하다고 하였다. 울산과 영일은 상거(相距)가 150리인데 그 사이에 비록 감포(甘浦)가 있어 방어를 하기는 하나 다만 작은 배 한 척이 있을 뿐이라, 만일 적변이 있으면 경주(慶州) 남면(南面)이 염려된다고 하여, 홍해, 청하 두 고을 사이에 영일진을 옮겨 설치하고, 또 장기현에 새로 한 진을 설치하여 방수에 대비할 것을 청하고 있다.[10) 이에 따라 세종 21년 11월에 장기, 영일, 남해, 김해 등에 성(城)을 축조하고 있음을 알 수 있다.

따라서 태종과 세종 년간에 군대만 주둔하는 병영성인 영진보성은 축성되지 않았다. 특히 이때 하삼도는 백성들 편의와 왜구에 대한 적극적인 대처방안으로 입보처 개념을 산성에서 읍성으로 전환시켰던 것이다. 이러한 연해지역 읍성 축조는 세종에 이은 문종, 단종, 세조조에도 중앙에서 관리를 파견하여 지속적으로 완축(完築)을 도모하였으나, 간쟁기관의 반대와 단종 1년(1453) 계유정난(癸酉靖難)으로 일시 정파(停罷)되기에 이르렀다. 이후 세조 1년(1455) 북부 군익체제(軍翼體制)를 개선하여 재편한 군익도체제(軍翼道體制)를 전국으로 확대하면서 영진체제(營鎭體制) 지역을 포함한 전국을 몇 개의 군익도(軍翼道)로 나누고 각 군익도를 중·좌·우익으로 구분하는 새로운 군제를 마련하였다. 각 익 지휘관은 수령이 겸하도록 하였다. 지휘체계는 도절제사(都節制使)→중익절제사(中翼節制使)→제익(諸翼)으로 연결되도록 하여 해당 고을 읍성이 곧 영진보성 역할을 동시에 수행하였던 것이다. 다시 세조 3년(1457)에 주진(主鎭)·거진(巨鎭)·제진(諸鎭) 3단계로 구성되는 진관체제(鎭管體制)[11)로 재편되었다. 진관체제란 각 도 병마절도사

---

10) 『세종실록』권87, 21년 11월 갑자.
11) 모든 진이 평상시 주진의 통제를 받다가 유사시에는 독자적인 작전권을 행사하여

와 수군절도사가 있는 곳을 주진이라 하고, 그 아래에 몇 개의 거진을 두고, 절제사 · 첨절제사를 두어 각각 이를 관장하게 하였다. 거진 아래 제진은 동첨절제사 · 만호 · 절제도위(節制都尉)가 이를 관장 하였다. 이는 1455년에 편성된 제도로서 여기에서 말하는 진(鎭)이란 지방 군영을 가리키는 것이다. 관(管)이란 관할한다는 뜻으로서 진관(鎭管)은 곧 각 지방의 군사적 통솔체계를 말하는 것이다. 진관체제에는 가장 하위 단위를 제진이라 하여 어느 거진에 소속시켰다. 거진은 첨절제사 군영으로서 어느 한 주진에 소속시켰으며, 주진은 절도사 군영으로서 다시 병마와 수군으로 갈라졌다. 이런 체제는 조선 초기부터 일정 정도 보이기는 하나 그것이 한 체제로서 완성된 것은 세조대에 이르러서였다. 이러한 진관체제를 바탕으로 각 도마다 병영과 수영을 설치하였다. 함경도 경성에 북병영과 북수영, 북청에 남병영, 함흥에 남수영, 전라도 강진에 전라병영, 여수에 좌수영, 해남에 우수영, 경상도 울산에 좌병영, 창원에 우병영, 동래에 좌수영, 거제에 우수영을 두었다.

그러나 조선왕조 개창 이래 태종을 거쳐 세종대에서 문종, 단종 세조대에 이르기까지 의욕적으로 추진된 읍성이 앞서에 언급한 바와 같이 영진보성은 아니었다.

당시 읍성(邑城) 외에 영진보(營鎭堡)는 만호(萬戶) · 천호(千戶) 등이 병선(兵船)을 거느리고 관방처(關防處)[12]에 정박하는 곳으로 육지에는 작은 초막을 짓고 약간의 병량(兵糧:船中에 상비하는 것이 원칙이나 양

한 진관이 패퇴하면 다른 진관이 방위의 공백을 메워서 싸우는 등의 연계적인 체제를 이루도록 하였다. 진관은 주진 밑에 있는 거진을 한 단위로 설정하였는데, 거진은 도의 크기에 따라 3~20곳을 설치하였다.

12) 이때의 관방은 험요한 지형만을 이르는 것뿐만 아니라 왜구 초정지로 배를 정박시키기에 알맞는 지형을 갖춘 곳을 말하는 경우가 대부분이며 지명 끝에 浦자가 붙은 곳이다.

이 많을 경우)을 보관하는 일종의 창고 외엔 별다른 시설이라고는 없었다. 당시 수군 임무가 장재선상(長在船上)으로 표명되며 수상에 머물면서 만약의 사태에 대처하는 것이었으므로 육지에 수군을 위한 성보(城堡)를 축조하는 것이 오히려 이상한 것으로 성보는 육지 싸움에만 특히 필요한 것으로 생각하였던 것이다.[13]

특히 조선 전기 군제에서 수군 실태가 앞서도 말한 장재선상 개념으로 조야가 인식하는 입장에서 성보축조(城堡築造)와 입보수성(入堡成城)이라는 것은 생각할 수도 없는 일이었다. 세종대 성보 없이 장재선상 하는 수군 방어원칙은 그 후 문종, 세조, 예종을 거쳐 성종에 이르기까지 큰 변화는 없었다. 다만 만호, 첨사 등이 초사(草舍)를 마련하여 머무는 장소로 이용하는 경우는 있었던 것이다.

성종 이전에도 연변 요해(要害)에 설책(設柵)하는 경우는 있었지만 일반적인 현상은 아니었다.[14] 따라서 수군은 성보축조와 입보수성이라는 개념 자체가 없었던 것이다. 수군이 바다에서 차단하지 못한 왜구를 격퇴하는 것이 주임무였던 영진군(營鎭軍) 즉 육군은 주둔지적 성격이 더 강했던 병영성을 축조하여 사용하였던 것이다. 이러한 영진군 병영 가운데 당시 강진(康津) 전라병영성의 군사 전술적 역할과 가치는 왜구의 내륙진입을 막기 위한 것에 초점이 맞춰진 것이라 하겠다. 그러므로 강진 전라병영성과 같은 하삼도 내상성은 북방 4군 6진과 달리 하삼도 기선군(騎船軍) 즉 수군이 입보농성 혹은 주둔성을 축성하지 않는 것과는 차별성을 가진 성곽이었던 것이다. 반면에 군사목적 달성에 있어서는 1차 방어선인 수군 후방에 위치하는 2차 차단선인 동시에 최후

---

13) 車勇杰,「朝鮮 成宗代 海防築城論議와 그 樣相」,『白山學報』19, 1975, 247쪽.
14) 울산 유포석보 등이 그 예에 해당한다.

방어선 역할을 동시에 수행한 관방성인 것이다.

그러나 성종 15년 10월에 이르러 수군 역시도 영진보성을 축조토록 하는 논의가 조숙기(曺淑沂)에 의해 계문되면서 조선 전기 영진보성 축조와 운영에 새로운 전기가 마련되기 시작한다.

이때 그는 "경상도 김해 등지에 성보가 없고 연변에 창고가 설치되어 병기를 저장하고 있으니 불우한 변이 발생하면 장차 어떻게 보전하겠느냐고" 하면서, 연변의 긴요한 곳에 성보를 설치하여 유사시에 대비할 곳을 삼게 되면 좋겠다고 하였다. 이러한 주장은 당시 우의정(右議政) 홍응(洪應) 등에 의해 지지되었다. 특히 홍응은 이러한 건의가 전일에도 있었긴 하지만 국가에서는 아직 거행할 바 아니라 하여 여지껏 실현을 못본 것이라 하면서, 북방의 양계방비는 적로(賊路)가 한정되어 있지만 남해안은 연해방어가 허술하다고 지적하고, 대신을 보내어 긴 관처(緊關處)를 심사하고 성보를 축조하여야 한다고 주장하고 나섰다.[15]

조숙기의 건의가 축성사(築城使) 홍응의 절대적인 지지를 얻어 입안된 후 승정원(承政院)을 통해서 수렴된 의견은 "대체적으로 대신의 왕래보다 절도사, 관찰사를 통하여 일을 추진하자고 함"에 대해 성종은 사안의 중요성을 감안하여 영돈령(領敦寧) 이상 대신들에게 논의케 하였다. 심회(沈澮), 한명회(韓明澮) 등은 대체로 성종의 의사에 맞추었고, 윤필상(尹弼商)은 수군이 육지에 입보케 된다하여 반대하였다. 이러한 반대의견은 이극배(李克培), 노사신(盧思愼) 등도 마찬가지였고 이극배는 삼포(부산포, 염포, 제포)의 축성은 가하다 했다.

성종은 반대를 물리치고 홍응을 보내어 연해성보 설보처(設堡處)를 순심케 하였다. 성종 16년 3월에 이르러서 심정을 완료하고 그 결과를

---

15) 『성종실록』 권171, 15년 10월 임오.

자세히 계문하였다.16) 즉 홍응의 계문에서 이미 회령포(會寧浦), 감포 (甘浦), 사량(蛇梁)을 제외한 16개처 중 제포(薺浦)는 벌써 역(役)을 시 작하여 습석(拾石) 단계에 이르렀다.

이렇게 대체적으로 축성이 진행되고 있는 이후에도 대신들의 찬반 이 끊이질 않았다. 이에 대하여 성종은 보를 설치함은 군기와 육물을 저장하기 위함이지 만호의 거처를 만드는 것이 아니라 하여 영진보성 축성을 계속 진행토록 하였다.

성종 18년 8월에 이르러 정성근(鄭誠謹)의 계에 성종이 영진보성 정 역을 명하자 다시 찬성론자들의 공세가 뒤따랐다. 이에 성종은 다시 뜻 을 번복하여「축지가야(築之可也)」라고 하였고, 이러한 찬반론의 혼돈 속에 경상도 관찰사인 이세좌(李世佐)가 계하길 "왜인들이 축성함을 이상히 여겨서 왕래가 끊어졌다고" 하자 반대론자들은 이 기회를 틈타 소기의 의지를 관철시키려 하였다. 그러나 왜인이 의심한다고 하여 축 성을 정역한다면 우리의 약점을 드러내는 것이라 하여 결국 축성은 찬 성론으로 결정되고 각도 관찰사와 병마절도사, 수군절도사 등의 감독 속에 영진보성은 속속 필축을 보게 되었던 것이다.17)

〈표 2〉 조선 전기 경상도지역 영진보성 축조현황(조선왕조실록 발췌 정리)

| 진관 | 진명 | 성종 16년 심정 | | 周回(尺) | 城高(尺) | 井/池/渠 |
		좌향	주회			
慶尚左水營	釜山浦鎮管	左水營			9,190	13	3/1/0
		釜山浦			2,026	13	
		豆毛浦	東南		1,250	10	
		甘浦			736	13	
		海雲浦			1,036	13	

---

16)『성종실록』권176, 16년 3월 병오.
17)『성종실록』권208, 18년 10월 임진.

		漆浦	東		1,153	9	
		包伊浦	東南				
		鳥浦	東				
		西生浦	東				
		多大浦	南	1,298	1,805	13	1/0/0
		鹽浦	西南		1,039	13	
		丑山浦					
慶尙右水營	齊浦鎮管	吾兒浦	西南	4,002	2,620	13	4/0/0
		薺浦			4,316.3	13	
		玉浦	南	1,440	1,074	13	3/1/0
		平山浦	北	1,720	1,558	9	5/0/0
		知世浦	西	1,840	1,605	13	2/0/0
		永登浦	東	1,068	1,068	13	0/0/2
		蛇梁	南	1,850	1,252	13	2/0/0
		唐浦	東南	1,400	1,445	13	無
		助羅浦	東	2,240	1,890	13	1/0/0
		赤梁	東	1,500	1,182	13	1/0/0
		安骨浦	北	1,866	1,714	13	3/0/0

이처럼 성종 15년부터 18년까지 4년에 걸친 논의에 따라 결정된 영진보성 축성은, 먼저 홍응의 심정처를 중심으로 경상도, 전라도 23곳에 이루어졌다. 영진보성 축성이 완료된 것은 성종 19년에서 22년까지 3~4년간에 이루어졌다. 성종 20년 2월에는 축성에 대한 기준을 마련하여 척도를 포백척을 사용하고 높이는 15척을 기준하며 축성 후 5년 내에 퇴락하면 감축자를 파출(罷黜)하기로 하였다.[18] 5년을 기한으로 함은 세종 년간 읍성 축조 때와 같으나 이때는 길이 15척 이상 퇴락(頹 落)과 10척 이하의 퇴락으로 차등을 두었으므로 세종대의 그것보다 세 밀하고 율(律)이 엄격해졌다고 할 수 있다.

---

18)『성종실록』권225, 20년 2월 임진.

이와 같이 조선은 성종 년간에 이르러 도성, 읍성, 영진보성에 대한 일단의 축성을 마쳤다. 이때 완성을 본 관방체제 유지와 운영은 이후 임진왜란 이전까지 큰 변화 없이 일관되었다.

조선시대 영진보성과 관련한 문헌기록은 대체로 지리지를 중심으로 기록되어 있다. 대표적인 문헌은

①『세종실록지리지(世宗實錄地理志)』단종 2년(1454)
②『신증동국여지승람(新增東國輿地勝覽)』중종 25년(1530)
③『여지도서(輿地圖書)』영조 41년(1765)
④『만기요람(萬機要覽)』순조 8년(1808)
⑤『대동지지(大東地志)』철종 14년(1863)
⑥『증보문헌비고(增補文獻備考)』융희 2년(1908)

1.『세종실록지리지(世宗實錄地理志)』

1) 경상도

세종실록지리지에 수록된 경상도(慶尙道)는 병마도절제사(兵馬都節制使)의 사(司)를 창원(昌原)에 두었다.(軍官이 500명, 守城軍이 438명이다.) 병마첨절제사(兵馬僉節制使)의 수어 하는 곳이 다섯이니, 蔚山鎭(군관 399명, 수성군 40명)·迎日鎭(군관 301명, 수성군 80명)·東萊鎭(군관 300명, 수성군 80명)·寧海鎭(군관 300명, 수성군 80명)·泗川鎭(군관 300명, 수정군 49명)이며, 좌도수군도안무처치사(左道水軍都安撫處置使)는 동래 부산포(富山浦)에 있다.(兵船 33척, 군사 1,779명) 水軍萬戶가 수어 하는 곳이 11이니, 鹽浦 蔚山(都萬戶가 수어한다. 兵

船 7척, 군사 502명) 西生浦 蔚山(3품은 萬戶, 4품은 副萬戶, 5품은 千
戶, 6품은 副千戶라 일컫는다. 아래에도 이와 같다. 병선 20척, 군인
767명) 丑山浦 寧海(병선 12척, 군사 429명) 烏浦 盈德(병선 8척, 군사
353명) 通洋浦 興海(지금은 豆毛赤浦에 있다. 병선 8척, 군사 218명) 包
伊浦 長鬐(지금은 加嚴浦에 있다. 병선 8척, 군사 589명) 甘浦 慶州(병
선 6척, 군사 387명) 開雲浦 蔚山(병선 12척, 군사 420명) 豆毛浦 機張
에(병선 16척, 군사 843명) 海雲浦 東萊(병선 7척, 군사 589명) 多大浦
東萊(병선 9척, 군사 723명)있다.19)

이 가운데 경상우도20)는 상주진(尙州鎭)에 성주(星州)·선산(善山)·
금산(金山)·개령(開寧)·지례(知禮)·고령(高靈)·문경(聞慶)·함창(咸
昌), 晉州鎭에 합천(陜川)·초계(草溪)·함양(咸陽)·곤양(昆陽)·남해(南
海)·거창(居昌)·사천(泗川)·삼가(三嘉)·의령(宜寧)·하동(河東)·산음
(山陰)·안음(安陰)·단성(丹城), 金海鎭에 창원(昌原)·함안(咸安)·거제
(巨濟)·고성(固城)·칠원(漆原)·진해(鎭海)·웅천(熊川)이 포함되었다.

---

19) 兵馬都節制使, 置司昌原° 軍官五百, 守城軍四百三十八 馬僉節制使守禦處五, 蔚山
鎭 軍官三百九十九, 守城軍四十° 迎日鎭´ 軍官三百一, 守城軍八十´ 東萊鎭´ 軍官
三百, 守城軍八十° 寧海鎭´ 軍官三百, 守城軍八十´ 泗川鎭´ 軍官三百, 守城軍四
十九° 左道水軍都按撫處置使, 泊東萊´ 富山浦´ 兵船三十三艘, 軍一千七百七十
九° 水軍萬戶守禦處十一, 鹽浦在蔚山, 都萬戶守禦, 兵船七艘, 軍五百二´ 西生浦在
蔚山, 三品則稱萬戶, 四品則稱副萬戶, 五品則稱千戶, 六品則稱副千戶° 下倣此°
兵船二十艘, 軍七百六十七° 丑山浦在寧海, 兵船十二艘, 軍四百二十九° 烏浦在盈
德, 兵船八艘, 軍三百五十三° 通洋浦在興海, 今泊豆毛赤浦, 兵船八艘, 軍二百十八°
包伊浦在長鬐, 今泊加嚴浦兵船八艘, 軍五百八十九° 甘浦在慶州, 兵船六艘, 軍三百
八十七° 開雲浦在蔚山, 兵船十二艘, 軍四百二十° 豆毛浦在機張, 兵船十六艘, 軍八
百四十三 海雲浦在東萊, 兵船七艘, 軍五百八十九° 多大浦在東萊° 兵船九艘, 軍七
百二十三°

20) 조선시대에 경상도 지방의 행정구역을 동·서로 나누었을 때 경상도 서부 지역의
행정구역.

2) 울산군

○ 본디 屈阿火村인데, 신라 婆娑王이 縣을 설치하였고, 경덕왕이 이름을 河曲으로 고치고 혹은 河西라고도 한다. 臨關郡의 領縣으로 삼았다. 고려에서 蔚州郡으로 고쳐,˙顯宗 무오년에 防禦使를 두었고, 김부식이 이르기를 "경덕왕이 于火縣을 虞風縣으로 고치고, 栗浦縣을 東津縣으로 고쳤는데, 지금 고쳐서 蔚州에 合屬시켰다." 하였다. 본조 태조 6년 정축에 비로소 鎭을 설치하고 兵馬使로써 知州事를 겸하게 하였는데, 태종 13년 계사에 鎭을 폐지하고 知蔚山郡事로 고치고, 을미년에 左道兵馬都節制使營을 郡 巨麿谷으로 옮겼다가, 今上 8년 병오에 營을 폐지하고 다시 鎭을 두어 兵馬僉節制使로써 知郡事를 겸하게 하였다. 別號는 恭化, 또는 鶴城이다. 部曲이 1이니, 甲火이다.[21]

○ 옛 읍의 석성둘레가 215보이고 그 안에 우물 3개가 있고, 또 戒邊古祠가 있다.[22]

○ 左道營城 郡 북쪽에 있으니, 海口와의 거리가 3리이며, 둘레가 6백 22보이다. 병오년 2월에 郡治를 성안으로 옮겼다. 안에 우물 셋이 있다.[23]

---

21) 本屈阿火村 新羅婆娑王置縣 景德王改名河曲 一作河西 爲臨關郡領縣 高麗改爲蔚州郡 顯宗戊午 置防禦使 金富軾云 景德王改于火縣爲虞風縣 栗浦縣爲東津縣 今改合屬蔚州本朝太祖六年丁丑 始置鎭 以兵馬使 兼知州事 太宗十三年癸巳 罷鎭 改爲知蔚山郡事 乙未 移左道兵馬都節制使營于郡北巨麿谷 今上八年丙午 罷營 復置鎭 以兵馬僉節制使 兼知郡事 別號恭化鶴城 部曲一, 甲火.

22) 古邑石城 周回二百十五步 內有井三 又有戒邊古祠.

23) 左道營城 在郡北 去海口三里 周回六百二十二步 丙午二月 移郡治于城中 內有井三.

3) 동래현

○ 본디 居漆山郡인데, 경덕왕이 지금의 이름으로 고쳤다. (고려) 현종 무오년에 蔚州 任內에 붙였다가, 뒤에 縣令을 두었는데, 본조 태조 6년 정축에 비로소 兵馬使兼判縣事를 두었다가, 今上 5년 계묘에 僉節制使로 이름을 바꾸었다. 4품이면 同僉節制使라 일컫는다. 屬縣이 1이니, 東平縣이다. 본래 大甑縣인데, 경덕왕이 지금의 이름으로 고쳐서 東萊郡의 領縣으로 삼았고, (고려) 현종 무오년에 梁州 任內에 붙였는데, 본조 태종 5년 을유년에 본현에 來屬시켰다가, 기축년에 다시 梁州로 붙였고, 今上 10년 무신에 도로 本縣으로 붙였다. 部曲이 2이니, 古智道와 調井이며, 鄉이 1이니, 生川이다.

○ 판현사(判縣事) 1인.
○ 읍 석성 둘레가 397보이며, 안에 우물 5개가 있다.
○ 東平縣石城 둘레가 264보이고 안에 샘이 1개, 못이 4개가 있다
○ 左道水軍都按撫處置使本營 동평현 남쪽 7리 되는 富山浦에 있다. 海雲浦 현 동쪽 9리에 있다. 多大浦 동평현 남쪽 30리에 있다. 모든 水軍萬戶가 있어, 守禦한다.[24]

---

24) 本居漆山郡 景德王改今名 顯宗戊午 屬蔚州任內 後置縣令 本朝太祖六年丁丑 始置兵馬使兼判縣事 今上五年癸卯 改稱僉節制使 四品則稱同僉節制使 屬縣一 東平 本大甑縣 景德王改今名 爲東萊郡領縣 顯宗戊午 屬梁州任內 本朝太宗五年乙酉 來屬 己丑 復屬梁州 今上十年戊申 屬還于縣 部曲二, 古智道 調井 鄉一 生川. 判縣事 1人. 邑 石城 周回三百九十七步 內有井五 東平縣 石城 周回二百六十四步 內有泉一池四. 左道水軍都按撫處置使本營 在東平縣南七里富山浦 海雲浦 在縣東九里 多大浦 在東平縣南三十里 俱有水軍萬戶守禦.

4) 기장현

○ 본디 甲火良谷縣인데, 경덕왕이 機張으로 고쳐 東萊郡의 領縣으로 삼았고, 고려 현종 무오년에 蔚州 任內에 붙였다가, 뒤에 監務를 두었다. 別號는 車城이다.

○ 읍 석성 둘레가 3백 50보이며, 안에 못 하나와 우물 하나가 있다.

○ 豆毛浦 縣의 동쪽 5리에 있는데, 水軍萬戶가 있어 수어한다.25)

5) 장기현

○ 본디 只沓縣인데, 경덕왕이 鬐立으로 이름을 고쳐서 義昌郡의 領縣으로 삼았고, 고려에서 지금의 이름으로 고쳐서 慶州 任內에 붙였다가, 뒤에 監務를 두었는데, 본조 태종 을미년에 지방이 바닷가에 있는 까닭으로 마땅히 武臣으로서 벼슬이 높은 자를 써서 진압함이 옳다고 하여, 비로소 知縣事를 두고 4품 이상으로써 이에 충당하였다. 소속된 部曲이 1이니, 許於이다.

○ 읍 석성 둘레가 174보이고 안에 우물 2개가 있다

○ 包衣浦 현 북쪽 11리에 있는데, 수군만호가 수어한다26)

---

25) 本甲火良谷縣, 景德王改爲機張, 爲東萊郡領縣° 顯宗戊午, 屬蔚州任內, 後置監務, 別號車城 邑 石城 周回三百五十步 內有池一井一 豆毛浦 在縣東五里, 水軍萬戶守禦.

26) 本只沓縣, 景德王改名鬐立, 爲義昌郡領縣° 高麗改今名, 屬慶州任內, 後置監務° 本朝太宗乙未, 以地濱大海, 當用武臣官高者鎭之, 始置知縣事, 以四品以上充之° 屬部曲一, 許於 邑 石城 周回一百七十四步 內有井二° 包衣浦 在縣北十一里, 水軍萬戶守禦.

6) 영일현

○ 본디 斤烏支縣인데, 경덕왕이 臨汀으로 고쳐서 義昌郡의 領縣으로 삼았고, 고려에서 지금의 이름으로 고쳐, 현종 무오년에 慶州 任內에 붙였다가, 공양왕 경오년에 비로소 監務를 두고 管軍萬戶로 이를 겸하게 하였는데, 본조 태종 17년 정유 4월에 鎭이 있는 까닭으로 兵馬使兼判縣事로 일컫다가, 금상(今上) 5년 계묘에 兵馬僉節制使로 改稱하였다. 4품은 同僉節制使라 일컫는다.

○ 읍 석성 둘레가 100보이며, 안에 우물 하나가 있다.

○ 通洋浦 현 북쪽 12리에 있는데, 수군만호가 수어한다.[27]

7) 영해도호부

○ 본디 고구려의 于尸郡인데, 신라에서 有隣郡으로 고쳤고, 고려에서 禮州로 고쳐, 顯宗 무오년에 防禦使를 두었는데, 高宗 46년 기미에 衛社功臣 朴松庇의 內鄕이라 하여 올려서 德原小都護府로 삼았다가, 뒤에 禮州牧으로 올렸고, 忠宣王 2년 경술에 여러 牧을 없앰에 따라 寧海府로 고쳤다. 본조 태조 6년 정축 6월에 비로소 鎭을 두고 兵馬使가 府使를 겸하게 하였는데, 태종 계사년에 例에 의하여 도호부로 고쳤다. 別號는 丹陽이다.(淳化 때에 정한 것이다.) 屬縣이 2이니, 英陽縣은 본디 古隱縣인데, 뒤에 지금의 이름으로 고쳤고, 현종 무오년에 禮州 任內에 붙였다.(延陽이라고도 한다.) 別號는 益陽이다. 靑杞縣은 본디 大

---

27) 本斤烏支縣, 景德王改名臨汀, 爲義昌郡領縣, 高麗改今名° 顯宗戊午, 屬慶州任內, 恭讓王庚午, 始置監務, 以管軍萬戶兼之° 本朝太宗十七年丁酉四月, 以鎭稱兵馬使, 兼判縣事° 今上五年癸卯, 改稱兵馬僉節制使° 四品, 稱同僉節制使 邑石城 周回一百步 內有井一 通洋浦 在縣北十二里, 水軍萬戶守禦

靑部曲이 예전에 靑鳧縣에 속하고, 小靑部曲이 예전에 英陽縣에 속했었는데, 고려 충렬왕 30년 갑진에 대청·소청 부곡을 합하여 靑杞縣으로 만들었다. 別號는 淸溪이다. 部曲이 2이니, 石保와 首比이다.

○ 읍 석성 둘레가 114보이며, 안에 샘 3개가 있다.

○ 성황당석성 영양현 서쪽 2리에 있으니 府와 거리가 66리 이다. 둘레가 288보인데 높고 험하며 안에 못 하나와 우물 하나가 있다.

○ 丑山浦 부 동쪽 60리에 있고, 水軍萬戶가 있어 수어한다.[28]

8) 영덕현

○ 본디 고구려의 也尸忽郡인데, 신라에서 野城郡으로 고쳤고, 고려에서 盈德郡으로 고쳤다. 현종 무오년에 禮州 任內에 붙였다가, 뒤에 監務를 두었었는데, 뒤에 또 현령縣令으로 고쳤고, 본조 태종 을미년에 땅이 큰 바닷가에 있는 까닭으로 비로소 知縣事를 두고, 4품 이상의 武臣을 임명하여 지키게 하였다.

○ 邑 石城 둘레가 141보인데, 안에 우물 하나가 있다.

○ 達老山石城 현 서쪽 37리에 있는데, 둘레가 510보이고 아주 험하다. 안에 샘 하나와 개천 하나가 있고, 또 軍倉이 있는데, 興海·淸河 군창의 물건을 아울러 들여다 둔다.

---

28) 本高句麗 于尸郡 新羅改爲有隣郡 高麗改爲禮州 顯宗戊午 置防禦使 高宗四十六年己未 以衛社功臣朴松庇內鄕 陞爲德原小都護府 後陞爲禮州牧 忠宣王二年庚戌 汰諸牧改爲寧海府 本朝太祖六年丁丑六月 始置鎭兵馬使 兼府使 太宗癸巳 例改爲都護府 別號丹陽(淳化所定) 屬縣二 英陽縣 本古隱縣 後改今名 顯宗戊午 禮州任內(一任延陽)別號益陽 靑杞縣 本大靑部曲 舊屬靑鳧縣 小靑部曲 舊屬英陽縣 高麗忠烈王三十年甲辰 合大·小靑部曲 爲靑杞縣 別號靑溪 部曲二 石保 首比 邑 石城 周回一百十四步 內有泉三城隍堂 石城 在英陽縣西二里 距府六十六里 周回二百八十八步 高險 內有池一井一丑山浦 在府東六十里, 有水軍萬戶守禦

○ 酒登烏浦이다. 현 남쪽 12리에 있는데, 수군만호가 있어 수어
한다.[29]

2. 『신증동국여지승람(新增東國輿地勝覽)』

1) 경상도

본래 辰韓의 땅이다. 뒤에 신라의 소유가 되었고, 고려 태조가 통합
한 뒤에는 東南道都部署使를 두어 慶州에 司를 두었다. 成宗 14년에 境
內를 10道로 나눌 때, 尙州의 관할로 嶺南道를 만들고, 慶州·金州의
관할로 嶺東道를 만들고, 晉州의 관할로 山南道를 만들었다. 睿宗 원년
에는 慶尙晉州道라고 일컫고, 明宗 원년에는 慶尙州道·晉陜州道로 나
누었으며, 16년에는 경상주도로 하였다. 神宗 7년에는 尙晉安東道로 고
쳤다가 그 뒤에 또 慶尙晉安道로 고쳤다. 高宗 46년에 溟州道의 和州·
登州·定州·長州의 4주가 蒙古에 함락되자, 본도의 平海·盈德·德原·
松生을 떼내어 명주도에 예속시켰다. 忠烈王 16년에 또 덕원·영덕·
송생을 東界에 옮겨 예속시켰다가 뒤에 본도에 복귀시켰다. 忠肅王 원
년에 경상도로 정하였고, 본조에서는 그대로 따랐다. 管轄은 府가 1, 大
都護府가 1, 牧이 3, 都護府가 7, 郡이 14, 縣이 40이다.

---

29) 本高句麗 也尸忽郡 新羅改爲野城郡 高麗改爲盈德郡 顯宗戊午 屬禮州任內 後置監務
後又改爲縣令 本朝太宗乙未 以地濱大海 始置知縣事 差四品以上武臣鎭之 邑 石城
周回一百四十一步, 內有井一 達老山石城 在縣西三十七里 周回五百十步 絕險 內有
泉一 渠一 又有軍倉 興海淸河軍倉幷入置 酒登烏浦 在縣南十二里, 有水軍萬戶守禦

2) 경주부

○ 건치연혁

본래 신라의 옛 수도이다. 漢나라 五鳳 원년에 신라 시조 赫居世가 나라를 열고 도읍을 세워 나라 이름을 徐耶伐이라고 하였으며 이 뒤로 부터는 方言으로 王京을 서야벌이라고 통칭하였다. 혹은 斯羅라고 하고, 혹은 斯盧라 하다가 뒤에 신라라 일컬었다. 脫解王 때에 始林에 괴이한 닭의 일이 있었으므로 이름을 鷄林이라 고치고 이를 그대로 나라 이름으로 하였는데, 基臨王이 다시 신라로 하였다. 고려 태조 18년에 敬順王 金傅가 와서 항복하니 나라는 없어지고 경주라 하였다. 뒤에 승격하여 大都督府가 되었으며, 成宗 때에 東京留守로 고쳤다가 또 留守使라 일컫고 嶺東道에 예속시켰다. 顯宗 때에 降等시켜 慶州防禦使로 하고, 또 安東大都護府로 고쳤다가 다시 東京留守로 하였다. 그때 銳方이 올린 三韓會土記에 高麗三京이라는 글이 있었기 때문에 다시 동경유수를 둔 것이다. 神宗 때에 東京夜別抄가 반란을 일으켜 州·郡을 劫掠하므로 사자를 보내어 평정하였다. 뒤에 동경 사람들이 신라가 다시 성한다는 말을 만들어 尙·淸·忠·原州道에 檄文을 전하고, 반란을 음모하였다. 이로 인하여 知慶州事로 강등하고, 관내의 州·府·郡·縣을 빼앗아 安東·尙州에 나누어 예속시켰다. 高宗 때에 다시 유수로 고치고, 충렬왕 때에 鷄林付로 고쳤다. 본 조에서는 太宗에 경주라는 옛 이름을 다시 쓰고, 世祖에 鎭을 설치하였다.

○ 진관

郡이 4 蔚山·梁山·永川·興海. 縣이 6 淸河·迎日·長鬐·機張·東萊·彦陽

○ 관방

甘浦營 부의 동쪽 72리에 있다. 水軍萬戸 1인을 둔다. 『신증』正德
임신년에 돌로 성을 쌓았다. 둘레가 736척, 높이가 13척이며, 안에 4개
의 우물이 있다.

3) 울산군

○ 건치연혁

본래 신라의 屈阿火村 신라의 지명은 火라는 것이 많은데, 火는 弗이
변해서 그렇게 불리운 것이고, 弗은 또 伐이 변해서 그렇게 불리운 것
이다. 婆娑王이 처음으로 현을 두었고 景德王이 河曲 혹은 河西라 한
다. 이라 이름을 고쳐서 臨關郡의 領縣을 삼았다. 고려 태조가 그 고을
사람 朴允雄이 공이 있다 해서 東津과 虞風의 두 고을을 가져다가 합쳐
서 興麗府로 승격시켰다가 뒤에 낮추어서 恭化縣을 만들었고, 또 知蔚
州事로 고쳤으며, 顯宗이 방어사를 두었다. 본조 太祖 6년에 鎭을 설치
하고 병마사로서 지주사를 겸하게 했다. 태종 13년에 진을 없애고 지금
부르는 知郡事로 이름을 고쳤다. 15년에 군의 치소를 左道兵馬都節制
使의 營으로 삼았다. 世宗 8년에 군의 치소를 영 서쪽 7리 밖으로 옮겼
고, 뒤에 영을 없애고 다시 진을 두었으며, 병마첨절제사로서 지군사를
겸하게 했다. 19년에 도호부로 승격시켜 다시 좌도절제사 겸 판부사로
서 판관을 두었으며, 이해에 다시 낮추어서 군으로 만들었다.

○ 관방

左道兵馬節度使營 戒邊城 북쪽에 있으며 곧 옛 고을이다. 石城으로
둘레가 3,723척이며 높이가 12척이다. 성 안에 우물 7곳과 도랑 2곳이

있다. 軍倉이 있고 또 董戎樓와 宣威閣·組練庫가 있다. 영이 옛날에는 경주 동남쪽 20여리에 있던 것을 太宗 때 蔚山고을로 옮긴 것이 곧 이 것이다.

左道水軍節度使營 開雲浦에 있다. 東萊縣 釜山浦에 있던 것을 이곳으로 옮겼다.

鹽浦營 고을 동쪽 23리에 있다. 석성으로 둘레는 1,039척이며 높이는 15척이다. 성 안에 우물 3곳이 있고 영주하는 왜인이 있다. 수군만호 1인.『신증』옛날에는 영주하는 왜인이 있었는데, 正德 경오년에 薺浦의 변을 듣고 모두 本島로 들어갔다.

西生浦營 고을 남쪽 53리에 있다. 수군만호 1인.

神鶴城 곧 戒邊城이다. 고을 동쪽 5리에 있으며, 金克己가 이른바, 계변신이 학을 타고 神頭山에 내렸다는 곳이 바로 이곳이다. 지금은 옛 터만 있다.

古邑城 계변성 서쪽에 있으며 주위가 315보인데 지금은 허물어졌다.

4) 흥해군

○ 건치연혁

본래 신라의 退火郡인데, 景德王이 義昌郡으로 고쳤으며, 고려 초년에 지금 이름으로 고쳤다. 顯宗이 慶州에 소속시켰고, 明宗은 監務를 두었다. 恭愍王이 國師 千熙의 고향이라 해서 승격시켜 郡으로 삼았고, 본조에서도 이에 따랐다.

○ 관방

漆浦營 고을 북쪽 15리에 있다. 水軍萬戶 1인.『신증』正德 경오년에

비로소 돌로 성을 쌓았으며, 둘레가 1,153척이고 높이가 9척이며, 성 안에 우물 2개가 있다.

5) 동래현

○ 건치연혁

옛날의 萇山國 혹은 萊山國이라고도 하였음. 신라가 점유하여 居漆山郡을 두었는데, 景德王이 지금 이름으로 고쳤으며, 고려 顯宗이 蔚州에 예속시켰다. 뒤에 현령을 두었으며, 본조에 들어와서는, 太祖 때 처음으로 진을 설치하여 병마사가 判縣事를 겸하게 했고, 世宗 조에는 僉節制使로 개칭하였으며, 뒤에 속현인 東平縣으로 진을 옮겼으나, 머지않아 옛 읍내로 돌아갔고, 뒤에 현령으로 고쳤다.

○ 관방

釜山浦鎭 현의 남쪽 21리에 있으며, 좌도수군 첨절제사의 진영이 있다. 관할하는 바로는, 豆毛浦·海雲浦·鹽浦·甘浦·包伊浦·漆浦·烏浦·丑山浦·多大浦·西生浦가 있다. 돌성이 있는데, 둘레는 1,689척이고, 높이는 13척이며, 상주하는 왜호가 있었다. 첨절제사 1인.『신증』옛날에는 상주하는 왜호가 있었는데, 正德 경오년에 첨절제사 李友曾이 위엄으로 제어해 볼 생각으로 마구 매질을 가하자, 왜놈들은 분노가 쌓여 薺浦에 살던 왜놈들과 모의하여 난을 일으키고 밤을 이용하여 성을 함락하니, 조정에서는 장수를 보내어 토벌하고는 드디어 왜호 두는 일을 허락하지 않았다.

海雲浦營 현의 동쪽으로 9리 떨어진 곳에 있다. 수군만호 1인.『신증』正德 갑술년에 돌성을 처음 쌓았으니, 둘레는 1,036척이고, 높이는 13

척이며, 안에 城池가 있다.

多大浦營 현의 남쪽으로 54리 떨어진 곳에 있으며, 돌성이다. 둘레는 1,806자, 높이는 13자이며 수군만호 1인.

6) 장기현

○ 건치연혁

본래 신라의 只沓縣으로, 景德王 때 鬐立縣이라 고치고 義昌郡의 속현으로 하였으며, 고려 때 지금 이름으로 고치고, 慶州府)에 속하게 했다. 恭讓王 때 監務를 두었고, 본조 太宗 때 지형이 바다와 접했다 해서武臣 가운데 벼슬이 높은 자만을 임명하여 鎭守하게 했는데, 드디어는知縣事가 되었고, 뒤에 다시 현감으로 고쳤다.

○ 관방

包伊浦營 현의 북쪽으로 17리 떨어진 곳에 있다. 수군만호 1인.

7) 기장현

○ 건치연혁

본래 신라의 甲火良谷縣으로, 景德王 때 지금 이름으로 고치고, 동래군의 속현으로 두었다가 뒤에는 梁州에 속하게 했으며, 고려 顯宗 때에는 蔚州에 붙였다. 뒤에 監務를 두었고, 본조에 와서 현감으로 고쳤다.

○ 관방

豆毛浦營 현의 동쪽 7리에 있다. 수군만호 1인.『신증』正德 경오년에 비로소 石城을 쌓았으며, 둘레는 1,250자이고, 높이는 10자이다.

8) 영해도호부

○ 건치연혁

본래 고구려의 于尸郡이다. 신라 景德王이 有隣으로 고쳤다. 고려 초에 禮州로 고쳤으며, 顯宗은 防禦使를 두었다. 高宗이 衛社功臣 朴松庇의 고향이라고 하여 승격시켜 德原小都護府로 하고, 뒤에 승격시켜 禮州牧으로 하였다. 忠宣王 2년에 汰諸牧을 고쳐 지금 이름으로 하였다. 본조에서는 태조 6년에 처음으로 鎭을 두고, 兵馬使가 府使를 겸임하게 하였으며, 太宗 13년에 예에 따라 고쳐서 都護府로 하였다.

○ 관방

丑山浦營 부의 동쪽 14리에 있다. 水軍萬戶 1인을 둔다.

9) 영덕현

○ 건치연혁

본래 고구려의 也尸忽郡이다. 신라에서는 野城郡으로 고쳤다. 고려 초에 지금 이름으로 고쳤으며, 顯宗 때 禮州에 귀속시켰다가 뒤에 監務를 두었고, 또 縣令으로 고쳤다. 본조에서는 太宗 15년에 바닷가에 있는 곳이라 하여 知縣事를 두었다가 뒤에 도로 縣令으로 하였다.

○ 관방

烏浦營 현 남쪽 17리에 있다. 水軍萬戶 1인이 있다.『신증』현 남쪽 13리에 있다. 巡邊使 高荊山이 옛 군영은 바닷길을 내다볼 수 없다하여 여기에 옮겨 설치하고 石城을 쌓았으니, 둘레는 1,490척, 높이는 9척이다.

3. 『여지도서(輿地圖書)』

1) 통제영

○ 성지

성은 돌로 쌓았다. 둘레는 장으로 계산하면 1,173장, 척으로 계산하면 11,730척, 보로 계산하면 2,346보이다. 높이는 장으로 계산하면 1.5장, 척으로 계산하면 15척이다. 성가퀴는 707첩이다. 남문은 2층 누각이며 동·서문은 각각 1층 누각이다. 북문과 동·서쪽의 암문은 모두 누각이 없다. 동·서·북쪽에 포루 3곳이 있다. 원문은 2층 누각이다. 원문으로부터 좌우측은 바다에 닿아 있는데 돌을 쌓아 막은 좌측은 길이가 151보, 높이가 13척이고 우측은 길이가 202보, 높이가 13척이며 통제영에서 북쪽으로 10리에 있다. 연못 하나가 남문 안에 있는데 길이는 20보 너비는 10보 깊이는 3척이다. 다른 하나는 북문 안에 있는데 길이는 10보 너비는 7보 깊이는 3척이다. 또 하나는 운주당 동쪽 아래에 있는데 길이는 15보 너비는 7보 깊이는 4척이다.[30]

○ 수군 가덕, 미조항, 귀산, 안골포, 제포, 옥포, 조라포, 지세포, 가배량, 율포, 영등, 삼천, 당포, 사량, 적량, 구소비포, 남촌, 신문, 청천, 장목포, 평산포, 고성, 진주, 사천, 하동, 거제, 진해, 곤양, 남해, 창원, 웅천, 김해

---

30) 『城池』城石 築周圍以丈計之則一千一百七十三丈 以尺計之則一萬一千七百三十尺 以步計之則二千三百四十六步 高以丈則一丈半 以尺則十五尺 堞七百七堞 南門二層樓 東西門各一層樓 北門東西暗門竝無樓 東西北炮樓三處 轅門二層樓自門左右抵海 以石築塞左邊長一百五十一步高十三尺 右邊長二百二步高十三尺自營北距十里 池一在南門內長二十步廣十步深三尺 一在北門內長十步廣七步深三尺 一在運籌堂東邊下長十五步廣七步深四尺

2) 좌도병마절도영

○ 성

돌로 쌓았다. 둘레는 장으로 계산하면 918장, 척으로 계산하면 9,316척, 보로 계산하면 1,836보이다. 높이는 장으로 계산하면 1장, 척으로 계산하면 12척, 보로 계산하면 4보이다. 성가퀴는 851첩이다. 동 · 서 · 남 · 북문에 누각이 있는데 각각 3칸이다.

옹성 2곳 하나는 서문에 있으며 둘레는 47보 높이는 16척이다. 다른 하나는 북문에 있으며 둘레는 45보, 높이는 16척이다.

호지 3곳 하나는 남문 안에 있으며 길이는 40보 너비는 30보 깊이는 3척이다. 다른 하나는 동문 안에 있으며 길이는 49보 너비는 30보 깊이는 2척이다. 다른 하나는 남문 밖에 있으며 길이는 95보 너비는 83보 깊이는 4척이다.[31]

3) 수군절도영(左水營)

○ 이전경로 : 시기 장소 모름 → 울산부 구개운포 → 동래부(시기 모름) → 감만이포(1635, 인조 13년) → 옛터(1652, 효종 3년)

○ 성지

돌로 쌓았다. 둘레가 장으로 계산하면 919장, 척으로 계산하면 9,190

---

31) 『城池』石築周圍以丈計之則九百十八丈以尺計之則九千三百十六尺以步計之則一千八百三十六步高以丈計之則一丈以尺計之則十二尺以步計之則四步堞八百五十一堞東西南北門樓各三間
甕城二 一在西門周四十七步高十六尺一在北門周四十五步高十六尺
濠池三一在南門內長四十步廣三十步深三尺一在東門內長四十九步廣三十步深二尺一在南門外長九十五步廣八十三步深四尺.

척, 보로 계산하면 1,531보이다. 높이는 장으로 계산하면 1장 3척, 보로 계산하면 2보 1척이다. 성가퀴는 375첩이다. 옹성은 3곳, 치성은 7곳이다. 동쪽 성문의 누각이 2층, 남쪽 성문의 누각이 2층, 북쪽 성문의 누각이 2층이다.[32]

○ 釜山鎭

一戰舡代將一人旗牌官五人都訓導一人軍器監官一人射夫十八名教師五名砲手二十四名舵工二名繚手二名手二名櫓軍一百十四名兵舡一隻舡將一人射夫十名砲手十名舵工一名櫓軍十四名伺候舡二隻舵工各一名櫓軍各四名水軍八百四十名武學二百十二名溱格射夫二十四名二戰舡代將一人旗牌官五人都訓導一人射夫十八名教師五名砲手二十四名舵工二名繚手二名手二名櫓軍一百十四名兵舡一隻舡將一人射夫十名砲手十名舵工一名櫓軍十四名伺候舡二隻舵工各一名櫓軍各四名水軍八百名武學二百十二名添格射夫二十四名

○ 多大鎭

一戰舡代將一人旗牌官五人都訓導一人軍器監官一人射夫十八名教師五名砲手二十四名舵工二名繚手二名手二名櫓軍一百十四名兵舡一隻舡將一人射夫十砲名手十名舵工一名櫓軍十四名伺候舡二隻舵工各一名櫓軍各四名水軍八百名武學二百十二名添格射夫二十四名二戰舡代將一人旗牌官五人都訓導一人射夫十八名教師五名砲手二十四名舵工二名繚手二名手二名櫓軍一百十四名兵舡一隻舡將一人射夫十名砲手十名舵工一名櫓軍十四名伺候舡二隻舵工各一名櫓軍各四名水軍八

---

32) 『城池』石築周以丈計之則九百十九丈以尺計之則九千一百九十尺以步計之則一千五百三十一步高一丈三尺步二步一尺堞三百七十五堞甕城三庫雉城七庫東城門樓二層南城門樓二層北城門樓二層.

百名武學二百十二名添格射夫二十四名

　○ 開雲浦

一戰舡代將一人旗牌官五人都訓導一人軍器監官一人射夫十八名敎師五名砲手二十四名舵工二名繚手二名手二名櫓軍一百十四名兵舡一隻舡將一人射夫十名砲手十名舵工一名櫓軍十四名伺候舡二隻舵工各一名櫓軍各四名水軍八百名武學二百十二名添格射夫二十四名

　○ 豆毛浦

一戰舡代將一人旗牌五人人都訓導一人軍器監官一人射夫十八名敎師五名砲手二十四名舵工二名繚手二名신출자手二名櫓軍一百十四名兵舡一隻舡將一人射夫十名砲手十名舵工一名櫓軍十四名伺候舡二隻舵工各一名櫓軍各四名水軍八百名武學二百十二名添格射夫二十四名

　○ 西平浦

一戰舡代將一人旗牌官五人都訓導一人軍器監官一人射夫十八名敎師五名砲手二十四名舵工二名繚手二名手二名櫓軍一百十四名兵舡一隻舡將一人射夫十名砲手十名舵工一名櫓軍十四名伺候舡二隻舵工各一名櫓軍各四名水軍八百名武學二百十二名添格射夫二十四名

　○ 西生鎭

一戰舡代將一人旗牌官五人都訓導一人軍器監官一人射夫十八名敎師五名砲手二十四名舵工二名繚手二名手二名櫓軍一百十四名兵舡一隻舡將一人射夫十名砲手十名舵工一名櫓軍十四名伺候舡二隻舵工各一名櫓軍各四名水軍八百名武學二百十二名添格射夫二十四名

　○ 包伊浦

一戰舡代將一人旗牌官五人都訓導一人軍器監官一人射夫十八名敎師五名砲手二十四名舵工二名繚手二名手二名櫓軍一百十四名兵舡一

隻舡將一人射夫十名砲手十名舵工一名櫓軍十四名伺候舡二隻舵工各
一名櫓軍各四名水軍八百名武學二百十二名添格射夫二十四名

　　○ 蔚山府

　一戰舡代將一人旗牌官七人都訓導一人軍器監官一人射夫二十名教
師十名砲手二十四名舵工二名繚手二名手二名櫓軍一百十四名兵舡一
隻舡將一人射夫十名砲手十名舵工一名櫓軍十四名伺候舡二隻舵工各
一名櫓軍各四名

　　○ 機張縣

　一戰舡代將一人旗牌官七人都訓導一人軍器監官一人射夫二十名教
師十名砲手二十四名舵工二名繚手二名手二名櫓軍一百十四名兵舡一
隻舡將一人射夫十名砲手十名舵工一名櫓軍十四名伺候船二隻舵工各
一名櫓軍各四名

4) 동래도호부

　○ 建置沿革　古萇山國　或云萊山國　新羅取之置居柒山郡景德王改今
名高麗顯宗屬蔚州後置縣令本朝　太祖時始置鎭以兵馬使兼判縣事　世宗
朝改稱僉節制使後移鎭于屬縣東平未幾還舊治後改縣令　明宗朝陞爲府
使嘉靖丁未以本府客使往來初程事體與義州同陞爲府使擇遣堂上文武
官一以彈壓邊城一以酬應客使宣祖朝降爲縣令復陞爲府使又置判官旋
罷萬曆壬辰與倭絶和降爲縣令己亥以天將接待事陞爲府使以堂上武臣
差送又置判官亦以武臣差送辛丑與倭復和以文臣差送革判官　孝宗朝乙
未設獨鎭　肅宗朝庚午兼防禦使旋罷其後以梁山　機張軍合操　當宁己未
兼守城將己巳陞爲獨鎭兼守城將　自主操鍊犒饋賞格以大同米射軍木會

減 屬縣東平縣 在府南十里本新羅 大甌縣景德王改今名爲東萊郡領縣高
麗顯宗屬梁州本朝世宗朝復來屬新增今爲東平面 鎭管郡一 梁山 縣一
機張

　○ 鎭堡

釜山鎭僉使　武正三品軍官三十六人鎭吏三十人知印十七人使令二十
二名軍年十五名

多大鎭僉使　武正三品軍官十四人鎭吏二十三人知印十三人使令十名
軍牢八名

豆毛浦萬戶 武從四品軍官八人鎭吏十一人知印十人使令五名

開雲浦萬戶 武從四品軍官八人鎭吏十一人知印十人使令五名

包伊浦萬戶 武從四品軍官十八人鎭吏十人知印九人使令二名

西平浦萬戶 武從四品軍官八人鎭吏六人知印三人使令二名

5) 기장현

　○ 建置沿革 本新羅 甲火良谷縣景德王改今名爲東萊郡領縣後屬梁洲
高麗顯宗屬蔚州後置監務本朝改縣監

　○ 성지

읍성 돌로 쌓았다. 둘레는 3,197척이며 높이는 12척이다. 지금은 허
물어졌다.

　○ 관애

두모포영 관아의 동쪽 7리에 있다. 수군만호 1명이 있다.

구증 정덕 경오년에 비로소 돌로 성을 쌓았다. 둘레는 1,250척이며
높이는 10척이다.

신증 승정 2년에 동래로 진을 옮겼다.[33)]

6) 영해도호부

○ 建置沿革 本高句麗于尸郡新羅景德王改有隣高麗初改禮州顯宗置
防禦使高宗以衛社功臣朴松庇之鄉陞爲德原小都護府後陞爲禮州牧忠
宣王二年汰諸牧改今名爲府本朝太祖六年始置鎭以兵馬使兼府使　太宗
十三年例改爲都護府屬縣英陽縣　英一作延在府西八十四里本古隱縣後
改今名爲郡高麗顯宗屬禮州明宗置監務後復來屬別號益陽本朝　肅宗朝
縣人陳疏分縣　원주　靑杞縣 在府北九十九里本大靑部曲舊屬靑鳧縣　小
靑部曲屬英陽縣 高麗忠烈王合大小靑部曲爲靑杞縣別號靑溪本朝　肅宗
朝還屬英陽縣

○ 성지

읍성 돌로 쌓았다. 둘레는 1,278척이며 높이는 13척이다. 동,서,남,
북문 4개 성문이 있다. 성 안에 3개의 우물과 1개의 연못이 있다.[34)]

7) 울산부

○ 建置沿革 本新羅　屈阿火村婆娑王始置屈阿火縣景德王改名河曲
或作河西　隷臨關郡　舊關門城 高麗太祖以縣人朴允雄有佐命功合東津
今柳浦面　虞風 今熊村面 二縣陞爲興麗府 或作興禮 置牧判官後降爲恭

---

33)『城池』邑城 石築 周三千一百九十七尺 高十二尺 頹毁『古跡』古邑城 在今治東五里
　　土築 周三千二百八尺『關阨』豆毛浦營 在縣東七里 水軍萬戶一人 舊增 正德庚午 始
　　築石城 規一千二百五十尺 高十尺 新增 崇禎二年 移鎭于東萊.

34)『城池』邑城 石築 周一千二百七十八尺 高十三尺 有東西南北四門 內有三井一池
　　『關阨』丑山浦營 在府東十四里 古有水軍萬戶一人 壬辰倭亂後 移鎭于東萊金山浦

化縣又改知蔚州事 降號世代未詳 顯宗置防禦使本朝太祖六年丁丑 洪武三十年 置鎭以兵馬使兼知州事 太宗十三年癸丑 永樂十年 罷鎭改號爲知郡事十五年乙卯 永樂十五年 移郡治于戒邊城北五里爲左兵馬都節制使營 世宗八年丙午 宣德元年 移郡治于營西七里 卽今府治 後罷營復置鎭以兵馬僉節制使兼知郡事十九年丁巳 正統二年 陞爲都護府復以節制使兼知府事置判官是年還降爲郡宣宗三十一年己亥 萬曆二十七年 陞都護府使 體察使 李德馨以壬辰倭亂邑人奮義討賊戰功最多 啓聞陞號 益以彦陽縣合於兵營兼爲都護府使三十三年辛丑 萬曆二十九年 復置判官光海九年丁巳 萬曆四十五年 罷兼府使及判官特置都護府使後彦陽分設孝宗二年辛卯 順治八年 割南界下尾面屬機張縣

兵營城 在府東十里周三千七百二十步高十二尺

○ 關院

兵營 左兵馬節度使

舊水營 在開雲浦 宣廟朝移營東萊

鹽浦營 在府東二十里舊有萬戶及倭戶正德庚午薺浦之變倭人悉歸對馬島萬戶今廢

船所 舊在島山下今移鎭開雲浦 代將一人兵船將一人戰船兵船各一雙

○ 鎭堡

西生浦鎭 在府南五十三里水軍萬戶一人壬辰倭寇築城留屯丁酉撤還後倭人所築城郭完好可爲大鎭故陞僉使武三品鎭吏十六人知印十五人使令十五名各穀摠一千九十石十四斗一升一合九夕

8) 흥해군

○ 建置沿革 本新羅 退火郡景德王改義昌郡 高麗初改今名顯宗屬慶
州明宗置監務 恭愍王以國師 裴千熙之鄉陞爲郡本朝因之鎭管慶州府
○ 성지

돌로 쌓았다. 둘레는 1,493척이며 높이는 13척이다. 성 안에 2개의
우물과 3개의 연못이 있으며, 남, 북문 2개의 성문이 있다[35].

4. 『증보문헌비고(增補文獻備考)』

1) 울산

○ 병마절도사 영성

돌로 쌓았다. 둘레가 3,723척이고 높이가 12척이며 타가 851이다.
성 안에 우물이 7곳, 도랑이 2곳 호지가 3곳이 있다. 본 영은 경주의 동
면 토을마리에 있었는데 뒤에 본부의 성으로 옮겼다. 태종 17년 우도의
창원부 합포 내상에 붙이었는데 세종 8년에 좌도 병영을 다시 세우고
봉부의 판사를 겸하게 하였다가 선조 37년에 본부의 내상에 병영을 따
로 설치하였다.

○ 염포폐진성

여지승람에는 동쪽 23리에 있는데 돌로 쌓았다. 둘레가 1,039척이
다. 지금은 폐성이다. 성 안에 우물이 3곳이 있다고 하였다.

---

35) 『城池』石築 周一千四百九十三尺 高十三尺 內有二井三池 有南北二門
　　『關阨』柒浦營 在郡東北十五里舊有萬戶營今移東萊府 豆毛浦鎭 在郡東十五里舊有
　　萬戶鎭今移東萊府.

2) 흥해

○ 칠포성

북쪽 15리에 있다. 중종 5년에 돌로 쌓았다. 둘레가 1,153척이다. 지금은 폐성이다. 성 안에 우물이 2곳이 있다.

3) 기장현

○ 두모포진성, 임랑포성

비국등록에는 모두 왜성이 있다고 하였다.

4) 동래

○ 읍성

돌로 쌓았다. 둘레가 3,090척이고 높이가 13척이다. 영조 7년에 옛 기지를 개척하여서 이를 조금 넓혀 고쳐서 쌓았으며 둘레가 1,7291척이고 높이가 17척이다. 성 안에 우물이 10곳, 못이 1곳이 있다.

○ 수군절도사 영성

동남쪽 7리에 있다. 돌로 쌓았다. 둘레가 9,190척이고 높이가 1장 3척이고 타가 375이다. 성 안에 우물이 3곳이 있다. 본래 수영을 울산의 개운포에 설치하였다가 뒤에 본 부로 옮겨 세웠다. 인조 13년에 감만이포에 옮겨 설치하였다가 효종 3년에 옛 터로 돌아왔다.

○ 다대포성

남쪽 54리에 있다. 돌로 쌓았다. 둘레가 1,806척이고 높이가 13척이다.

○ 두모포성

중종 5년에 돌로 쌓았다. 둘레가 1,010척이고 높이가 250척이다.

○ 고읍성

동쪽 20리에 있다. 서쪽과 북쪽은 흙으로 쌓았고 동쪽과 남쪽은 돌로 쌓았다. 둘레가 4,430척이고 지금은 폐성이다.

○ 동평현성

남쪽 20리에 있다. 서쪽과 북쪽은 흙으로 쌓았고 동쪽과 남쪽은 돌로 쌓았다. 둘레가 3,508척이고 지금은 폐성이다.

○ 부산진성

여지승람에는 남쪽 21리에 있는데 돌로 쌓았다고 하였다. 둘레가 1,689척이고 높이가 13척이다.

○ 해운포폐진성

여지승람에는 동쪽 9리에 있다. 중종 9년에 돌로 쌓았다고 하였다. 둘레가 1,036척이고 지금은 폐성이다.

○ 제석곶이성

여지승람에는 석성이 있다고 하였다.

○ 개운포성

동남쪽 30리에 있다.

○ 부산포성, 증산성

비국등록에는 모두 왜성이 있다고 하였다.

5) 영덕

○ 오포폐진성

비국등록에는 오보포성이라 하였다. 여지승람에는 남쪽 13리에 있는데 중종 때에 돌로 쌓았다고 하였다. 둘레가 1,490척이다. 지금은 폐성이다.

6) 영해

○ 축산포

동쪽 14리에 있는데 만호진이 있다. 선조 25년에 동래로 옮겨 설치하였고 인조 14년에 같은 부의 감만이포로 옮겨 설치하였으며 효종 3년에는 부의 남쪽으로 옮겨 설치하였다. 지금은 폐지되었다.

7) 영덕

○ 오포

남쪽 17리에 있다. 만호진이 있다. 순변사 고형산이 옛 군영은 해로 환하게 내다볼 수 없다하여 이곳에 옮겨다가 설치하였으나 지금은 폐지되었다.

8) 청하현

○ 개포

동쪽 6리에 있다. 일찍이 병선을 두었으나 그 해문이 광활하여 언제나 풍파의 근심이 있는 까닭에 옮겨서 영일현의 경계인 통양포에 설치하였다.

9) 흥해

○ 칠포

북쪽 15리에 있다. 예전에는 만호진이 있었는데 동래로 옮겼다.

○ 포이포

북쪽 20리에 있다.

○ 두모적포

동쪽 15리에 있다. 옛날에는 만호진이 있었는데 지금은 동래로 옮겼다.

10) 영일

○ 통양포

북쪽 22리에 있다. 옛날에는 만호진이 있었으나 지금은 흥해의 칠포로 옮겼다가 또 동래로 옮겼다. 이숭인의 읍성기에 있다.

○ 포항포

북쪽 20리에 있으니 바로 주진의 하류이다. 別將鎭이 있다.

11) 장기

○ 포이포

북쪽 17리에 있다. 만호진이 있었으나 선조 25년에 동래로 옮겼다.

12) 경주

○ 감포

동쪽 72리에 있다. 예전에는 만호진이 있었는데 선조 25년에 동래로 옮겼다.

13) 울산

○ 서생포

남쪽 53리에 있다. 선조 25년에 만호진이 설치하였다가 난리 뒤에 왜성의 안으로 옮기고 첨사로 승격시켰다.

○ 개운포

남쪽 25리에 있다. .... (중략)...... 수군절도사 영이 있었는데 동래 부산포로부터 여기로 옮겼다가 뒤에 도로 동래로 옮겨 설치하였다. 본부의 전선창은 예전에 증산 밑에 설치하였으나 강 어귀에 모래가 쌓여 배가 다닐 수 없게 되자 효종 7년에 이곳으로 옮겨 정박하게 하였다.

○ 염포

남쪽 23리에 있다. 만호진이 있었으나 지금은 폐지되었다.

14) 기장

○ 두모포

동쪽 7리에 있다. 만호진이 있다. 선조 25년에 동래로 옮겼다.

15) 동래

○ 좌수군절도영

남쪽 10리에 있었는데 예전에는 울산의 개운포에 있었다. 선조 25년에 동래의 남촌으로 옮겨 설치하였으나 선창의 애구에 모래가 쌓여 뱃

길이 통하지 못하였기 때문에 인조 14년에 동부의 감만이포로 옮겨 설치하였는데 왜관과 서로 가깝다하여 효종 3년에 남촌의 옛 기지에 도로 설치하였다. 현종 14년에 항구에 석축을 쌓아 흐르는 모래를 막았다.

○ 부산포

남쪽 21리에 있는데 가마솥모양과 같기 때문에 붙인 이름이다. 그 아래가 포구이다. 그 전에 왜관이 있었는데 숙종 4년에 왜관을 초량으로 옮기고 첨사진을 설치하였다.

○ 다대포

남쪽 50리에 있었는데 첨사진이 있고 대마도와 서로 마주본다. 진의 북쪽 15리쯤에 작은 성터가 많이 있으므로 이름을 고다대라 한다. 선창이 다른 진에 비하여 우수하며 비록 10여척의 전선이라도 수용해 둘 수 있으나 다만 소충이 여러 항구보다 심하다. 동쪽으로 15리쯤 가면 다아리도가 있으며 앞바다의 뱃길은 순편하다. 또 15리쯤 가면 절영도가 있어 왜관과 서로 마주보고 또 20리쯤 가면 오리지도가 있다. 또 20리쯤 가면 바로 수영의 선창으로서 통영과의 거리가 육로로는 3일 길인데 수로로는 서쪽으로 10리쯤 가면 고리도가 있고 또 15리쯤 가면 몰운대가 있다. ....

○ 두모포

남쪽 24리에 있는데 만호진이 있다. 선조 25년에 기장으로부터 부산으로 옮겼고 숙종 6년에 또 왜관의 옛 터로 옮겼다.

○ 개운포

동남쪽 30리에 있는데 만호진이 있다. 선조 25년에 울산에서 부산포로 옮겼다.

○ 포이포

동쪽 13리에 있는데 만호진이 있다. 선조 25년에 장기에서 남촌으로 옮겼다.

○ 서평포

남쪽 49리에 있는데 본래는 부의 남쪽 6리에 있다. 선조 25년에 다대포에 합속하였다가 뒤에 옛 진의 남쪽 2리에 옮겼다. 후에 선창이 풍파 때문에 기울고 무너져서 도로 다대포의 옛 터로 옮겼다. 만호진이 있다.

○ 감포

남쪽 11리에 있는데 그 전에 만호진이 있었다. 선조 25년에 경주에서 부산으로 옮겼다가 뒤에 도 남촌으로 옮겼는데 지금은 폐지되었다.

○ 축산포

남쪽 12리에 있으며 그 전에는 별장진이 있었다. 선조 25년에 영해에서 부산으로 옮겼다가 뒤에 또 감만이포로 옮겼는데 지금은 폐지되었다.

○ 칠포

남쪽 12리에 있으며 그 전에는 만호진이 있었다. 선조 25년에 흥해에서 부산으로 옮겼다가 뒤에 또 남촌으로 옮겼는데 지금은 폐지되었다.

○ 해운포

동쪽 18리에 있으며 그전에는 만호진이 있었으나 지금은 폐지되었다.

5. 『만기요람(萬機要覽)』

1) 울산

병영성 석축. 둘레 9,316척. 태종 8년 무자년에 우도의 창원부 合浦 內廂에 합쳤다가, 세종 8년 병오년(1426)에 좌도의 병영을 다시 설립하여 判慶州府事를 겸임케 하였다. 선조 27년 갑오년(1594년)에 따로 병영을 本府內廂에 설치하였다.

2) 동래

수영성 석축. 둘레 9,190척. 인조 13년 을해년(1635년)에 戌蠻夷浦에 설치했다가 효종 3년 임진년(1652년)에 다시 옛터에 옮겨 설치하였음.

多大浦城 석축. 둘레 1,806척.

豆毛浦城. 석성(石城). 둘레 1,250척.

6. 『대동지지(大東地志)』

1) 경주도호부

○ 진보

(혁폐) 감포진 동남쪽 75리의 바닷가이다. 지금 울산부 東津의 古縣 땅에 소속되었다. 中宗 7년에 돌로 쌓았는데, 둘레가 736척이고 우물 4개가 있다. 水軍萬戶를 두었다. 선조 25년에 동래로 옮겼다.[36]

---

36) 革廢 甘浦鎭 東南七十二里海邊 今蔚山府屬東津古縣地 中宗七年 石築 周七百三十六

2) 울산도호부

左兵營 太宗十五年置兵馬節制使營于慶州 東南二十餘里 十七年移設
於戒邊城北卽舊郡治 宣祖三十七年移設于內廂卽舊設營之地

城池 石城周九千三百十六尺井七渠二池三

○ 진보

서생포진 남쪽으로 50리에 있다. 처음에는 수군 만호를 두었다가, 선
조 25년에 왜인이 쌓은 外甑城으로 옮겨 설치하였다. 수군동첨절제사
1인.[37]

혁폐 염포진 남쪽 23리에 있다. 둘레 1,039척, 우물 3곳이며, 수군만
호가 있다. 옛날에는 언제나 일본인마을이 있었는데, 중종 5년에 薺浦
의 변이 알려지자 모두 본국으로 돌아갔다.[38]

개운포진 개운포에 있으며, 수군만호를 두었다. 선조 25년에 동래 釜
山浦로 옮겼다.[39]

3) 흥해

○ 진보

(혁폐) 칠포진 북쪽으로 15리에 있다. 옛날 두모적포에 있다. 중종 5
년에 여기에 옮겼고 또 영일현의 통양포 만호를 옮겼서 이 성에 합하였

尺井四 置水軍萬戶 宣祖二十五年移于東萊

37) 西生浦鎭 南五十里初置水軍萬戶 宣祖二十五年移設于倭人所築之外甑城 水軍同僉
節制使一員.

38) 革廢 鹽浦鎭 南二十三里城周一千三十九尺井三有水軍萬戶 舊有恒居倭戶 中宗五年
聞薺浦之變悉入本島.

39) 開雲浦鎭 在開雲浦有水軍萬戶 宣祖二十五年移于東萊之釜山浦.

다. 둘레가 1,153척이고 우물이 2곳이다. 수군만호를 두었다. 선조 25년에 동래부로 옮겼다.[40]

4) 영일

○ 진보

(혁폐) 통양포진 북쪽으로 22리에 있으며 수군만호를 두었다가 뒤에 흥해군 칠포에 옮겼다.[41]

5) 장기

○ 진보

(혁폐) 포이포진 북쪽으로 17리이며 옛날 수군만호를 두었다가 선조 25년에 동래부로 옮겼다.[42]

6) 기장

○ 진보

(혁폐) 두모포진 동쪽으로 7리이며 중종 5년에 성을 쌓았다. 둘레가 1,250척이다. 옛날엔 수군만호를 두었다가 선조 25년에 동래로 옮겼다.[43]

---

40) 『鎭堡』革廢 漆浦鎭 北十五里舊在豆毛赤浦 中宗五年移于此又移迎日縣之通洋浦萬戶合于此城 周一千一百五十三尺井二 置水軍萬戶 宣祖二十五年移于東萊府.

41) 『鎭堡』革廢 通洋浦鎭 北二十二里 有水軍萬戶 後合于興海郡漆浦.

42) 『鎭堡』革廢 包伊浦鎭 北十七里 舊有水軍萬戶 宣祖二十五年移于東萊府.

43) 『鎭堡』革廢 豆毛浦鎭 東七里 中宗五年築城 周一千二百五十尺 舊有水軍萬戶 宣祖

7) 동래

해운포 동, 남쪽은 석축이고 서, 북쪽은 토축이다. 둘레는 4,430척이다.[44]

左兵營 東南十里舊設本府之釜山浦後移蔚山之開雲浦 宣祖二十五年移設於本府南村 仁祖十四年移設于戢蠻夷浦 孝宗三年還于南舊基 顯宗十一年石築港口以防流沙

성지 성의 둘레는 9,190척이고 우물 3곳이 있다.[45]

○ 진보

부산포진 남쪽으로 20리에 있다. 본조 성종 19년에 축조하였다. 둘레는 5,356척이다. 수군첨제사가 1명이다.[46]

다대포진 서남쪽으로 50리에 있다. 성의 둘레는 1,806척이다. 옛날에 수군만호를 설치하였다. 후에 승격시켰다. 수군절제사겸 감목관 1명이다.[47]

두모포진 남쪽으로 25리에 있다. 선조 25년에 기장으로부터 부산으로 옮겼다. 숙종 6년 또 왜관 옛 터에 옮겼다. 성의 둘레는 1,250척이고 수군만호 1명이다.[48]

二十五年移于東萊府.

44) 海雲浦 東南石築 西北土築 周四千四百三十尺

45) 『城池』城周九千一百九十尺井三 官員 慶尙左道水軍節度使 中軍虞侯兼 倭學訓導各一員
屬邑 蔚山機張 屬鎭 釜山浦 多大浦 西生浦 開雲浦 豆毛浦 西平浦 包伊浦 本營及屬邑屬鎭各樣 戰舡六十五艘津舡四十二艘 東萊鎭 英宗朝陞獨鎭 守城將本府使兼 屬邑東萊梁山機張.

46) 釜山浦鎭 南二十里 本朝成宗十九年築城 周五千三百五十六尺 水軍僉節制使一員.

47) 多大浦鎭 西南五十里 城周一千八百六尺 舊置水軍萬戶 後陞水軍僉節制使兼監牧官一員.

48) 豆毛浦鎭 南二十五里 宣祖二十五年 自機張移設于釜山 肅宗六年又移于倭館舊基 城

개운포진 남쪽 30리에 있다. 선조 25년에 울산에서 부산포의 왜인이 축성한 성으로 옮겼으며 수군만호 1명이다.[49]

이포진 동남쪽으로 13리에 있다. 선조 25년에 장기로부터 이곳으로 옮겼으며 수군만호 1명이다.[50]

서평포진 서남쪽으로 49리에 있다. 옛날 부의 남쪽 6리에 있다. 선조 25년에 다대포에 합쳐서 옛 진의 남쪽으로 2리에 옮겼다가 또 다대포 옛 터에 다시 설치하였다. 수군만호 1명이다.[51]

(혁폐) 해운포진 동남쪽으로 18리에 있다. 중종 9년에 축성하였는데, 둘레가 1,036척이고 연못이 1개이다. 옛날에는 만호가 있었다.[52]

감포진 남쪽으로 11리에 있다. 선조 25년에 경주에서 부산으로 옮겼다. 또 남촌으로 옮겼는데 만호가 있었다. 영조 27년에 없앴다.[53]

축산포진 남쪽으로 12리에 있다. 선조 25년에 영해에서 부산으로 옮겼다. 인조 14년에 또 감만이포로 옮겼다가 효종 3년에 또 부의 남쪽으로 옮겼다. 옛날에는 만호가 있었다. 영조 27년에 없앴다.[54]

칠포진 남쪽으로 12리에 있다. 선조 25년에 흥해에서 부산으로 옮겼다가 또 남촌으로 옮겼다. 옛날에는 만호가 있었다. 영조 27년에 없앴다.[55]

帝釋串戌 有石城 中宗五年因倭變以孤絶難守罷之

周一千二百五十尺 水軍萬戶一員.

49) 開雲浦鎭 南三十里 宣祖二十五年 自蔚山移于釜山浦之倭人所築城 水軍萬戶一員.

50) 包伊浦鎭 東南十三里 宣祖二十五年自長鬐移設于此 水軍萬戶一員.

51) 西平浦鎭 西南四十九里 舊在府南六里 宣祖二十五年 合于多大浦移于舊鎭南二里又還設於多大浦舊基 水軍萬戶一員.

52) 革廢 海雲浦鎭 東南十八里 中宗九年築城 周一千三十六尺池一 舊有萬戶.

53) 甘浦鎭 南十一里 宣祖二十五年自慶州移于釜山又移南村 有萬戶 英宗二十七年罷.

54) 丑山浦鎭 南十二里 宣祖二十五年自寧海移于釜山 仁祖十四年又移于戡蠻夷浦 孝宗三年又移于府南 舊有萬戶 英宗二十七年罷.

55) 漆浦鎭 南十二里 宣祖二十五年自興海移于釜山又移于南村 舊有萬戶 英宗二十七罷.

8) 영해

○ 진보

(혁폐) 축산포진 동남쪽으로 14리에있다. 수군만호가 있다. 선조 25년에 동래의 부산포로 옮겼다.[56]

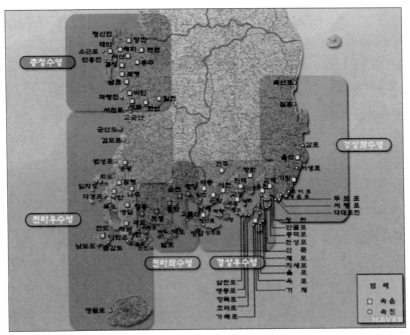

〈그림 1〉 남해안지역 영진보성 분포도

---

56) 『鎭堡』革廢 丑山浦鎭 東南十四里 有水軍萬戶 宣祖二十五年 移于東萊府之釜山浦.

영진보성 분류

영진보성은 입지유형, 평면형태, 축조수법에 따라서 크게 3종류로 분류할 수 있다. 축조수법에 따른 분류는 Ⅳ장에서 다루기에 여기서는 입지유형, 평면형태만 다룬다.

1. 입지유형에 의한 분류

영진보성이 축조된 입지에 따라, 해안평야형, 내륙형, 도서형, 해안선형 4가지 유형으로 분류할 수 있다.

1) A형 해안평야형

바다와 하천이 접하는 지점 해발 10~40m 이하 구릉이나 해안평야지대에 입지하는 형

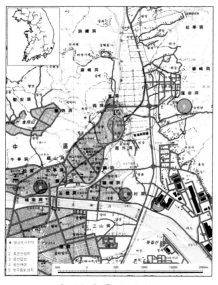

〈그림 1〉 울산 내상성

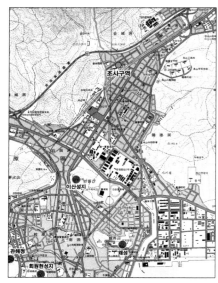

〈그림 2〉 마산 합포내상성

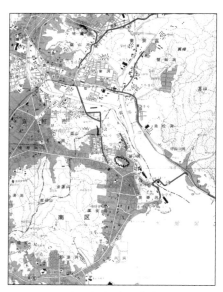

〈그림 3〉 좌수영성

2) B형 내륙형

바다와 인접하지 않으나 도박처를 통해 내륙으로 진출에 필요한 통로상 길목에 입지하는 형

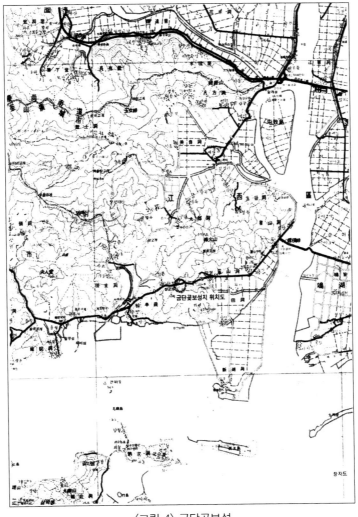

〈그림 4〉 금단곶보성

3) C형 도서형

좁은 협만이나 만곡된 포구와 주변에 크고 작은 도서가 산재하며, 주로 산사면이나 내만 돌출된 구릉상에 위치하는 형

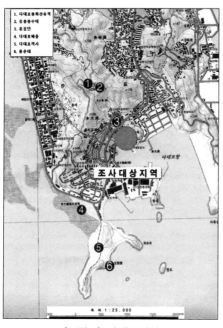

〈그림 5〉 다대포진성

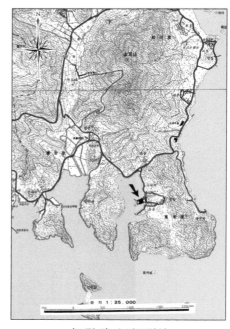

〈그림 6〉 소비포진성

4) D형 해안선형

해안선이 단조롭고, 포구가 넓어 한번에 여러 척의 배가 접안이 가능하며, 바다나 육지 어느 쪽에서도 쉽게 그 위치 파악이 가능한 형

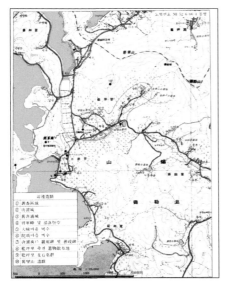

〈그림 7〉 통영 당포진성

〈그림 8〉 거제 옥포진성

〈그림 9〉 부산포진성

A형 해안평야형은 바다와 하천이 접하고 바다에서 하천을 이용하여 내륙으로 진입할 수 있는 길목에 위치하고 있고 주변에는 해안평야가 펼쳐져 있다. 따라서 영진보성은 평야와 구릉이 만나는 사면에 위치하여 해안에서 쉽게 발견하기 어렵다. 반대로 해당 성곽에서는 해안선과 하천을 관망하기는 매우 편리하다. 이러한 유형 가운데 대표적인 성곽으로는 울주 화산리 성지를 들 수 있다. 울주 화산리 성지는 그 위치와 주변의 여건을 볼 때 통일신라시대부터 이 지역에 침입하는 대왜구 방어기지로 사용되었음이 확실시됨으로 이 유형에 포함시켰다. 울주 화산리 성지 외에도 이러한 유형에 속하는 것으로서는 두모포진성, 마산 합포성, 서생포성, 염포성, 울산 병영성, 좌수영성 등이다.

B형 내륙형은 해안에서 벗어난 내륙에 위치한다. 적이 해안에 상륙 시 내륙으로 진출하기 위해서는 반드시 거쳐야 하는 수륙교통 요충지에 설치되어 있다. 내륙형은 차단성 기능과 입보수성처 역할을 동시에 수행하였다. 이 유형으로는 대표적으로 금단곶보성을 들 수 있다. 금단곶보성은 진해와 부산 사이의 교통로상에 위치하는 고개에 축조되어 있으며, 일반 영진보성들과 달리 산정에 위치하여 산성적인 기능수행을 하고 있다.

C형 도서형은 좁은 협만이나 만곡된 지형 내부에 위치하고 주변에 크고 작은 도서들이 산재해 있으므로 적이 아군을 쉽게 발견하지 못하는 잇점이 있다. 그러나 아군 역시 좁은 협만과 만곡된 지형으로 인해 적 출입을 쉽게 파악하기 힘들다. 이러한 단점을 보완하기 위해 주변산의 간봉과 연결하여 조기경보체제를 구축하고 있다. 이 유형으로는 고성 소비포진성, 가배량성, 구율포성, 다대포진성,삼천진성, 안골포진성, 오량성, 천성진성 등이 있다.

D형 해안선형은 진입포구가 넓고 완만한 해안선을 이루며, 한번에 여러 척의 배를 접안할 수 있는 지형을 가진 곳이다. 이러한 지형은 전방에 영진보성을 방어해줄 만곡된 지형이나 해안도서들이 거의 없다. 또한 포구 폭이 넓어서 방파제나 굴강시설과 같은 인공시설을 설치해야만 한다. 이런 지형조건을 갖춘 영진보성은 그 방어상 취약점을 보완하기 위하여 수중목책과 같은 시설을 설치하여 선박 및 인원의 출입을 통제함으로서 외부로부터의 기습적인 공격에 대비하였다. 이러한 유형은 당포진성, 부산포진성, 옥포진성, 제포진성 등이 있다.

2. 평면형태에 의한 분류

영진보성 평면형태로 본 유형을 살펴보면 대체로 방형, 원형, 주형, 제형으로 나누어 볼 수 있다. 이러한 것은 연해읍성과 대동소이하다. (<표 1> 참조)

<표 1> 남해안 영진보성의 평면형태 분류

분류	유형	형식
영 진 보 성	방형	Ⅰ－A
		Ⅰ－B
	원형	Ⅱ－A
		Ⅱ－B
	주형	Ⅲ－A
		Ⅲ－B
	제형	Ⅳ－A
		Ⅳ－B

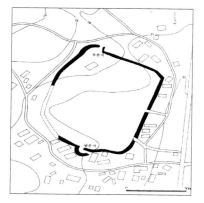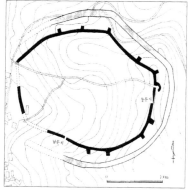

〈그림 10〉 방형 및 원형 평면도(좌: 구율포진성 우: 지세포진성)

1) 방형

방형은 조선시대 이전부터 가장 오랫동안 존재하였던 성곽 평면형
태로서 연구자에 따라서는 방형 평면형태가 나타나는 것이 주례고공
기(周禮考工記)의 영향에 의한 중국적요소로 파악하고 있다.[1] 이러한
방형은 삼국시대와 고려시대를 거쳐 조선시대에 이르기까지 지속적으
로 사용되어 온 성곽 평면형태로서 영진보성은 물론 남해안지역 연해
읍성 축조에도 사용되고 있다. 연해지역에서 방형 평면형태로 축조된
영진보성은 구율포진성이다. 방형은 조선시대 경주읍성, 김해읍성, 남
해읍성, 언양읍성, 웅천읍성, 함안읍성에서 확인되고 있다. 축조시기,
체성 둘레와 상관없이 평지성 유형으로 축조되나 내륙읍성에는 평산
성 형태도 확인되고 있다. 영진보성에서는 성종조에 축조되는 거제도
구율포진성이 장방형 평면형태로 파악된다. 선조 30년 이후 축조된 제

---

1) 최원석, 「경상도 읍치 경관의 역사지리학적 복원에 관한 연구: 南海邑을 사례로」, 『문
화역사지리』 제16권, 2004.

주도 수산진성도 정방형으로 축조되어 있다. 다만 평면형태가 정방형인 Ⅰ-A식은 영진보성 평면형태에서는 확인되지 않고 있다. 평면형태가 장방형인 Ⅰ-B식만 영진보성 평면형태에서 확인되고 있다.

2) 원형(Ⅱ식)

영진보성 원형 평면형태로 축조되어 있는 것은 소수에 불과하다. 특히 정형화된 원형 평면형태를 가진 영진보성은 없다. 다소 불규칙한 타원 내지 장타원형에 가까운 평면형태를 나타내는 영진보성이 있다. 이러한 원형 평면형태를 가진 영진보성으로 지세포진성, 제주도 조천진성 등이 있다.

3) 주형(Ⅲ식)

남해안지역 영진보성에서 가장 많은 평면형태는 기존 연구에서 분류되지 않는 다소 특이한 평면형태인 주형(舟形) 평면형태가 있다. 이 주형은 연해읍성을 비롯하여 내륙읍성에서도 다수가 확인되고 있다. 조선시대 전기에 유행한 하나의 평면패턴이었음을 알 수 있다. 특히 이 주형은 15세기에 이어 16세기에 걸쳐 축조형태가 확인되어 조선시대 전기 축성흐름을 파악하는 중요한 유형이라고 할 수 있다. 이 주형 평면형태는 기존에는 부정형과 타원형으로 분류되던 것인데 평면형태가 배모양을 닮아 명명한 형식이다. 분류기준에 있어서도 타원형의 경우에는 원형을 기준으로 돌출되는 양 지점 대칭점을 선으로 연결이 가능한 반면에 주형은 장축의 한쪽 정점은 비교적 돌출되어 전체적으로 좁아지는 형태인데 반해 대칭되는 정점의 경우는 직선형 내지는 말각형을 띠고 있다. 흡사 우리나라 한선(韓船) 구조와 동일한 형태로 앞은 좁고 뒤는 넓은 형태로 이루어져 있다. 따라서 이 두 정점이 연결된 정직선을 기준으로 돌출한 정점의 너비가 대칭되는 정점 너비의 1/2를 넘지 않은 것을 III－A식, 1/2를 넘는 것을 III－B식으로 나눈다.

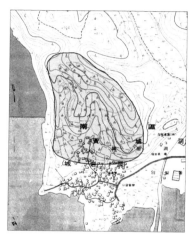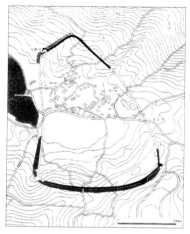

〈그림 11〉 주형 평면도(좌: 개운포영성 우: 가배량진성)

(1) III－A식

III－A식은 전체적으로 한쪽 부분을 구릉 정상이나 돌출된 지형에 체성이 축조되어 있는 형태이다. 이로 인해 지형조건에 의해 축조된 것으로 판단하여 부정형에 포함되는 것이 대부분이다. 그러나 단순히 지형적인 원인에 의해서만 축조된 것으로 보기에는 다소 이견이 있을 수 있다. 즉 기존 타원형 내지 부정형으로 분류되는 평면형태 가운데 타원형은 장축과 단축을 이루는 대칭점이 있는 반면에, 주형 III－A식은 한쪽 정점은 비교적 돌출되어 전체적으로 좁아지는 형태인데 반해 대칭되는 지점은 직선형 내지는 말각형을 띠고 있는 것이 대부분으로 타원형이라고 지칭하기에는 다소 무리가 있다. 이 유형에 속하는 영진보성은 울산경상좌병영성(1417년), 개운포진성(1459년), 소비포진성(1481년 이전), 금단곶보성(1485년), 가배량진성(1488년) 등이 있다.

(2) Ⅲ−B식

Ⅲ−B식은 남북벽이 둥글게 만곡하고 서벽에 비해 동벽이 현저하게 좁아지는 전형적인 한선(韓船) 형태를 이루고 있다. 당시 축성패턴으로 주형 평면형태를 생각해 볼 수도 있을 것이다.[2] 이러한 Ⅲ−B식 전형으로서는 남해안지역에서는 평면 장타원형 토성 치소성으로 축조된 마산 회원현성이 조선시대 전 단계의 모티브라고 할 수 있다. 따라서 이와 같은 양상을 염두에 두고 영진보성을 살펴보면, 사등성(1426년), 마산 합포성(1430년) 등이 이 형식에 속하는 것으로 분류할 수 있다. 또한 경상좌수영성도 여기에 해당한다.

4) 제형(Ⅳ식)

남해안 연해지역은 조선 전기에 신축된 읍성 형태와 기존 고읍성 내지 산성을 개축하여 축조한 읍성 형태를 년대별로 분류하여 볼 때 토성에서 개축된 읍성과 신축된 읍성 가운데 석재로 축조된 성곽 평면형태에서는 일정한 형태변화가 확인된다. 즉 평면플랜이 고려시대를 포함한 그 이전에 축조된 토축 읍성 중 석성으로 개축되는 성곽은 평면형태

---

2) 심봉근은 1991년 앞의 논문에서 이러한 고현읍성 평면플랜에 주목하여 주(舟)와 관련한 것에 관해 언급하고 있어 새삼 주목된다.

가 제형(梯形)이 압도적으로 많은 양상이다. 이러한 제형은 고려시대 토성인<형→제형 형태로 점차 변형되어 나타나는 것이다. 이와 같은 제형은 통상 사각형, 사다리꼴, 마름모, 오각형 등을 모두 포함하는 용어로서 다소 부족한 면이 없지 않지만 부분적인 차이로 인해 너무 분류가 세분되는 번잡함을 피하고 실제 형식분류에 있어서도 차이가 없기 때문에 그대로 사용한다. 이 제형은 크게 IV-A, IV-B 형식으로 나뉜다.

(1) IV-A식

IV-A식은 체성 4면 가운데 한면이 돌출되는 평면형태인 "L"형으로 축조된 것이 특징이라 할 수 있다. 이 유형에 해당하는 영진보성은 연해읍성과 달리 현재는 확인되지 않는다. 이 형식은 전 시대 판축토성으로 축조된 치소성 평면형태가 조선시대에 들어서도 계속적으로 사용되는 것으로서 후술할 IV-B식으로 점차 변형되어 간다.

(2) IV-B식

IV-B식은 돌출된 지점이 점차 사선화 되어 종래에는 사다리꼴 즉 제형 평면형태로 축조되고 있는 것이 특징이라 할 수 있다. 여기에 해당하는 남해안지역 영진보성은 오량성이 있고 그 외에 서천 장암진성이 이 범주에 해당한다.

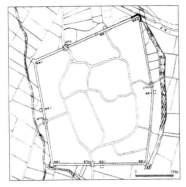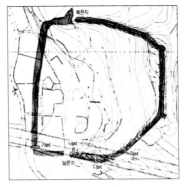

〈그림 12〉 제형 평면도(좌: 오량성 우: 장암진성)

이상 남해안 영진보성에서 확인되는 평면형태는 연해읍성과 동일하게 방형과 원형, 주형, 제형이다. 이 4가지 유형의 평면형태 비율을 살펴보면, 방형(Ⅰ식)은 전체 20개소 가운데 1개소로 5%에 해당한다. 원형(Ⅱ식)은 15%인 3개소, 주형(Ⅲ식)은 10개소로 50%, 마지막으로 제형(Ⅳ식)은 6개소로 30%에 해당한다. 주형이 절반을 차지하고 제형이 그 다음을 차지하는 것을 알 수 있다.

① 방형: 구율포
② 원형: 지세포, 구영등포성, 부산포
③ 제형: 안골포, 제포, 두모포, 오량성, 장암진성(서천), 당포성, 옥포
④ 주형: 좌수영성, 개운포성, 울산병영성, 소비포, 사등성, 금단곶보, 합포성, 다대포진성, 가배량진성, 구조라성

영진보성 축조수법

1. 체성 축조수법

남해안 영진보성 체성이 조사된 것은 전라좌병영성, 오양성지, 경상좌수영성, 개운포진성, 구소비포진성, 발포진성, 금단곶보성, 다대포진성, 당포진성, 두모포진성, 법성포진성, 옥포진성, 경상좌병영성, 장흥진성, 금갑진성, 천성진성, 통영성, 합포내상성, 회령포진성, 이외에도 안흥진성, 장암진성 등이다.

이 장에서는 고고학적 조사에서 확인된 영진보성 체성을 기단부, 체성 외벽, 내벽적심부, 외벽기단보축 순서로 살펴본다.

산이 많은 우리나라 성곽 축조 특성상 급경사를 포함한 자연적인 제약 조건을 극복해야하는 체성 축조에 있어 기단부를 축조하는 것은 많은 공력이 수반되고 축조 이후 그 관리에도 많은 인력과 물자가 소요되기 때문에 기단부 축조가 특히 중요하였다.

이 기단부는 조성 첫 단계인 성기심정[1] 후 구지표에 대한 굴착과 기반암층에 대한 굴착, 이후 굴착한 토사를 이용한 기초부 조성과 기초석 사용, 나무지정 이용 등이 확인된다. 이때 각각 공정에 따라 축조수법에 시간적 차이가 확인된다.

성곽 축조 공정순서에 따라 먼저 기초를 조성할 때 기단부에서는 대략 5가지 유형의 축조수법을 사용하였다.

첫째, 구지표 내지 원지반을 일정한 깊이로 판 후 돌을 섞어 넣어 단단히 다지는 적심공법을 사용한다. 그 위에 다듬은 판상형 석재를 깔고 다시 그 위에 지대석을 설치하고 마지막으로 성석은 10~20cm 내외로 들여 줄을 맞추어 쌓아 올린다. 이때 지대석을 포함한 기단석 일부 혹은 전부 외피부분을 흙으로 다짐하였다. 이 축조수법은 지반자체가 연약하거나 습지 혹은 강변 등지를 기반으로 하는 성곽축조에 주로 사용되었으며 삼국시대 성곽축조에서도 확인된다. 여기에 해당하는 영진보성은 오량성, 개운포진성, 금단곶보성, 합포내상성, 경상좌병영성 등이다.

둘째, 영진보성 일부 석축구간은 기반이 풍화암반인 경우에는 상면을 평탄하게 다듬은 후 지대석 없이 기단석을 올렸다. 이는 지질적으로 단단한 기초부를 가지고 있어 별도 보강이 필요 없는 구역에 해당하는 것이다. 여기에 해당하는 영진보성은 통영성이다.

셋째, 기단부 조성 시 바닥을 굴착하여 점토로 다진 후 할석과 흙을 섞어서 기초부를 조성하는 것이다. 여기에 해당하는 영진보성은 안흥진성, 옥포진성, 장암진성 등이다.

넷째, 급경사 구간에서는 커다란 쐐기 모양 근석을 튀어나오게 가로

---

1) 성 쌓을 곳의 지형과 지질을 살피고 성둘레를 비롯한 성곽의 규모와 축조방법을 사전에 조사하는 것.

놓아 성벽에 밀려드는 석재 하중을 골고루 분산시키도록 하는 것이다. 이때 근석 간격은 7m 내지 3.6m 간격을 유지하여 차이를 보인다. 조선시대 남해안 영진보성에서는 이러한 기단부 축조는 확인되지 않으며 하동읍성(1417), 상당산성, 포천 반월산성, 대전 보문산성 등에서 확인된다.[2]

다섯째, 기존 체성 기단석 및 성석을 정리하고 흙을 다진 후 그 위에 성석과 흙을 섞어서 축조하는 것이다. 임진왜란 이후 심하게 훼손되거나 파괴된 읍성 및 영진보성에서 나타나는데 대표적으로 경상좌병영성, 경상좌수영성, 옥포진성 등이다.

기단부 축조에 있어서 급경사 등 자연지형에 따른 제약을 극복하고자 기단수평화를 실시하여 축조하는 것이 일반적인 상식이다. 그러나 영진보성에 인접한 조선 전기 축조 연해읍성에서는 사직선기단 축조 수법이 먼저 확인된다. 영진보성에서는 울산 경상좌병영성, 전라도 금갑도진성, 법성진성에서 확인될 뿐이다. 이후 최근까지 조사된 영진보성에서는 거의 확인되지 않는다. 즉 연해읍성에서 확인되는 사직선기단 축조는 급경사라는 지형적인 제약조건이 있음에도 과거 고려시대 말까지 계속 축조된 판축토성 기단부 축조수법을 읍성축조에 적용한 결과라고 할 수 있다.[3] 따라서 사직선기단 전통이 조선 전기 읍성 축조에는 일정기간 적용되고 있는데 반해 영진보성 기단부 축조에서는 읍성과는 다른 양상이 확인되고 있는 것이다. 이러한 양상은 남해안지역 영진보성에서 공통적으로 확인되고 있다.

---

2) 충청북도, 『상당산성』, 『한반도 중부 내륙지역 산성』II, (사)한국성곽학회편, 2008, 68쪽.
3) 이일갑, 「경남지역 연해읍성에 대한 연구」, 동아대학교 대학원 박사학위논문, 2007, 90~92쪽.

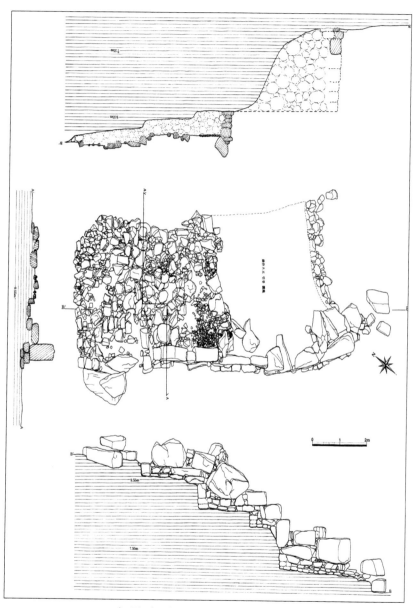

〈그림 1〉 기단수평공법(소을비포진성)

다음 체성 외벽에 사용되는 성석 크기와 모양에 따라 조선 전기와 후기의 차이점을 구분 할 수 있다. 이것을 확인하기 위해 남해안 영진보성 체성에 잔존하는 기단석을 비롯한 성석 표본을 지정하여 그 길이와 높이를 계측하였다. 계측된 수치는 먼저 60~100×27~45cm, 내외의 수치군이 있고 이것을 다시 높이:길이로 나눈 수치를 가지고 길이 값을 1로 할 때 높이 값의 변화를 파악하였다. 이때 총 표본 가운데 가장 높은 값과 가장 낮은 값은 버리고 나머지 값을 표본집단으로 설정한 결과 총 5개 집단군이 형성되었다. 5개 집단은 수치에 따라 제1집단 표준값이 0.3, 제2집단 0.4, 제3집단 0.5, 제4집단 0.6, 제5집단 0.7로서 수치 1에 가까울 수로 성석 형태가 정방형에 가까워지는 것을 알 수 있다. 0에 가까울수록 길이가 길고 높이가 짧은 세장방형으로 파악할 수 있다. 따라서 파악된 표본 성석은 0.5의 값을 가진 성석이 높이에 비해 길이가 길게 나타나고 있어 장방형내지 방형 성석이 사용된 것을 알 수 있다.[4]

두 번째 군은 기단석 크기가 100×300×250cm, 200×300×50cm, 100×70 ×70cm, 200×160×150cm 등이 다수로 파악된다. 역시 수치를 비교해본 결과 높이:길이를 나눈 값이 기준인 1을 초과하는 것으로 파악되고 있다. 해당 영진보성 체성 기단석은 길이에 비해 높이가 더 큰 장대석을 이용하여 축조되어 있는 것을 확인할 수 있다. 여기에 해당하는 영진보성은 성종 16년을 기준으로 축조된 것으로 알려진 것이다.

---

4) 이일갑, 「조선시대 성곽의 축조수법을 통한 형식설정」, 『동아시아의 문물』, 2012, 387쪽.

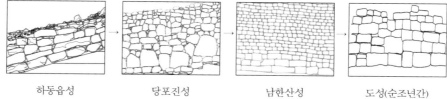

| 하동읍성 | 당포진성 | 남한산성 | 도성(순조년간) |

〈그림 2〉 조선시대 성곽 체성부 외벽면석 축조변천 모식도

이러한 결과를 놓고 볼 때, 외벽면석에 따라 3가지 유형이 확인된다. 첫 번째 유형은 울산병영성 초축 성벽, 합포내상성 초축 성벽 등이 해당한다. 부산 구랑동성 석축성벽, 광주읍성 초축 성벽, 기장읍성, 하동읍성, 진도 용장산성과 유사하거나 동일한 양상으로 축조되어 있다. 이 성곽들의 초축 및 사용시기가 고려시대 및 고려시대 읍성축조수법 전통이 계속해서 사용된 성곽이라는 점에서 시사하는 바가 크다. 즉 시기적으로 15세기 초에 축조된 울산병영성, 창원 합포내상성은 수치에서 알 수 있는 것처럼 이전시대인 고려시대 말 토성 흔적과 그 전통을 계승한 체성 축조수법을 적용하여 외벽면석 크기 및 형태가 방형 및 장방형, 세장방형으로 축조되어 있는 것이다.

두 번째 유형은 세종 11년을 기점으로 본격적으로 축조된 읍성부터 중종조 사이에 축조되는 읍성과 영진보성이 해당한다. 특히 영진보성 체성 외벽면석은 통상 입수적한 장대석과 직교하게 좁고 길쭉한 성석을 뒷채움하여 장대석 높이만큼 축조한다. 이러한 기단석 윗단에 축조되는 성석부터 성석간에 서로 눕혀쌓기와 세워쌓기를 반복해서 실시하여 체성 여장하단 미석까지 이르는 축조수법이다.

세 번째 유형은 표준수치 외벽면석을 높이:길이로 나눈 결과 높이와 길이가 비례하거나 높이에 비해 길이가 1.3~1.5배 가량 차이 나고 있음을 확인할 수 있다.

따라서 세 번째 유형에 해당하는 16세기 이후 17세기에 축조되는 영진보성은 15세기 초와 크기가 유사하거나 조금 작아진 치석된 성석을 외벽면석에 사용하고 있음을 알 수 있다. 이 영진보성에 해당하는 것은 안흥진성, 통영성 등이다.

이것은 세종조 축성신도 반포 전후부터 성조조 영진보성 축조와 임진왜란 직전 전국적인 성곽수축이 이루어지는 시기 축조수법과는 차별성을 지니는 것으로 파악되는 것이다. 즉 임진왜란을 기준으로 16세기 이후에는 체성 외벽 성석 크기와 형태가 통상 알려진 조선시대 전기 읍성, 영진보성 체성 외벽에 사용된 성석크기 및 형태와는 일정한 차이가 나타나는 것이다.

따라서 남해안지역 영진보성을 비롯한 조선시대 영진보성 체성 외벽 성석은 15세기 전반인 세종 11년을 전후한 시기에는 장방형, 세장방형, 방형 석재를 비교적 눕혀쌓기를 이용하여 축조하였다. 이후 16세기 말에 이르기까지는 방대형 성석을 입수적하여 축조였다. 17세기 들어서는 일부 영진보성에서는 16세기 말까지 사용된 방대형 입수적한 체성 축조수법이 확인되지 않고 15세기 전기 성석과 유사하거나 조금 작은 성석을 사용하여 축조하였다.

영진보성은 또한 체성 내벽 적심 축조수법에 따라 분류가 가능하다. 우선 체성 적심수법에 따라 내외벽 중간에 잡석으로 적심을 채우고 다시 축차적으로 폭을 좁혀 계단상 형태로 이루어진 것, 자연대석 외벽과 적심 부분에 잡석과 할석을 사용하고 흙으로 내탁 후 마감하는 것, 외벽면석 바로 뒷부분(약 2m 내외)에 한해서는 잡석과 할석을 채우고 그 뒤에 성토상의 흙을 채우는 것 등의 유형식에 따라 대체로 세 가지 유형으로 나눌 수 있다.

먼저 첫 번째 유형은 자연대석을 사용하고 외벽에서 내벽을 향해 2~3m 간격으로 침석을 직교하여 쐐기식으로 쌓고 그 뒤 내벽은 잡석으로 적심을 채워 축차적으로 계단상 형태이다. 이 유형으로는 개운포진성, 합포내상성, 천성진성 등이다.

두 번째 유형은 자연대석 외벽과 적심부분에 잡석과 할석을 사용하고 적심부 상부를 비롯한 내부를 유사판축상 흙으로 피복하는 형이다. 이 유형으로는 울산 경상좌병영성, 금갑진성, 금단곶보성, 다대포진성, 당포성, 두모포진성, 법성포진성, 소을비포진성, 오량성, 장흥진성, 회령포진성 등의 영진보성이 여기에 속한다.

세 번째 유형은 방형 및 장방형 내지 자연대석 성석을 이용하여 외벽을 축조하고 내벽을 일정부분(약 2m정도) 잡석을 채우고 뒷채움은 판축 및 성토법을 사용한 것이다. 이 유형으로는 경상좌수영성(임진왜란 이후), 옥포진성, 통영성 등이 해당하고 기타지역에서는 장암진성, 안흥진성 등이 해당된다.

이러한 3가지 유형에서 확인할 수 있는 것은 첫 번째 유형에 해당하는 울산 개운포진성과 합포내상성은 비교적 조선 전기 이른 시기인 15세기 초반에서 중반에 해당하는 축성 년대를 보인다. 반면 두 번째 유형은 성종 16년(1485)을 기점으로 축성된 것으로서 15세기 후반에 해당하는 시기로 남해안지역 영진보성 다수가 여기에 해당한다.

마지막으로 세 번째 유형은 성종과 중종을 거쳐 임진왜란 이후 17세기 후반에 이르는 조선시대 전기 후반 및 중·후기 시기에 축조된 것이다.

따라서 영진보성 체성 내벽 축조수법은 계단식→외벽석축내탁식으로 축조되고 있다. 성종 16년 이후 축조되는 대부분의 영진보성은 계단식 보다는 외벽석축내탁식으로 축조된다. 또한 16세기 이후에 축조되는 영진보성 역시 외벽석축내탁식으로 축조되고 있다.

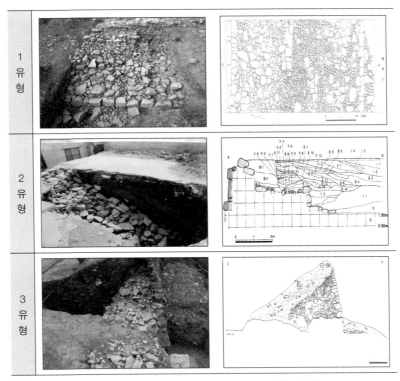

〈그림 3〉 영진보성 체성부 내벽 적심부 축조유형

　다만 최근에 조사된 천성진성에서는 북문지 주변 수축 체성 축조수법이 계단식(조사자는 층단식)으로 확인되고 있어 16세기 중반 이후나 혹은 17세기에도 계단식 축조수법이 사용되는 것인지에 대한 향후 검토가 필요할 것으로 판단된다.[5]

　영진보성 체성 각 부분에 따라 축조유형에 따른 시기별 특징이 다음

---

5) 부산박물관, 「천성진성－2016년 시굴조사 보고서」, 『부산박물관 학술연구총서』 제55집, 2017.

과 같다. 먼저 16세기 이전에 축조된 영진보성 체성 기단부는 울산좌병영성, 법성진성, 금갑도진성 등에서 사직선기단 축조수법이 확인되고 있다. 이것은 전반적인 축조수법이 아닌 일부에서 확인되는 것으로 대부분 영진보성에서는 기단수평화공법으로 축조되었음을 앞에서도 밝혔다. 반면에 15세기 후반에서 16세기 말 사이에 축조된 영진보성은 기단부를 조성할 때 읍성 축조수법에서 사용하는 지정과 석축보강 등을 실시하고 있다.

15세기 전기 전반에 축조된 영진보성은 외벽 축조수법에 있어 체성 면석은 장방형과 방형 형태로 치석 내지 가공되며, 입수적한 장대석은 아직 사용되지 않거나 소수에 불과하다. 반면에 15세기 중후반에서 16세기 말 사이에 축조된 영진보성은 체성 외벽면석 쌓기는 허튼층쌓기와 바른층쌓기, 입수적쌓기 등이 혼용되어 나타난다.

내벽 적심부를 살펴보면, 15세기 전기 전반에 축조된 영진보성은 인두대 크기할석과 침석 등을 이용하여 계단식으로 축조하였다. 반면에 15세기 후반에서 16세기 말 사이에 축조된 영진보성 내벽은 흙을 성토하거나 일부 유사판축으로 다지고 그 일부를 절개한 후 외벽면석과 할석을 이용하여 축조된다. 이때는 여장을 구비한 듯하다. 이때 원총안, 근총안 등의 구별을 따로 둔 것 같지는 않다. 또한 여장 및 체성에 석회 사용은 이루어지지 않았다. 전돌 및 전돌 형태를 닮은 성석사용 여부는 확인되지 않는다.

16세기 이후 축조되는 영진보성은 먼저 기단부 조성 시 바닥을 굴착하여 점토로 다진 후 할석과 흙을 섞어서 기초부를 조성한다. 그리고 급경사 구간에서는 지대석 없이 성석을 축조하고 있다. 또한 15, 16세기에 축조된 기존 영진보성 체성 기단석 및 성석을 우선 정리하고 그 위에 흙을 다진 후 성석과 흙을 섞어서 축조하는 것이 확인된다. 이러한 것은 임진왜란 이후 심하게 훼손되거나 파괴된 읍성 및 영진보성에서 확인된다. 울산 경상좌병영성, 경상좌수영성, 옥포진성 등에서 확인된다.

16세기 이후에 축조되는 영진보성 외벽면석은 앞서 언급한 15세기 전기 축조되는 영진보성 체성에 사용된 방형 및 장방형 같은 성석으로 축조되며 구간에 따라 그렝이공법을 사용한 흔적도 확인된다. 다만 이 그렝이공법은 도성 주변 및 지방거점산성에서도 확인되고 있어 검토의 여지가 있다.

17세기 도성, 읍성, 산성, 강화도 등지 성곽 외벽면석은 사각형 면석 및 위아래와 좌우 성석에 모양을 맞춘 그렝이법이 활성화되는 변화가 나타난다. 반면에 남해안지역 영진보성 외벽 면석은 변화가 확인되지 않는다. 다만 기존 무너진 성석 재활용이나 장대석을 여러 개로 치석하여 허튼층쌓기, 바른층쌓기, 면석쌓기 등으로 혼용하였다. 미석은 축조되고 있으며 총안을 구비한 여장이 축조되며 석회와 전돌을 사용한 것으로 판단된다.

내벽 적심부 축조수법은 전기에 확인되는 계단식은 확인되지 않으며 외벽석축내탁식만 확인된다. 전체적으로 경사진 내탁식으로 토석혼축쌓기, 성토쌓기, 할석쌓기 등으로 축조되고 있다. 이때 외벽 기단 보축은 전기에 축조한 것에 흙을 이용하여 축조하고 있거나 훼손된 후 축조되지 않는다.

이 시기는 도성 및 주변 산성과 지방에는 거점 산성을 수리 축조하여 운용하는 것이 국방전략이었던 바 상대적으로 영진보성 축조 및 운용은 쇠퇴하거나 폐지되었다. 결과적으로 국방체계 중심으로 둔 도성과 주변 산성과 지역 거점산성에서는 체성 축조수법의 변화를 파악할 수 있으며 도성과 지방 거점성곽 축조수법에서도 일치화를 확인할 수 있다.

이때 지방 읍성과 영진보성, 특히 남해안지역 영진보성은 17세기 국방체계 변화에 따른 체성 외벽 축조수법 및 부대시설 설치 등이 확인되지 않는다.

따라서 17세기 이후부터 20세기 초반까지 남해안지역 각 육군병마절도사영·수군절도사영에 소속된 영진보성 축조수법에는 큰 변화를 나타나지 않는다. 다만 삼도수군통제영이 소재한 통영성에서는 포루 설치와 성석 크기 규격화 및 수평 맞추기과 확인된다, 진주성에서도 성석 크기 규격화 및 수평맞추기와 그렝이공법이 외성에서 확인된다. 또한 조선 후기에 독진(獨鎭)이 설치되는 동래읍성에서 성석 크기 규격화와 수평맞추기와 역시 그렝이공법 및 외벽석축내탁식 사용 등이 확인되고 있다. 이러한 양상은 17세기 전후로 도입되는 중국, 일본, 서양성곽축조기술에 영향을 받아 축조된 듯하다.6) 아울러 16세기 이후 17세기에는 행정체계상 상위체계인 부(府)·목(牧) 등과 영진보성 가운데 영성(營城)에 해당하는 성곽에서만 축조수법과 부대시설 설치 등의 새로운 성곽프로세스가 확인되는 것이다.

그 외 남해안지역 영진보성은 조선 전기에 축조된 체성을 그대로 유지 보수하거나 퇴락한 상태로 방치한 것으로 파악된다. 조선 전기 이래 조선 후기에 이르기까지 남해안지역 영진보성 체성 축조수법은 일관되게 유지된 것이라고 할 수 있다.

---

6) 이천우, 「남한산성 축성법에 관한 연구」, 명지대학교 석사학위논문, 2006, 168~169쪽.

축조수법	협축식/계단식	외벽석축내탁식
울산병영성(1417)		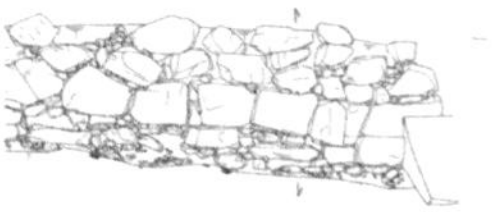
합포진성(1430)		
개운포진성(1459)		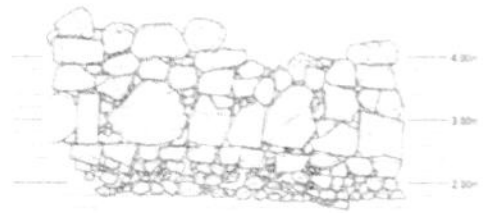
금단곶보성(1485)		
당포진성(1490)		
소비포진성(1491)	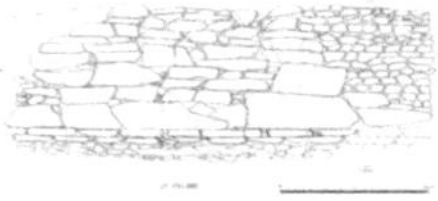	
장암진성(1511)		
경상좌수영성 (1652)		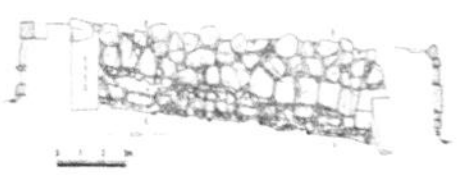
안흥진성(1655) 통영성(1678)		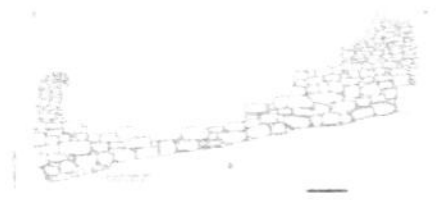

〈그림 4〉 영진보성 체성부 외벽 축조현황도

영진보성 부대시설

최근까지 남해안지역 연해와 도서지역에 잔존하는 영진보성 방어를 강화하기 위해 설치 된 부대시설 중에 조선시대 성곽 구조와 기능에 있어 1차 · 2차 저지선인 수중목책, 해자[1], 품방, 성내 부대시설인 옹성과 치성이 있다.

여기서는 남해안지역 영진보성 성내외 부대시설 구조와 축조수법을 살펴본다. 더불어 축조양상과 운용 시기를 살펴본다.

1. 성내 부대시설

1) 옹성

남해안 영진보성 가운데 옹성이 고고학적 조사로 확인되는 곳은 경

---

1) 이일갑, 「남해안 연해읍성의 해자」, 『한국성곽학회 초대회장 심봉근박사 퇴임기념 논총』, 2010, 476쪽.

상좌수영성, 개운포진성, 금단곶보성, 울산좌병영성, 천성진성 등이다.

먼저 좌수영성 옹성은 남, 북, 동쪽 3개문에 있었는데 현재 옹성이 확인되는 곳은 남문지와 북문지이다. 4각형 옹성과 개구부는 남, 북문이 서쪽, 동문은 북쪽으로 둔 편문형식이다. 성문이 성벽과 나란히 장방형 형태를 이룬 연결형식으로 개구부만 남아 있는데 육축은 약 100×150cm 장방형 화강암재 석축으로 수직되게 쌓아 올렸다. 북문지 옹성은 대부분이 주택 하부에 깔려 있어 정확한 형태나 잔존 규모를 확인 할 수 없다. 다만 그 형태로 보아 고지도에서 확인되는 반원형 편문식 옹성으로 추정된다. 옹성 너비는 약 7.4m 정도이다. 체성과 동시 축조된 것으로 추정하고 있다.2)

〈사진 1〉 금단곶보 동문지 옹성

금단곶보성 옹성은 동쪽 문지 밖에 시계 반대 방향으로 돌아가서 성벽과 나란히 개구부가 북쪽으로 난 반원형 편문식 옹성이다. 전체적으로 볼 때 도로쪽 옹성은 비교적 양호한 편이나 문지 동남쪽 옹성벽 외

---

2) 부산박물관 · 부산광역시 수영구, 「경상좌수영성지−북문지 일원−」, 『부산박물관 학술연구총서』 제50집, 2016, 91쪽.

벽은 지대석만 남아 있고, 내벽은 일부 성벽이 1단 정도 남아 있는 상태이다. 체성 축조수법을 살펴보면, 비교적 큰 판석을 세워쌓고 상부로 갈수록 작은 성석으로 축조하되 그 틈새를 끼임돌로 메우고 있다. 옹성 내직경이 약 7.4m이고, 너비 4.8m, 최고 잔존높이 2.5m이다. 기단부 축조는 체성 벽과 마찬가지로 바닥에 부석을 깔고 외벽쪽에서 약 1m 정도 안까지 판석으로 지대석을 깔았다. 옹성 내벽 지대석은 외벽석을 기준으로 약 50cm 정도 밖으로 돌출되어 있고, 그 위로 약 25cm 정도 안으로 기단석을 들여쌓아 장대석을 종평적 한 형태이다. 성벽은 최고 가로 1.9m, 세로 40cm, 두께 1m 크기 장대석으로 축조된 부분도 있다. 잔존한 남쪽 체성과 옹성벽 접합부가 서로 맞물려 있는 것으로 보아 성벽과 동시에 축조된 것으로 보고 있다.3)

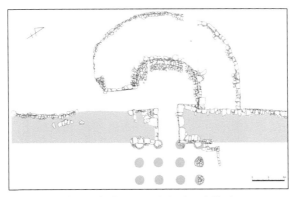

〈그림 1〉 울산좌병영성 서문지 옹성

울산 병영성 서문지, 동문지, 북문지 일대에 성문을 보호하기 위한 옹성이 축조돼 있는 것으로 확인됐다. 북문지 일대 체성 외벽은 지대석

---

3) 나동욱 · 성현주, 「금단곶보성지 발굴조사 개보」, 『박물관연구논집』 6, 부산광역시
   립박물관, 1997.

과 기단석 정도만 잔존할 뿐 윗부분은 거의 유실되어, 체성 내벽은 거의 확인할 수 없고 체성 안은 막돌로 채워져 있다. 체성 한 부분에 축조된 옹성은 체성 축조와 마찬가지로 지대석이 약 20cm 정도 밖으로 돌출돼 있고 옹성내벽도 똑같은 형태를 지니고 있다. 내벽은 높이 1.3~2.4m, 외벽은 높이 1.2~2.5m로 각각 잔존하고 있으며 옹성 끝부분으로 갈수록 더 높게 남아있을 가능성이 큰 것으로 추측된다. 옹성 너비는 8m정도로 체성보다 더 넓으며 외벽 직경 약 20m, 내벽직경 약 13m 정도 노출돼 있다. 옹성 적심부는 할석을 이용했다. 평기와, 백자편 등 유물이 다수 출토되었다.[4] 서문지 옹성은 외벽 둘레가 48m, 내벽 21.5m, 외벽 잔존 높이 2m, 내벽 잔존 높이 1.75m로 확인되었다. 서문지 너비 4.2m, 옹성개구부 너비 3.7m, 문지 초석이 확인되었는데 정면 3칸 측면 2칸으로 추정된다. 정면 중앙 간격은 4.3m, 측칸 3.5m이며 측면 앞뒤 간격은 3m로 확인되었다. 반원형 편문식 옹성이며 덧대었다. 옹성내부에는 외벽기단석축이 확인되고 있으며 문지 확돌도 확인되었다.

울산 개운포진성 동문지 옹성은 반원형 편문식이며 체성에 덧대어져 축조되었다. 규모는 12.7m×10.7m, 옹성 너비 4.6m, 잔존 최대 높이 86cm이다. 옹성 내부 기단석에 폭 50cm 정도 시설이 옹성 입구쪽으로 축조되어 있으며 배수시설로 판단하고 있다. 증축된 문지 양쪽 확돌 근처에 2열로 축조한 시설물이 확인되며 문지와 관련된 건물지이거나 문루로 올라가는 계단시설로 추정하고 있다. 동문지에서 발견된 유물은 막새기와, 명문기와(卍字, 梵語), 평기와, 전돌, "밀양장흥고"명 분청사기편 등이 수습되었다.[5]

4) 울산광역시 국립창원문화재연구소,『울산 병영성 북문지』, 2001, 26쪽.
5) (재)울산발전연구원 문화재센터,『울산 개운포성지』, 울산발전연구원 文化財센터

강진 전라병영성에서는 문지와 옹성이 동서남북 체성 중간지점에서 각각 1개소씩 모두 4개소가 확인되었다. 출입구는 개거식과 홍예식 2가지 형태로 확인되었는데, 남문지는 홍예식으로 확인되었다. 옹성은 개구부가 한쪽에만 있는 편문형식으로 육축을 쌓은 후에 성외벽에 덧대어 반원형으로 내·외벽을 축조하였다. 대체로 옹성 둘레길이 50m 내외이고, 너비 7~8m 정도이다. 옹성 개구부는 남문·북문 옹성이 동쪽방향으로, 서문·동문 옹성이 남쪽방향으로 트여 있다. 강진 전라병영성에서 확인된 남문옹성 둘레길이 외벽 약 52.2m, 서문옹성 둘레길이 외벽 약 52.3m, 북문옹성 둘레길이 외벽 약 52.8m이다. 동문 옹성 둘레길이는 유구의 유실로 단부길이 약 8m, 개구부 너비 약 4.5m만 확인된다.

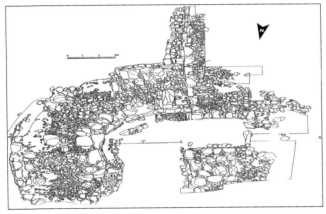

〈그림 2〉 울산개운포진성 동문지 옹성

조선시대 읍성 옹성은 『축성신도』가 반강된 세종 20년을 기준으로 그 이전부터 40m 이상을 상회하는 옹성체성이 축조되고 있다. 특히 세종조를 거쳐 문종조 이후에도 100尺 이상 옹성이 축조되고 있는 점을

학술연구총서 제3집, 2007, 22~27쪽.

감안하고, 또한 서기 1500년에 축조된 언양읍성 남문 옹성둘레가 52m 에 이르고 서문과 북문옹성은 10m로 축조되고 있음을 감안하면 성종 조에 축조된 영진보성 반원형 옹성은 50~60척 전후에 축조되는 점 등 에서 적어도 정분의 계문에 기록된 하삼도 연해읍성 옹성에 비하여 그 규모가 작은 것이라고 할 수 있다.

2) 치성

영진보성 치성은 체성에 설치된 대표적 방어시설이다. 옹성문지(甕城門址), 해자(垓子), 수중목책과 더불어 조선시대 영진보성 부대시설 세트로 축조된다.

조선시대 영진보성 가운데 울산좌병영성, 경상좌수영, 합포성과 같은 육군과 수군절도사영이 설치된 내상성(內廂城)은 군사적 기능과 아울러 해당지역 읍성으로 행정적 기능을 동시에 수행하였다. 이러한 병영 및 수영이 설치된 성곽일수록 치성이 여타 진보성에 비해 많은 숫자로 계획, 축조되고 있다.

최근까지 고고학적 조사 결과 경상좌수영성 치성은 서문과 남문사이 2개소, 남문과 동문 사이 3개소, 동문과 북문 사이 1개소가 있다. 현재 치성은 서남과 동남모서리 2개소가 확인된다. 포루는 치성 위에 세운 누각으로 6개 치성 가운데 3개소에 설치된 것으로 추정되며, 그 거리는 50~120m 간격이다.

금단곶보 치성은 북쪽 정상부 체성과 여기에서 동쪽으로 약 35m 떨어진 절개지 단면에서 확인되었다. 정상부는 기단석과 외벽석은 잔존하지 않으나 체성벽의 판석상 지대석이 성벽 진행방향과 직각으로 돌출되어 있다. 바닥에 깔린 판석상 지대석만이 조사되었으며 동쪽 절개지에서 조사된 치성 축조수법과 동일한 것으로 추정하고 있다. 한편 동북쪽 치성은 체성에 덧대어져 축조한 것으로 너비 2.7m, 길이 5m 정도 규모이다. 치성 축조수법은 체성 축조수법과 동일하여 바닥에는 잡석을 깔고 그 위에 체성에서 치성 외벽까지 30~40cm 내외 판석이 전면적으로 깔려 있었다. 이 지대석 위에 가로 90cm, 세로 60cm, 두께 30cm, 크기 대형 판석상 기단석을 쌓고, 그 위에 1.1m×0.7m×0.8m 크기 성석을 입수적하였다. 북서쪽 벽면이 약 1.2m 정도로 잔존해 있다.

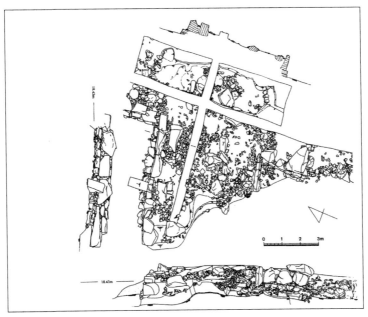

〈그림 3〉 좌수영성 서남쪽 치성 평면 · 입면도

두모포진성 치성은 서벽이 약 4m로 높이 1.3m가 남아있다. 치성 축조수법도 체성과 같이 두께 약 40cm 기단석을 배치하고 20~30cm 정도 뒤로 물려 2.0×3.0×1m 크기 대형 판석을 쌓고 틈새는 잡석을 끼워 보강한 형태이다. 이곳 성석 역시 해안지대 암석을 판석상으로 가공하여 입수적하였다.

동쪽으로 연결되는 두모포진 체성이 치성에 이르기까지 체성과 약간의 차이점이 있다면 평지에서 보이는 대형 판석에 비해 하단부에도 장방형 성석으로 옆줄 눈을 맞춰 쌓은 점이다. 이곳은 1~5단의 석축이 높이 약 2m 내외로 남아있으며, 체성 기저부 폭 6m이다. 이 체성 상면에는 성 안쪽으로 폭 2m 정도 1~3단 석축이 있어 하단 석축과 단을 이루고 있는 점에서 왜성 담장 기초의 일부로 추정하고 있다.

울산병영성 동쪽 외벽에서 확인된 치성은 약간 돌출된 지점에서 사방 8m 규모 평면 장방형 기단부만 남아있다. 체성 바깥쪽에 덧대어 기단석을 배치하고 그 속을 막돌로 채운 것이었다. 치성 1호는 조사지역 북쪽에 위치하며, 북문 옹성 외벽에서 남동쪽으로 약 50m 떨어져 있고 성곽 전체에서 보면 북동쪽 모서리에 해당한다. 지대석과 1~2단 기단석이 남아 있고 북쪽벽은 유실되었다. 평면형태는 방형으로 추정되며 너비 7.4m, 잔존길이 7m, 잔존 최고높이 1m이다. 체성과 치성이 만나는 모서리 부분에서 기와편이 일부 확인되었다.

치성 2호는 치성 1호에서 남쪽으로 93m 떨어져 위치한다. 초축 이후에 2차에 걸쳐 재축하였고, 평면형태는 방형(方形)과 제형(梯形)이다. 초축 시 평면형태는 방형이며 너비 7.5m, 잔존길이 5m, 잔존높이 1.3m이다. 2차 축조 시 평면형태는 방형이며 잔존너비 7.2m, 길이 8m, 잔존높이 1.2m이다. 3차 축조 시 평면형태는 제형이며 너비 8.4m, 길이 7m, 잔존높이 2.2m이다. 치성 2호 북서벽에서 나타나는 토층 양상으로 살펴보면, 초축 성벽이 무너지면서 쌓인 암갈색 사질점토(5YR 3/4)

와 적갈색 사질점토(2.5YR 4/6) 위에 2차 벽석과 함께 암갈색 사질점토가 채워져 있었다. 2차 벽석은 일부에서 초축 벽석이 튀어나온 부분을 피해 쌓은 부분이 확인된다. 후에 다시 생토성분이 포함된 탁한 적갈색 사질점토를 덮고 조잡하게 3차 벽석을 쌓았다. 치성 외벽 주변에서 기와편이 일부 확인되었다.

치성 3호는 조사지역 남쪽부분에 위치하며 치성 2호에서 남쪽으로 약 97m 떨어져 있다. 지대석과 1~2단 기단석이 남아 있으나 동쪽 벽은 대부분 유실되었다. 평면형태는 장방형(방대형 방대형)이며 너비 7.8m, 길이 9.6m, 잔존 최고높이 1.2m이다. 축조수법은 생토층을 일부 굴착하고 자갈과 조그만 할석을 채워 기초시설을 하고 그 위에 지대석을 놓은 후 안으로 10~15㎝ 정도 들여 기단석을 쌓았다. 남동벽은 지대석을 높이 20㎝ 내외 판석으로 2열로 쌓고 그 위에 기단석을 올렸다. 외벽 주변에서 기와편이 일부 확인되었다.

마산합포성에서 치성이 두 곳 조사되었다. 먼저 동아대학교 박물관에서 조사된 곳은 문지 주변에 위치하고 있었으므로 적대에 해당한다. 합포성은 과거 지적도를 참조하면 네방향에 위치한 성우와 동, 서, 남, 북문지 좌우 적대를 포함하여 8개 정도 치성이 있었다고 추정되고 있으나, 조사에서는 북문지 서쪽에 위치했던 적대 기단부가 지하에서 확인되었다. 적대 규모는 길이 7.2m, 너비 7m인데 끝부분에 하수구가 설치되면서 일부 훼손되어 확실한 길이를 알 수 없었다. 이 적대 기단부는 체성과 같이 생토층에 자갈을 깔아 다진 튼튼한 지반을 형성하고 그 위에 성석과 같은 크기 돌을 배열한 것으로 체성과 연결된 석축이 아니고 먼저 축조된 체성에 덧대어서 방대형 적대를 축조한 것이며 장대석의 지대석은 배치하지 않았다.

경남발전연구원에서 조사한 치성은 과거 동아대학교박물관에서 조사한 북문지 서쪽 치성에서 약 115m 떨어진 지점에서 확인된 것으로 과거 지적도상에서는 확인되지 않는 곳이다. 치성은 정북방향을 기준으로 서쪽으로 약 20°가량 기울어져 있으며 잔존 정면 길이 6.3m, 너비 약 8m의 정방형이다. 치성 길이는 체성에 연결된 부분이 현재 주택 담장으로 인해 확실한 길이를 알 수 없다.

〈사진 2〉 마산 합포성지 치성 조사 후

치성 축조수법은, 기단부는 기반암층인 회흑갈색층 사질+역석층 위에 점질토를 깔아 다져 지반을 정지하고 그 위에 25cm×25cm 내외 크기 판석을 눕혀쌓고 그 위에 다시 20cm가량 물려서 50cm×30cm 크기 할석을 계단상으로 축조하고 있다. 그 위로 70~100cm×30~50cm 크기 치석한 장대석을 지대석으로 깔고 30cm 가량 뒤로 물려서 50~200cm×40~60cm 크기의 치석한 장방형 면석들을 기단석으로 축조하고 있다. 치석한 면석을 이용하여 겉쌓기한 내부에는 70~80cm 크기 침석이 외벽면석과 직교하여 바닥에 깔려 있고 내부바닥에도 20~50cm 내외 판석들을 차곡차곡 채우는 속채우기를 하고 있다.

이 치성은 지대석 설치 시에 정교하게 치석한 성석이 사용되고 치성 하단 주변에 판석재 보도를 설치한 것으로 보아 과거에 조사된 치성보다는 발전된 형태 치성으로 추정된다. 현재 기저부 최하단석에서 잔존 기단석 높이까지는 대략 1m이다. 지대석 위로는 훼손되어 정확한 높이는 확인할 수 없으며 과거 조사된 치성에서는 다량의 기와가 수습된 것에 비해 여기에서는 기와편을 거의 찾아볼 수 없어 누각과 같은 목조건물은 설치되지 않은 것으로 판단된다.

거제 오량성 치성은 체성 북쪽성벽과 서쪽성벽이 만나 직각으로 꺾어지는 부분에 평면장방형 방대상 성우를 축조한 것이다. 축조과정에서 체성에서 치성을 분리시켜 별도로 쌓는 것이 아니고 성벽양단을 둔각상으로 넓히면서 연속해서 쌓은 것이 특징이다. 잔존부위에 의하면 치성단벽과 북측벽이 2차에 걸친 다리공사로 파손되었다. 확실한 규모는 알 수 없으나 너비 7m, 길이 5m 정도였을 것이 예상되고 축조수법은 여타 조선시대 성곽 체성 축조수법과 동일하다. 즉 자갈로 퇴적된 지반을 두드려 다진 다음 인두대보다 약간 작은 천석을 한벌 깔고 그 위에 다시 납작한 냇돌을 한벌 깔아 기초지반으로 삼았다. 장대석으로 된 지대석은 그 위에 올려 지고 지대석상에는 다시 계단상으로 안으로 약간 들어간 지점에 대석인 성벽 기단석을 올려 세웠다. 이때 기단석은 지대석에 수직되게 세워진 상태이며 뒷편에는 인두대 천석을 채워 적심석으로 삼고 인접한 기단석과 연결은 약간 치석하여 틈바구니가 생기지 않도록 노력하였다.

충청도 서천 장암진성 치성은 성 제일 높은 부분인 북동성우와 남동성우에 설치되어 있다. 북동성우는 해발 45m에 위치하고 있는 것으로 북벽과 동벽이 만나는 지점에 길이 6m, 너비 8m, 높이 3.5m로 설치되어 있다. 북쪽은 원형을 유지하고 있으나 남쪽은 석축이 많이 무너져 내렸다. 서해바다와 당크매마을쪽 경계를 위하여 만든 것으로 짐작하고 있다. 남동성우는 남벽과 동벽이 만나는 지점에 길이 5.2m, 너비 5.8m, 현 높이 2.4m로 설치되어 있다. 남동성우에 오르면 장항, 군산시내와 금강하구가 한눈에 조망된다.

〈사진 3〉 금갑도진성 북벽 치성

전라도 임치진 치성은 남동벽과 북동벽 모서리에 2개가 위치하고 있다. 남동벽치성은 6×4.5m, 북동벽 치성은 5×4.5m로 확인된다.

진도 금갑진성에서는 장방형으로 5×7m 크기 치성을 설치하였던 것으로 추정하고 있다. 체성에 덧대어져 축조되고 있다. 축조수법을 살펴보면, 최하단부에 길이 15~20cm 정도 작은 할석을 깔고 수평을 다지고 이 할석 끝으로 10cm 가량 물려서 지대석을 축조하고 있다. 이 지대석 위에 다시 20cm 정도 퇴물림하여 성석을 축조하고 있다. 120×40cm, 100×30cm, 90×60cm 크기 성석은 체성과 접합하는 부분에 축조하고 40×60cm, 40×70cm 정도 크기 성석을 이용하여 체성을 축조하고 있다. 상부로 올라갈수록 성석 크기는 작아지고 적심부는 자갈과 흙을 이용하여 채워넣었다.

가리포진성 치성은 모두 6개소가 있었던 것으로 파악된다. 현재 남벽구간에서 2개소가 확인되었다. 치성은 남벽에서 중간부분에서 한번 꺾이고 다시 직선형 성벽이 서벽 성우까지 이어지고 있는 중간의 꺾이는 부분과 서벽과의 회절부에 각각 1개소씩 축조되어 있다. 규모는 2개소 모두 길이 14m, 너비 8m이며, 평면형태는 장방형이다.[6]

이상의 고고학적 자료를 통해서 확인된 영진보성 치성은 세종 15년에 세운 규식에 따라 치성을 설치 축조하고 있는 것과 그렇지 않은 것으로 나누어 볼 수 있다.

영진보성에 있어서 육군병마절도사영이 설치된 내상성은 지휘체계상 하위단위부대가 설치된 진보성에 비해 치성 길이가 더 길게 축조되어 있다. 또한 수군절도사영성보다도 길이가 더 길게 축조되었다.

〈표 1〉 영진보성 치성 현황

읍성명	성둘레 (尺)	치성수	평면 형태	너비	길이	잔존 높이	비고
울산병영성지	3,732	21	정방형	8m	8m	1m	덧대어 축조
합포성지	4,291	9개 이상	정방형	7m	7.2m	·	덧대어 축조 · 지대석을 배치하지 않음
			장방형	8m	6.3m 이상	1m	
경상좌수영성	9198	6	정방형	6m	6m	1m	추정 서문지 기준 남쪽으로 62m 이격
금단곶보성지	2,568		정방형	2.7m	5m		대부분 훼손되어 정확한 양상이 확인 안됨.

6) 국립해양문화재연구소, 『조선시대 수군진조사 I 전라우수영 편』, 국립해양문화재 연구소 학술총서 제24집, 165쪽.

오량성지		2,150	8	장방형	7m	5m		동시축조.
장 암 진 성	북동치	1,311	2	장방형	8m	6m	3.5m	확돌 확인. 북벽과 동벽이 만나는 성우.
	남동치			정방형	5.8m	5.2m	2.4m	남벽과 동벽이 만나는 성우.
법 성 진 성	북벽치	1,688	3	타원형	10m	5.5m	2m	
	서벽1치			반원형	9m	5m	2.2m	
	서벽2치			반원형	7m	5m	1.5m	다른 치성과 달리 내부가 채워지지 않음.

즉 육군병영성과 수군영성은 너비 7~8m로 현재까지 조사 보고된 영진보성 치성 가운데 전체 55%가량으로 절반을 넘기고 있으며 대략 6~10m까지 다양한 크기로 나타나고 있다. 이에 반해 길이는 경상좌도 병마절도사영인 울산병영성과 경상우도 병마절도사영인 합포성, 경상좌수영성에서 7m 이상이 대부분이며 여타 진보성은 5m 내외 길이로 축조되어 있다. 따라서 이러한 것은 15세기에서 16세기로 접어드는 성종과 중종조에 축조된 영진보성 치성 길이가 5m 내외로 세종 15년 이후 연해읍성 치성 축조 시 규식화 된 20척(9.4m)과는 일정한 차이를 보이고 있다.

영진보성 치성 축조에는 세종조 규식이 시행되지 않고 있다고 할 수 있다. 따라서 조선시대 전기 연해읍성과 구별되는 영진보성 치성 평면 플랜이 1731년 축조되는 후기 동래읍성에서 확인된 치성 길이와도 일치하고 있다.

또한 조선 전기 축조 하동읍성과 장기읍성에서 확인되는 치성 길이 역시 5m임을 감안하면 조선시대 전기부터 적용된 치성 길이는 5m이며 조선시대 전 기간에 걸쳐 일관되게 유지되고 있다. 더구나 기존에는 지형적인 조건에 기인하여 치성 길이와 너비가 가감(加減)되는 것으로 판단하였으나 고고학적 조사가 이루어진 영진보성 치성은 지형적인 조건이나 성둘레에 따라 너비와 길이가 정해져 축조된다. 더불어 각 진의 서열에 따라 상위지휘체계 진성일수록 치성 길이와 너비가 더 크게 축조되었다.

즉 병영이 설치되고 병마절도사와 절제사가 위치하는 병영성은 연해읍성 치성 규모와 동일한 양상으로 나타나며 남해안 연해 영진보성 치성이 경상도 내륙은 물론 전라도, 충청도의 영진보성보다는 그 규모가 더 크게 축조되고 있다.

영진보성 치성 규모는, 합포성에 현재 복원된 길이 7.2m, 치성 너비 7m이고, 시굴조사에서 확인된 길이 6.3m, 치성 너비 8m 이상인 것으로 추정된다. 이러한 것은 세종 15년에 세운 규식에 따라 치성을 설치 축조하고 있는 것과 그렇지 않은 것으로 나누어 볼 수 있다. 조사된 2개 치성 가운데 길이:너비 1:1의 정방형을 띠는 것이 현재 복원된 치성이다. 시굴조사에서 확인된 치성은 정확한 길이를 확인할 수가 없지만 대략 복원된 치성 길이와 동일하다고 볼 때 길이:너비 역시 1:1.1로서 정방형으로 축조되고 있다. 이것은 남해안지역 읍성에서 확인된 치성 평면형태가 장방형으로 다수 확인되고 있는 것과는 다소 다른 양상임을 수 있다. 즉 병영이 설치되고 병마절도사와 절제사가 위치하는 병영성은 조선 전기 진관체제에 의해 해당지역 지방관을 겸임하는 행정치소인 읍성의 기능을 갖추고 있다.

이러한 행정적 기능과 군사적 기능을 모두 갖춘 영진보성은 연해읍성 치성 규모와 동일한 양상으로 나타나고 있지만 육군과 수군이 주둔하는 하위 제대단위 영진보성과는 일정한 차이가 나는 것이라 할 수 있다.

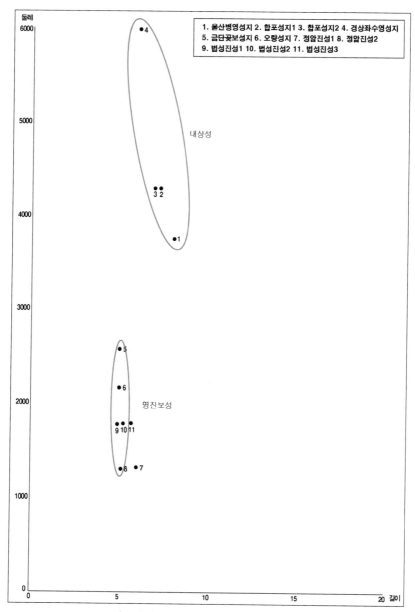

둘레

6000

5000

4000

3000

2000

1000

0

1. 울산병영성지 2. 합포성지1 3. 합포성지2 4. 경상좌수영성지
5. 금단곶보성지 6. 오량성지 7. 정암진성1 8. 정암진성2
9. 법성진성1 10. 법성진성2 11. 법성진성3

내상성

영진보성

●4

●3 ●2

●1

●5

●6

9 10 11

8 ● 7

0   5   10   15   20 길이

〈그림 4〉 영진보성의 성둘레/치성길이

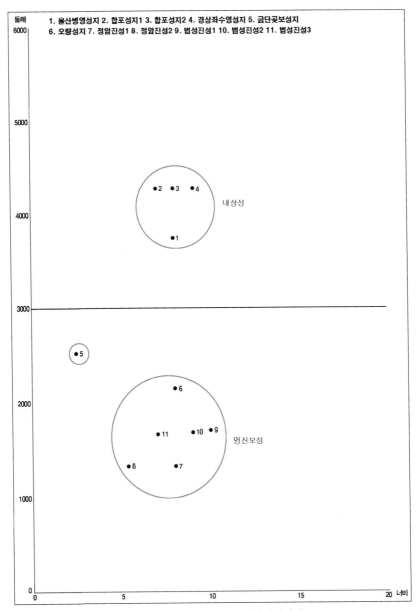

<그림 5> 영진보성의 성둘레/치성너비

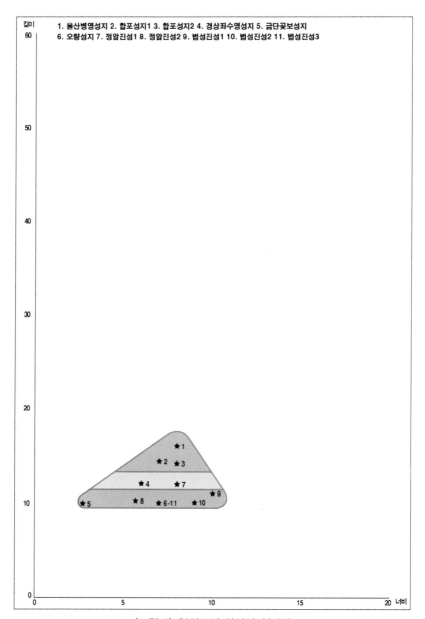

길이
60

1. 울산병영성지 2. 합포성지1 3. 합포성지2 4. 경상좌수영성지 5. 금단곶보성지
6. 오량성지 7. 정암진성1 8. 정암진성2 9. 법성진성1 10. 법성진성2 11. 법성진성3

50

40

30

20

★1
★2 ★3

★4   ★7
★9
10 ★5 ★8 ★6·11 ★10

0
0   5   10   15   20 너비

〈그림 6〉 영진보성 치성길이/너비

2. 성외 부대시설

영진보성 체성 외부에 설치된 부대시설인 해자, 수중목책, 품방에 대한 고고학적 조사가 이루어진 유적으로는, 『마산합포성지』[7), 『거제오양성지』[8), 『당포성』[9), 『구소을비포성지』[10), 『진해제포수중유적』[11), 『울산병영성북문지』[12), 『통영 삼덕항 내 당포수중유적』[13), 『울산개운포성지 II』[14), 『경상좌병영성』[15), 『조선시대수군진조사 I 전라우수영편』[16), 『울산용리·화정리유적』[17), 『조선시대수군진조사 II −전라좌수영편−』[18), 『조선시대수군진조사III−경상우수영편−』[19), 『다대포진성』[20), 『천성진성』[21)이 있다.

이 가운데 『진해제포수중유적』, 『통영 삼덕항 내 당포수중유적』, 『조

7) 심봉근, 「마산합포성지기초조사보고서」, 동아대학교박물관, 1991.

8) 심봉근, 『거제 오양성지』, 동아대학교박물관, 1994.

9) 통영시, 『당포성 지표조사보고서』, 1997.

10) 동아대학교박물관, 「구소을비포성지 지표조사보고서」, 1999.

11) 동아대학교박물관, 「진해제포수중유적」, 고적조사보고서 제29책, 1999.

12) 울산시·국립창원문화재연구소, 「울산 병영성북문지」, 학술조사보고서 제11집, 2001.5.

13) 경남문화재연구원, 「통영 삼덕항내 당포 수중유적」, 2001.

14) 울산발전연구원 문화재센터, 「울산 개운포성지 II」, 학술연구총서 제3집, 2007.

15) 울산발전연구원 문화재센터, 「경상좌병영성」, 학술연구총서 제59집, 2011.

16) 국립해양문화재연구소, 「전라우수영 편」, 국립해양문화재연구소 학술총서 제24집, 2011.

17) 한겨레문화재연구원, 「용리·화정리유적」, 학술조사보고서 제28책, 2014.

18) 국립해양문화재연구소, 「전라좌수영 편」, 국립해양문화재연구소 학술총서 제33집, 2014.

19) 국립해양문화재연구소, 「경상우수영 편」, 국립해양문화재연구소 학술총서 제41집, 2016.

20) 국보학술문화연구원, 「다대포진성」, 학술자문회의 자료집, 2016.

21) 부산박물관, 「천성진성」, 부산박물관 학술연구총서 제55집, 2017.

선시대수군진조사 I －전라우수영편－』에서는 수중목책이 확인되고 있다.

해자 설치와 관련한 유적으로는 울산 좌병영성을 비롯한 개운포진, 다대포진, 소비포진, 천성진, 합포진, 여수석보 등이 있다.

품방과 관련한 유적으로는『강진 전라병영성』에서 확인되는 것이 유일하다. 아래에서는 해자, 수중목책, 품방 순서로 좀 더 세부적으로 살펴본다.

1) 해자

해자는 성벽 주변에 인공적으로 땅을 파서 고랑을 내거나 자연 하천 등 장애물을 이용하여 성곽 방어력을 증진시키는 방어시설로서 아주 이른 시기부터 동서양을 막론하고 보편적으로 사용되었다.[22]

해자라는 용어는 중국에서는 성하(城河), 성호(城壕), 성지(城池)(혹은 城地), 성구(城溝), 성참(城塹), 성혈(城洫), 호구(濠溝) 등으로 나타나며 일본에서는 굴호(堀壕), 공굴(空堀), 수굴(竪堀), 호(濠) 등으로 쓰이고 있다.[23]

우리나라 문헌에서 해자와 관련된 용어는『조선왕조실록(朝鮮王朝實錄)』에서 사용되는 것만도 해자(垓字)[24], 항차(坑坎)[25], 호지(濠池), 참호(塹濠)[26], 황지(隍池)[27], 해자(海子)[28], 지호(池壕)[29], 해자(垓子)[30],

---

22) 孫永植,『韓國城郭의 研究』, 文化公報部文化財管理局, 1987, 212쪽.
23) 張慶浩,「海子의 起源과 그 機能에 관한 考察」,『三佛金元龍教授停年退任記念論叢』 2, 一志社, 1987, 465쪽.
24)『세종실록』권75, 세종 18년 11월 임진.
25)『세종실록』世宗 32년 1월 18일 갑오, 문종 1년 4월 5일 계유.
26)『세종실록』세종 25년 11월 3일 갑인.
27)『세종실록』세종실록지리지 148 함길도/함흥부/증평도호부.
28)『문종실록』문종 즉위년 9월 2일 계묘, 문종 1년 8월 21일 병술.

참(塹)[31], 지(池)[32], 호(壕)[33]등이 있다. 조선 후기에 편찬된『증보문헌비고(增補文獻備考)』에는 해자(垓子)라고 기록되어 있다.[34] 당대 통전(通典)에는 해자 규모를 상부 너비 2丈(560cm~625cm), 하부 너비 1丈, 깊이 1丈(280cm~310cm)으로 나타내고 있다.[35]

　　조선시대 문종 원년 9월 정분의 계문에서 연해읍성 해자와 관련한 내용을 확인할 수 있다.[36]『동국여지승람(東國輿地勝覽)』창원 내상성에는 "호(壕)에 물을 둘리고 조교(釣橋)로 막았다"고 하여 해자 설치와 출입시설인 조교(釣橋)가 있었음을 알 수 있다.[37] 또한『설호지법(設濠之法)』에는 호의 설치와 운영방법이[38]『농포문답(農圃問答)』에서는 해자 설치법, 성과 해자와의 거리, 해자 모양, 해자를 위장하는 법, 병기 설치문제 등을 언급하였다.[39]『반계수록(磻溪隨錄)』에는 해자굴착과 너비 및 깊이, 벽돌 사용에 대하여 언급하고 있다.[40]『여지도서(輿地圖書)』에는 "...壕池在城外底長 九百九十五尺 廣十五尺 深八尺"이라 하여 광양읍성 해자 규모는 너비 15척, 깊이 8척이었다고 기록되어 있다.[41] 또한『증보문헌비고』에는 영조 3년 경연[42)에서는 "...성을 지키

---

29)『문종실록』문종 1년 1월 4일 갑진.
30)『성종실록』성종 17년 6월 30일 계묘.
31)『성종실록』성종 6년 9월 5일 신해.
32)『세종실록』세종 24년 7월 20일 무인.
33)『중종실록』중종 36년 9월 26일 기유.
34) 이일갑,「해자」,『성곽조사방법론』,(사)한국문화재조사연구기관협회 고고교육총서2, (사)한국문화재조사연구기관협회 편, 2013년, 217쪽.
35)『通典』守拒法.
36)『문종실록』권9, 문종 원년 9월 경자.
37)『동국여지승람』권32.
38)『만기요람』군정편4 관방총론 유성룡 설호지법.
39) 정상기,『농포문답』, 論陣法 築城墩
40) 유형원,『반계수록』권22, 兵制後錄 城池條

는 법에는 해자가 더욱 중요한데 지금은 거의 다 진흙으로 막혀서 관둔전(官屯田)이 되어 삼(麻)을 심으니 진실로 한심한 일입니다."라고 하였는데 이때에 이르러 대부분 해자가 많이 매몰되어 그 기능을 상실하고 있음을 알 수 있다. 이러한 것은 조선 전기에는 해자를 굴착하여 해자의 효용성을 높이던 것과는 대조적으로 오랜 평화기로 인해 자연 해자의 효용성이 퇴락된 것이다. 또한 조선 후기에 그려진 『진주성도(晉州城圖)』에는 사방에 넓은 해자를 구축하고 장애물(마름쇠, 나무꼬챙이 등)을 설치하였고 배가 드나들 수 있는 규모였음이 확인된다.43)

해자와 관련한 기존 연구 가운데 우리나라 해자를 도성제(都城制)와 더불어 중국 영향과 이후 일본으로 전파되었으며, 권위(權威)와 방호(防護) 개념으로 보며, 도시의 우주론적 구조와 종교적 신성지역의 상징적 요건으로 발전하는 것으로 파악하였다. 또한 해자는 토압 안식각 한계를 넘게 한 것이며, 해자 너비와 성벽 높이, 활, 총 사거리, 각도 관련성을 언급하며 해자 외곽선은 성벽 높이보다 성벽에서 2배 이상 이격되는 것이 논리적이라고 하였다.44)

해자 및 호는 주로 읍성에 축조되며 주변 자연하천 이용, 황(隍)을 파서 해자로 만들었다. 해자는 성기(城基) 약화를 방지하기 위해 일정간격을 두고 설치하며 규모는 너비 10m 내외, 깊이 1m~2m 내외가 많다고 보았다.45)

41) 심정보, 『한국 읍성의 연구』, 학연문화사, 1995, 385쪽.
42) 『증보문헌비고』 권29.
43) 이일갑, 「南海岸 沿海邑城의 垓字考」, 『文物硏究』 第10號, 동아시아문물연구학술재단, 2006.
44) 張慶浩, 「海子의 起源과 그 機能에 관한 考察」, 『三佛金元龍敎授停年退任論叢』2, 一志社, 1987.
45) 손영식, 위의 글, 1987.

고고학적 조사에서 확인된 사례를 살펴서 우리나라 성곽은 해자를 구비하고 있으나 산성 축조 시는 건호인 황을, 평지성은 물을 채우는 해자를 갖추는 수가 많은 것으로 파악하였다. 또한 해자는 성내 출입 시 외부로부터 노출이 감소되고 전쟁 시는 일차 차단선이 되는 이점을 가진다고 하였다.[46]

조선시대 영진보성 축성이전에는 목책도니성(목책도니성)과 녹각성(鹿角城)이 있으며 영진보성 축성 시 초기 목책도니성에서 석축으로 전환과정을 사료로 해석하고, 또한 수중목책(연목)에 관해서도 영진보 축성 시 부대시설 설치를 사료 기록에 의거하여 언급하였다.[47]

경남지역 읍성과 진성 시 · 발굴조사 성과에서 해자는 성벽에서 대체로 10m 전후 이격된 것이 많으며 단면은 U자상에 가깝다 하였다. 또한 해자 양안에는 석축벽을 축조하여 해자 유실을 방지하며 내외벽간 너비는 대체로 3m~10m로 파악하였다. 해자 방어력을 위해 바닥에 목익(木杙)을 설치하였으며 체성기저부와 외벽 부근에서 조사되는 주공(柱孔)과는 차별된다고 하였다.[48]

최근 조사된 경상우수영 관내 영진보성 해자는 성벽에서 대체로 5~8.5m 정도 이격되는 경우가 많다. 단면은 「U자상」에 가까우며, 해자 양안에는 호안석축을 쌓아 해자 유실을 방지한 것으로 추정되고 너비는 대체로 3~5.8m에 이르며 특히 제포진성 해자 바깥쪽에서는 호안석축에 덧대어 경사지게 판축(板築)다짐을 한 성토층이 확인되었는

---

46) 심봉근,『韓國南海沿岸城址의 考古學的 研究』, 學研文化社, 1995, 87쪽.

47) 민덕식,「조선시대의 목책」,『충북사학』11−12, 충북대학교사학회, 1988, 169~232쪽.

48) 羅東旭,「慶南地域 邑城과 鎭城의 試 · 發掘調査 成果」,『東亞文化』創刊號,(財)東亞文化研究院, 2005, 259쪽.

데 양마장(羊馬墻)과 유사한 것으로 판단하였다.[49]

남해안 연해읍성 해자 축조양상과 수법이 중앙정부의 관리감독 아래 통일된 규식과 축조수법을 가지고 축조된 것으로 문지와 해자, 체성부와 해자 간격이 1:0.5의 간격비율을 유지한다고 하였다. 이것은 체성과 해자 간격을 기준으로 문지와 해자 간격이 체성과 해자 간격에 비해서 반으로 감해져서 축조되고 있는 것이라 하였다. 또한 남해안 연해읍성 해자 축조 시 상하부 폭 비율이 1:1.5 비율을 유지하며 축조되며 해자 내에서 목익(木杙)이 설치되어 있는 양상을 3가지 유형으로 분류하였다. 해자 출입을 위한 육교시설이 적이 읍성내로 진입하기에도 용이한 시설임을 감안하여 석재를 이용한 견고한 육교시설보다는 해체와 복구가 용이한 나무로 다리를 설치하여 사용했던 것이라 보았다.[50]

다대포진성 해자는 선조 26년(1591)에 다대포진성을 증축하고 해자를 축조하였다. 북벽 체성에서 10m정도 이격하여 너비 5.2m, 생토면을 굴착한 후 3.3m~3.7m 간격을 두고 내외에 설치되었다. 해자는 U자형으로 물을 채우지 않은 건호인 황에 해당한다. 호안석축이 지대석 없이 축조되고 내부에서 목익이 확인되지 않아 연해읍성에 비해 방어적인 면에서 부실함을 지적하였다.[51]

아래에는 영진보성 해자 조사사례이다.

49) 나동욱, 「경상우수영 수군진보성 연구」, 『조선시대 수군진조사Ⅲ – 경상우수영편 – 』, 국립해양문화재연구소, 2016.
50) 이일갑, 위의 글, 2006.
51) 이일갑, 「부산 다대포진성에 대한 연구」, 『항도부산』 제35호, 2018.

(1) 울산 경상좌병영성[52]

울산 경상좌병영성 해자는 해발 45~52m 사이에 위치하고 북쪽에서 남쪽으로 능선이 이어지면서 낮아지는 지형이다. 체성 외벽과 해자 사이는 계단상으로 되어 있다. 해자는 경사진 지형을 'ㄴ'자 모양으로 삭평하고 명황갈색 풍화암반토를 굴착하여 조성하였다. 자연 지형을 따라 체성 외벽에서 8~16m 정도 떨어져 축조하였으며 너비 3.5~6m, 깊이 1.8m 내외로 나타난다. 해자가 조성되지 않은 곳이 일부 있다는 기록이 있다. 해자 내외에는 석축을 쌓았는데 현재 3단 정도가 남아있다. 내부는 암갈색 사질점토, 명적갈색 사질점토, 회갈색 사질점토 순으로 채워져 있었는데, 후대에 자연적으로 매몰된 것으로 보인다. 석축 안쪽에서 목익 등의 시설은 확인되지 않았고, 바닥은 생토층을 그대로 사용하였다. 내부 출토유물은 없다.

(2) 개운포진성[53]

해자는 전체에 설치된 것으로 추정된다. 최근까지 조사된 것은 물을 채우지 않은 건호인 황으로 추정된다. 남쪽 체성 외벽에서 7.2m 지점에 있는 석축시설로서 1열 2단 형태이며 내부에 작은 할석이 무질서하게 놓여 있다. 조사자는 이 석축시설이 땅을 어느 정도 굴착하고 내외벽은 할석으로 쌓아 생토의 무너짐을 방지하고 바닥은 할석을 놓아 마무리한 구조일 것으로 추정하고 있다.

이 해자는 체성 바깥으로 약 5m 지점에서 20~30cm 크기 할석과 강

---

52) 울산시·국립창원문화재연구소, 『울산 병영성북문지』, 학술조사보고서 제11집, 2001.5.
53) 울산발전연구원 문화재센터, 『울산 개운포성지 II』, 학술연구총서 제3집, 2007.

돌을 이용하여 열상(列狀) 구조물을 이루고 있다. 해자는 내측과 외측에 15~20cm 내외 할석을 이용하여 모두 4~5단을 쌓았다. 축조수법은 체성에서 4m 가량 남쪽으로 간격을 두고, 생토면을 'ㄴ'자상로 절개하여 내·외측에 모두 할석을 이용하여 양쪽에 벽을 쌓은 형태이다. 해자 양쪽 벽은 우선 20~30cm 크기 할석으로 쌓고 빈 공간은 이보다 작은 냇돌이나 깬돌을 이용하여 견고하게 메워 쌓았다. 특히 남쪽 호안석축을 축조할 때 먼저 뻘층에는 가공하지 않은 직경 5cm 내외 목재를 수직으로 박아 벽석의 침하를 방지하였고 그 위에 할석을 이용하여 3~4단의 외벽석을 쌓았다. 해자 바닥은 점성이 강하고 미립자의 흑회색 뻘로 채워져 있으며, 바닥에는 다수 목익(木杙)이 조밀하게 박혀 있음이 확인 되었다. 목익은 해자 바닥 중앙부를 중심으로 열을 이루고 있고, 간격이나 방향의 정형성은 없으나 서로 교차하는 방식으로 다수가 박힌 채 확인되었다. 해자 최대 깊이 1.1m, 해자 내측 너비 4.5m, 외측 너비 5.5m이다. 북문지 바깥쪽 해자는 개운포진성 가장 높은 지점에 설치되어 너비가 넓고 깊이가 매우 깊은 것이 특징이다. 동벽 해자는 동쪽 체성과 옹성 동쪽 면에 바로 인접하여 설치되어 있으며, 깊이가 체성을 기준으로 할 때 6m 이상이다. 해자는 경사면에 설치되어 있는데 여기에서 파낸 흙을 이용해 외성을 축조하여 해자 깊이를 극대화하였다. 서편해자는 깊이가 동편해자보다는 얕으나 너비가 10m 정도로 넓게 설치되어 있다. 축조수법은 동편해자와 동일하다. 특히 서편해자는 체성에서 약 10~15m 이상으로 떨어져 설치되어 있으며, 옹성 및 서쪽 체성 외측에는 해자까지 비교적 넓은 평탄면이 조성되어 있다.[54]

최근 발굴조사에서 조사자 보고에 의하면 "곡부 중앙 성벽 외면에서

54) 울산발전연구원 문화재센터, 위의 책, 2007, 13~14, 40~47쪽.

서쪽(강쪽)으로 약 6.5m 떨어진 지점에 반원상의 수혈이 확인되었다. 수혈은 기반암인 자연암반을 일부 굴착해서 조성한 것으로 일부 구간에 길이 약 20㎝ 내외의 할석이 구축되어 있는 것으로 보아 남쪽 성벽 외측에서 확인된 해자와 동일한 시설일 가능성이 있으나 후대 삭평 및 훼손이 심해 정확한 성질을 알 수 없다. 수혈 내부에서 '水'자가 시문된 자기 저부편이 1점 확인되었다.

개운포진성 해자는 최근까지 조사에서 확인된 이격거리가 6.5m를 포함하여 5~15m로 확인되고 있다. 이 중 최근 조사된 서벽 해자가 과거 조사된 서벽 해자 이격거리에 비해서 짧다. 서벽 체성에서 확인된 해자이격거리가 15m임을 감안하면 해자 이격거리가 절반 정도 감해서 축조된 해자가 최근 조사에서 확인되고 있다. 이러한 현상은 다른 체성 앞 해자에서는 이격거리가 대체로 6m 전후인 점을 감안하면 개운포진성 해자 이격거리는 6m 전후를 기본으로 한 것으로 판단해 볼 수 있다. 또한 이격거리에 영향 미친 것은 외황강에 인접해 있어 강으로 인한 자연적인 방어가 가능한데다 일반적인 조선시대 성곽 조사에서 확인되는 양상으로 볼 때 문지 등을 포함하여 부대시설에 들어서는 곳에 축조되는 것에 기인한다고 할 수 있다.

개운포진성 해자 서벽 체성 정면이 외황강과 인접해 있음에도 해자를 설치한 것으로 파악되고 있어 영진보성에는 동, 서, 남, 북벽 사방에 해자가 축조된 것으로 파악되어 영진보성의 방어력을 보완하고 있다.[55]

---

55) 이일갑, 「南海岸 沿海邑城의 垓字考」, 『문물연구』 제10호, 동아시아문물연구학술재단, 2006, 82~83쪽.

(3) 서생포진성[56]

서생포진성 동쪽 체성 외부에서 해자가 조사되었다. 당초 이 해자는 국도공사 노선 가운데 터널 입구부의 법면에 해당하여 삭평될 곳이었다. 그러나 조사 결과 서생포진성의 동쪽 해자가 축조되어 있는 곳으로 확인되었다. 체성에서 약 13m 이격하여 축조되어 있으며 해자가 축조되는 지형이 경사진 구릉지대로 물이 없는 건호인 황으로 추정된다.[57] 서생포진성에서 확인된 해자는 계단상의 수평기단축조법을 이용하여 축조하였다. 초축 이후 수개축이 확인되고 있으며 해자 너비도 달라진다. 해자 너비는 약 5m 내외이다. 축조수법을 살펴보면 구릉 급경사지대를 정지하여 굴착하고 지대석을 설치하고 그 위로 기단석과 성석을 설치하였으며 잔존하는 최고 높이는 대략 1m 내외로 해자 호안석축 축조 너비는 1m이다.

(4) 다대포진성[58]

다대포진성 해자는 북벽 체성에서 10m 이격된 지점에서 너비 5.2m 정도이다. 생토면을 굴착한 후 3.3~3.7m 정도의 폭을 둔 해자 내외호안석축으로 확인되었다. 이 호안석축은 지대가 낮은 동쪽에서 높은 쪽인 서쪽으로 축조된 것이다. 해자는 지표아래 약 40cm에서 확인되고 있으며 해자 북쪽 호안석축은 지대석을 포함하여 2단이 잔존하고 있으며 잔존 길이는 약 8m, 잔존 높이 50cm이다. 북쪽 호안석축 1단은 기

56) 한겨레문화재연구원, 『용리·화정리유적』, 학술조사보고서 제28책, 2014.
57) 지윤미, 「서생포만호진성의 해자에 관한 연구」, 『울주의 성곽』, (재)한겨레문화재연구원 개원 5주년 기념학술대회, 2014.
58) 국보학술문화연구원, 「다대포진성」, 학술자문회의 자료집, 2016.

반암인 풍화암반을 "L"상으로 절개하여 판상형 석재 및 할석을 이용하여 지대석을 축조하고 있다. 일부지점은 기반암을 그대로 이용하였다. 이때 굴광선과 해자호안석축 사이에는 점성이 강한 암갈색점질토와 풍화암반 알갱이편이 포함된 다짐층이 확인된다. 호안석축에 사용된 석재는 지대석은 20~25×30cm, 기단석은 25~30×20cm 할석을 사용하였다. 남쪽 호안석축은 지대석과 기단석 2단이 잔존하고 있다. 잔존 길이는 6.4m이며 호안석축 일부는 지대석 없이 기반암에 그대로 축조한 반면 일부는 지대석을 축조하여 호안석축을 설치하고 있다. 다대포진성 해자바닥은 편평하며 목익 등 시설물 및 유물은 확인되지 않는다.

(5) 합포성59)

합포성지 해자는 『조선왕조실록』태종조에 "門下侍中裵克廉出師合浦築城 開隍 善於防禦"라 하여 황(隍)이 설치되었음을 알 수 있다. 현재 도시화로 인해 해자지역에는 민가가 밀집하여 그 정확한 양상을 확인할 수 없지만 고노들의 전언에 따르면 체성에서 바깥으로 10~20m 정도 떨어진 지점에 단면 U자나 V자상의 도랑이 있었다고 한다. 조사가 이뤄지지 않은 관계로 폭이나 깊이 등은 확인할 수 없다.

(6) 소비포진성60)

소비포진성 해자가 확인된 곳은 서문지 바깥쪽에 해당하며 이 일대는 평탄한 구릉 정상부 지역이다. 지형상 성의 가장 전면에 해당하는 부분이며 평탄하여 외부로 부터 접근이 용이한 지형을 고려하여 해자

---

59) 심봉근, 「마산합포성지기초조사보고서」, 동아대학교박물관, 1991.
60) 동아대학교박물관, 『구소을비포성지 지표조사보고서』, 1999.

를 설치한 것으로 판단된다. 이 해자는 자연암반층을 굴토하여 단면 U 자형을 띠고 있으며 깊이 2m, 너비 6.4m이다. 이곳 해자는 토층상 9개 층위로 구분되고 제4층에서는 할석이 많이 매몰되어 있었으며, 그 아래에는 패각층이 형성되어 있다. 그리고 4층에서 상부 표토층까지는 거의 동일한 시기에 퇴적된 토층을 이루고 있다. 따라서 해자 기능이 상실되면서 의도적으로 내부를 일시에 메운 것으로 판단된다. 매몰된 할석과 함께 백자편, 옹기편, 와편들이 수습되었으며, 그 가운데 기와는 문양이 희미한 무문양이나 창해파문이 얕게 타날된 소파편들이 많이 나타나고 있는 것으로 보아 조선 후기나 말기에 해자 기능이 폐지되었던 것으로 추정하고 있다.

(7) 제포진성[61]

제포진성 해자는 북벽, 남벽을 따라 흔적이 남아있다. 해자는 북쪽과 동쪽은 5~8.5m 정도 일정한 간격을 두고 높이 2.3~2.5m, 너비 5~6m 정도이다. 제덕동 399-1번지에서 제덕동 358번지까지 걸쳐 있어 동남쪽과 남쪽을 아우르는 긴 형태 해자로 추정된다. 현재 작은 오솔길 및 경작지로 사용하고 있어 그 흔적을 확인할 수 있다. 높이는 약 4~5m. 제덕동 358번지에 위치한 해자는 일부 경작지 조성으로 인해 훼손되어 있으나 과거에는 제덕동 356번지 주변까지 이어져 있었을 것으로 추정된다. 해자 바깥쪽 호안석축에 덧대어 경사지게 판축상 다짐을 한 성토층이 확인되었다.

---

61) 권순강, 이호열, 「제포진성의 축조배경과 공간구조」, 『한국건축역사학회 춘계학술발표대회』, 한국건축역사학회, 2010.

(8) 천성진성[62]

천성진성 해자는 서쪽 성벽 바깥 해자선이 양호하며, 남벽 모서리 치성이 있는 외곽에서는 호안석축 양안 석축이 양호하게 잔존한다. 시굴조사에서 동쪽 초축성벽 기저부로부터 바깥쪽으로 18m 가량 떨어진 곳에서 너비 5m, 잔존 깊이 1m 규모 해자 호안석축이 확인되고, 생토면을 굴착하여 떨어지는 부분과 일정부분 면을 맞추고 있다. 해자 내 토층에서 두꺼운 소토와 목탄 등이 확인되는 점에서 해자 폐기 후 증축 성벽 안쪽을 활용하면서 건물지가 들어선 것으로 추정하고 있다. 초축 성벽으로 밝혀진 북서쪽 모서리성벽이 남쪽으로 꺾이는 남벽 바깥에서 너비 약 6m(추정), 잔존 깊이 1.3m 규모 해자 내측 호안석축 일부를 확인되었다. 해자 내측에 해당되는 동쪽 호안석축은 일부 붕괴되어 결실 되었지만 가로 40cm, 세로 25cm 크기 석재를 눕혀쌓기 하였는데 3~4단 정도 잔존한다. 한편, 북쪽 초축 성벽 외곽으로는 해자 흔적이 확인되지 않았으며, 증축체성에서도 성벽 외곽에서 해자 흔적이 확인되지 않았다. 증축성벽 외곽으로 10~15m 가량 떨어져 자연천이 흐르고 있어 초축이나 증축 성벽 모두 이 자연하천을 해자로 사용했을 가능성 높은 것으로 판단한다.

(9) 여수석보

여수석보는 전라남도 여수시 여천동 868번지 일대에 위치하며, 사적 제523호이다. 여수석보라는 명칭이 처음 사용된 것은 세조 3년(1457) 정월 『세조실록』의 기록에서 확인된다. 이때 당시 축성된 말각병형 평

---

62) 부산박물관,『천성진성』, 부산박물관 학술연구총서 제55집, 2017.

지성으로 알려졌다. 축성 초기에는 군사적 성격으로 사용되다가 1500년대 중반에는 조운창(漕運倉)으로 이용됐으며, 이후 장시(場市)의 기능을 담당하며 오랜 기간 명맥을 유지해 온 것으로 전해진다.

해자는 서벽 체성 외벽 기준으로 5.3~5.5m의 거리를 두고 4.7~5m 너비로 축조하였다. 해자 내, 외면에 20~90cm 크기의 할석으로 호안석축을 축조하였으며, 내벽은 60~100cm, 외벽은 80~90cm 높이이다.

남쪽 성문 앞 해자 내부에서는 해자 밖과 성 내부를 연결하는 목조교량 나무기둥이 출토돼 눈길을 끌었다. 목조교량은 5개 목주와 4개 주공이 확인됐으며 전체 규모는 동~서 약 5.3m, 남~북 4.4~4.6m, 교량 너비는 5.3m 이상으로 추정된다. 이와 함께 북쪽과 동쪽 해자에서는 2~3차례 보수 흔적과 함께, 목재를 이용해 결구하거나 보강한 흔적도 확인된다.

(10) 강진 병영성[63]

강진 전라병영성은 사적 제397호이다. 조선 태종 17년(1417년)에 당시 병마도절제사 마천목 장군이 축조하였다. 고종 32년(1895년) 갑오경장 전까지 전라도와 제주도의 53주 6진을 총괄한 육군 총 지휘부였던 곳이다.

해자는 체성 바깥쪽으로부터 약 11~17m 정도 거리를 두고 축조되었으며, 해자 호안석축을 설치하였다. 해자 내부에서 목익이 확인되었다. 유물은 나막신, 조선 초부터 후기에 해당하는 자기·도기·기와 조각 등이 출토되어 해자가 조선 시대 전 기간에 걸쳐 방어시설로 역할을 한 것을 알 수 있다. 남문 옹성 중앙부 바깥쪽 해자 북쪽에서는 교량시설

---

63) 한울문화재연구원,『강진 병영성 발굴조사자문회의 자료집』, 2017.

과 관련된 것으로 추정되는 나무기둥 흔적과 석열이 확인되어 성의 출입시설과 관련된 것으로 판단된다. 강진병영성에서는 품방이 확인되었는데 남문 일원 해자 바깥쪽에서 64기가 확인되고 있다. 확인된 품방은 평면형태가 지름 3.5~4.9m이고 원형으로, 위에서 아래로 가면서 좁아지는 형태이다. 잔존 깊이는 최대 2.5m이고, 바닥에서는 끝을 쪼갠 대나무를 뾰족하게 다듬어서 촘촘하게 꽂아놓은 죽창의 흔적들이 확인되었다. 품방유구는 해자 바깥쪽으로부터 약 6~8m 정도의 거리를 두고 해자와 나란하게 2~4열로 확인되어 해자와 함께 성곽을 방어하는 중요 수단으로서 설치된 것으로 보인다.

(11) 옥포진성[64]

거제 옥포진성 동남벽에서 확인되는 해자 추정 구는 옥포진성 체성에서 약 5~6m 이격된 지점에서 확인되며 너비 3~4m, 잔존 깊이 50~80㎝, 규모로 단면형태는 완만한 'U'자상인데, 내부에서는 약 3㎝ 내외의 두께로 목탄이 확인되었으나 유물은 확인되지 않았다.

〈표 2〉 남해안지역 영진보성 해자현황

진보명	성둘레(尺)	해자 이격 거리	해자폭	깊이	단면	목익	비고
울산좌병영성	3722 (2,120m)	8~16m	6~8m 3.5, 3.8m	2m	U자형	·	건호(壕)의 형태, 동문지 단애면에 일부 석열노출
개운포진성	1264m	7.2m	2m		U자형	·	1열2단석축 잔존폭 2m이상 건호(壕)로 추정
		10~15m	10m	6m	V자형		
서생포진성	550m	13m	3.7~5m	2.5-3m	U자형	·	내외석축 잔존 폭 70-90cm 건호(壕)으로 추정

---

64) 국립해양문화재연구소, 위의 책, 2016.

다대포진성	835m	10m	3.3~ 3.7m	1m	U자형	·	내외석축,암반굴착, 수평기단, 지대석 및 무지대석 형태로 축조, 수개축이 이루어진 것으로 추정 잔존 폭 70~90cm, 건호(隍)
			5.2m				
합포진성	4291 (2,000m)	10~20m	·	·	U자형	·	물을 채우지 않은 건호(隍)
소비포진성	825 (335m)	10m	6.4m	2m	U자형	·	암반을 굴착하여 해자를 설치/건호(隍)으로 추정
			4.3m	1.8m			
제포진성	1,377m	5~8.5m	5~6m	2.3~ 2.5m	U자형	·	해자 바깥 호안석축에 덧대어 판축상의 다짐성토층 존재
천성진성	848m	18m	5m	1m	U자형	·	해자 내측에 해당되는 동쪽 호안석축은 가로 40cm, 세로 25cm 크기의 석재를 눕혀쌓기 하였는데 3~4단 잔존
			6m	1.3m			
강진병영성	1090m	5.3~18m	2.9~ 5.4m	0.8~ 1m	U자형	○	호안석축은 10~49cm크기의 석재를 허튼층쌓기 하였는데 잔존 높이 1m
여수석창성	703.4m	5.3~5.5m	4.7~ 5m	1m	U자형	·	해자 내,외면에 20~90cm 크기의 할석으로 호안석축
가배량진성	1,740m	7m	5.4~ 5.7m	2.9~ 3m	U자형	·	지형상 안쪽의 호안석축은 매몰된 것으로 추정, 건호(隍)가 양호하게 잔존
			7.7m	2.2m			
옥포진성	590m	5~6m	3~4m	0.5~ 0.8m	U자형	?	3cm 두께의 목탄이 확인
지세포진성	735m	·	2.6m	2.1m	·	·	외황이 정연하게 둘러져 있음 호안석축 잔존
구영등포진성	550m	·	5.8m	·	·	·	생토층을 깊게 파낸 형태로 해자 설치 때 나온 흙은 측면에 쌓여 있음
구조라진성	860m	·	3m	1.5m	·	·	남서문지 앞쪽 해자의 범위 확인

(12) 지세포진성[65]

지세포진성 외곽으로는 외황이 정연하게 둘러져 있다. 북쪽 황은 지세포리 4번지에서 지세포리 230번지, 지세포리 229번지에 이르는 긴 황으로, 좌우에 돌로 된 담장이 있어 원래 호안석축이 축조된 것으로 보인다. 황은 너비 2.6m, 높이 2.1m 정도 규모이다.

(13) 구영등포진성[66]

구영등포진 북벽에서도 해자 흔적이 남아 있는데, 너비는 5.8m 정도이다. 생토 층을 깊게 파낸 형태로 해자 설치 때 나온 흙은 그 측면에 높혀 쌓기도 하였다.

(14) 구조라포진성[67]

구조라포진성 성의 남동~남서쪽 성벽 외곽에서 확인되며, 동서쪽은 경작지 조성으로 확인이 어려운 상태이다. 해자에서 채취한 흙은 구영등포진성과 마찬가지로 성벽 뒤채움 흙으로 사용된 것으로 보인다. 잔존상태가 양호한 남서문지 앞쪽 해자의 범위는 잔존 너비 3m, 깊이 1.5m 규모이다.

(15) 가배량진성[68]

가배량진성은 동쪽 산지 쪽으로 체성 바깥 7m 전후 지점에 해자 바

---

65) 국립해양문화재연구소, 위의 책, 2016.
66) 국립해양문화재연구소, 위의 책, 2016.
67) 국립해양문화재연구소, 위의 책, 2016.
68) 국립해양문화재연구소, 『경상우수영』, 국립해양문화재연구소 학술총서 제41집, 2016.

깔 호안석축으로 보이는 것이 잔존하고 있다. 지형상 안쪽 호안석축은 매몰되어 있을 것으로 보인다.

한편, 거제 가배량진성 북벽을 따라 일정한 간격을 유지하면서 해자[隍]가 양호하게 잔존한다. 해자는 너비 5.7m, 높이 2.9~3m 규모이다. 서벽은 너비 7.7m, 깊이 2.2m 정도이며, 북동쪽 체성 일부에서는 너비 5.4m, 높이 1.8m로 잔존해 있다.

해자는 조선시대는 물론이고 삼국시대 전후부터 체성을 기준으로 전체적으로 체성과 나란하게 돌아가며 축조된다. 이때 평산성과 평지성 등의 입지와 성곽 방어도에 따라 해자 형태가 다르게 축조되고 있다.

통상 조선시대 해자는 현재까지 발굴결과를 토대로 하면 물을 채운 해자(垓子)와 건호인 황(隍)으로 나눌 수 있다.

남해안지역 영진보성에서 확인된 해자는 물을 채운 해자보다는 건호인 황 형태가 더 많이 확인되고 있다. 또한 해자 배치도 사방에 해자가 축조되는 것은 영성인 내상성을 비롯한 일부에 지나지 않는다. 대부분의 진보성은 성 정면과 가장 넓은 방어전면에 해당하는 방향은 반드시 바다와 접하거나 바다와 내륙하천이 접하는 지점에 위치하고 있음에도 해자를 구비하고 있다. 또한 배후 구릉 사면에는 거의 해자를 설치하여 방어력을 보완하고 있다.

따라서 영진보성 해자는 남해안지역 연해읍성 해자가 해발고도가 평균 50m 이상인 읍성에서 조차 보편적인 석축 방어시설로 축조되어 사용된 것에 반해, 해발고도가 10~50m 이하에 대부분이 축성되어 있음에도 평균 해발고도가 더 높은 연해읍성 해자와 달리 해자가 아닌 건호인 황으로 축조되어 있는 것이다.[69] 이와 같이 물을 채운 해자가 아닌 건호(隍)인 경우, 먼저 지형적인 조건의 고려를 생각해 볼 수 있다. 통상 급경사지역으로 인해 해자에 담수할 수 없는 경우에는 황을 설치하고 있지만 조선시대 남해안지역 영진보성은 단순 해발고도의 입지만을 비교한다면 연해읍성과 동일하거나 아래쪽 고도상에 위치하는 경우가 많다. 따라서 이러한 해자의 축성패턴이 영진보성의 입지조건상 바다와 하천에 연해 있는 면이 많은 것과 관련이 있는 것이라고 할 수 있을 것이다.

남해안지역 영진보성 체성과 해자 사이 거리는 대체로 경상좌수영과 경상좌병영관할에 해당하는 개운포진성 7~15m, 경상좌병영성 10m, 다대포진성 10m, 서생포진성 13m, 합포내상성 10m~20m, 등으로 대략 10m 내외가 많다. 반면에 경상우수영 관할 영진보성 해자는 성벽에서 대체로 5~8.5m 정도 경우가 많다.[70] 따라서 남해안지역 연해읍성과 비교하여 이격거리가 큰 차이는 나타나지 않는다. 다만 경상좌수영과 우수영 관할 영진보성 해자 사이에는 차이가 확인된다. 즉 경상좌수영 관할 영진보성 해자와 체성 사이 이격거리가 경상우수영 관할 영진보성 보다 더 길게 확인되는 것은 대마도를 비롯한 일본에서 침입 시 가장 먼저 침공로에 해당하는 지리적 특수성에 기인한다고 할 수 있는 것이다.

또한 고고학적 조사에서 확인된 경상좌수영 및 경상좌병영 관할 영진보성은 대체로 우수영 및 우병영 관할 영진보성에 비하여서도 상급 제대에 해당하는 진이 많은 것에 기인하고 있다. 향후 추가적인 조사가

---

69) 이일갑, 「남해안 연해읍성의 해자고」, 『문물연구』 제10호, 동아시아문물재단, 2006.

70) 국립해양문화재연구소, 『경상우수영 편』, 국립해양문화재연구소 학술총서 제41집, 2016.

이루어지면 다른 양상이 확인될 수 있으며 자료가 보완되면 검토할 것을 기약한다. 어쨌든 경상좌우병영 및 좌우수영 관할 영진보성 사이에 차이점이 확인되는 것은 사실이다.

이러한 체성과 해자 사이 이격거리와 관련해서 남해안지역 영진보성 가운데 해자에 대한 조사가 전체 해자 가운데 80%가량 이루어진 강진 병영성 예를 통해서 살펴보면 홍미로운 양상이 확인된다.

강진 병영성은 동문지에서 동남 성우 사이를 제외한 곳을 제외한 전 구간에 걸쳐서 총 38개소의 트렌치 조사를 실시하여 해자와 체성 및 부대시설과 이격거리, 해자 너비, 깊이 등을 파악하였다. 그 결과로 파악된 것이 <그림 7>이다.

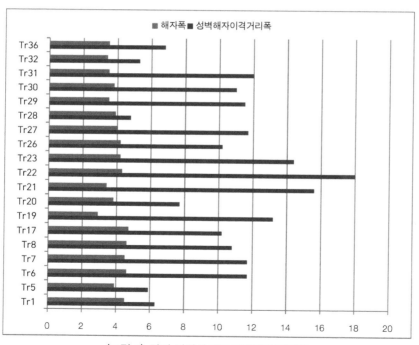

〈그림 7〉 강진 병영성 해자이격거리/해자폭

이 그래프를 살펴보면, 강진 병영성 해자는 해자 너비에 있어서는 체성과 부대시설 앞에서 거의 일정한 너비로 축조되고 있음을 알 수 있다. 즉 4~4.5m 전후로 해자 너비를 유지하는 반면에 해자이격거리는 치성, 옹성 등 부대시설 전면에 설치된 해자가 체성 전면에 설치된 해자에 비하여 이격거리가 반으로 감해서 축조되고 있는 것이다. 이것은 연해읍성 해자 축조수법에서도 확인되고 있다.[71] 물론 남해안지역 영진보성 가운데 강진 병영성과 같이 대부분의 해자가 조사된 예가 없어 직접적인 적용이 가능할지는 단언할 수 없다. 다만 앞서에 언급한 경상좌수영, 경상좌좌병영, 합포내상성, 다대포진성, 서생포진성 등은 해자와 체성 사이 이격거리가 10m를 기준으로 설치된 듯하여 10~12m 전후 이격거리를 보이는 강진 병영성과도 큰 차이가 없는 것이다. 이에 반해 여수석보는 가장 하위 제대가 주둔한 성곽인데 전체적으로 내상성인 울산 좌병영성이나 첨사진인 다대포진성, 만호진인 서생포진성에 비해서 체성과 해자 사이 이격거리는 반감되지만 해자 너비는 유사하게 확인되고 있어 주목되는 현상이다. 해자 깊이 역시 잔존 1~2m 내외로 연해읍성과 비슷한 양상이다. 따라서 남해안지역 영진보성 해자 역시 체성과 해자 사이 이격거리는 10m 전후로 일률적인 축조가 이루어졌고 치성 및 옹성 등의 부대시설은 체성에 비하여 반으로 감하여 축조된 것은 분명하다.

〈표 3〉 남해안 지역 영진보성 해자 폭 및 깊이 현황

영진보명	해자폭	깊이	영진보명	해자폭	깊이
울산좌병영성	6	2	천성진성	5	1
울산좌병영성	8	2	천성진성	6	1.3

71) 이일갑, 위의 글, 2006.

울산좌병영성	3.5	2	강진병영성	2.9	0.8
울산좌병영성	3.8	2	강진병영성	5.4	1
개운포진성	10	6	여수석창성	4.7	1
서생포진성	3.7	2.5	여수석창성	5	1
서생포진성	5	3	여수석창성	5.4	2.9
다대포진성	3.3	1	가배량진성	5.7	3
다대포진성	3.7	1	가배량진성	7.7	2.2
다대포진성	5.2	1	옥포진성	3	0.5
소비포진성	6.4	2	옥포진성	4	0.8
소비포진성	4.3	1.8	지세포진성	2.6	2.1
제포진성	5	2.3			
제포진성	6	2.5			

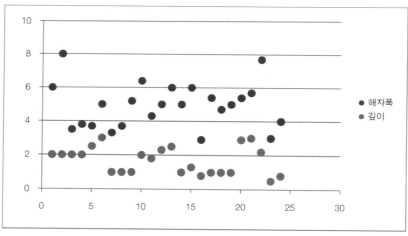

〈그림 8〉 남해안 지역 영진보성 해자폭/깊이

영진보성 해자 너비와 깊이 관련해서는 ≪通典≫에 기록된 해자 규모가 상부 너비 2丈(560cm~625cm), 깊이 1丈(280cm~310cm), 하부 너비 1丈으로 정의하는 것과 비교하여[72] 남해안지역 영진보성 해자 너

---

72) 『通典』, 守拒法,

비는 대략 2m~5m 사이로 확인된다. 그 중 최근 조사된 다대포진성, 서생포진성, 울산좌병영성 해자 너비가 특히 동일한 양상이다. 이러한 것은 적어도경상좌수영 관할 영진보성 해자는 대체로 동일한 규격으로 축조된 것이다.

남해안지역 영진보성에서 현재까지 확인된 잔존 해자 깊이를 살펴보면 <그림 8>에서 확인되는 바와 같이 대략 1.5m를 기준으로 위 아래로 두 개 군이 형성되는 것을 알 수 있다. 영진보성별로 모든 해자 구간이 잔존 규모로 인한 것인지 아님 시기별로 폭과 깊이를 달리 한 것인지는 파악할 수 없다. <표 3>에서 나타나는 바와 같이 동일 영진보성 해자 사이에도 너비와 깊이가 차이가 있음을 볼 때 초축 및 증개축 시 해자 깊이를 파악하기는 힘들듯하다. 다만 해자 단면조사에서 호안 석축 축조 양상으로 볼 때 초축과 증개축 시 해자 너비는 분명히 차이가 있는 듯하고 깊이 역시 차이가 있다. 특히 깊이는 초축 시기에 해당하는 15세기 말에서 16세기에 비하여 임진왜란 이후인 17세기에는 점차 낮아졌을 것으로 추정된다. 즉 주무기의 변화와 여장 설치 시 원총안, 근총안 등의 설치 및 위치에 따라 해자 깊이가 변화되었던 것이다. 이러한 해자 깊이 변화에 따른 체성 방어력 약화는 치성, 포루, 공심돈 등의 설치와 숫자 증가 및 새로운 방어시설 설치로 상쇄하였던 것이다. 또한 이러한 새로운 방어시설은 도성과 그 주변지역 이어처(移御處) 산성에 적용된 것이고 남해안지역 영진보성 가운데 통영성에서 일부 확인된다.

아울러 이때 당시 해자 무용론도 제기 되었는데, 정약용은 "약용이 이르건대, 해자와 담장은 양마장이다. 정유년 남원의 전투에서 양마장을 지키지 못해 왜적은 여기에 의지해 몸을 가릴 수 있어 남원성은 더욱 빨리 함락당했다.(이 사실은 『징비록』에 나온다) 이는 반드시 패배하는 제도이니 없는 것만 같지 못하다.73)"라고 하였다. 영조 3년 경연에서 검토관 조진희가 아뢰기를, "성을 지키는 법에는 해자(垓子)가 더욱 중요한데 지금은 거의 다 진흙으로 막혀서 관둔전이 되어 삼(麻)을 심으니 진실로 한심한 일입니다.74)"라고 하여 대부분의 해자가 많이 매몰되어 그 기능을 상실하고 있음을 알 수 있다.

울산 좌병영성 해자   서생포진성 해자

다대포진성 해자   개운포진성 해자

---

73) 정약용, 『민보의』보원지제
74) 『증보문헌비고』 권29 이와 같은 현상은 하동읍성의 남문지에서도 확인되는데, 즉 하동읍성의 남문지 옹성내부를 이 지역에서는 삼굿머리라 지칭하고 있는데 이것은 해자에서 재배한 삼을 삶던 곳이라고 하여 부쳐진 지명이라고 한다.

소비포진성 해자(황)

하동읍성 해자(황)

여수 석보 해자

강진 병영성해자

〈사진 4〉 남해안지역 영진보성 및 연해읍성 해자

따라서 남해안지역 영진보성 해자 역시 17세기 이후 해자에 대한 관리는 읍성과 대동소이하였으며 해자 깊이 역시 농사를 짓기 위해 낮아졌거나 붕괴 훼손된 상태로 방치되었던 것이다.

영진보성 해자 구조에 대해서 살펴보면, 울산 좌병영성 동벽 해자(2016년 발굴조사)는 너비 5m, 내외호안석축간 너비 3.5m, 깊이는 내벽 13~125cm, 외벽 17~87cm로 단면 모양은 U자형이며, 건호(隍)이다.[75]

또한 서생포진성 해자는 잔존 최대 5~6단, 최대 높이는 약 1.2m, 너비 약 50cm이다. 2차 해자 너비는 최대 3.7m 정도이며 높이는 2.5~3m 정도로 추정된다.[76] 다대포진성 해자는 너비 5.2m, 해자 내외호안석축

---

75) 울산발전연구원 문화재센터, 『울산 경상좌도병영성 동문지-울산 병영성 월성개나리아파트~동문지 정비사업구간 내 유적』, 발굴조사보고서 제89집, 2016.

너비 3.3~3.7m이다. 지세포진성이나 가배량진성 남쪽 외곽 해자, 천성 진성 남벽 해자에서도 호안석축을 쌓아 해자의 유실을 방지하였다.

호안석축 내외벽 사이 너비는 대체로 3~5m이고 최대 8m에 이른 다.[77] 그에 반해 여수석보 서벽 체성 앞 해자 너비는 4.7~5m로 확인되 고 해자 내, 외면에 20~90cm 크기의 할석으로 호안석축을 축조하였으 며, 내벽은 60~100cm, 외벽은 80~90cm 높이이다.(<표 4>참조)

남해안지역 영진보성 해자 호안석축은 울산좌병영성, 다대포진성, 서생포진성, 합포성, 개운포진성 등은 모두 석축으로 확인되고 있다. 고성 소비포진성 해자는 암반을 굴착한 후 호안석축을 설치하지 않은 것이 확인되었다. 또한 영진보성 해자 호안석축은 기반암을 굴착하여 공히 허튼층쌓기를 실시하여 장대석과 대석을 사용해서 축조되는 체 성에 비해서는 조잡하게 축조된다.

〈표 4〉 남해안 영진보성 해자 축조수법

유적	축조형태	깊이	축조수법	해자석의 재질	해자석의 크기 (가로×세로×두께)	비고
합포성	석축	2.9m	허튼층쌓기	자연할석	.	10~20m 폭
경상좌병영성	석축	3m	허튼층쌓기	치석된 할석	50×20~25, 80×60~70cm	해자 내외호안석축 확인
개운포진성	석축	1.7~2.3m	허튼층쌓기	할석 및 강돌	20~40, 10~25, 20~50, 10~30cm	장방형 및 부정형 석재 이용 3~5단정도 기단부 조성 안쪽으로 20cm정도 들여쌓기 실시
서생포진성	석축	1.7m	허튼층쌓기	할석 및 강돌	40~60cm	해자 바깥에 또다른 해자석축 확인

---

76) 지윤미, 「서생포만호진성의 해자에 관한 연구」, 『울주의 성곽』, (재)한겨레문화재 연구원 개원 5주년 기념학술대회, 2014.
77) 국립해양문화재연구소, 위의 책, 2016.

다대포진성	석축	1.8m	허튼층 쌓기	할석 및 강돌	20~25×30cm, 25~30×20cm	해자 내외호안석축 확인 지대석 설치 없이 기반층을 정지하고 해자호안석축 설치한 구간도 있음.
소을비포진성	토축	2.5m	허튼층 쌓기	기반암	·	기반암층인 암반층을 굴착하여 해자를 설치(황)
여수석보성	석축		허튼층 쌓기	할석 및	20~90cm	해자 내외면에 20~90cm 크기의 할석으로 호안석축을 축조하였으며, 내벽은 60~100m, 외벽은 80~90cm높이이다.

대체적으로 굴착된 기반암층에 너비 50~100cm 내외로 할석을 축조하여 호안석축을 축조한다. 이때 기저부 바닥에 지대석을 놓고 뒤로 물려서 기단석과 해자석을 축조하는 수법은 체성 축조수법과 대동소이하다. 다만 서생포진성, 다대포진성 호안석축 축조수법에서는 기반암을 거칠게 정리하고 지대석 설치 없이 바로 기단석을 설치하였다. 해자 호안석축으로 사용된 석재들은 대부분 자연할석이나 화강암계통의 자연산석이 대부분이며 강돌을 부분적으로 가공한 흔적이 확인되고 있으나 그 숫자는 많지 않다.

남해안지역 영진보성 해자 내부 목익(木杙)은 해발고도에 비추어 대부분이 평지성에 설치되고 있으며, 평산성이나 산성형 읍성에서는 경사가 평탄한 곳이나 취약한 성문 주변 해자 내에 목익을 집중적으로 배치하고 있는 것과는 다른 양상으로 확인되고 있다.

물론 바다와 강이라는 천연적인 해자를 구비하는 장점이 있지만 전반적으로 연해읍성에 비해서는 해자 내부시설 구비가 부실한 것으로 판단한 바 있다.[78] 그러나 최근 조사된 강진 병영성 해자[79]에서는 목

---

78) 이일갑, 앞의 논문, 2018, 218쪽.

익과 품방이 확인되고 있어 남해안지역 영진보성 해자에도 목익이 설치되었을 것으로 추정된다. 다만 기존에 조사된 남해안지역 영진보성 해자에서 목익이 확인되지 않고 있어 연해읍성과 내상성인 육군 병영성 등과 비교하여 미설치 및 소략화 등이 이루어진 것으로 생각해 볼 수 있다. 즉 이것은 해자 설치 위치에 따라 급경사지역에는 물을 담수할 수 없기에 건호인 황을 설치하고 평지에는 방어적인 면을 고려하여 물을 담수하고 그 안에 목익을 설치하여 방어력을 강화 하였다고 판단되는 바 남해안지역 영진보성 해자 내부 목익 설치는 지형적인 상황에 따라 유동적으로 이루어졌던 것이다.(<그림 9> 참조)

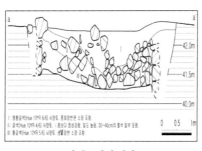

서생포진성 해자

소비포진성 해자

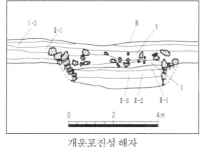

개운포진성 해자

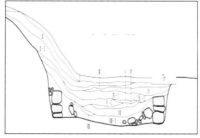

울산좌병영성 해자

〈그림 9〉 남해안 영진보성 해자 단면

79) 한울문화재연구원, 『강진 병영성 발굴조사자료집』, 2017.

2) 수중목책

수중목책은 조사사례에 있어서 영진보성 해자에 비하여 더욱 빈약한 실정이다. 이와 관련한 연구를 살펴보면, 장도 청해진 발굴조사에서 직경 35cm 내외 원목을 해변을 따라 열을 이루며 촘촘히 박은 것을 원목열(목책)이라 하며 장도방어용 목책으로 추정하였다.[80] 또한 중세 동아시아지역 해양방어시설 중 해변의 수중에 목책을 설치하는 시설을 언급하며 대표적 사례로 완도 장도 해변을 들었다. 특히 이곳에서 확인된 원목열(목책)은 벙어용 목책으로 추측되며 진도 벽파진 해변에서 확인되는 원목열과 조선조 방어시설로 무안 다경진, 제포(진해)와 당포(통영) 및 고흥 발포진성에서 확인되는 목책열 성격이 항구와 선박을 보호하기 위한 방어용 목책으로 조선시대에는 일반적인 시설로 파악하였다. 아울러 1287년 몽골의 베트남 3차 침공시 베트남군이 바익당강 하상에 나무를 박아 놓고 저항하였던 시설도 동일한 목책렬에 해당하는 것으로 파악하였다.[81] 그러나 현재까지 진행된 수중목책에 대한 연구는 일부지역에 대한 조사와 결과만을 반영한 것으로 영진보성과 관련한 연구 등에서는 여전히 진전을 이루지 못하고 있다.

따라서 다음에서는 영진보성의 1, 2차 방어시설에 해당하는 수중목책에 대한 기존 조사사례를 살펴본다.

---

80) 김성범, 「장도 청해진 유적의 성격」, 『장보고대사의 활동과 그 시대에 관한 문화사적 연구』, 해상왕장보고사업기념화, 2007, 35~43쪽.

81) 윤용혁, 「중세 동아시아에 있어서 해양방어시설의 구축」, 『韓國城郭研究의 新傾向』, 한국성곽학회 초대감사 심정보교수 퇴임기념논총, 한국성곽학회, 2014, 304쪽.

(1) 제포 수중목책[82)

　제포 수중목책은 경상남도 진해시 제덕동 177-4번지 일대 해안에서 확인되었다. 이 일대는 조선 전기 삼포의 하나로 최초로 개항한 역사적인 대일무역항으로 왜관이 설치되고 항거왜인이 거주하였던 곳이다.

〈사진 5〉 제포 수중목책 노출 후 광경

　이 유적은 제덕만 공유수면매립공사가 진행되다가 매립된 토사 무게로 갯벌 속에 매립되어 있던 목책유구가 수면에 떠올라 발굴조사가 이루어졌다. 이곳에서 조사된 목주는 1.5~2m 정도 길이와 10cm 내외 직경을 가진 것으로서 크게 4개군을 이루면서 일렬로 분포하고 있다. 그리고 조사구획에 따라 15m 간격을 유지하고 있었으며 각 목주는 직경 5cm 내외 칡넝쿨이나 싸리나무를 이용하여 엮은 동아줄로 서로 묶어서 하나의 목책을 형성하도록 하였고, 그 사이사이에는 20×30×15cm 크기의 인두대 활석이 놓여 있었다. 수중목책에 사용된 목재는 소나무와 상수리나무가 주종으로 하단은 도끼와 낫으로 끝을 뾰족하

---

82) 동아대학교박물관,『진해 제포수중유적』, 고적조사보고서 제29책, 1999.

게 깎아 수중에 잘 꽂히도록 하였다. 목주 크기는 대체로 길이 2m, 직경 15cm가 주류를 이룬다.

(2) 당포 수중목책[83]

당포수중유적은 경상남도 통영시 산양읍 삼덕리 대청마을과 인접한 해안에 위치한다. 1998년 6월 삼덕항 공사현장에서 다수의 목주가 발견되어 발굴조사 되었다. 목주가 발견된 양상으로 볼 때 수중목책 가장자리로 추정되었다. 수습된 목주는 모두 44개로 길이가 가장 긴 것이 3.18m 가량으로 가장 짧은 것이 1.02m 정도이지만 평균 1.5m 내외며 목주 굵기는 16cm~10cm 가량으로 평균 13cm 정도이다.

(3) 다경포 수중목책[84]

다경포진성에서 서쪽 해안을 따라 450m 가량을 가면 수로가 잘 발달된 포구가 있다. 현재 길이 약 50m 석축이 일부 남아있다. 갯벌에는 원목과 잔목이 동－서 방향으로 약 48m 가량 열을 지어 있다. 원목 직경은 23~30cm 정도이며, 서로 5m 내외 간격을 두고 모두 6개가 박혀 있는 것이 확인되었다. 원목이 열을 지어 있는 지점은 10~40cm 크기 할석들을 박아 다져 보행에도 지장이 없을 만큼 단단하다. 이 원목들은 선착장의 기둥으로 추정된다. 기둥 사이 흩어져 있는 목재 편들은 선착장 상부구조물의 일부로 추정하고 있다. 보도와 유사하게 할석들을 박

---

83) 마산지방해운청, 경남문화재연구원, 『통영삼덕항내 당포수중유적』, 학술조사연구총서 제9집, 2001.
84) 국립해양문화재연구소, 『조선시대 수군진조사Ⅰ 전라우수영 편』, 국립해양문화재연구소 학술총서 제24집, 2011, 102~113쪽.

아 축조한 적심석열 사이에서는 원목의 단을 치목하여 결구한 것으로 파악된다. 부근에는 목재편과 다량의 기와, 자기편 등이 확인되고, 닻의 무게를 더하기 위해 매달았던 닻돌이 선창유구에서 발견되어 배들이 드나들었음을 알 수 있다.

이 원목열은 육지에서 바다쪽으로 직선형태가 아닌 약간 구부러진 호상의 형태를 띠고 있으며, 원목열에서 북으로 약 7~8m 떨어져서 원목열과 마찬가지로 동－서 방향, 거의 직선으로 잔목들이 10여 개 확인되었다. 잔목열의 주변은 원목이 위치하는 곳과 달리 적심으로 보이는 시설이 없이 무른 갯벌에 박혀 있다. 잔목들 직경은 12~16cm이다. 원목열과 잔목열은 육지쪽은 넓고 바다쪽으로 갈수록 약간 좁아지는 형상을 갖추고 있다. 잔목열 사이사이에는 목재들이 노출되어 있다. 현재 이곳은 정박시설 및 접안시설로 파악되고 있다. 다경포진 목재유물 3점의 시료를 체취하여 방사성탄소연대측정을 한 결과 15－20세기로 추정되었다. 기준연대는 15~17세기로 수군진의 설치연대와 일치한다.

현재까지 확인된 가장 이른 시기 수중목책은 장도 청해진에서 확인된 수중목책이다. 이 수중목책은 적어도 통일신라 전후에까지 소급될 수 있을 듯하며 이때 수중목책 사용목적이 해적으로부터 수군진을 방어하기 위한 수단으로 추정된다.

이 장도 목책열 이외에 고고학적으로 조사된 수중목책은 조선시대 영진보성이 위치하는 해변에서 확인된 수중목책이다.

영진보성 수중목책은 최근까지 무안 다경포, 진해 제포, 통영 당포 등지에서 확인되었다. 이 중 제포 수중목책은 왜인의 침략에 대비하여 설치한 것으로 조선 수군 군선을 보호하고 적선 출입을 통제하기 위한 시설이다. 설치구간은 지금의 제덕마을 부근 즉 제포진성 앞에서 동서로 제포만을 가로지르며 설치한 것으로 추정한다.[85] 당포 수중목책도 제포 수중목책과 동일하게 설치되었다. 따라서 이러한 수중목책은 이미 해자 축조가 이루어진 영진보성 해안변에 설치됨으로서 영진보성 방어적인 측면에 있어 해자 이전에 1차적인 차단시설로서 역할이 삼포왜란을 기점으로 추가되고 있는 것이다. 또한 이른 시기부터 바다에 설치된 수중목책의 방어적 기능이 통일신라, 후삼국, 고려시대에도 사용되었을 것이며 일정기간 설치가 이루어지지 않다가 이때에 재사용되고 있는 것이다.

이 수중목책 설치는 16세기 전기 삼포왜변이 발생하면서 15세기에 축조된 해자가 이미 방어적인 기능을 상실함으로 인해 그에 따른 새로운 조치로 해석해 볼 수 있는 것이다. 이때는 15세기 전기 중반 이후부터 16세기 전기에 걸쳐 약 100여 년에 걸친 평화기로 인한 군사적 긴장 완화 특히 남해안지역에 있어 삼포개항과 대마도 정벌과 사신 교류 등의 강온양면정책으로 북방에 비하여 왜구준동이 현저하게 줄어들며 성종 및 중종 조에 내륙읍성 및 영진보성 필축에 따른 군사전략 변화로 조선 국방력 쇠퇴가 가속화 되는 시기이다. 이즈음 발발한 삼포왜변 등은 조선 조야에 충격을 주기에 충분한 것이었다. 긴급 대책으로 수립한 것이 결국 방화에 약한 성문 보강과 남해안 연해 영진보성 수중목책 설치가 이루어진 것이다. 따라서 기존에 축조된 치성, 옹성, 해자 수축이나 보강보다는 바다에 대한 차단과 통제를 통하여 왜구에 대비코저 하였으며 해자 및 성곽 수축에 따른 국가적인 공역 상황은 발생하지 않는 것이다.

---

85) 동아대학교박물관, 『진해 제포수중유적』, 고적조사보고서 제29책, 1999.

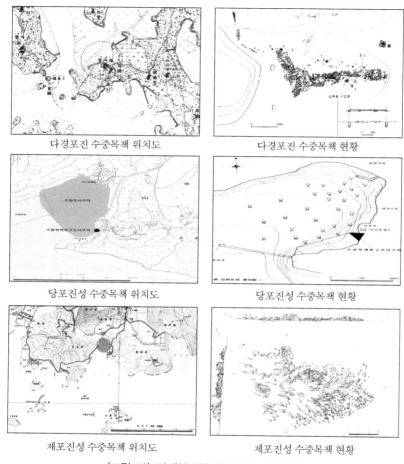

다경포진 수중목책 위치도 　　　　 다경포진 수중목책 현황

당포진성 수중목책 위치도 　　　　 당포진성 수중목책 현황

제포진성 수중목책 위치도 　　　　 제포진성 수중목책 현황

〈그림 10〉 남해안지역 영진보성 수중목책

　한편 이때 설치된 수중목책은 항구에 접근을 막는 차단시설로서 파악해 볼 수 있다. 즉 배를 타고 출입할 때마다 목책에 걸어둔 쇠갈고리를 잠그기도 하고 풀기도 한 것이라면 그 효용성 또한 담보할 수 없다. 특히 긴급 출동 시 및 비상상황에서 수중목책 본연의 역할을 할 수 있었는지 의문스럽다. 따라서 이 차단시설의 설치와 운용에는 상당한 운

용인력과 노력이 필요했을 것이다. 그것은 고고학적 조사에서 확인된 결과 최소 길이 2m, 직경 15cm 전후 가공 및 반가공 된 4열 이상 목주열을 바다에 설치하고 지속적인 관리가 필요했을 것이기 때문이다.

그럼 이렇게 설치된 수중목책 사용 시기를 살펴보자. 중종 5년(1510)에 발발한 삼포왜변 시 왜구에 의해 다대포진성이 침탈되어 성내외부와 군선이 불탔으며[86] 동년 5월 24일 무인일에 이와 관련하여 도원수 유순정이, "다대포의 병선이 불태워져 남은 것이 없고, 병선이 불타는 것을 방지"하기 위해 긴급 방어조치로 수중목책을 설치토록 건의한다.[87] 이후로 남해안지역 영진보성에 수중목책이 설치되었고 우선적으로 수영 즉 경상우수영에 설치하였다가 그 효과를 보고 나머지 영진보성에서 설치하고자 한 것을 알 수 있다.[88] 이때를 기점으로 남해안지역 영진보성에 수중목책이 설치된 것으로 판단되며 이러한 사례로 제포진성, 당포진성, 다경포진성에서 확인할 수 있다. 그러므로 수중목책은 중종 5년 5월 삼포왜변 이후에 남해안지역 영진보성에 임시방편적으로 축조된 것이었으나 썰물 시 드러나는 개펄에 설치되어 토사와 각종 폐기물 등의 퇴적으로 인해 준설과 목주 사용연한에 따른 목주 재설치로 이후에는 그 효용성이 떨어졌을 것이다. 이렇게 방어시설로서 관리적인 측면에 있어서 효과가 반감되는 수중목책이 과연 언제까지 설치 사용된 것일까? 이와 관련해서는 다음의 자료에서 파악해 볼 수 있다.

『난중일기』 임진년 3월 27일 기록에,

① 쇠사슬 건너 매는 데 쓸 크고 작은 돌 80여 개를 실어 왔다.

---

86) 『중종실록』 권11, 중종 5년 4월 10일 을미.
87) 『중종실록』 권11, 중종 5년 5월 24일 무인.
88) 『중종실록』 권11, 중종 5년 5월 24일 무인.

② 새벽에 쇠사슬 꿸 긴 나무를 베어 오는 일로 이원룡에게 군사를 인솔시켜 두산도로 보냈다.[89]

③ 아침을 일찍 먹은 뒤 배를 타고 소포에 이르러 쇠사슬을 가로 건너 매는 것을 감독하여 종일토록 기둥 나무 세우는 것을 보았다.[90]

라고 하였다. 이 자료를 통해 임진왜란 발발 이전 전라좌수영성에서 수중목책 설치와 관련된 작업이 이루어졌음을 알 수 있다.[91]

다음 자료에서는 좀 더 구체적으로 17세기에도 수중목책이 설치 운용되고 있음을 알 수 있다.

인조 16년 무인 1월 4일에 상이 이르기를,

강도는 땅이 매우 넓으니, 어찌 목책을 전부 설치할 수 있겠는가 하니, 이시백이 아뢰기를, 그 가운데 요해처(要害處)에만 간간이 세우면 됩니다. 나머지 물이 소용돌이치는 곳은 적병들도 접근하기 어려울 것이니, 굳이 전부 목책을 세울 필요가 있겠습니까 하고, 심열이 아뢰기를, 목책은 쉽게 썩어서 망가지니, 담장이나 성곽이 좋을 듯합니다. 하고, 이경석이 아뢰기를, 수중에 세운 목책은 썩어서 망가지지 않습니다. 종전에 세운 목책이 지금까지도 남아 있다고 합니다.[92]

라고 하였다. 이 자료를 통해 인조 16년 당시 피난처에 하나인 강화도 방비를 강화하기 위해 목책 설치를 의논하는 과정에서 수중목책은 썩어서 망가지지 않는다고 하고 종래에 세운 수중목책 역시 남아 있다고 한 것을 볼 때 수중목책이 쉽게 썩거나 망가지지 않음을 알 수 있으며

---

89) 『이충무공전서』 권5, 난중일기1 임진 2월2일, 2월9일.
90) 『이충무공전서』 권5, 난중일기1 임진 3월.
91) 『이충무공전서』 권5, 난중일기1 임진.
92) 『승정원일기』 인조 16년 무인 1월 4일.

과거에 세운 수중목책 잔존 언급으로 볼 때 유지기간 역시 상당한 시간임을 알 수 있다. 이 기사로 볼 때 계속적인 수중목책 설치가 이루어지고 있음을 알 수 있다.

또한 18세기 후반에 해당하는 정조 3년 기해(1779) 11월 24일 강화유수 이성원이 아뢰기를,

> "옥포의 성은 당초 축조할 때에는 바다와의 사이에 온전한 땅이 많이 있었는데, 수로가 점차 바뀌는 바람에 통진에는 진펄이 생기는 반면 옥포에는 땅이 떨어져 나갔으며, 그 결과 지금은 성에서 바다까지의 거리가 불과 몇 걸음밖에 되지 않습니다. 지금 급박한 형편을 구제하는 길은 목책을 설치하는 것보다 나은 방법이 없으므로, ...서둘러 목책을 설치하지 않는다면, 물길에 땅이 쓸려 깎이고 무너지게 될 환난은 조석 간에 일어날 문제입니다. 목재를 이 시점에 맞추어 준비해 놓아야만 내년 봄 해동할 시기를 틈타 일을 시작할 수 있을 것이니, ... 영의정 서명선이 아뢰기를, "만약 나무를 베어 목책을 만들려고 한다면, 단지 덕적도의 나무 기르는 곳에서만 3000그루를 가져다 쓰는 것이 좋겠습니다." 하고, 좌의정 홍낙순이 아뢰기를, 덕적도의 어린 소나무 3000 그루를 베어다 쓰도록 허락하여 목책을 만드는 것이 좋을 듯 합니다." 하여, 그대로 따랐다.[93]

라고 하였다. 이 자료에서는 정조 3년(1779)에 강화도 옥포성이 토사유실로 인하여 바다에 지척으로 가까워지고 있음을 우려하여 그 대비책으로 수중에 목책을 설치하려 사용되는 나무를 덕적도 소나무로 활용하고자 하는 것을 확인할 수 있다.

따라서 남해안지역 영진보성 수중목책 설치 운용에 관한 구체적인

---

93) 『일성록』정조 3년 기해 11월 24일.

기사를 확인할 수 없지만 적어도 이 시기에도 여전히 수중목책이 설치운용되고 있었던 것은 확실하며 남해안지역 영진보성 수중목책 역시 그 설치운용기간은 19세기에 이른다고 하겠다.

3) 품방

남해안지역 영진보성에서는 수중목책, 해자와 더불어 영진보성을 방어하는 또 다른 방어시설인 품방(品防)이 설치되었다. 이 품방에 대해서는『난중일기』에

> **품방**에 해자 파고 쇠사슬 구멍 뚫는 일로 아침에 군관을 정해 보내고, 나도 일찍이 아침을 먹은 뒤에 동문 위로 나가 품방 역사를 직접 독려했다.94)

또한 선조 28년 을미 10월 7일에 비변사에서 아뢰길,

> 적이 우리 경내를 침범해 오더라도 들에 노략질할 것이 없으면 형세상 깊이 들어올 수 없을 것이니, 오직 험준함을 의거하고 들판을 깨끗이 치우는 것이 급무입니다. 그리고 변경에 풀이 자라나서 불태울 만한 곳은 불태우고 강 근처의 민가에 들어갈 만한 곳은 또한 들어가게 하며 성을 수리하고 **품방**을 많이 파서 모든 비어할 수 있는 대책을 각별히 조치할 일로 김대래에게 일러서 보내소서.95)

라고 하였고, 선조 28년 을미 10월 17일에 상이 이르기를,

---

94) 이충무공전서 권5,『난중일기』, 임진년 4월 19일.
95)『선조실록』권68, 선조 28년 10월 7일 을미.

이른바 **품방**이란 것은 얼음을 뚫어 굴혈을 만드는 것을 말하는 것이다. 내가 말하는 것은 얼음을 떠서 쌓아 놓는 것이다.[96]

또한 선조 32년 기해 7월 27일에 비밀 비망기로 이일(李鎰)에게 하문하기를,

일찍이 서도에 있을 때 경이 바친 거마목(拒馬木)이 매우 편리했는데, 군중의 사람들로 하여금 하나씩 가지고 머무는 곳에 별도로 성책을 만들게 하고 그 외부에는 품방을 파게 한다면 바로 방어할 수 있을테니 제 아무리 오랑캐의 돌기라 한들 어떻게 해 볼 수 없을 것이다.[97]

라고 하고 있다.

선조 38년 을사 5월 26일, 선조 39년 병오 5월 20일에 각각

육진의 성들은 넓고 크기만 하지 낮으며, 참호에 이리저리 박아 세운 말목들은 아이들의 장난이나 마찬가지입니다. 지금 의당 각 진의 형세를 헤아려 혹 올려 쌓거나 자성을 쌓되 범위는 작더라도 견고하게 쌓고, 성지와 기계도 잘 조처해야 합니다. 그리고 참호를 파고 **품방**을 뚫으며, 마름쇠와 거마창 등의 물건들도 모두 갖추어야 합니다.[98]

고령 첨사 이백복은 조치하는 일에 마음을 다해 성랑을 새로 만든 것이 40여 곳이고, 호 안에다 목책을 설치한 것이 매우 견고하며, 호안에 연달아서 **품방**을 팠고 쇠꼬챙이를 많이 만들어 강가에 벌여 심어놓아 방비가 완전한 것이 여러 진 가운데서 으뜸입니다.[99]

---

96) 『선조실록』권68, 선조 28년 10월 17일 병오.
97) 『선조실록』권115, 선조 32년 7월 27일 갑술.
98) 『선조실록』권187, 선조 38년 5월 26일 기해.
99) 『선조실록』권199, 선조 39년 5월 20일 정해.

이라 하였록. 이 자료 가운데 선조 28년 을미 10월 7일, 28년 을미 10월 17일 기사 내용을 살펴보면 "품방"을 많이 파서 방어할 수 있는 대책수립과 얼음을 뚫어 굴혈을 만드는 것과 얼음을 떠서 쌓아 놓는 것이 품방이라 하고 있다.[100] 이 기사 내용에서 품방은 겨울에 땅을 굴착하여 설치 혹은 축조되는 방어시설이라는 것이다. 그러나 임진왜란이 발발한 직후인 1592년 4월 19일에 여수 전라좌수영성 외부에 품방을 축조하고 감독하고 있는 기사[101]와 선조 32년 기해 7월 27일, 선조 38년 을사 5월 26일, 선조 39년 병오 5월 20일 기사를 살펴보면 품방은 겨울뿐만 아니라 계절에 상관없이 축조되는 것임을 알 수 있다. 또한 거마목(拒馬木)이라 불리는 요즘 "Barricade"와 같은 이동식 차단물과 함께 방어공간을 방어하는데 필수적인 요소라 할 수 있다. 그리고 호안(壕岸)에 연달아서 품방을 팠고 쇠꼬챙이를 많이 만들어 강가에 벌여 심어 놓아 방비[102]하였다고 하여 호안 즉 해자에 붙여서 연속적으로 축조하였으며 마름쇠, 거마창, 쇠꼬챙이가 언급되고 있어 품방 내부에 이러한 쇠구조물을 설치하거나 운용한 것이라고 할 수 있다.

따라서 품방은 해자에 연해서 땅을 굴착하여 내부에 쇠꼬챙이 등을 설치한 시설임을 알 수 있는 것이다. 이러한 품방은 문헌자료에서 주로 육진과 서도 등 조선시대 북방지역에 설치된 것으로 파악해 볼 수 있다. 『난중일기』에서 전라좌수영성이 있는 여수지역에서도 설치된 것이 확인되고, 최근 강진 병영성 해자 바깥에서도 확인되고 있어 조선시대 남해안지역 영진보성에서도 설치 사용되었음을 알 수 있다.

---

100) 『선조실록』 권68, 선조 28년 10월 17일 병오.
101) 이충무공전서 권5, 『난중일기』, 임진년 4월 19일
102) 『선조실록』 권199, 선조 39년 5월 20일 정해.

강진 병영성에서 확인된 품방은 남문 일원 해자 바깥쪽에서 64기가 확인되고 있다. 확인된 품방은 평면형태가 지름 3.5~4.9m이고 원형으로, 위에서 아래로 가면서 좁아지는 형태이다. 잔존 깊이는 최대 2.5m이고, 바닥에서는 끝을 쪼갠 대나무를 뾰족하게 다듬어서 촘촘하게 꽂아놓은 죽창이 확인되었다. 이 품방은 해자 바깥쪽으로부터 약 6~8m 정도의 거리를 두고 해자와 나란하게 2~4열로 확인되었다.

이 강진병영성에서 확인된 품방 내부에서는 대나무를 다듬어서 바닥에 촘촘하게 꽂아 놓았다. 모원의(茅元儀)의 『무비지(武備志)』에 "함마갱(陷馬坑)은 가운데 사슴뿔창, 축첨(竹籤)을 묻고 그 함마갱을 亞字와 같이 서로 이으면 모양이 구쇄(鉤鏁) 비슷하다." 한 것과 동일한 형태라 할 수 있다. 품방이 곧 함마갱이라 할 수 있는 것이다. 기본적으로 품방은 처음에는 여진기병에 대응하기 위한 북방지역 영진보성 방어시설물로 설치되었다가 차츰 조선 전 지역에 걸쳐 영진보성 외부에 설치된 것이라 하겠다. 특히 『선조실록』에서만 이 품방이 확인되고 있고 아울러 동시대인 이충무공 『난중일기』임진년 4월 19일 내용에서도 확인 되는 바 임진년인 1592년에는 품방이 남해안지역 영진보성에도 설치되었던 것이다.

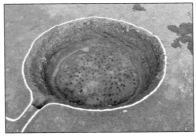

〈사진 6〉 강진 병영성 해자 및 품방 · 품방 세부

또한 선조와 이일(李鎰)의 대화에서 이일이 서도에서 군무에 종사하던 시절에 사용한 거마목과 품방을 조합하여 방어하면 여진기병의 돌격을 쉽게 대처할 수 있다는 내용[103])에서 이일의 서도 군무시절을 유추하면 적어도 경원부사와 함경북병사로 재직하던 1583년에서 1587년 사이에도 품방이 시설되었던 것으로 파악해 볼 수 있는 것이다. 이러한 품방이 설치되는 시기는 중국 송나라 때로 거슬러 올라간다. 송나라 때인 1044년에 편찬된 병서인 『무경총요(武經摠要)』에 "길이는 약 1.5m, 너비는 0.9m, 깊이는 약 1.2m로 함정 안에는 사람이나 말을 살상하기 위한 녹각목이나 죽편(竹片)을 심어놓았다."[104]) 라고 하여 강진 병영성에서 확인되는 품방과 동일한 모티브를 가진 것임을 알 수 있다.

따라서 강진 병영성에서 확인된 품방과 같은 유구는 적어도 11세기 중반 고려시대에도 존재하였던 것으로 볼 수 있다. 품방은 고려를 거쳐 조선시대 전기에도 사용되었던 것으로 파악해 볼 수 있고 16세기 후반에는 남해안지역 영진보성에서도 설치가 일반화된 방어시설이라 할 수 있다.

이 품방 폐기시기에 관해서 살펴보면 유구 조사가 이루어진 것이 강진 병영성 한곳에 불과하여 단언할 수 없지만 정약용(丁若鏞)의 『민보의(民堡議)』보원지제에서도 언급하고 있어서 19세기 초반에도 여전히 시설되고 있었던 것이라 할 수 있다. 물론 강진 병영성 품방에서는 시기성을 파악할 수 있는 의미 있는 유물이 출토되지 않아 그 축조년한을 파악할 수 없지만 향후 조사가 이루어지면 그때 다시 재론하도록 하겠다.

---

103) 『선조실록』 권115, 선조 32년 7월 27일 갑술.
104) 시노다고이치, 『무기와 방어구-중국편-』, 들녘, 2001, 242쪽.

4) 선소

남해안 영진보성 외부에 설치되어 판옥선을 비롯한 조선시대 수군의 각종 전함을 건조, 수리 하던 곳이 선소이다. 이 선소와 관련한 고고학적 유적이 일부에서 확인되었다.

선소가 확인되는 곳 중 다경포진은 무안군 운남면 성내리 원성내 마을에 위치한다. 다경포진성은 북동－남서방향의 타원형 형태이다. 전체 길이는 320m이며 전지형은 남쪽에 위치한 해발 65m 봉우리 북사면 말단부에 위치하고 있으며 남쪽이 높고 북쪽이 낮은 분지형이다. 해안을 따라 북동쪽 성벽은 높이 10m 낭떠러지를 자연 방어벽으로 활용하였다.

진성 북문지에서 북동쪽으로 약 1.1m 전방 갯벌에는 조선시대 고지도에 표시된 선소로 추정되는 목제 유구가 남아있다. 이 목제 유구는 모두 3개체로, 중앙의 유구는 길이 7m(현 잔존체 3.6~7m), 직경 약 45cm(현 잔존체는 26~45cm) 정도 되는 목재구조물이 열을 지어 있다. 가로로 4개씩(현 잔존체는 1~4개) 일정한 간격을 두고 배치되어 있으며, 중앙에 있는 구조물에서 서측 약 70° 방향으로 약 90m 거리를 두고 1개체가 동측 250° 방향으로 22m 떨어져서 동일한 구조물 1조가 더 있다. 기다란 목제 유구 위에 배를 올려놓고 수리하거나 건조한 것으로 판단된다. 목제 유구 양쪽 끝쪽에 사각 홈이 파져 있는데 이곳에 다른 구조물을 세워 배를 고정했을 것으로 추정된다. 고지도에 선소 바로 옆에 직청표시가 나타나 있는 것으로 보아 직청이 존재했을 것으로 판단되며 현재 확인된 선소유적 가운데 하부구조물이 3개조씩 남아 있는 곳은 다경포진이 유일하다.[105]

어란포진도 고지도에 선소 건물지는 남향으로 4칸이며, 선소는 어란

앞바다와 접하여 배를 계류했던 선창시설도 방파제 안쪽 매립지로 추정한다. 그곳에는 병선이 3척 그려져 있으며 고지도에 항의 북쪽 해변에도 병선 2척이 그려져 있는데 이는 계류시설인 선창으로 추정된다.

남도포진성은 고지도에 보면 진성과 꽤 떨어진 남쪽 만 어귀에 선박이 그려져 있어 이곳에 선창이 있었던 것으로 추정한다. 현재 그 지점에 선소 및 선창시설로 추정되는 곳에 아직 선축이 남아있다. 포구 길이 33.3m, 너비 8m, 높이 6.3m이며, 좌측에 배를 짓고 진수하기 좋은 경사면이 있다.[106]

현재까지 고고학적 조사가 이루어진 선소는 극히 일부로 그 존재와 현황을 파악하기에는 자료가 빈약한 것이 사실이다. 따라서 선소 조사는 체계적인 계획을 세우고 조사가 이루어져야 한다. 조사대상지 위치가 해안에 인접하거나 바닷속에 위치하고 있어 유구 조사를 위하여 이루어져야할 기초작업이 선결되어야 조사를 진행할 수 있다. 아울러 이 선소와 더불어 굴강에 대한 조사도 이루어져야 영진보성에 대한 보다 다양한 연구가 진행될 수 있을 것이다.

---

105) 위의 책, 114쪽.
106) 국립해양문화재연구소, 『조선시대 수군진조사 I 전라우수영 편』, 국립해양문화재연구소 학술총서 제24집, 251쪽.

영진보성 축성사적 의미

1. 영진보성 설치와 이동

남해안 지역 영진보성은 바다를 낀 방어가 용이한 위치로, 병선(兵船) 박립처(泊立處)와 밀접한 관련이 있는 곳에 축성위치가 설정되었다는 것은 앞에서도 언급하였다. 이러한 영진보성 입지조건은 해안선을 따라 발달한 해안평야와 구릉이 대부분이다. 또한 만곡된 포구와 수많은 도서(島嶼)들이 주변에 위치하여, 풍해(風害) 뿐만 아니라 적으로부터 쉽게 발견되지 않는 지리적 이점을 구비하고 있다. 그러나 단순히 지리적 이점에 의해서만 영진보성이 설치되는 것은 아니었다.[1]

조선시대 남해안 영진보성 설치 요인 중 가장 중요시 되었던 것은 해로(海路)와 조선 전기 해방(海防)에 대한 군사전략(軍事戰略)이었다.

남해안지역은 리아스식 해안으로 많은 도서와 조수간만 차가 급격하다. 이런 남해안지역을 항해하는 것은 대양을 항해하는 것보다 오히

---

[1] 唐浦城은 水泉이 없어 수차례 축성논의에서 제외시키거나 축성을 중지 시킬 것을 건의하였으나 축성하였다.

려 복잡한 수로환경과 예측할 수 없는 연안기상조건으로 인하여 더 어렵고 힘들다. 특히 지금과 같은 선박과 항해도구가 없던 당시로서는 더더욱 그러했을 것이다.

따라서 무엇보다도 필요한 것이 항해술(航海術)이었을 것이다. 오늘날 항해술 범위는 연안항법(沿岸航法), 추측항법(推測航法), 천문항법(天文航法), 전파항법(電波航法)의 4가지로 이루어져 있고, 이 가운데 가장 오래되고 아직도 사용되는 것이 연안항법으로 조선시대에도 이 연안항법2)에 의해 남해안을 주로 이동하였다.3)

이러한 연안항법 사례를 잘 나타내어 주는 것이 조선시대 남해안 조운로(漕運路)이다.

남해안 지역 특히 경상도는 태종 이후 바닷길에 의한 조운(漕運)이 금지되고 육운(陸運)으로 전환되었지만 조선 전기 조운로를 살펴보면, 낙동강 입구에서부터 시작되어 서해상에 이르는 남해안 조운로는 남해안 연안과 도서를 따라 이동하고 있다.

이 조운로에 해당하는 연안과 도서에는 우연의 일치처럼 남해안 지역 거의 모든 영진보성이 위치하고 있다. 이러한 사실에서 남해안지역 조운로는 이 지역에서 가장 일반적으로 사용되는 주항로이며, 고래로부터 계속해서 사용되어져 왔던 것임을 알 수 있다.

---

2) 연안항법은 선박의 진행이 대부분 육지를 보면서 이루어진다. 따라서 항해자는 자신의 위치를 항상 확인하면서 항해 할 수 있고, 기상악화나 야간에는 즉시 인근 포구로 대피할 수 있는 이점이 있다.

3) 임진왜란시 조선수군함대는 야간에는 항상 포구나 도서연안에 정박하여 휴식을 취하거나 다음 작전을 준비하는 것을 난중일기의 기록으로 잘 나타나고 있다. 이러한 것은 이 당시에도 여전히 연안항법을 사용하고 있고, 이것은 시안거리가 가능한 주간에만 이동이 가능하고 야간에는 되도록 이동하지 않는 것을 의미하는 것이다.

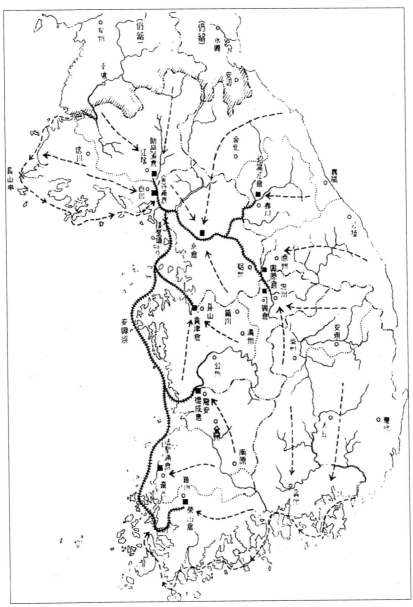

〈그림 1〉 조선시대 조운로

이 항로는 동해에서 남해를 거쳐 서해상으로 북상하여 도성에 이르는 가장 안전하고 빠른 항로이었으며, 조선 남해안을 침략하는 왜구(倭寇) 주침입로라는 것은 쉽게 유추할 수 있는 것이다. 특히 구주(九州) 오도열도(五島列島) 왜구들은 바람과 바다가 가장 잔잔한 계절풍(季節風) 교대기인 4월과 10월 남해안 항로를 이용하여 중국 해안과 한국 남해안을 침공하였다. 삼국시대 왜인들 신라 침공 역시 주로 4월 남풍 또는 동남풍을 이용하여 이 항로를 따라 이동하였다.[4] 또한 고려 말에 침략한 왜구 역시 4월 계절풍 교대기에 주로 침략해 옴을 알 수 있다.[5]

이처럼 남해안 지역에 위치한 영진보는 계절풍 교대기를 이용하여 남해안 연해항로를 이용하여 침략하는 왜구들을 효과적으로 방어하고 조기에 내륙으로의 이동을 차단 할 수 있는 해로 길목에 위치하였던 것이다. 이러한 것은 대마도(對馬島)와 가장 인접한 거제도(巨濟島)에 영진보가 설치되는 지역이 동남해안지역에 집중되어 있는데 이곳은 왜구의 남해안 접근이 가장 먼저 이루어지는 곳이다.

남해안지역에 영진보를 설진하게 된 또 다른 요인은 선박에 있다. 고

---

4) 『三國史記』신라본기, 지마니사금 10년부터 성덕왕 30년 사이 통계

    <표 8> 삼국사기 신라 본기에 수록된 왜구 침입횟수

월별(陰曆)	1	2	3	4	5	6	7	8	9	10	11	12	계
침입횟수		1	2	11	5	4	1	1					25

5) 『高麗史』忠定王 2년 4월 倭船 100여 隻이 順天府에 들어와 남원·구례·영광·장흥 등지의 세곡을 운반하는 漕船을 약탈하였다.

   『高麗史』恭愍王 4년 4월 全羅道 漕船 200여 隻을 약탈하였다.

   『高麗史』恭愍王 7년 3월 角山戍에 침입하여 병선 300여 척을 소각하다.

   『高麗史』恭愍王 13년 3월 왜선 200여 척이 거제·고성·하동·김해·밀양·양산 등지에 침입하여 양산에서만도 민가 200여 호를 불사르다. 이러한 왜구 침구횟수는 충정왕 2년에 9회, 공민왕 23년 103회, 우왕 14년에 266회, 창왕·공양왕 3년에 15회에 이른다.

려에 이어 조선왕조도 왜구의 완전 진압을 중요한 국방문제로 여겨 태조·태종·세종 등 개국초기 역대 임금이 수군 제도를 정비하고 군선 강화에 부심하여 막강한 수군세력을 구축하고 왜구를 근멸할 수 있게 되었다. 이렇듯 왜구 근절이 가능했던 이유는 고려 말부터 화약과 화포로 무장한 무장군선의 활약이 컸었기 때문이었다. 그런데 그처럼 막강한 수군세력은 세종 25년 대마도주와 평화조약이 체결되고, 왜구가 완전히 자취를 감추게 됨으로써 필요가 없게 되었다. 그리하여 세종부터 세조에 이르는 수십 년 동안 군선 척수의 감소 및 선제(船制) 개혁에 관하여 여러 가지 방도가 강구되었다. 이러한 방도 강구는 세조조에 이르러 군선보다도 조운선 보충에 더 주력하는 것으로 귀결되었다.

세조 10년 7월 좌의정 신숙주가 "제포(諸浦)의 병선(兵船)이 제멋대로 만들어져 쓸모가 없고 또한 선군(船軍)이 부역(負役)에 동원되어 수선자도 많지 않은 터이니 차라리 군용과 조운을 겸용할 수 있는 배를 만들도록" 제의함으로써 병조선(兵漕船)[6]을 개발하였다.

군용과 조운을 겸용할 목적으로 개발한 병조선은 다시 대맹선(大猛船), 중맹선(中猛船), 소맹선(小猛船) 체제로 전환하여 조선 전기 수군 기간선(水軍基幹船)으로 자리를 잡았다. 맹선(猛船)은 성종 초부터 선조 때에 이르기까지 군용보다도 조운에 더 잘 활용되었다. 중종 5년 삼포왜란(三浦倭亂)이 일어난 이후부터 맹선은 군용으로 쓸모가 없다는 논란이 끊이지 않았다. 사실 맹선은 몸집이 너무 무겁고 우둔해서 속력이 나지 않는 등 군선으로서는 결함이 너무 많았다. 이에 반하여 왜구는 본래 아주 작은 배를 타고 내습해 왔고, 10인 이하의 배가 많고 그

---

6) 兵漕船 중에서 大船의 크기는 군용으로 쓸 때는 80명의 군사를 싣고, 漕運船으로 쓰는 경우에는 800석의 양곡을 적재하여 운반할 수 있었다.

대신 많은 척수가 떼지어 밀려드는 속성을 지니고 있었으므로 한동안 10명 정도의 병사를 가지고 운용이 되는 소형경쾌선을 이용하여 다소 효과를 보았다. 그러나 그 후 왜적은 점차로 대맹선만한 크기의 배와 화포, 화통 등의 무기까지 무장하여 성종조 당시 수군의 주력함인 맹선 체제로서는 더 이상 이러한 왜구를 해상에서 제압하기는 어려운 일이 었다. 그러므로 조선 전기 전통적인 해안방어의 군사전략에 일대 수술 이 필요하였던 것이다.

이러한 해안방어 전략 변환책으로서, 장재거선(長在居船) 원칙에 입각한 수군전술에 기인한 장기간의 해상활동으로 인한 부작용을 최소화하고, 함선기능의 열세에 의한 연해초동작전 실패를 줄이고, 아울러 원활한 군수품 조달과 비축, 수군훈련 및 휴식공간 안정성을 통한 수군 대해상방어활동을 유지케하는 보다 강화된 대해상방어전술의 요체가 남해안 지역 영진보성 축성인 것이다.

2. 영진보성 입지

연해읍성 및 영진보성 입지와 비교하여 왜성 설치위치 및 입지를 살펴보면, 남해안 연해읍성과 영진보성은 왜구방비를 위해 대마도와 가장 가까운 거제도 동남방에 집중적으로 설치되었다. 아울러 남해안 외해에서 내해로 진입하는 길목에 위치하는 경우가 많다.(<그림 2>)

반면에 왜성은 거제도에서는 북쪽에 위치하여 남해안 내해를 감제하고 있으며, 남해안 연해에 입지한 왜성 역시 서남쪽으로 축조되어 있다.

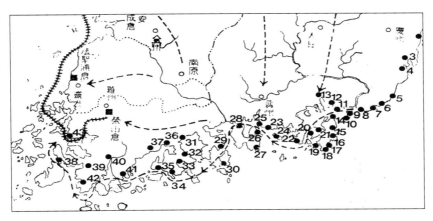

1.칠포 2.감포 3.울산 내상성 4.서생포진성 5.두포포진성 6.해운포진성 7.좌수영성 8.부산
포진성 9.가덕진성 10.천성진성 11.안골포진성 12.제포성 13.합포 내상성 14.구영등포진성
15.구율포진성 16.옥포진성 17.지세포진성 18.구조라진성 19.가배량진성 20.오량진성 21.
사등성 22.당포진성 23.소을비포진성 24.사량진성 25.삼천진성 26.남해성고개보성 27.미조
항진성 28.적량진성 29.전라좌수영 30.돌산포진성 31.광양진성 32.여도진성 33.사도진성
34.발포진성 35.녹도진성 36.순천부성 37.낙안군성 38.전라우수영

〈그림 2〉 남해안 조운로상의 영진보성의 분포도

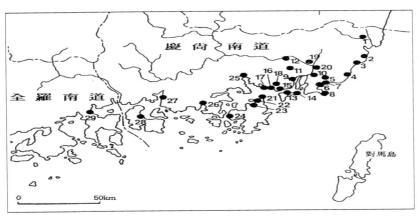

〈그림 3〉 한국 남해안 왜성 분포도(심봉근 남해안의 왜성에서 발췌)

임진왜란 당시 견내량을 봉쇄하고 왜군의 서진을 막고 있던 이순신

함대의 동진으로 발생할 수 있는 본국과의 단절 및 후방보급기지에 대한 안전을 안정적으로 도모하고자 하였음을 할 수 있다.(<그림 3> 참조)

이때 남해안지역에 축성된 왜성 위치선정을 살펴보면, 왜성은 작전상 선박 출입이 용이하며, 강안이나 해안에서 200~300m 떨어진 독립된 구릉이며 높이는 해발 50~300m로 비교적 급경사를 이루고 있다. 주변을 한눈에 조망할 수 있고 해안으로 드나들기 위한 통로에 설치하고 있는 특징을 구비하고 있는 것이다.

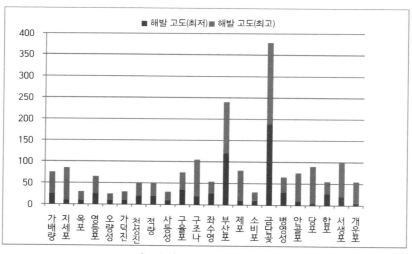

〈그림 3〉 영진보성 해발고도

이에 반해 왜성이 축조된 지역의 조선시대 전기 축조 남해안지역 영진보성은 해발고도가 40m 이하 저지성 해안구릉 정상부와 산사면 끝에 위치하며, 그 외에도 해발고도 20m 이하 평지에 가까운 해안에 근접하여 축성되고 있다.

이러한 사실은 왜성이 시계확보와 방어에 주안점을 두어 고지성 산 정에 위치하는 방어기능을 강조한 반면에 우리 연해읍성 및 영진보성 은 해안도박처에 위치하여 적의 상륙을 저지하고 내륙으로 진출을 차 단하는 차단성(遮斷城) 기능과 아울러 교통 편리, 식수 확보, 군수품 보 급과 관리를 통해 긴급 상황 발생시 신속하게 인근지역 백성들이 입보 농성 할 수 있는 기능을 하도록 축성된 성곽임에도 저지성 구릉지나 해 안평야지대에 위치하고 있다.

또한 연해읍성이나 산성과 달리 자연적인 조건에 의한 축성(築城) 영 향보다는 병영(兵營)으로서 제식적임을 알 수 있다.

3. 영진보성 규모

남해안지역 영진보성 가운데 기록상으로 확인되는 성둘레를 살펴보 면 경상좌수영성(慶尙左水營城), 경상우수영성(慶尙右水營城), 제포진 성(薺浦鎭城), 부산포진성(釜山浦鎭城), 경상좌병영성(慶尙左兵營城), 합 포성(合浦城) 등 절도사(節度使)와 첨절제사(僉節制使) 영진(營鎭)이 설 치된 영진보성 성둘레는 2000尺 이상을 상회한다.

〈표 1〉 남해안 영진보성 성둘레

영진보성명	500~1000尺	1001~1500尺	1501~2000尺	2000尺이상
左水營城				●(9190)
釜山浦				●(2026)
豆毛浦		●		
甘浦	●			
海雲浦		●		
漆浦		●		

多大浦			●	
鹽浦		●		
三千浦		●		
南海城古介	●			
會寧浦			●	
薺浦				●(4316.3)
玉浦		●		
唐浦		●		
助羅浦			●	
加背梁				●(2620)
平山浦			●	
赤梁浦		●		
知世浦			●	
蛇梁浦		●		
安骨浦			●	
永登浦		●		
舊栗浦	●			
合浦城				●(4291)
長巖鎭		●		
金丹串堡				●(2568)
所乙非浦	●			
蔚山兵營城				●(3732)

하지만 대다수 영진보성은 2000尺 이하이다. 특히 1000~1500尺 전후가 11개소, 1500~2000尺 6개소로 전체 57%를 차지하며 절반을 넘고 있다.

보(堡)는 대략 1000尺 이하가 대부분을 차지하고 있어 연해읍성이 행정단위체계상 상하위 군현 읍성 규모에 따라 차이가 나는 것처럼 영진보성 역시 제대단위별 위계질서에 의해 성곽 둘레가 확연한 차이를 두고 있다.(<그림 4> 참조)

〈표 2〉 조선 전기 남해안지역 영진보성 현황

진보명	평면형태	해발고도	부대시설 門	부대시설 雉	부대시설 垓字	비고	진보명	평면형태	해발고도	부대시설 門	부대시설 雉	부대시설 垓字	비고
가배량	주형	25~50m	2	5	○	泉池	좌수영	주형	27.4m	4	6		三井
지세포	원형	20~75m	3	9	○	二溪	다대포	주형		4			二井
옥포	제형	10~20m	4	4	○	一井 一池	부산포	원형	120m	4		○	
영등포	원형	25~40m	2		○	一溪	제 포	제형	10~70m	4	4	○	
오량성	제형	10~15m	4	8	○	二泉	소비포	주형	10~20m	3	1	○	
가덕진	방형	10~20m					금단곶	주형	189.2m	4	2	○	
천성진	방형	20~30m	2	8	○		병영성	주형	30~35m	4	1	○	
							안골포	제형	10~65m	2	2	○	
적 량	원형	20~30m				一池	당포	제형	5~85m	2	8	○	
사등성	주형	10~20m	4	4	○	一井	합포	주형	27~28m	4	12	○	
구율포	방형	35~40m	4			一泉 一溪	서생포	방형	20~80m			○	井
구조나	주형	20~85m	2	6	○	一泉	개운포	주형	5~50m	3	3	○	井

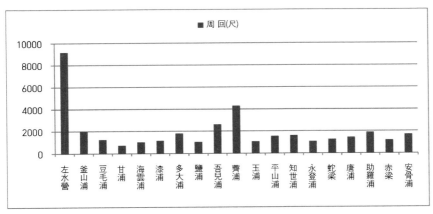

〈그림 4〉 영진보성의 성둘레

영진보성 체성 높이는 조선시대 경상좌우도인 경상도 남해안 영진
보성 높이를 살펴보면, <그림 5>에서 알 수 있는 것처럼 3개소를 제

외하고 모두 13尺으로 축조되어 있다.

성종 16년 3월 심정되어 단기간에 걸쳐 축조된 양상에 의거할 때 동일한 규식을 적용받아 축조되고 있음을 알 수 있다.

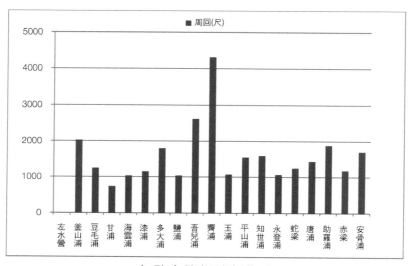

〈그림 5〉 영진보성의 성높이

영진보성 축조 시기구분

저자는 남해안지역 연해읍성 체성 축조수법에 대한 고고학적 조사와 현황에 의거하여 성곽의 복원적 고찰을 하는 것도 성곽사적 시대구분 및 시기설정에 일조할 수 있을 것이라 생각하였다. 그래서 연해읍성 체성 축조수법 형식분류를 통한 전개양상과 시간적 속성 체계를 파악해 본 바 있다.[1] 이때 제시한 시간적 속성 체계는 연해읍성 각 체성 축조수법을 상호비교하여 공통된 축조수법 양상으로 확인되는 것을 동일한 시간적 속성으로 파악하고 초축 시기가 확인되는 절대 년대와 비교를 통해 검증하였다. 이를 바탕으로 조선시대 성곽을 체성 축조수법에 따라 축조유형을 4기로 나누었다. 이 분류에서는 임진왜란 이후를 하나의 획기로 묶어서 분류하였다. 그러나 이러한 분류가 임진왜란 이전 조선 전기에 치중한 나머지 조선 후기를 너무 일반화 시키는 오류를 범하게 되었다. 더구나 최근 조사성과에서 확인된 자료와 비교해 볼 때 축조유형 분류를 좀 더 세분할 필요성이 있는 것이다.

---

1) 이일갑, 위의 논문(2007, 2012).

따라서 이 장에서는 남해안지역 영진보성 축조수법을 중심으로 절대 년대가 확인되는 영진보성을 시간별로 나열하여 그 특징을 밝히고, 이를 축성시기별 특징이 명징한 한양도성, 남한산성, 북한산성, 수원화성, 강화도 돈대 등 한양도성과 그 주변지역 거점성곽과 비교한다. 또한 지방거점산성 축조수법과 교차 비교를 통해서 남해안지역 영진보성 축조시기를 설정해보고자 한다.

이러한 축조시기 설정을 하려는 것은 과거 저자의 조선시대 성곽 시기설정에 있어서 남해안지역 연해읍성으로 대표되는 지방 읍성을 중심으로 분류한 결과가 조선시대 성곽 시기설정에 미흡한 것에 따른 것이다. 특히 17세기 전후로 한 시기 한양도성과 그 주변지역 그리고 각 지방 거점산성에서 보인 성곽축조수법 및 부대시설 변화를 간과하여 누락한데에 따른 오류를 보완할 필요성이 있기 때문이다.

또한 남해안지역 연해읍성과 더불어 가장 많은 축조사례와 잔존 유구가 있는 남해안지역 영진보성 역시 조선시대 성곽 시기설정에 있어서는 교차검토가 이루어져야 할 주제라는 점에 기인한 것이다.

따라서 여기서는 기존 남해안지역 연해읍성을 중심으로 한 시기설정에 더하여 남해안지역 영진보성을 포함하여 조선시대 성곽 축조시기를 4기로 나누어 설정하였다.

1) Ⅰ기: 조선성곽 여명기(태조 원년－세종)
2) Ⅱ기: 조선성곽 정립기(세종－명종)
3) Ⅲ기: 조선성곽 정비기(선조－정조)
4) Ⅳ기: 조선성곽 쇠퇴기(순조－순종)

1. Ⅰ기: 조선성곽 여명기(태조 원년 – 세종)

Ⅰ기는 외벽지대석과 기단석은 방형내지 장방형 할석을 이용하여 축조하고 있다. 品자형 상하교차의 전통적인 축조수법을 답습하고 있다. 특히 상하교차 축조시 아래 성석에 윗 성석이 접합되는 부분이 성석 전체 3/4을 넘지 않고 있다. 내벽에는 지대석이 설치되지 않고 허튼층쌓기를 실시하고 있다. 외벽기단보축은 덧대거나 축조되지 않는다. 또한 부분적으로 기단석에 길이 1m 내외 大石을 입수적한 형태가 세종 7년(1425)에 축조되는 기장읍성에서 확인되고 있다. Ⅰ기에 해당하는 영진보성은 울산좌병영성(1417년), 창원 합포내상성, 고성 소비포진성이 있다. 연해읍성은 무장읍성(1415년), 하동읍성(1417년 초축), 기장읍성(1425년)도 여기에 해당한다.

Ⅰ기에서는 울산좌병영성에서 사직선기단이 확인되고, 창원 합포내상성, 고성 소을비포진성에서는 수평기단이 확인되고 있어 영진보성에서는 사직선기단과 수평기단이 혼용되고 있음을 알 수 있다.

따라서 Ⅰ기는 아직 조선만의 성곽축조수법이 도입되기 전 단계로 이전 시대(고려시대) 축조전통을 답습하는 경향 속에 읍성과 영진보성 축조에 있어서는 새로운 축조수법이 도입되는 시기로 조선성곽 여명기라고 할 수 있다. 이러한 것은 태종 15년(1415년)에 축조되는 전라도 무장읍성은 초축 시 체성 너비가 3.3m이고 연해읍성인 하동읍성은 역시 태종 17년에 축조되면서 체성의 너비가 3.5m로 확인되고 있고 데서 잘 알 수 있는 것이다. 또한 세종 7년(1425)에 축조되는 기장읍성 체성 축조수법에서 이전 시기 태종 조에 축조된 읍성들의 특징과 함께 Ⅱ기에서 유행할 길이 1m 이상 장대석이 체성 축조에 사용되고 있다. 따라서 본격적인 연변지역 축성사무에 대한 논의와 축성이 시작되는 세종

11년 이전인 세종 7년에 남해안 지역에서는 체성 축조수법에 변화가
나타나고 있다.

2. Ⅱ기: 조선성곽 정립기(세종 – 명종)

Ⅱ기는 조선시대 성곽축성의 획기적인 시기로 세종 11년부터 성종,
중종, 명종조에 이르는 기간으로, 세종 20년『축성신도(築城新圖)』의
반포를 통해 조선 전기 읍성 축성규식을 정하여 시행한 시기로 그 축조
수법이 다른 시기와 확연한 차이를 보여주고 있는 것이다. 따라서 조선
왕조만의 독특한 성곽축조수법이 만개한 시기로 이전 시대 축조전통
을 계승 발전하면서 조선식 성곽 축조수법 완성을 본 조선성곽 정립기
라고 할 수 있다. Ⅱ기 체성 축조수법 특징은 외벽지대석은 Ⅰ기 때 방
형 지대석은 거의 사라지고 장방형 지대석이 대부분을 이룬다. 이때 사
용되는 장방형 지대석은 방형내지 장방형 할석을 가공내지 반가공하
여 축조하고 있다. 기단석은 100~200cm×80~150cm×50~80cm, 내
벽에서는 지대석이 설치되고 있다. 축조수법은 허튼층쌓기 하고 있으
며 판상형 외벽기단보축이 축조되고 있다. 또한 기단석으로 사용되는
성석 길이가 1.5~2m 내외 대석을 입수적하여 기단부를 축조하고 있
다. 1m 내외 장대석을 외벽면석과 직교하여 놓거나 맞물려 놓고 있다.
또한 대형 할석과 할석 사이에는 수평을 맞추기 위해 잔돌을 채우고 있
다. 이 시기에는 체성 축조수법에 있어서는 Ⅰ기에서 축조되던 사직선
기단이 연해읍성에서는 축조되지 않고 있다. 내륙읍성인 영산읍성과
영진보성에서 주로 축조되고 있다. 또한 사직선기단을 대신하여 수평
기단이 대세를 이루며 축조되고 있는 것도 이 시기 특징 중 하나다.

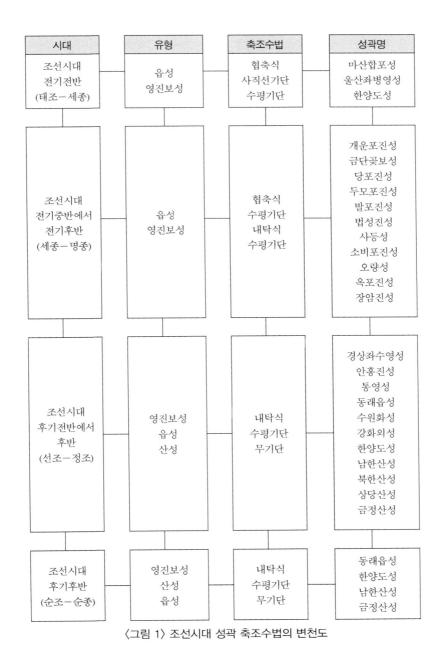

시대	유형	축조수법	성곽명
조선시대 전기전반 (태조-세종)	읍성 영진보성	협축식 사직선기단 수평기단	마산합포성 울산좌병영성 한양도성
조선시대 전기중반에서 전기후반 (세종-명종)	읍성 영진보성	협축식 수평기단 내탁식 수평기단	개운포진성 금단곶보성 당포진성 두모포진성 발포진성 법성진성 사등성 소비포진성 오량성 옥포진성 장암진성
조선시대 후기전반에서 후반 (선조-정조)	영진보성 읍성 산성	내탁식 수평기단 무기단	경상좌수영성 안흥진성 통영성 동래읍성 수원화성 강화외성 한양도성 남한산성 북한산성 상당산성 금정산성
조선시대 후기후반 (순조-순종)	영진보성 산성 읍성	내탁식 수평기단 무기단	동래읍성 한양도성 남한산성 금정산성

〈그림 1〉 조선시대 성곽 축조수법의 변천도

Ⅱ기에는 태종 15년 이래 의욕적으로 추진된 연해읍성 축조 및 일부 내륙읍성축조가 일단락되었다. 이때부터 경상도, 전라도 연해지역에는 영진보성 축조가 시작된다. 성종 16년을 기점으로 축조되기 시작한 영진보성 축조가 대부분 외벽석축내탁식으로 축조되었다. 또한 사직선 기단과 수평기단이 혼용되고 있으나 수평기단 빈도가 더 높다. 외벽축조에 사용되는 성석은 지대석은 세장형 내지 장대형으로 축조되고 있다. 기단석은 방형내지 장방형 할석을 이용하여 축조하고 있다. 또한 계단식 축조수법이 금단곶보성에서 일부 확인되지만 연해읍성처럼 전반적인 축조양상은 확인되지 않으며 외벽석축 내탁식이 주를 이루며 축조되고 있다. 특히 영진보성은 압도적으로 외벽석축 내탁식으로 축조되고 있다. 금단곶보성, 소비포진성 처럼 1.5~2m 장대석을 입수적한 것과 이중기단 등 전반적으로 읍성 축조수법에 의거하여 축조된 경우도 일부 있으나 16세기 후반으로 갈수록 연해읍성의 장대석 입수적 축조수법보다 위아래 성석을 포개서 쌓거나 허튼층쌓기 하고 외벽기단보축은 축조된다. 특히 이때 영진보성의 특징적인 체성 축조수법은 내외벽 중간에 막돌로 채우는 것보다 적심구간 상부를 비롯한 내부를 판축상 흙으로 채우는 것으로 외벽 바로 뒷부분에 한해서는 잡석과 할석을 채운다. 내벽에는 1단 1열로 성석을 외벽석과 수평하게 축조한 후 그 사이에는 유사판축에 해당하는 흙과 모래 및 자갈을 혼합하여 다져 두고 있다. 다수의 영진보성이 여기에 해당된다. Ⅱ기에 해당하는 영진보성은 금단곶보(1485년), 옥포진성(1488년), 장암진성(15C 후반), 소비포진성(1486년) 등이 해당한다.

3. III기: 조선성곽 정비기(선조 – 정조)

III기는 임진왜란과 병자호란 양란이후부터 정조까지 시기로 특히 임진왜란 이후 중국, 일본, 서양의 성곽축성술을 소화한 새로운 유형의 성곽이 도입 축조되고 있다. 하지만 이때 성곽체계는 임진, 병자 양란으로 인해 도성의 함몰에 따른 도성방어체제를 강화하기 위한 수도방위 성곽에 대한 집중적인 축성사업과 명청교체기에 따른 북방지역에 대한 대비를 위한 수축이 이루어졌다. 또한 읍성 무용론과 함께 대두된 산성 방어 효용론으로 인해 산성 가운데 거점 성곽에 대한 수개축 및 신축이 행하여졌다.

조선 전기와 같은 국가적인 읍성 축조는 이루어지지 않으며 대구, 전주 등 각 도 관찰사가 위치하는 지역에서 부분적인 축성이 이루어질 뿐 기존 읍성은 점차 폐기되는 등 읍성 쇠퇴기에 해당한다고 할 수 있다.

또한 이 시기는 강화산성 및 남한산성, 북한산성 등과 도성 수축 시 함께 대두된 산성 방어 효용론으로 인해 지방 산성 가운데 가산산성, 금성산성, 금오산성, 금정산성, 상당산성 등의 지방 거점 성곽에 대한 수개축 및 신축이 행하여졌다. 그리고 동래와 경성 등 국경지대에 위치하는 읍성과 신축되는 읍성에 왜성 축조수법의 일부를 차용하여 축조한 것과 기존 왜성을 영진보성으로 사용하는 것도 이 시기이다. 이러한 성곽으로 동래읍성, 경성읍성, 부산진성, 서생포진성, 천성진성 등이 있다.

III기는 정조 수원 화성 축조를 비롯한 새로운 유형의 성곽과 다양한 부대시설 설치를 통한 성곽 방어력 강화가 이루어진다. 또한 수도방위 및 유사시 피난도성수축, 도성 외곽 성곽 보완과 왕실이어처 정비(강화도 요새화), 전석(磚石) 사용, 화성성역의궤(華城城役儀軌), 기기도설

(奇器圖說) 편찬 등 성제 연구의 활성화와 기술 적용, 산성 입보체제 재정비 등을 실시하여 조선 후기 성곽제도의 완성을 본 시기이다. 그러나 동시에 운영의 모순으로 인한 경영 효율 저하가 이루어지며 점차 조선 성곽 쇠퇴기에 진입하게 되는 시기이기도 하다.

Ⅲ기에는 남한산성 수축과 수원 화성, 통영성, 후기 동래읍성, 대구읍성, 전주읍성, 진주성 외성 등의 축조를 통하여 서양, 중국, 일본성곽의 축조술과 부대시설인 돈대, 용도, 포루 등의 설치와 축조 등이 이루어지게 된다. 이 시기에는 Ⅱ기에 축조되어 양란을 거쳐 겨우 잔존하던 영진보성의 계속적인 훼손과 퇴락이 이루어지며, 행정치소 및 군진이 읍성 및 영진보성에서 이전 되어 군현 및 영진보에 성곽이 없이 관청 건물만이 있는 시기이다.

Ⅲ기 특징은 계단식은 확인되지 않는다. 내외 협축식은 성문 육축부에서만 확인된다. 이를 제외한 체성에서는 외벽석축 내탁식이 축조되고 있다. 또한 사직선 기단은 축조되지 않으며, 수평기단으로 축조되고 있다. 특히 Ⅲ기는 체성 축조수법에 있어서 외벽과 내벽 사이는 점토와 모래, 자갈을 이용하여 유사판축한 후 외벽에서 내벽쪽으로 약 1.8～2m를 'ㄴ'자상으로 절개하고 그 내부를 잡석으로 채우고 있다. 후기 동래읍성에서는 채움이 이루어지는 곳에 지점별로 부엽공법을 일부 사용하기도 한다. 내벽은 Ⅱ기에서 나타나는 1단1열의 할석으로 축조되는 수법이 계속해서 사용되고 있으며 외벽기단보축은 거의 축조되지 않는다. 또한 외벽축조에 있어서는 전기 대형할석을 입수적한 것에 비해서는 크기에 있어 그 규모가 작아지고 눕혀쌓기를 실시하여 수평줄눈을 맞추고 있다. 또한 산지는 물론 평지에 축조된 체성에도 생토면을 굴착하고 점토와 모래를 이용하여 교대로 지반을 정지하고, 외벽에는 지

대석이 없이 치석한 성석을 바로 축조하고 있다. 성석과 성석 사이는 이전 시기와 달리 되도록 끼임돌 사용을 줄이고 마찰면을 치석하여 맞추고 있다. 이때에는 화약무기인 총포의 발달과 상용화로 인해 포루 등이 축조되고 있으며, 전석과 석회 등의 사용도 전기에 비하여 활발하게 이루어지고 있는데 이것은 서양을 비롯한 중국과 일본성 영향에 기인한다.

Ⅲ기에 해당하는 읍성은 후기 동래읍성(1731), 경성읍성(1616), 강화산성(17C), 수원 화성(1789년)등이 있다. 영진보성은 안홍진성(1655년), 통영성(1678년)이 있다. 그리고 이 Ⅲ기에서는 산성 수축이 활발하게 진행되어 남한산성, 북한산성, 상당산성, 금정산성, 금성산성, 수인산성 등도 이 시기에 해당한다.

4. Ⅳ기: 조선성곽 쇠퇴기(순조 – 순종)

Ⅳ기는 세도정치로 인해 삼정이 문란해지고 국가의 기능이 상실되어 가던 시기로부터 20세기 초까지이다. 이 시기는 서세동점에 의해 서양 열강의 동양에 대한 노골적인 식민지화가 이루어지던 때이다. 조선 역시 이에 대응하여 대원군 집권 이후 두 차례의 양요를 통해서 강화도와 그 주변지역에 대한 돈대 및 지방산성 가운데 금정산성 등의 거점 성곽에 대한 수개축 및 신축이 행하여지지만 일시적인 현상이다. 이후 일제에 의해 국권침탈이 점진적으로 이루어지던 때이므로 민족혼 말살정책에 따라 제도개혁을 이유로 전국의 성곽 특히 1910년 읍성철거령에 따라 상주읍성, 대구읍성 등을 비롯한 주요도시 읍성 및 경상좌우수영, 경상좌우병영, 부산진, 다대진 등 군사기지인 영진보성에 대한 해체가 이루어지기 시작하며 점차 폐기되는 등 조선성곽 쇠퇴기에 해

당한다고 할 수 있다. 특히 영진보성은 일본과의 접경지대에 해당하는 남해안지역 연해 및 도서지역 영진보성에 대한 부분적인 수축이 이루어지며 일부 지역은 영진보의 이설과 차폐가 반복되고 있다. Ⅳ기의 특징은 읍성 및 영진보성 체성이 훼손 후 방치되고 있으며 체성에서는 외벽석축 내탁식만이 확인되고 있다. Ⅳ기에 해당하는 읍성은 후기 동래읍성, 강화읍성, 산성은 문수산성, 영진보성은 강화도의 각 진성 및 강화 돈대 등이 있다. 그리고 이 Ⅳ기에서는 산성의 개수축이 진행되어 북한산성, 금정산성 등이 이 시기에 해당한다.

유형 \ 획기	한양도성	읍성	영진보성	산성
조선성곽여명기				
조선성곽정립기				
조선성곽정비기				

| 조선성곽쇠퇴기 | |  |  |  |

〈사진 1〉 조선시대 성곽 획기별 성곽유형

결론

이상으로 남해안지역 영진보성에 대하여 살펴보았다. 여기에서는 남해안 영진보성을 통해 확인된 내용을 정리하여 맺음말에 대신하겠다.

먼저 남해안지역 영진보성 실체파악을 위해 기존 사료에 더하여 새로운 사료 발굴 및 특히 고지도를 중심으로 한 영진보성 설치와 이동에 관련하여 검토한 결과 동일한 고지도내에 수록된 지명 가운데 동일한 지역명칭이 확인되고 있는 것을 알 수 있었다.

즉 영진보성 설치와 폐지에 따라 해당지역 지명이 변천됨을 파악할 수 있는 것이다. 예로 현재 울산광역시에 소재하는 개운포진과 부산 개운포진, 거제도 조라포진과 구조라포진, 고성 소비포보와 통영 구소비포진, 거제도 구영등포진와 영등진, 울산 염포진과 부산진 산하 염포진, 기장군 두모포진과 부산시 초량 두모포진 등 동일한 지역명칭이 동시에 수록되어 나타남을 알 수 있었다. 이러한 양상은 조선 전기 남해안지역 영진보성이 설치되는 지역에 따라 그 고을 명칭 역시 달라지는 것을 알 수 있는 것이다. 따라서 영진보성 부대명칭이 지역 고을명으로 전환되는 것이다.

다음으로 고지도에서 언급한 영진보성 위치와 문헌사료에 묘사된 영진보성 실제 위치 및 형태가 동일하게 확인되지 않는 예를 확인할 수 있었다. 또한 앞서 동일한 명칭을 가진 영진보성 지명이 후대에 그대로 기록되는 것과 달리 동일한 지형과 위치에 명칭을 달리하는 영진보성도 확인되고 있다. 그 예로는 부산진성과 부산진지성, 고성 적진포와 남촌진의 관계 등에서도 확인 할 수 있다.

이러한 것은 다시 임진왜란을 기준으로 조선시대 전기와 후기에 따라 그 축성양상과 영진보 운용에 따라 상당히 변화를 가지는 것을 확인할 수 있었다. 즉 성종조부터 축조되기 시작한 조선시대 전기 영진보성은 인접한 읍성의 축조수법과 동일하거나 내탁식 영진보성만의 축조수법으로 축조되는 반면 임진왜란 이후 영진보성 설치와 폐지에 따라 영진보성을 축조하지 않고 목책이나 토루 및 관아만이 축조되는 양상으로 변환하고 있는 것을 확인할 수 있다. 이것은 성종조의 수많은 영진보성 축성논의에서 확인되는 수군 선상수어책을 무력화 시키는 수군 육지주둔 당시로 다시 회귀하고 있는 것으로 파악되는 것이다. 이것은 임진왜란 당시 연해에 설치된 읍성 및 영진보성이 대규모 적 침입에 무력화되는 것을 목도한 조선 조야로서는 임진왜란과 정유재란을 통해서 해전의 효용성을 확인한 바 전기와 같은 영진보성의 축성에는 소극적으로 변할 수 밖에 없었던 것으로 판단된다.

이외에도 부산진성과 부산진지성은 그 명칭과 위치에 있어 기존에 알려진 곳과는 다른 위치 비정을 할 수 있다. 이것을 좀더 살펴보면 부산진성은 임진왜란을 경계로 그 이전과 이후로 위치가 구분된다. 그 중 이전은 다시 축성된 시기와 성곽이 없던 시기로 나눌 수가 있는데 초창기 부산진은 『해동제국기』에 營廳으로 표시되어 성곽없이 위치했던 것이다. 그 뒤 성종 21년 이곳에 성곽이 축조된다. 그러나 얼마 못 되어 삼포왜란과 임진왜란을 겪으면서 진성이 훼손되고 그 자리에는 증산성이 축조되는 등 지형변경이 이루어져 위치조차 확인하기 어렵게 되었다. 그러나 「부산진순절도」, 「임진전란도」와 현장에 남아있는 우물 등을 참고한다면 임진왜란 이전의 부산진성은 현재 동구 좌천동 봉생병원에서 북동쪽 해안의 저지대에 위치하는 것으로 이는 임진왜란 이전의 부산진을 나타내는 것으로 판단되는 것이다.

또한 임진왜란 이후 부산진성은 해안 쪽의 증산성(왜성)을 일부 수·개축해서 진성으로 이용되었으며 특히 성문, 성벽 등 근대 서양인들이 제공하는 사진자료에서도 잘 나타나 있어 그 확인이 가능하다.

따라서 부산진성은 우선 시기적으로 임진왜란을 경계로 이전과 이후 단계로 그 위치가 구분되는데 이전은 동구 좌천동 해안지대, 그리고 이후는 동구 범일동 자성대공원 주변에 각각 위치한 것으로 판단된다.

이와 같은 예에서도 알 수 있듯이 남해안지역 영진보성의 위치비정에 있어 기존의 위치를 제고해봐야 되는 영진보성이 여럿 확인되었다.

다음으로 현재 지형도에 표시한 영진보성의 잔존양상은 오랜 기간 훼손으로 인해 변형이 많이 이루어진 상태였고 특히 울산 병영성, 서생포성 경우는 조선 전기와 임란 이후의 평면플랜이 달라서 정확한 형태를 파악하기 힘들었으나 고고학적 자료의 발굴과 검토를 통해서 임진왜란 이후 수개축 양상을 파악하는 성과를 가질 수 있었다.

또한 조선 전기와 중기에 축조된 남해안지역 영진보성과 달리 임진왜란 이후에 축조된 영진보성은 조선시대 후기의 남해안 영진보성의 축조수법을 파악할 수 있다는 점에 그 중요성이 있다고 할 수 있다.

영진보성 가운데 수군진성과 달리 육군진성인 울산성과 합포성은 같은 육군병마절도사영이 설치된 내상성으로 병영성으로서 기능과 아울러 읍성으로서 역할도 동시에 수행하였다.

이와 같은 내상성은 조선시대 진관체제에 따라 주진이라 불리우는 병마절도사영과 수군절도사영이 위치하는 읍성의 경우에는 군사기지로서의 기능에 덧붙여 읍성으로서의 기능도 겸하여 수행하고 있는 것이다.

영진보성 가운데 우선 영진성은 그 크기와 형태 및 축조수법이 읍성과 유사하나 읍성에 비해서는 조금 작으며 통상 둘레가 1000~1500척 사이가 가장 많고 높이도 13척이 주류를 이루고 위치는 구릉과 산의 끝자락을 이용하여 계곡을 포함하는 포곡식의 평산성이 대부분을 이루고 있다.

보는 축성수법은 진성과 비슷하거나 통상 둘레가 500~1000척 사이가 가장 많고 높이는 5~13尺까지 다양하게 나타나고 있으며, 위치는 해안이나 주변지형을 조망하기 좋고 적의 내륙진출을 막을 수 있는 요충지에 설치하고 있다. 진성과 같이 성문은 사방에 두거나 최소한 삼면 혹은 이면에 설치하고 성문을 비롯한 체성에 옹성, 치성과 같은 방어시설을 두고 있고, 보 주변에 해자를 설치하고 있다.

영남지역 영진보성의 경우 경상좌수영성과 경상우수영성, 제포진성, 부산포진성, 울산병영성, 합포성 등 첨절제사와 절도사영이 설치된 영진보성의 성둘레가 2000척 이상을 상회한다. 하지만 대부분의 영진보성의 경우는 2000척 이하로 특히 1000~1500척을 전후로 11개소, 1500~2000척이 6개소로 전체의 57%를 차지하며 절반을 넘고 있는 것이다. 또한 보의 경우에는 대략 1000척 이하가 대부분을 차지하고 있어 제대단위별 위계질서에 의해 성곽의 축조시 성둘레가 확연한 차이를 두고 있다.

영진보성의 높이는 잔존하는 것을 중심으로 파악하거나 문헌자료로 검토할 때 대부분 13척의 높이로 축조되었으며 이것은 성종 16년 3월 심정되어 단기간에 걸쳐 축조된 양상으로 인해 동일한 규식을 적용받아 축조된 것에 기인한다고 할 수 있다.

영진보성 입지를 살펴보면, 해발고도가 40m 이하의 저지성 해안구릉 정상부와 산사면 끝에 위치한다. 그 외에도 해발고도 20m 이하의 평지에 가까운 해안에 근접하여 축조되고 있다. 이러한 것은 영진보성이 해안도박처에 위치하여 적의 상륙을 저지하고 내륙으로의 진출을 차단하는 차단성적인 기능이 강조되고 아울러 교통의 편리와 식수의 확보, 군수품의 보급과 관리를 위해 저지성 구릉지나 해안평야지대에 위치하고 있음을 말해주는 것이다. 입지유형은 크게 하구형, 내륙형, 도서형, 해안선형으로 분류할 수 있다.

하구형은 바다와 하천이 접하고 해발 10~40m 이하의 구릉이나 해안평야지대에 입지하는 형으로 바다에서 하천을 이용하여 내륙으로 진입할 수 있는 길목에 위치하고 있다. 따라서 영진보는 평야의 마지막 구릉사면에 위치하여 해안에서는 찾기 어려운 지형이지만 반대로 성지에서 해안선과 하천을 관망하기는 매우 편리한 곳이다. 이러한 유형에 속하는 것으로서는 울산 병영성, 서생포진성, 두모포진성, 마산 합포성, 좌수영성, 염포 등이 확인된다.

내륙형은 해안에서 벗어난 내륙에 위치하는 영진보로 적이 해안에 상륙시 내륙으로 진출하기 위해서는 반드시 거쳐야 하는 수륙교통의 요충지에 설치되어 있는데 이러한 내륙형은 차단성의 기능과 입보수성처의 역할을 동시에 수행하였다. 이러한 유형으로서는 금단곶보를 들 수 있다. 금단곶보는 진해와 부산 사이의 교통로상에 위치하는 고개에 축조되어 있으며, 일반 영진보성들과 달리 산정에 위치하여 산성적인 기능수행을 하고 있다.

도서형은 좁은 협만이나 만곡된 지형의 내부에 위치하고 주변에 크고 작은 도서들이 산재해 있으므로 적이 아군을 쉽게 발견하지 못하는 잇점이 있지만, 아군 역시 좁은 협만과 만곡된 지형으로 인해 적의 입출입을 쉽게 파악하기 힘들어 이러한 단점을 보완하기 위해 주변산의 간봉과 연결하여 조기경보체제를 구축하고 있다. 이러한 유형으로는 고성 소을비포, 가배량, 오량성, 옥포, 구율포성, 안골포, 다대포, 당포, 삼천진, 천성진 등이 있다.

해안선형은 진입포구가 넓고 완만한 해안선을 이루며, 한번에 여러 척의 배를 접안할 수 있는 지형을 가진 곳으로, 이러한 지형은 전방에 진보를 방어해줄 만곡된 지형이나 해안도서들이 거의 없으며 또한 포구의 폭이 넓어서 방파제나 굴강시설과 같은 인공시설을 설치해야만 하고 이런 지형조건을 갖춘 진보는 그 방어상의 취약점을 보완하기 위하여 수중목책과 같은 시설을 설치하여 선박 및 인원의 출입을 통제함으로서 외부로부터의 기습적인 공격에 대비하였다. 이러한 유형은 부산포, 제포, 통영 당포진 등이 있다.

영진보성에서 확인되는 평면형태는 방형과 원형, 제형, 주형이며 가장 많은 평면형태가 확인되는 것이 주형이다.

다음으로 축조수법에 따라 분류하면 세 가지 유형으로 나눌 수 있다. 합포성과 울산 개운포진성 같이 성종조 축조 이전의 조선 전기 전반에 해당하는 영진보가 있는 반면 본 연구의 대상 가운데 대부분의 영진보성은 성종 16년에 성기심정을 완료한 것에 의거하여 축성된 것들로서 조선 전기 중반 내지 후반에 해당하는 시기로 내탁식으로 이루어져 있다. 마지막 유형은 성종조를 거쳐 중종과 16세기 후반에 이르는 조선시대 전기 후반 및 중기의 시기에 축조된 것들이다.

이러한 영진보성에서 확인된 체성 축조수법은 조선 전기 축조되는 읍성에서 확인된 계단식과 협축식 보다는 외벽석축내탁식으로 축조되고 있는 것을 알 수 있었다. 따라서 남해안 연해지역의 영진보성은 성종 16년 전후를 기준으로 대부분이 내외협축의 계단식 축조법에 의해 축조되기 보단 외벽석축내탁식으로 축조된다.

남해안지역 영진보성 체성 기단부 조성에서는 성기심정 후 구지표에 대한 굴착과 기반암층에 대한 굴착, 이후 굴착한 토사를 이용한 기초부 조성과 기초석의 사용, 나무지정 이용 등이 확인되는데 이때 각각의 공정에 따라 축조수법상 시간적 차이가 확인된다. 공정순서에 따라 먼저 기단부에서 기초를 조성할 때는 첫째, 지반을 일정한 깊이로 판후 돌을 섞어 넣어 단단히 다지는 적심공법을 사용한 후 그 위에 다듬은 판상형의 석재를 깔고 그 위에 지대석을 두고 성석을 10~20cm 내외로 들여 줄을 맞추어 쌓아 올린다. 이러한 축조수법은 지반자체가 연약하거나 습지 혹은 강변 등지를 기반으로 하는 성곽축조에 주로 사용되었으며 삼국시대 성곽축조에서도 확인된다. 둘째, 영진보성의 일부 석축구간은 기반이 풍화암반인 경우에는 상면을 평탄하게 다듬은 후 지대석 없이 기단석을 올렸는데, 이는 앞서와 달리 지질적으로 단단한 기초부를 가지고 있어 별도의 보강이 필요 없는 구역에 해당하는 것이다. 셋째, 기단부 조성 시 바닥을 굴착하여 점토로 다진 후 할석과 흙을 섞어서 기초부를 조성하는 것이다. 넷째, 급경사 구간에서는 커다란 쐐기 모양의 근석을 튀어나오게 가로놓아 성벽에 밀려드는 석재의 하중을 골고루 분산시키도록 하는 것이다. 조선시대 영진보성에서는 이러한 기단부 축조는 확인되지 않으며 하동읍성(1417), 상당산성, 포천 반월산성, 대전 보문산성 등에서 확인된다. 다섯째, 기존 체성부 기단석 및 성석을 정리하고 흙을 다진 후 그 위에 성석과 흙을 섞어서 축조하는 것으로 임진왜란 이후 심하게 훼손되거나 파괴된 읍성 및 영진보성에서 나타난다. 기단부 축조에 있어서 사직선기단 전통이 조선 전기 읍성 축조에는 일정기간 적용되고 있는데 반해 남해안지역 영진보성 기단부 축조에서는 읍성과는 다른 양상이 확인되고 있는 것이다. 이러한 양상은 남해안지역 영진보성에서 공통적으로 확인되고 있다.

다음 체성 외벽축조수법을 살펴보면, 체성 외벽에 사용되는 석재 크기와 모양에 따라 첫 번째 유형은 이전시대 토성의 흔적과 그 전통을 계승한 체성 축조수법을 적용하여 외벽면석 크기 및 형태가 방형 및 장방형, 세장방형으로 축조되고 있는 것이다. 두 번째 유형은 통상 입수적한 장대석과 직교하게 좁고 길쭉한 성석을 뒷채움하여 장대석의 높이만큼 축조하고 이러한 기단석의 윗단에 축조되는 성석부터는 성석 간에 서로 눕혀쌓기와 세워쌓기를 반복해서 실시하여 체성 여장하단 미석까지 이르는 축조수법이다. 세 번째 유형은 안흥진성, 통영성 등의 16세기 이후에 축조되는 영진보성으로 15세기 초와 크기가 유사하거나 조금 작아진 치석된 석재를 외벽면석에 사용하고 있다. 이것은 세종조의 축성신도 반포 전후부터 성조조의 영진보성 축조와 임진왜란 직전의 전국적인 성곽수축에 이르는 시기의 축조수법과는 차별성을 지니는 것으로 파악되는 것이다. 즉 임진왜란을 기준으로 16세기 이후에는 체성 외벽 성석 크기와 형태가 통상 알려진 읍성, 영진보성 체성 외벽에 사용된 성석 크기 및 형태와는 일정한 차이가 나타나는 것이다.

따라서 남해안지역 영진보성을 비롯한 조선시대 영진보성 체성 외벽은 15세기 전반인 세종 11년을 전후한 시기에는 장방형, 세장방형, 방형 성석을 비교적 눕혀쌓기를 이용하여 축조하였으며 이후 16세기 말에 이르기까지는 방대형의 석재를 입수적하여 축조였다. 17세기 들어서는 일부 영진보성에서는 16세기 말까지 사용된 방대형의 입수적한 체성 축조수법이 확인되지 않고 15세기 전기의 성석과 유사하거나 조금 작은 성석을 이용하여 축조하였다.

  영진보성 체성 내벽 적심 축조수법은 체성 적심상태에 따라 내외벽 중간에 잡석으로 적심을 채우고 다시 축차적으로 폭을 좁혀 계단상의 형태로 이루어진 것, 적심부 상부를 비롯한 내부를 유사판축상의 흙으로 채우는 것, 외벽면석 바로 뒷부분(약 2m 내외)에 한해서는 잡석과 할석을 채우고 그 뒤에 성토상의 흙을 채우는 것 등의 유형식에 따라 대체로 세 가지 유형으로 나눌 수 있다. 이러한 3가지 유형에서 첫 번째 유형은 조선 전기 이른 시기인 15세기 초반에서 중반에 해당하는 축성년대를 보이는 반면 두 번째 유형은 성종 16년(1485)을 기점으로 축성된 것으로서 15세기 후반에 해당하는 시기로 남해안지역 영진보성 다수가 여기에 해당한다. 마지막으로 세 번째 유형은 성종과 중종을 거쳐 임진왜란 이후 17세기 후반에 이르는 조선시대 전기 후반 및 중·후기의 시기에 축조된 것들이다. 따라서 영진보성 체성 내벽 축조양상은 계단식→외벽석축내탁식으로 축조되고 있으며 성종 16년 이후 축조되는 대부분의 영진보성은 계단식 보다는 외벽석축내탁식으로 축조된다. 또한 16세기 이후에 축조되는 영진보성 역시 외벽석축내탁식으로 축조되고 있다고 하겠다. 다만 최근에 조사된 천성진성에서는 북문지 주변 수축 체성 축조수법이 계단식(조사자는 층단식)으로 확인되고 있어

16세기 중반 이후나 혹은 17세기에도 계단식 축조수법이 사용되는 것인지에 대한 향후 검토가 필요할 것으로 판단된다.

조선은 17세기 전후 도성과 주변 산성 및 지방거점 산성의 축조운용으로 국방체계의 중심이 바뀐 후 상대적으로 남해안지역 영진보성의 축조 및 및 운용이 쇠퇴하게 되었다. 즉 이 시기 남해안지역 영진보성 축조수법은 외벽면석을 포함하여 변화가 없는 반면에 산성 및 도성, 일부 지방 거점성곽 축조에서는 외벽면석에 사용된 성석크기와 형태, 부대시설 설치 등의 다양한 변화가 확인 되었다. 아울러 도성과 지방 거점산성의 축조수법이 일치화 되는 반면에 남해안지역 각 육군 수군 절도사영에 소속된 영진보성에는 이러한 국방체계의 변화에 따른 축조수법 및 부대시설의 설치 등이 확인되지 않는다. 다만 삼도수군 통제영이 소재한 통영성에서는 포루의 설치와 성석 크기의 규격화 및 수평 맞추기, 포루를 비롯한 각종 부대시설의 확충 등이 확인되고 있어 17세기 전후에 도입된 중국, 일본, 서양성곽축조기술에 영향을 받아 축조된 듯하다. 그 외 대다수의 남해안지역 영진보성은 조선 전기에 축조된 체성을 그대로 유지 보수하거나 퇴락한 상태로 방치한 것으로 파악되어 15세기 전반 이래 20세기 초반에 이르기까지 남해안지역 영진보성 체성부 축조수법은 일관되게 유지된 것이라고 할 수 있다.

체성 부대시설 가운데 치성은 지형적인 조건이나 성둘레에 따라 너비와 길이가 정해져 축조되기보다 행정단위의 위계가 높은 고을과 육군진과 수군진의 경우 각 진의 서열에 따라 상위지휘체계의 영진보성일 수록 치성의 길이와 너비가 더 크게 축조되었다고 하겠다. 즉 병영이 설치되고 병마절제사와 절도사가 위치하는 영진보성인 내상성의 경우는 조선 전기 진관체제로 인해 해당지역의 행정치소인 읍성의 기능을 갖추고 있으며 이러한 행정적 기능과 군사적 기능을 모두 갖춘 내상성의 경우에는 연해읍성의 치성의 규모와 동일한 양상으로 나타나고 있지만 육군 및 수군진만 설치된 순수한 병영성인 진보성의 경우에는 그 규모가 축소되고 있는 것을 알 수 있다.

영남지역 영진보성에 있어서 울산병영성과 합포성지와 같은 육군병마절도사영이 설치된 내상성의 경우에는 지휘체계상 하위단위부대가 설치된 진보성에 비해 치성의 길이가 더 길게 축조되어 있다. 또한 수군절도사영성보다도 길이에 있어 더 길게 축조되어 있다.

이에 반해 길이는 경상좌도 병마절도사영인 울산병영성과 경상우도 병마절도사영인 합포성, 경상좌수영성에서 확인되는 치성의 길이는 7m 이상이 대부분이며 영진보성의 경우는 5m 내외의 길이로 축조되어 있다.

남해안지역 영진보성에서 확인된 또 하나의 사례는 임진, 정유왜란 시기에 축조된 왜성에 인접한 영진보성 체성 및 부대시설은 의도적인 해체를 거쳐 왜성 축성 재료에 사용된 것을 확인할 수 있다. 또한 이렇게 축조된 왜성에서는 조선의 영진보성 및 읍성이 축조수법에 영향을 받은 시설 및 축조수법 등이 확인되고 있는 것이다. 특히 울산 서생포 왜성의 경우 최근 고고학적 조사를 통해 확인된 목조 굴립주 건물의 잔존양상 등을 파악해볼 때 조선 남부를 일본의 영토화 하려는 의도를 확인할 수 있었다. 또한 임진왜란이 종전된 후 부산진성 및 서생포진성은 일본인에 의해 축조된 왜성을 수리 사용한 사례로 확인되고 있어 16, 17세기 남해안 지역의 영진보성 축조와 운용 및 왜성에 대한 당시의 관념과 더 나아가서 일본성과의 관련성을 담보할 수 있는 연구성과를 확인 할 수 있었다.

남해안 영진보성 내부 관아시설 및 창고지, 객사 등의 발굴조사 결과 확인된 양상 가운데 조선시대 이전부터 사용된 유구들이 확인되었는데 이 가운데는 고려시대 제철유적 및 각종 용도미상의 다수 건물지 등이 포함되어 있다. 이것은 조선시대 영진보성이 축조되기 이전에 해당 지역에 토성 혹은 목책 등과 일부 석축이 구비된 성곽이 축조되어 있었으며 고려시대 사용된 수군기지 및 해안초소를 기준으로 조선시대 영진보성 등이 축조된 것으로 파악할 수 있다. 대표적으로 고성 소비포진성에서 확인된 제철유적이나 사천의 통양창성 하부에서 확인되는 토성 등이 있으며 문헌기록에서도 고성 남촌진 등의 과거 지명이 적진포로 고려시대부터 운용되어 온 군항으로 추정할 수 있어 조선시대 대왜구 방어를 위해 축조한 영진보성의 기본적인 방어체계는 전 시대인 고려시대부터 이어진 것으로 파악할 수 있는 것이다.

　　이외에도 해자 및 함정과 목익시설 등 방어시설과 선창 및 선소 위치와 훈련장 및 구도로 등이 확인되었다. 이러한 현황을 바탕으로 부대시설을 갖춘 영진보성과 그렇지 않은 영진보로 나누고 아울러 봉수를 구비한 영진보성과 그렇치 않은 영진보성으로 나누었으며 이를 통해 남해안지역 영진보성 주변에 축조된 봉수대가기존 봉수체계와는 또다른 운영체계 즉 영진보성과의 연락을 유지하며 영진보성에서 확인되지 않는 사각지점에 대한 레이더기지 역할을 수행한 것을 파악할 수 있었으며 이를 통해 조선시대 영진보성의 방어체계 및 운영체계를 파악할 수 있었다.

　　따라서 남해안지역 영진보성은 조선 전기 축조된 연해읍성의 연장선상에서 이루어졌으며 체성 평면형태, 체성 축조수법, 부대시설 규모와 설치 수에 있어서 연해읍성의 축조전통을 답습함과 동시에 외벽석축내탁식, 사직선기단식, 방형의 부분 치석된 성석 등과 같은 새로운 경향을 가진 축조수법이 동시에 확인되어 남해안지역 영진보성의 연구가 조선 전기에서 후기로 이어지는 성곽의 축조수법의 변화양상을 파악할 수 있는 연구임을 확인하였다.

이 책 남해안 영진보성 연구에서는 이러한 점에 주목하여 고고학적 조사현황과 영진보성 분류와 특징에 대해서 기술하였다. 이번에 수록되지 못한 자료는 앞으로 지속적으로 보완하고 연구되어야 할 것이며 이러한 점에서 필자도 노력할 것을 다짐하며 맺음말에 대신한다.

2부

창원 합포성에 대한 고고학적 검토

1. 머리말

우리나라는 고대 산성(山城)의 축조에서부터 근세 성곽(城郭) 축성술의 결정체인 읍성(邑城)에 이르기까지 직접적인 방어주체인 성벽 체성과 더불어 성곽을 방어하는 시설이 다수 설치되어 왔다.

고조선시대(古朝鮮時代) 이후 한사군(漢四郡)의 설치를 거치며 일련의 대중국투쟁과 삼국정립에서 고대왕국으로의 발전과정에서 이뤄지는 통합과 분열상에서 나타나는 내부적인 투쟁과 외부적인 전쟁을 거치면서 성곽 역시도 날로 그 형태가 발전하여 왔다.

더욱이 중세 고려시대(高麗時代)는 다수에 걸친 이민족 침입에 대항하여 민족생존을 위한 처절한 투쟁의 일환으로 여러 형태의 성곽축조가 이뤄졌다.

조선시대(朝鮮時代)는 고려 말부터 창궐(猖獗)하기 시작한 왜구(倭寇)와 두만강, 압록강 이북의 여진족(女眞族)에 대한 적극적인 방어책의 일환으로 읍성을 축조하기에 이르렀다.

이처럼 각 시대별로 성곽은 축성 목적에 따라 그 축조수법과 입지 및 규모가 서로 다르게 나타나지만 그 밑바탕에 깔려 있는 축성의 관념은 민족자존의 절대절명의 생존전략 그 이상도 그 이하도 아니었던 것이다.

따라서 외세와 주변 적으로부터 항상 자신의 가족과 재산을 보호하고 생활터전을 지키기 위해 축조한 성곽이 손쉽게 함락되는 것을 막기 위한 성곽방어력의 증대는 어떤 시대나 민족, 나라에서도 필수불가결한 것이었다. 더구나 산성을 비롯하여 읍성 및 영진보성과 대부분의 관방성이 단곽(單郭)형태로 이루어진 우리나라 성곽 형태를 고려할 때, 성벽의 월경이 곧 성곽의 함락을 의미하는 것이고 보면 일찍부터 성곽의 방어력 증대에 많은 관심을 가질 수밖에 없었다.

이러한 성곽 방어력 증대를 위해 사용된 방법은 크게 두 가지 양상으로 발전하게 되었다. 하나는 체성 자체 성고를 높이는 방법과 다양한 방어용 부대시설의 설치 방법으로 대별할 수 있다.

먼저 체성 성고를 높이는 것은 가장 손쉽게 사용할 수 있는 성곽 방어력을 증가방법이었다. 그러나 성곽 높이에는 한계가 있고 더구나 성고(城高) 증가에는 필수적으로 기저부 폭도 고려되어 동시에 확장되어야 한다. 따라서 일정한 수준에 이르러서는 기저부 폭도 성고도 더 이상 확대할 수는 없는 것이다. 더구나 내탁식에서는 다소 성고를 높이는 것이 용이할 수 있지만 협축식은 체성에 집중되는 하중으로 인해 기저부 폭을 넓힐 수밖에 없는 것이다. 그러나 체성으로 집중된 하중 분산에 실패할 경우, 성벽 붕괴로 이어지기 때문에 지나친 성곽 높이 축조는 이루어질 수 없는 것이다.

따라서 체성 자체 방어력의 증가를 위한 체성 높이의 수개축에는 한

계가 있다. 더구나 화포무기가 발달하여 상용화가 된 이후에는 오히려 체성의 성고가 낮아지는 현상도 나타남에 새로운 방어력 증대방법이 모색되어야 했다.

이와 같은 필요충족조건을 만족시키기 위해 체성에 설치되고 축조된 다양한 시설이 나타난다. 이 가운데 가장 많은 유형을 보이는 것이 치성(雉城), 옹성문(甕城門), 암문(暗門), 여장(女墻), 해자(海子), 양마장(羊馬墻), 목익(木杙), 함정(陷穽), 녹각시설(鹿角施設), 용도(甬道) 등을 들 수 있는 것이다.

이 가운데 연해읍성 및 영진보성의 치성은 옹성문, 해자, 여장과 세 트로 축조된 조선시대 전기에 축조된 하삼도 연해읍성 및 영진보성의 대표적인 방어시설이라 할 수 있다.

따라서 본고에서는 최근 조사된 마산 합포성에서 확인된 치성 구조와 축조수법을 살펴보고 더불어 남해안지역에 축조된 영진보성 치성과 비교를 통해 남해안 관방에 설치된 방어시설의 한단면을 파악해 보고자 한다.

2. 합포성 연혁과 현황

1) 합포 연혁

서기 3세기대에 편찬된 중국의 사서인『三國志 魏志 東夷傳』弁辰조에는 영남지역에 분포해 있던 변진한 24국의 이름이 기록되어 있는데 각 나라의 분포 상황은 분명하지가 않다.

또한『삼국지』한전에는 변한 12국을 열거되어 있는데 그 내용을 살펴보면, 미리미동국(彌離彌凍國), 접도국(接塗國), 고자미동국(古資彌凍國), 고순시국(古淳是國), 반로국(半路國), 낙노국(樂奴國), 미오야마국(彌烏耶馬國), 감로국(甘路國), 구야국(狗邪國), 주조마국(走漕馬國), 안야국(安耶國), 독로국(瀆盧國) 등으로 기술되어 있다.

위의 나열에서 구야국을 김해, 안야국을 함안, 독로국을 거제로 비정하고 있으며, 따라서 현재의 마산시와 창원시, 즉 옛 창원군은 주조마국이었을 것으로 추정하고 있다.

또한『삼국사기(三國史記)』에는 이 시기에 마산, 창원, 진동 등 해안포구를 중심으로 포상팔국(蒲上八國)이란 지명이 나타나고 있다. 마산과 창원을 중심으로 한 골포국, 마산시 진동만을 중심으로 한 칠포국, 고성지방의 고사포국, 사천지방을 중심으로 한 사물굴 등의 이름이 기재되어 있는데, 8국 중 나머지 4국은 기술하지 않았으나 포상팔국의 중심세력은 마산만에 자리잡은 골포국이었다고 하고 전남 해안까지 그 세력이 미쳤다고 보고 있다.

이러한 포상팔국은 가야와 일전을 불사하였는데, 그 내용을 살펴보면,『삼국사기』신라본기 내해왕 14(209)년 7월조에 "14년 가을 7월에 포상팔국이 연합하여 아라가야(阿羅伽倻)를 공격하니 아라가야는 자력으로 공격군을 막을 수 없어 왕자를 신라에 보내어 원병을 요청하게 되었다. 결국 신라는 원병을 보낼 때 태자 우로(于老)와 이벌찬 이음으로 하여금 6부의 병사를 거느리고 가서 이를 구원하게 하니 그들은 출격하여 8국의 장군들을 쳐죽이고 그들에게 사로잡혔던 6천명을 빼앗아 돌아왔다."고 하였다.[1]

---

[1]『三國史記』신라본기 내해왕 14년 7월조.
　「十四年秋七月 浦上八國謀伐加羅 加羅王子來請求 王命太子于老與伊伐浪利音 將六

또 같은 책 열전에 3년 후에 골포, 칠포, 고사포 등 3국이 갈화성을 공격하였는데[2] 왕이 직접 병사를 거느리고 나아가니 3국은 크게 패했다고 하였다. 위의 기록에 의하면 1차 전투에서 포상팔국이 완전 전멸한 것이 아니기에 갈화성에서 재차 전투를 할 수 있었던 것으로 보여진다.[3] 또 『삼국사기』열전 물계자전에도 "물계자(勿稽子)는 내해이사금 때의 사람으로 이때 포상팔국에서 가라를 정벌코자 하매 아라(阿羅)의 왕자가 가서 구해줄 것을 요청했다. 이사금은 왕손 나음에게 가까운 군의 병사와 6부의 병사를 거느리고 가게 하니 포상팔국병은 드디어 패했다. 이 전투에서 물계자는 큰 공을 세웠다."라는 기사가 확인되고 있어 골포국으로 대표되는 포상팔국이 가야에 이어 신라와도 치열한 전쟁을 수행하였던 것으로 파악된다.[4]

따라서 이와 같은 기록에서도 확인할 수 있는 것처럼 마산지역에 위치하던 골포국의 세력이 신라와 대적할 만한 강력한 세력 있었던 것으로 추정된다.

그러나 갈화성(竭火城) 전투 이후에는 이 지방에 대한 기록이 보이지 않고 있어 결국 골포국으로 대표되는 마산지역의 세력은 이때에 이미 모두 신라에 병합되었던 것으로 추정된다.

신라는 한반도 남부지역을 통일한 후 강력한 통치체제를 확립하려고 지방체제의 개편을 서두르게 되고, 당시 신라의 지방편제는 9주 5소경제를 실시하여 그 밑에 군과 현을 두어 촌락을 지배하는 것이었는데,

---

部兵往救之 擊殺八國將軍 奪所虜六千人還之」
2)『三國史記』물계자전, 「前日浦上端火之可 謂危且難矣 … …」
3)「後三年 骨浦 漆浦 古史浦 三 國人來攻竭火城 王率兵出救 大敗三國之帥… …」
4)「勿稽子 奈解尼師今時人也 時浦上八國同謀伐加羅國 加羅使來請救 尼師今使王孫이音率 近郡及六部軍往救 敗八國兵 是役也 勿稽子有大功」

오늘날의 마산지역은 삽량주(歃良州)에 소속되어 있고 삽량주는 영속 권현의 수에서 9주 가운데 세번째로 큰 지역이었다. 이 삽량주는 뒤에 양주로 개칭되는데 이에 소속된 군 수는 마산이 소속되는 굴자군(屈自郡)을 비롯해서 12개군이었다.

이때 굴자군에는 3개의 소속 현이 있었으며 그것은 칠토현(漆吐縣), 골포현(骨浦縣), 웅지현(熊只縣)이 이었다. 신라 경덕왕 때 한명화(漢名化)된 군명으로 고치면서 굴자군은 의안군(義安郡)이 되고 칠토현, 골포현, 웅지현은 각각 칠제현(漆隄縣), 합포현(閤浦縣), 웅신현(熊新縣)으로 개칭되게 되었다.[5]

고려시대에는 성종 2년(983년)에 전국에 12목을 설치하고, 이때 설치된 고려의 12목은 양주·광주·충주·청주·공주·진주·상주·전주·라주·승주·해주·황주로 이 가운데 우리 고장 마산지역은 진주목에 속하였다. 이후 현종 9년(1018년)에 전국을 4도호부, 8목, 56지주군사, 28진장, 20현령을 설치하였고 마산지역은 금주(김해)에 영속(領屬)되었다. 그런데 고려가 마산지역의 각 군현에 수령을 파견하는 것은 이보다 훨씬 뒤의 일로서, 의안군은 처음 김주에 예속된 후 감무를 설치하였다가 뒤에 회원현으로 개칭되면서 현령이 파견되었다.

고려 말에 이르러 특히 대몽항전시기에 『고려사』의 기록에 의하면 마산지역에 삼별초(三別抄)의 출몰이 확인되고 있다. 즉 원종 12년(1271년) 2월 임신에 삼별초가 合浦 에 출몰하여 감무(監務)를 생포해 갔다. 이어 원종 13년(1272년) 11월에 삼별초가 다시 합포를 공격하여

---

5) 『三國史記』권34 잡지 제3 지리1.
　「義安郡本屈自郡景德王改名今因之 領縣三 …중략… 合浦縣本骨浦縣景德王改名今
　　因之…하략…」

전함(戰艦) 22척을 불사르고 몽고의 봉졸(烽卒) 4명을 생포하여 돌아갔으며, 원종 14년(1273년) 1월 임오에 다시 합포(合浦)를 공략하여 전함 32척을 소각하고 몽고병사 10여 명을 죽인 것이 확인되고 있다. 이와 같은 대몽고투쟁의 선두에 있던 삼별초가 세 차례나 합포를 공략하였던 사실은 이 당시의 마산지역이 해안 도서지방으로서 진도를 중심으로 전라도와 경상도 연해지역을 세력권으로 하던 삼별초의 영향권에 들어 있었을 가능성을 배제할 수 없는 것이다

이후 마산지역은 고려가 원(元)과 강화를 맺은 이후에는 원이 두차례에 걸쳐 실시한 일본정벌의 전초기지 역할을 수행하였는데 이 두 차례에 걸친 원정에서 고려는 함선(艦船)의 건조와 군량의 공급을 담당하였을 뿐만 아니라 직접 군사를 동원하는 등 그 피해는 매우 컸던 것이다.

원이 일본정벌을 장정을 착수한 것은 고려 원종 15년(1274년)으로서 원 세조는 일본정벌의 첫 단계로서 鳳州(鳳山) 金州(金海) 등에 둔전(屯田)을 설치하고 병참기지를 만들기 시작하는 한편, 합포에서 전함의 건조와 군량의 확보를 서둘렀다.

전함의 건조와 군량조달을 완료한 여원연합군은 충렬왕 즉위년(1274) 10월 합포를 떠나 1차 원정길에 올랐다. 이때의 병력규모를 보면 원의 혼도(忻都)를 도원수로 홍다구(洪茶丘)·유복형(劉復亨)을 좌우부원수로 김방경(金方慶)을 부감사로 한 원군 2만과 고려군 8천에 전함(戰艦) 9백척의 대규모 병단이었다.

10월 6일 합포를 떠난 원정군은 대마도(對馬島) 공략에 이어 일기도(壹岐島)를 점령한 다음 북구주(北九州)의 하카다만(博多灣)에 이르러, 병력을 분산하여 博多·箱崎左原을 공략하였으나 일본군의 저항도 결코 만만치 않았다. 『고려사』세가 충렬왕 즉위년(1274년) 11월 기해조

에는 1차 동정의 결과로 "東征軍士들이 합포에 귀환하였으므로 동지추밀원사(同知樞密院事) 장일(張鎰)을 보내어 이들을 위로하였다. 돌아오지 못한 군사가 무려 1만 3천 5백여명이었다."고 기술하고 있다. 이같이 여원연합군의 1차 일본정벌의 실패 이후 원세조는 2차 동정에 필요한 전함의 건조와 군량의 확보를 고려에게는 부담시키는 한편, 충렬왕 3년(1276년)에는 耽羅(제주도)에 목마장을, 충렬왕 6년(1279년)에는 동정의 전담기구인 정동행중서성(征東行中書省)을 합포에 개설하였다.

다시 충렬왕 7년(1281) 5월에 여원연합군은 합포를 떠나 2차 동정의 길에 올랐다. 이때의 군용을 보면 흔도·홍다구·김방경이 이끄는 여원연합군인 동로군 4만 명과 송장 범문호(范文虎)가 이끄는 강남군 10만 명으로 실로 방대한 규모의 병력이었다. 이 가운데 고려군의 수는 1만 명이었는데, 그 중에서 경상도 출신의 군사는 2천 4백여 명이었다고 한다.

5월 3일 합포를 떠난 동로군은 1차 원정 때와 같이 대마도·일기도를 친 다음 북구주 해안에 도착하여 공격을 개시하였으며, 6월18일에는 뒤늦게 강남군이 합세하여 더욱 적극적으로 공격에 기세를 올리고 있었다. 그러나 閏7월 1일에 북구주 일대를 갑자기 휘몰아친 태풍으로 인하여 동정군은 막대한 손실을 입고 다시 합포로 되돌아오게 되었다. 『고려사』세가 충렬왕 6년 6월 임신조에는 이때의 상황을 "6월 임신에 김방경 등이 왜군과 싸워서 적군 3백여 급을 참수하였다. 다음 날의 싸움에서 홍다구의 군사는 패궤(敗潰)하였으며, 범문호도 또한 전함 3천 5백척과 만군(灣軍) 십여만을 거느리고 와서 합전(合戰)하였으나 마침 태풍이 일어나 만군은 모두 익사하였다."고 기록하고 있다. 따라서 이때에 일본정벌을 위해 설치된 정동행중서성은 합포에서 철수해 개경

으로 이치되었으며 마산지역은 합포진으로 계속 국방상의 요충으로 그 임무를 수행하게 되었다.6)

고려 말에 합포 즉 마산지역이 다시 주목받게 되는 것은 왜구의 침입이 본격화되는 충정왕 2년(1350년)부터이며 『고려사』에 보이는 마산지역의 왜구의 침입상황을 살펴보면 다음과 같다. 가장 먼저 왜구가 마산에 침입한 것은 고종 14년(1227년) 5월 경술로 이때 왜구는 熊神縣(진해)를 공격하여 왔다. 이때 별장(別將) 정금억(鄭金億)은 군사를 미리 산골짜기에 매복시켰다가 불시에 공격을 해서 적의 머리 7급을 베고 격퇴시켰다

충렬왕 6년(1280년) 5월에는 고성 칠포(지금의 함안군 칠원면)에 왜구가 침입하여 고기잡던 어부를 잡아간 사건이 있어서 조정에서는 대장군 한회유(韓懷愈)를 보내 연해지방의 경비를 강화시켰다. 같은 달에 왜구는 다시 합포에 침입하여 고기잡이하던 어부 2명을 잡아갔다.

또한 충정왕 2년 2월조에 "왜가 고성·죽림·거제·합포를 노략질하니 천호(千戶) 최선(崔禪)과 도령(都領) 양관(梁琯) 등이 이들과 싸워 격파하고 적의 머리 3백여급을 참획(斬獲)하였다. 왜구 침입이 이에 비롯되었다."고 기록되어 있다. 이때 머리를 벤 적의 수가 3백여 급인 것으로 보다 당시의 침입은 그 규모가 매우 컸던 것을 알 수 있다. 동년인 충정왕 2년(1350년) 6월 정유에는 왜구가 20여 척의 배를 나누어 타고 합포에 침입하여 병영을 불사르고 고성·회원 등의 군(郡)을 불사르는 만행을 저질렀다.

공민왕 원년 (1353년) 9월 임신에 왜구가 50여 척의 배로 合浦에 침입하였으며, 이듬해인 공민왕 23년(1374년) 4월 임자에는 왜선 350척

6)『高麗史』지 권11 지리2.

이 합포를 침입하였는데 이는 마산지역의 침구(侵寇)사상 최대의 규모였다. 합포에 상륙한 왜구는 별다른 저항도 받지 않고 군영과 병선을 모두 불사르고 5천여 명의 인명을 살상하고 많은 재물을 약탈해 갔다. 이 보고를 받은 고려 조정은 도순문사 김횡에게 책임을 물어 그를 주살하였다.

왜구의 침입은 우왕 때에 와서 더욱 빈번하였는데, 우왕 2년(1376년) 11월과 12월 두 달 사이에 경남지방의 진주·함안·양산·언양·기장·고성·울산·진해·반성 등의 요지가 거의 다 피해를 입었다.

특히 이해 12월에 침입한 왜구는 합포에 상륙하여 의창·회원현을 공격하고 민가를 방화하는 등 노략질을 일삼았으나 이곳에 부임해 있던 도순문사 조민수(曺敏修)의 활약으로 격퇴하였다.

그러나 이듬해인 우왕 3년(1377년) 이해 정월에도 왜구는 회원창을 습격하여 세곡(稅穀)을 모두 털어 갔고 11월에는 130척의 배를 동원하여 金州(김해)·의창을 침입하였다. 이처럼 고려말에 합포지역은 대왜구의 침입의 최일선지역으로 막대한 피해를 입고 있었으며 아울러 대왜구방어의 최일선기지로서 왜구의 내륙진입을 차단하기 위한 군사전략적 기지로서 그 역할을 수행하였다.

고려왕조를 이어 1392년 조선왕조가 개창된 후 마산지역은 지방행정조직의 경우 태종 8년(1408년) 8월에 의창현·회원현을 합병하여 창원부(昌原府)로 삼고 판관(判官)을 파견하였으며 또한 경상우병영을 설치하였다. 이때 그 명칭은 의창의 昌과 회원의 原을 따서 창원이라 하였다.

그 후 태종 15년(1415년)에 창원부는 창원도호부(昌原都護府)로 개칭되었으며, 임진왜란이 끝난 선조 34년(1601년)에 창원은 다시 창원

대도호부로 승격되었다.[7] 그 이유는 임진왜란 당시 일본군이 수년동안 창원도호부 인근에 주둔하고 있었지만 兵使(겸도호부사) 김응서(金應瑞)를 중심으로 이곳의 군민이 일치 단결하여 성을 지키고 적에게 항복하지 않았기 때문에 체찰사(體察使) 이원익(李元翼)이 이를 높이 치하하는 장계를 올려 창원대도호부로 승격되었던 것이다. 1603년 9월에 병사 이수일(李守一)이 진주로 이영(移營)하고 판관을 혁파(革罷)하여 이정(李靜)이 처음으로 부사(府使)가 되었다.[8]

임진왜란 이후 현종 2년(1661년)에 문묘(文廟)의 전패(殿牌)를 잃어버리는 불상사가 발생하였는데 이로 인하여 대도호부에서 현(縣)으로 강등되었다가, 현종 11년(1670년)에 다시 대도호부로 승격되어 조선 말기까지 대도호부로서의 역할을 다하였다.[9]

2) 합포성 현황

합포성(合浦城)은 경상남도 유형문화재 제153호로 지정되어 마산시 합성동 73-4, 73-18번지 일대에 성벽 일부가 잔존하고 있다. 합포성 주변에는 서쪽으로 이산성지(耳山城址)과 남쪽으로 마산왜성(馬山倭城)이 있으며, 서쪽으로는 회원현성지(會原縣城址)가 있다. 그리고 동쪽으로 창원읍성(昌原邑城)이 있고 북쪽으로 염산성지(鹽山城址)가 위치하는 등 주변에 많은 성지(城址)가 분포하고 있다.

이 성지는 고려 우왕 4년에 왜구의 침범을 막기 위하여 설치된 합포

---

7)『新增東國輿地勝覽』권32 창원도호부 건치연혁.
8) 府使 李靜은 寒岡 鄭逑의『觀海亭記』에 次韻을 한 사람으로 아직도 그의 次韻詩가 觀海亭에 걸려 있다.
9)『輿地圖書』경상도 김해진관창원대도호부 건치연혁.

진 병영에 새로 부임한 배극렴 부원수(副元師)가 석성(石城)을 계획하고, 부하 장졸과 인근 주민을 동원하여 축성한 것으로(1360년대) 당시 성의 높이는 15척, 폭 6척 7촌, 둘레가 4천291척이나 되었으며 성곽에는 2척 간격으로 여장(女墻)이 있고 창검(槍劍)과 기치(旗幟)를 세우고 파수병이 주야로 감시하여 그 위용을 과시했으므로 적이 감히 넘나보지 못했다고 한다.

남문(會禮門), 서문(懷義門), 북문(智勇門), 동문(元仁門)을 두어 경계를 삼엄하게 하였다. 조선조 태종 때에도 여기에 영을 두었다가 선조 때에 진주로 옮겨갔다. 지금은 원형이 거의 멸실되고 성벽 일부만 남아 있다. 문헌상에 나와 있는 기록을 보면 조선조 태종실록에 문하시중 배극렴이 합포에 출사하여 성문을 쌓고 방어에 만전을 기했다. "門下侍中 裵克廉出師合浦 築城門隍善於防禦"라 하였다. 즉 배극렴이 합포에 우도병마절도사영의 성곽을 쌓아 방어하기에 좋게 하였다는 것이다.

또 합포성에 대한 『신증동국여지승람(新增東國輿地勝覽)』에 있는 이첨의 기문을 보면 "합포성은 옛 합포현에 있다. 부에서 13리 거리인데, 돌성의 둘레는 4천291척이고, 높이는 15척이며 성안에 우물이 다섯 있다. 배극렴이 쌓았다." "在古合浦縣 距府十三里 石 城周四千二百九十一尺 高十五尺 內有五井 裵克廉築"라고 한 다음, "처음에 설치하였던 영(營)은 병란에 불탔고 군사가 야영하였다. 문하평리(門下評里) 조공(曹公)이 영을 설치할 곳을 살펴서 좋은 터를 잡았다. 정사년(丁巳年) 봄에 지문하사(知門下事) 우공(禹公)이 그 지역을 경영하였으나 마치지 못한 채 소명을 받고 서울로 돌아갔고 경산 배공이 부원사로서 대신 진수하게 되었다."라고 덧붙인 뒤, 그 과정도 기록하고 있다.

"도임하여서는 군영을 수즙(修葺)하였다. 공역을 마치자 군중에게 말하기를 '영을 설치하였으니 성을 후일로 미룰 것인가. 군영의 울타리라 하는 것은 적을 막아서 나라를 호위함을 뜻한 것이다. 어찌 울타리이면서 스스로 호위하지 못하는 것이 있으리오, 지난 4년 동안에 영을 네 번이나 옮긴 것은 형 바깥쪽에 성곽이 없음으로써 민중의 마음을 굳게 하지 못했음이라. 나는 여기에다 성 수 있다.' 하고 전일 문서에 의거하여 기일을 정해놓고 성을 쌓았다. 을 쌓고 깊은 도랑과 높은 보루로써 뜻밖의 변란에 대비하고자 하는바 여러 사람의 뜻은 어떠한가?' 하니 여러 장수가 '알았습니다. 某등이 종사한 지 오래이나 지혜가 천박합니다. 그러니 지금 계책으로서는 여기에서 벗어나지 않으니 오직 公이 영을 내리십시오.' 하였다.

公은 공문을 띄워 백성을 뽑았다. 기계를 수리하고 성터의 원근(遠近)을 논의하여 방책을 지수(指數)하고 이에 공역을 시작하였다. 성은 흙으로 쌓으면 무너지기 쉽고, 벽돌로 쌓으면 공역이 어렵고 만약 돌로 쌓으면 견고하면서 공역은 적다 하여 드디어 성을 돌로 쌓기로 하였다. 그리하여 성 기초는 완성하였으나 흉년이 들어서 공역을 중지하였다. 공이 쓰임새를 줄이고 아끼기를 힘썼는데 다음해에는 큰 풍년이 들었다. 공이 '지금에는 백성의 힘을 이용할

무오년 가을 9월 갑신(甲申)에 시작하여 겨울 11월 무인(戊寅)에 일을 마쳤다. 성 높이는 한길 하고도 넉자가 넘고 두께는 한발 일곱치이며 둘레는 594보(步) 3척(尺)이었다. 성 위에는 두 자 간격으로 여장(女墻)을 설치하였고 여장에는 죄다 방패 하나, 창 하나씩이 있다. 정기(旌旗)를 꽂고 화살과 돌을 가지도록 하였다. 그리고 여장을 지키는 자는 밤낮으로 거듭 경계를 하도록 하였다. 바라보면 우뚝하고 가까이 가면 높고 깎아지른 듯하여 침범할 수 없다. 또 호수에 물을 돌리고 조교(弔

橋)로 막았다. 산천을 동여 묶은 듯하여 규모가 굉장하고 원대하였다. 이리하여 성의 동문을 원인(元仁), 남문을 회례(會禮), 서쪽문을 회의 (懷義), 북쪽문을 지용(智勇)이라 한 것은 모두 그 방위의 뜻을 취한 것 이며 위엄과 은덕의 뜻을 의미한 것이다. 성 안에는 의만창(義滿倉)과 회영고(會盈庫)를 설치하고 군량을 저장하였다.

한편, 각종 문헌에서의 합포성과 관련된 기사를 살펴보면 다음과 같 다.(<표 1> 참조)

〈표 1〉각종 문헌기록에 나타나는 합포성지 현황

문헌	편찬연대	축성연대	둘레	높이	문지	적대	여장	못	우물	기타
세종실록지리지	1454년	·	588보	·	·	·	·	·	3	
신증동국여지승람	1481년	·	4,291척	15척	·	·	·	·	·	
동국여지지	1481년	세조 3년 (1457)	594보	·	4	·	·	·	5	
경상도속찬지리지	1425년	문종 원년	4,291척	15척	4	·	·	2	5	
증보문헌비고	1770~ 1908년	단종 초	4,291척	15척	·	·	·	·	·	
경상도읍지	1832년	세종 임인년	4,291척	1	·	·	·	·	5	
대동지지	1861년	단종	4,291척	·	·	·	·	·	5	
영남읍지	1871년	세종 임인년	4,291척	15척	·	·	·	·	·	
경상남도 여지집성	1963년	세종 임인년	4,291척	·	·	·	·	·	5	

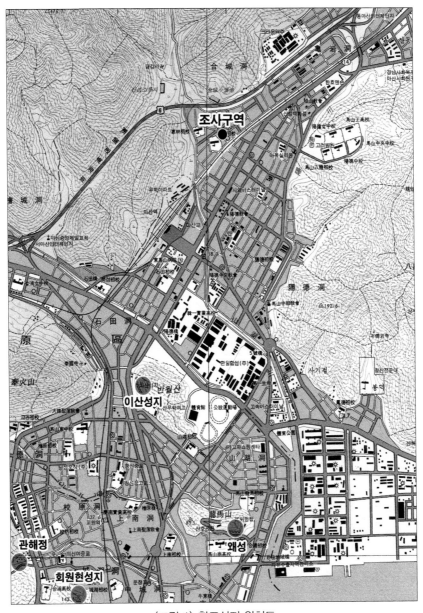

〈그림 1〉 합포성지 위치도

3. 구조와 축조수법에 대한 검토

1) 합포성 군사적 위치

조선왕조 군사조직은 건국 초기에 고려시대 8위(衛) 계통을 잇는 10위(衛)체제가 그 근간이었다. 그러나 국가권력 확보와 전제왕권의 안정적 유지를 위해 군제 개편 작업이 시도되었다. 정종 2년(1400년) 사병을 혁파함으로써 중앙정부에 의한 병권 집중에 성공하였고, 이후 세조 3년(1457년)에 5위(衛)가 형성되고 12년(1466년)에는 오위도총부(五衛都摠府)가 설치되어 중앙군의 체제를 확립하였다. 이들 5위는 義興衛(중위)·龍陽衛(좌위)·虎賁衛(우위)·忠佐衛(전위)·忠武衛(후위)로 구성되었으며 각기 분담된 지방의 병력을 통할하였다. 그 중에서 경상도는 용양위가 통할하였다.

또한 각 위는 5부로 구성되었고 각 부는 4통(統)으로 나누어져 있었으며 각 통의 아래에는 여(旅)·대(隊)·오(伍)·졸(卒)의 계통이 세워져 있었다.

조선시대의 군제에 있어서 보다 중요한 것은 지방군이었다. 지방군제 역시 세조 때에 정비되었는데, 우선 세조 원년(1455년)에는 북방의 익군(翼軍)과 남방의 영진군(營鎭軍)으로 2원화 되어있던 군사조직을 군익체제(軍翼道體制)로 통일하였다. 다시 세조 3년(1458년)에 진관체제(鎭管體制)로 변경되어 지방군제의 완성을 보게 되었다. 진관체제는 군익도의 중첩성을 지양하고 거진(巨鎭)을 중심으로 주변의 여러 진들을 이에 속하게 하여 하나의 진관으로 편성함으로써 자전자수(自戰自守)하는 독립적인 군사거점의 성격을 갖도록 한 것이었다. 이때부터 육군만이 아니라 수군도 이러한 진관조직을 갖추었다. 그리하여 중앙에

번상(番上)하는 시위군(侍衛軍)이나 지방에 도방하는 영진군을 합쳐 정병(正兵)으로 삼아 통일적으로 파악하여 점차 지방군이 군사조직의 근간을 이루게 되었다.

　이러한 진관체제에 따라 각 도에는 병영과 수영을 두고 병마절도사(兵使)와 수군절도사(水使)를 파견하여 군사를 지휘하도록 하였다. 병영과 수영은 1도에 각각 1명씩 두고 관찰사가 병사와 수사를 겸임하는 것이 원칙이었으나 국방상요지에는 병영과 수영을 증치(增置)하여 따로 전임(專任)의 병사와 수사를 파견하였다. 즉 함경도와 경상도에는 여진과 왜의 침략에 대비하기 위하여 병사와 수사를 3명씩 두었다.

　따라서 창원 합포성에 설치된 병마절도사영은 경상도에 설치된 병마절도사진 가운데 좌도병마절도사진인 울산과 더불어 경상우도 육군의 최상위 지휘관인 병마절도사가 위치하던 곳으로 지방관이 겸하지 않는 순수한 군사기지였던 것이다.

　진관체제하에서 병사가 있는 곳을 주진(主鎭)이라 하였고, 그 아래에는 군사적 요충지로서 거진 등 대소의 진이 있어 병영 및 수영의 통제를 받았다. 이때 거진은 부윤(府尹:종 2품)과 목사(牧使:정 3품)가 각각 절제사(節制使)·첨절제사(僉節制使)를 겸임하면서 진관의 군사권을 장악하였고, 그 아래의 제진(諸鎭)은 군수(郡守:종4품)이하의 지방관이 동첨절제사(同僉節制使) 이하의 직함을 겸하면서 군사를 지휘하였다.

　『세종실록지리지(世宗實錄地理志)』에 의하면 창원도호부의 군사 수는 모두 860명인데 이 숫자는 봉족의 수를 제외한 것으로 이들을 병종별로 살펴보면 시위군 52명, 기선군(騎船軍) 689명, 영진군 119명으로 기선군의 수가 압도적으로 많음을 알 수 있다. 이러한 것은 연해지역이라는 지역적 특성으로 인해 왜구의 잦은 침입에 따른 결과로 파악된다.

또한 『경상도지리지(慶尙道地理志)』에 의하면 이 중에서 창원관아와 읍성에 배치된 군사는 군관 71명 수성군 45명으로 모두 116명이며, 『경상도속찬지리지』에 의하면 합포에 진군(鎭軍) 20명, 기선군 200명, 보병(步兵) 300명이 배치되어 있었다. 따라서 창원도호부의 대부분의 군사는 역시 합포에 주둔하고 있었던 것을 알 수 있으며 이러한 것은 해안에 인접해 있는 합포진에서 끊임없이 출몰하는 왜구에 신속하게 대응하기 위한 것이라 하겠다.

다음으로 『여지도서(輿地圖書)』창원대도호부 군병조에 의하면 5군영 체제하의 창원도호부에 소속된 군사수는 여정(餘丁)과 보인(保人)을 제외한 정군의 수만 모두 2천 544명이다. 이들을 병종별로 보면 어영정군(御營正軍) 87명, 금위정군(禁衛正軍) 110명, 병조보병(兵曹步兵) 51명 ,봉수군(烽燧軍) 150명, 마병(馬兵) 213명, 속오군(束伍軍) 487명, 별대(別隊) 45명, 아병(牙兵) 102명, 주사분방군(舟師分防軍) 336명, 수군(水軍) 713명, 육군(陸軍) 256명이다. 따라서 임진왜란 이후 창원도호부의 병력은 조선 초기 천명미만에 비해 거의 3배 가까이 늘어났던 것이다. 이와 같은 연유로는 임란을 겪고 난 후 일본과 인접해 있으며 남해안 지역의 해로의 요충지로서 그 중요성이 강조되었기 때문이다.

2) 축조수법

(1) 체성

2차례에 걸쳐 조사된 합포성 북벽 체성에서는 외벽면석·지대석 및 내부 적심과 내벽을 확인하였다. 이 가운데 외벽면석은 대부분 훼손되어 지대석을 포함하여 1단이 잔존하고 있을 뿐이라 정확한 축조수법을 확인하기는 어렵다. 다만 잔존하는 체성 외벽 상태를 보면 인접한 복원된 체성이 장대석의 입수적한 것으로 외벽면석을 구성하고 있는데 반해, 북벽 체성은 성벽 축조시 읍성에서 나타나는 입수적한 장대석과 달리 장방형 석재를 가로쌓기로 포개서 축조하고 있다. 외벽면석 사이 틈새는 끼임돌을 사용하여 마감하고 있다. 잔존부분 높이가 불과 1m 내외라 외벽 축조수법을 파악하기는 어렵다. 과거 조사된 합포성 축조수법과 대동소이하고 인접한 남해안 연해읍성 축조수법과 동일하게 축조되어 있다.

따라서 여기에서는 내벽에서 확인되는 계단식 축조법에 관해서 살펴보고자 한다. 이 계단식 축조법은 조선 전기에 축조된 연해읍성에서도 확인되는 특징이다. 합포성 체성을 살펴보면, 먼저 외벽에서 9.8m 정도 되는 지점에 내벽 마감석을 설치한다. 외벽과 달리 인두대 할석으로 막돌쌓기하고 다시 폭 8m 정도로 줄여쌓기 한다. 다시 외벽 끝에서 내벽쪽으로 약 4.5~5m 사이에서 내외협축이 이루어지는 3~4단계의 줄여쌓기를 하여 체성 단면이 계단상을 이루도록 하였다. 이러한 양상은 현재 복원된 합포성 내벽조사에서도 확인되었다. 즉 외벽에서 내벽까지 기저부 너비는 8.8~9m이고 다시 너비 7.2m 정도로 줄여쌓기를 하고 외벽면석에서 내벽쪽으로 4m에 이르는 지점에서 각각 계단상을 이루도록 하였다. 전체적으로 3~4단계 줄여쌓기를 실시하였으며, 조사자는 여장 높이를 포함한 체성 높이가 15척으로 내외협축이 실시되었다고 하였다.[10]

이와 같은 양상으로 볼 때 합포성 기저부 너비는 약 9~10m 내외를 유지하고 7.2~8m 사이에서 한번, 4~4.5m 사이에서 다시 한번씩 기저부

---

10) 심봉근, 『韓國南海沿岸城址의 考古學的 研究』, 학연문화사, 1995, 205쪽.

에서 체성 상부까지 계단식으로 물려서 쌓고 있음을 알 수 있는 것이다.

이러한 체성 단면이 계단식으로 축조되는 것은 남해안 일대에 산재한 읍성·영진보성 체성 축조수법과 유사한 것으로 파악된다. 즉 하동읍성 서북쪽 제1치성 내벽에서 확인된 양상의 경우 내외벽 기단부 너비는 약 6.3m이고 그 다음 내벽에서 외벽쪽으로 각각 5.1m, 4m, 3.5m, 마지막으로 최상부는 2.5m로 축조되어 있다. 또한 각 물려쌓기 지점마다 50cm, 55cm, 60cm, 120cm 높이로 계단상을 이루며 물려쌓기가 실시되고 있다.

웅천읍성에서도 내외벽 기단부 너비는 기저부가 약 8.1m이고 최상부는 2m 60cm로서 내벽은 30cm, 60cm, 90cm 높이로 계단상을 이루며 물려쌓기를 하고 있다.

이러한 체성 계단식 구조는 세종 16년 병조판서 최윤덕의 건의에 따라 16척 너비로 기단부를 축조하고 그 상면은 내벽에서 계단식으로 올라간 것이다. 따라서 이 시기보다 앞서 축조된 하동읍성(1417년)이나 합포성(1377년)에서 이와 같은 축조수법이 확인되는 것은 이전에 석축성으로 축조된 하동읍성, 합포성 등이 세종 때 개축이 실시되어 체성 너비를 넓힌 것에 기인한다. 이때 사용한 개축 수법이 체성 너비를 넓혀서 다시 축조한 것이 아니라 내벽부에 일정한 간격을 유지하며 계단식으로 덧대어서 축조한 것이다. 즉 하동읍성 서벽에서 확인되는 초축 당시 체성 너비가 약 3.5m로서 기저부 전체 너비가 약 6m 내외임을 고려할 때 초축 당시 너비에 더하여 약 2.5m 이상을 계단식으로 덧대어서 축조한 것이다. 따라서 1377년 고려 말에 석축으로 축조된 합포성 역시 세종 년간에 축조기사가 확인되는 것을 상정하면 이때에 이르러 합포성 역시 초축 시 내외협축성벽 너비인 4m 내외를 기준으로 내벽에

서부터 계단식으로 간격을 좁혀 덧대어서 축조한 것이라 할 수 있는 것이다.[11]

더구나 합포성은, 최윤덕이 세종에게 계단식 석축성을 쌓도록 건의하는 세종 16년 이전인 "세종 13년에 이미 개축이 시작되어 세종 15년에도 아직 필축을 보지 못하였다."는 기사를 참고할 때 적어도 합포성 체성 계단식 축조법은 세종 16년 이전에 이미 체성 축조수법에 도입되고 있음을 알 수 있는 것이다.[12] 그러나 이러한 계단식 체성은 그 상단부가 좁고 각 구간마다 그 높이가 쉽게 등성하기에는 상당히 불편한 것으로 웅천읍성, 하동읍성의 고고학적 조사에서 확인되고 있다.

즉 하동읍성은 내벽 각 단 높이가 50cm 전후이며 최상단은 1.2m에 이르고 있다. 웅천읍성 역시 기단부에서부터 30cm, 60cm, 90cm 그 높이가 계속해서 증감하고 있어 왜구의 침입 등과 같은 유사시에 쉽게 등성하기 어려워 효과적인 방어전을 수행하기가 어려운 것이다. 더구나 이러한 것은 내벽 각 단상의 등성 각도를 파악하여도 잘 알 수 있다. 통상 성벽 높이인 12척을 기준으로 당시 기준척인 포백척을 적용하여 환산하여 기단부 너비가 16척으로 약 7.5m, 성벽 높이가 5.6m가량임을 감안하면 성내에서 계단식으로 축조 시에 상부너비가 2m일 경우 경사도가 45°이고, 상부너비가 3m일 경우에는 53°의 경사면을 갖게 되어 성벽을 오르내리며 수비하기가 불편한 것을 알 수 있다.[13]

---

11) 『세종실록』권54 13년 10월 13일 갑진.
　　「工曹據慶尙道監司關啓 延日縣則舊城猶完 請待豐年畢築 合浦則都節制使本營一方巨鎭, 昆南則新設 邊鎭 不可不築 請移延日之軍 赴合浦昆南 迨氷未凍畢築 命與都巡察使議啓° 工曹啓 各處築城赴役軍人 初以田丁多少分定 一時赴役 而獨未畢築 甚爲不當 請令未畢各官畢築初定之處 使勞逸均平從之」
12) 『세종실록』권55, 14년 1월 5일 을축 「慶尙道監司曹致罷 以築合浦 昆南 延日城稽緩也」

이러한 계단식 체성 축조수법은 세종 25년 11월 성균관주부 이보흠이 그 상소문을 통해 축성신도 반포이후의 축성법에 문제가 있음을 4가지의 예를 들어 그 폐단을 지적한 것 중 하나이다.

이보흠은 "세종 20년 축성신도를 반포하여 일정한 규식에 의하여 석성을 축조하도록 하였는데 근년에 축조한 성이 대개 무너지고 있으며, 그것은 尼土로만 쌓으면 무너질 것을 염려한 때문인 것으로 10리 이상의 거리에서 석재의 운반과 계단식으로 축조하고 박석을 깔았을 시 등 성시 수비하기에 불편한 점, 왜적의 공격시 틈새를 이용하여 면석을 뽑아내면 내면의 잡석이 저절로 무너질 것이라는 점과 성벽 상부를 복토하지 않아 물이 스며들어 곧 무너지게 될 것이라고 하였다." 아울러 이보흠은 이러한 계단식 체성부의 보완책으로 내벽에 흙으로 복토를 실시하여 체성을 피복하여 우수에 의한 붕괴를 방지하고, 완만한 등성각도를 주어 유사시 체성으로의 등성이 수월하도록 제안하고 있다. 이러한 일련의 단계를 거치면서 계단식 체성 축조는 흙으로 보완되고 있는 것으로 이후 읍성을 비롯한 각종 성곽의 축조에 적용되고 있는 것이다.

이 계단식 체성 축조수법은 그 축조수법에 있어서 크게 두 종류로 나눠 볼 수 있는데 첫째로, 내벽에서 외벽쪽으로 덧대어서 계단상을 구축하는 방법과 둘째로, 초축시부터 기저부에서 일정한 간격으로 물려쌓기를 실시하여 계단상을 구축하는 방법으로 나눌 수 있다.

첫 번째 축조수법에 해당하는 것은 하동읍성을 들 수 있으며 합포성지 역시 이 범주에 속할 것으로 파악된다. 이 축조수법은 초축 시 체성부를 석성으로 축조하였으나 그 폭이 3.5~4m 내외이며 고려말부터 조선 태조, 태종조를 비롯한 세종 초까지 비교적 이른 시기에 축조된

---

13) 심정보, 「한국의 읍성」, 부산시립박물관 성인박물관강좌, 부산박물관, 2006, 65쪽.

성곽들로 그 평면플랜이나 축조수법에 있어 토성의 잔영이 남아 있는 조선 전기 축조 석성과 고려말 토성 사이의 과도기적 단계에 해당한다고 할 수 있겠다.

두 번째 축조수법의 대표적인 것은 웅천읍성으로서 16척의 기저부 폭을 지키면서 각 단상의 높이를 30, 60, 90cm로 3의 배수로 물려쌓고 있는 것으로 최윤덕이 계단식 체성 축조를 건의하는 세종 16년(1434)에 축조되고 있어 계단식 체성 축조규식을 충실히 적용하고 있는 것이다.

따라서 합포성에서 확인되는 계단식 체성은 최윤덕이 계단식 축조 수법을 건의하는 세종 16년 그 이전부터 체성 축조 시에 적용되었던 축조수법으로서 조선 전기에 고려 말에 축조된 토성을 석축화하는 방법인 판축부 내외면을 절개하여 석재를 덧대는 방법과 더불어 읍성 및 병영성의 또 다른 축조수법으로 사용된 것이라 할 수 있다. 특히 이 계단식 축조수법은 이미 석축으로 축조된 성곽 수축 및 개축에 사용된 것으로서 토성을 석성화한 당감동성지나 강릉읍성과는 대별되는 것이다. 특히 강릉읍성의 경우에는 체성 수개축 방식이 내벽쪽에서 덧대어서 확장하는 방식이 아닌 외벽쪽에 체성을 덧대어서 확장하는 수법을 채용하고 있는데 이것은 계단식 체성 축조수법을 보완하기 위해 제시된 이보흠의 보완책에 따른 흙으로 체성을 피복하거나 내벽에 덧대어 내탁하는 방식을 판축토성인 강릉읍성에서는 기존의 판축토성벽으로 활용하고 오히려 체성부의 폭을 규식에 맞추고 체성부를 보강하기 위해 외벽에 체성을 다시 덧댄 것으로 판단된다.

(2) 치성

우리나라 성곽 방어시설 가운데에는 옹성(甕城), 치성(雉城), 해자

(垜字), 양마장(羊馬墻), 여장(女墻), 현안(懸眼), 적교(釣橋), 미석(眉石), 공심돈(空心墩), 용도(甬道)[14] 등이 있다. 이 가운데 조선시대에는 전시대에 비하여 해자, 치, 옹성, 여장이 새로운 수법과 규식으로 축조되고 있다.[15]

이 가운데 치성(雉城)은 성벽에서 적의 접근을 조기에 관측하고 전투시 성벽에 접근한 적을 정면 또는 측면에서 격퇴시킬 수 있도록 성벽의 일부를 돌출시켜 장방형으로 내쌓은 구조물로서, 이러한 雉城은 삼국시대부터 중시되었다.

치성은 여러 명칭으로 불리웠는데 일반적으로 많이 사용되는 것으로 雉城, 曲城, 城頭 등이 있다. 또한 치성 위에 누각의 유무에 따라 그 명칭도 다르게 불린다. 즉 누각이 있는 경우 포루(鋪樓), 적루(敵樓), 포사(鋪舍)라 하며 치(雉)에 포(砲)를 설치하는 경우에 포루(砲樓), 석루(石樓)라 한다. 한편 읍성 모퉁이나 돌출지역 치에 누각(樓閣)을 설치한 것은 성우(城隅) 라고도 불린다.

유성룡은 그의 축성론에서 치의 중요성에 대해 잘 표현하고 있는데 「성(城)이면서 치(雉)가 없으면 비록 한 사람이 타(垜) 하나씩을 지킨다 하더라도 타(垜) 사이에 방패를 세워서 밖에서 들어오는 화살을 막기 때문에 적이 성 밑으로 붙는 것을 발견하여 막아내지 못한다.『기효신서(紀效新書)』에는 50垜마다 치 하나씩을 설치하는데 밖으로 2~3장(丈)쯤 나가게 한다. 치는 50타씩 서로 떨어져 있으므로 양쪽으로 보아

---

14) 만기요람 군정편, 부 관방총론, 關防輯綠甬道之法이라하여 "개성은 청석동을 가로질러 성을 쌓았는데, 용도처럼 되어.....라는 표현이 있다.
용도는 치를 길게 잡아늘인 모양을 하고 있는데 군량을 운반하고 매복을 서기 위해서 낸 길을 의미한다 .
15) 차용걸,「長鬐邑城 築城法에 대한 檢討」,『長鬐邑城』, 慶州文化財研究所, 1991.

가면서 발사하기 편리하며 적이 성 밑으로 붙어 올 수 없게 되었다. 임진때 안주에 있을 때 생각한 계책으로 성 밖에다 지형에 따라서 치의 제도대로 따로 철(凸)자 모양의 성을 쌓고 그 가운데는 대포를 배치해 두며 위에는 적루를 세우되 두 樓 거리가 6~700보(또는 1,000보)쯤 되게 한다. 철환을 넣어 양쪽으로 서로 발사하면 쇠와 돌이라도 부서지지 않는 것이 없다. 이렇게 되면 다른 첩에는 비록 지키는 병졸이 없더라도 다만 수십 명으로 포루를 지키기만 하면 된다. 적이 비록 백만명이라도 접근하지 못할 것이다.」라고 하였다.

정약용(丁若鏞)은 『여유당집(與猶堂集)』에서 치성의 효용성에 대하여 "성보는 작으면 견고하나 비록 작은 성이더라도 만약 치성이 없다면 성이 없는 것만 못하다. 우리나라의 성에는 모두 치성은 없고 여장에 포혈(砲穴)만 약간 파놓았으니 어디에 쓸 것인가. 적이 성 밑에 붙어 돌머리를 파낸다면 비록 돌을 깨서 던지고 물을 흘러 내려도 모두 賊人의 등에 떨어지지 않을 것인데, 하물며 환전(丸箭)이 무슨 소용이겠는가. 그 두 치성 사이 불과 50~60步 지점에 환전이 서로 미치게 한다면 성에 붙은 적을 방어할 수 있을 것이다."라고 하였다.[16]

따라서 우리나라의 성에서는 대대로 치를 중요하게 취급하였으며 도·읍성을 비롯하여 산성 등 각종 성에 두루 적용하였다.

창원 합포성 치성에 관해 살펴보면, 현재 확인되는 치성 갯수는 총 2개소로 이것은 발굴조사를 통해서 확인된 것들이며 이 가운데 한 개소는 이미 복원되었다.

합포성에서 과거 지적도상에서 확인되는 치성 숫자는 합포성 네모서리 성우 4개소와 북벽 3개소, 남벽 3개소, 동벽과 서벽에 각각 1개소

---

16) 정약용, 『與猶堂集』 권81, 民堡議 堡垣之制.

씩 도합 12개소로 추정된다.

이것은 인접한 연해읍성인 김해읍성 20개소, 사천읍성 15개소에 비해서는 그 숫자가 적으나 곤양읍성 13, 동래읍성 12, 고성읍성 12, 남해읍성 13, 하동읍성 11개소와는 같거나 비슷하다. 또한 같은 병영성 가운데 하나인 울산 병영성 21개소에 비해서는 적으나 수군절도사영인 경상좌수영성 6개소에 비해서는 배이상으로 많은 것이다.

이와 같은 것은 성곽의 둘레가 넓으면 치성을 많이 설치하고 둘레가 좁으면 치성을 적게 설치하였다는 기존의 일반론과는 다소 차이가 있음을 알 수 있다. 즉 합포성, 동래읍성, 고성읍성 등은 치성이 12개소로 동일하며 이러한 성곽들은 조선 세종 27년(1445)에서 세종 30년(1448) 사이에 축조된 것들로서 일률적인 축성계획과 도면에 의해 축조된 것으로 추정할 수 있겠다.

〈표 2〉 최근까지 조사된 진보성의 치성 현황

읍성명		치성	평면형태	너비	길이	잔존높이	비고
울산병영성지		21	정방형	8m	8m	1m	덧대어 축조
합포성지		12	정방형	7m	7.2m	·	덧대어 축조·지대석을 배치하지 않음
			방대형	8m	7m	1m	치성 기단부 주변에 포석을 설치.
경상좌수영성		6	정방형	6m	6m	1m	추정 서문지 기준 남쪽으로 62m 이격
금단곶보성지				2.7m	5m		대부분 훼손되어 정확한 양상이 확인 안됨.
오량성지		8	장방형	7m	5m		동시축조.
장암진성	북동치	2	장방형	8m	6m	3.5m	확돌 확인. 북벽과 동벽이 만나는 성우.
	남동치		정방형	5.8m	5.2m	2.4m	남벽과 동벽이 만나는 성우.
법성진성	북벽치	3	타원형	10m	5.5m	2m	
	서벽1치		반원형	9m	5m	2.2m	
	서벽2치		반원형	7m	5m	1.5m	다른 치와 달리 내부가 채워지지 않음.

합포성 치성 배치 상태를 살펴보면, 총 12개소 가운데 북벽과 남쪽에 각각 3개소와 서벽과 동벽에 각각 1개소 그리고 성의 네모서리에 각각 1개소씩이 배치되어 있음을 알 수 있다. 이것은 경주읍성, 언양읍성 등 평지 방형읍성 치성 배치와 같이 일정한 간격을 두고 배치되고 있는 것과 동일한 양상이다.

현재 복원된 합포성 치성과 금번 시굴조사에서 확인된 치성 간격이 115m로 세종 15년에 세운 규식인[17] 150척(70m)마다 적대를 하나씩 쌓도록 규정한 것에는 차이가 있다.

합포성에서 확인된 치성 평면형태를 살펴보면, 현재 복원된 치성 너비가 7m, 길이 7.2m이다. 시굴조사에 확인된 치성 너비는 8m, 길이 6.3m 이상인 것으로 추정된다. 이러한 것은 세종 15년에 세운 규식에 따른 치성과 그렇지 않는 것으로 나누어 볼 수 있다.

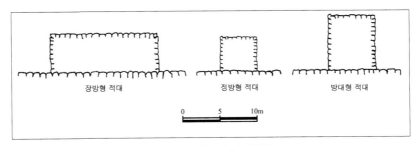

〈그림 2〉 치성의 평면형태

조사된 2개 치성 가운데 길이:너비가 1:1의 정방형을 띠는 것이 현재 복원된 치성이다. 최근 시굴조사에서 확인된 치성은 정확한 길이를 확

17)『세종실록』권59 15년 정월 정유.「兵曹啓 慶尙道昆南新城敵臺 前面過廣 左右過峽 不宜守禦 然此己造 不可改也 今後前面十五尺 左右各二十尺 以爲定制 且每一白五十 步一敵臺 則功力省 而可以禦敵從之」

인할 수가 없지만 대략 복원된 치성 길이와 동일하다고 볼 때, 길이:너비가 역시 1:1.1로서 정방형으로 축조되고 있다. 이것은 경남지역에서 조사된 여타 읍성에서 확인된 치성 평면형태가 방대형이 다수를 차지하는 것과는 다소 다른 양상임을 수 있다.

즉 합포성 치성은 여타 경남지역 조선시대 읍성 치성과 비교해보면, 언양읍성 제11치성의 경우는 너비×길이가 8m×10.45m로 너비는 비슷하나 길이는 더 짧다.

특히 세종 15년에 정해진 15척×20척(7×9.4m)의 규식에 비해 너비가 넓고 길이가 짧은 것이 특징이다. 이것은 태종 17년에 초축된 하동읍성의 7×5m보다는 너비와 길이가 모두 큰 것으로 확인되고 있으며 태종 17년에 석축성으로 개축된 울산 병영성과는 너비는 비슷하나 길이는 좀 짧다.

이처럼 합포성 치성 평면형태는 남해안지역 연해읍성 평면형태 보다는 크기나 길이에 있어서 그 양상이 제각각임을 알 수 있다.

따라서 세종 15년에 세운 치성 규식은 영진보성에서는 지켜지지 않고 있음을 알 수 있다.

이와 같이 합포성을 비롯한 영진보성과 연해읍성에 나타나는 치성 평면형태가 다양한 것은 기존에는 용척 차이와 축성연한에 기인하는 것으로 판단하였는데 근래에 조사된 치성 양상에 의해 다소 다른 양상으로 파악하고 있다.

즉 합포성 북벽에 인접하는 두개소 치성 가운데 한개소 치성 길이와 너비가 7m 내외인 반면에 서쪽으로 인접한 치성의 경우는 8m 내외로서 너비가 더 길게 나타나고 있다 .

이것은 체성과 동시에 축조되고 그 거리가 서로 인접한 성우이면서

평면형태가 장방형과 방대형을 띠고, 규모가 다른 영산읍성의 경우를
볼 때 더욱 확연해지는 것이다.

또한 제주읍성의 경우에도 각각 치성 간 거리가 74m와 69m로 인접
하면서 동시 축조된 치성이 7.1m×12.8m, 11.3m×11m, 8.9m×11m가
잔존하고 있는데 이 경우 역시 방대형과 정방형, 장방형이 적절히 혼용
되고 있는 것을 알 수 있다.

다음으로 합포성 치성 축조수법을 살펴보면, 합포성 치성은 현재 확
인된 2개소 중 복원된 북서 제1치성은 체성에 덧대어져 축조되어 있었
다. 북서 제2치성은 체성접합부가 현재 주택의 아래에 위치하는 관계
로 정확한 양상은 확인할 수 없지만 대략 북서 제1치성과 동일하게 덧
대어져 축조된 것으로 추정된다. 이러한 양상을 뒷받침해 주는 것이 『조
선왕조실록(朝鮮王朝實錄)』 단종 년간에 충청·전라·경상도 도체찰사
정분(鄭苯)의 계문(啓門)[18]에 잘 나타나고 있다.

남해안지역 영진보성에 있어서 울산병영성과 합포성과 같은 병마절
도사영성의 경우에는 하위 영진보성에 비해 치성 길이가 더 길게 축조
되고 수군절도사영성보다도 더 길게
축조되어 있다. 너비는 7~8m가 현
재까지 조사 보고된 영진보성 치성
가운데 전체 55%가량으로 절반을
넘기고 있으며 대략 6~10m까지 다
양한 크기로 나타나고 있다.

이와 같은 양상은 육군 절도사가

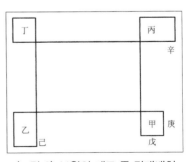

〈그림 3〉 보원의 제도 중 각대배치

18) 『문종실록』 권9, 원년 9월 경자 『愛日堂先生實記續本』 卷之上, 「請慶尙忠淸各官城
子尺量啓」

조선 전기 진관체제 의해 해당지역 지방관을 겸임하는 것에 기인하는 것
으로 지형적인 조건이나 성둘레에 따라 너비와 길이가 정해져 축조되기
보다는 각 진의 서열에 따라 상위계열의 진성일수록 치성의 길이와 너비
가 더 크게 나타남을 알 수 있다.

다음으로 지대석 설치 시에 정교하게 치석한 석재들이 사용되고 치
성 하단 주변에 판석재 보도를 설치한 것으로 보아 과거에 조사된 치성
보다는 발전된 형태의 치성으로 추정된다.

현재 기저부 최하단석에서 잔존 기단석 높이까지는 대략 1m이다.
지대석 위로는 훼손되어 정확한 높이는 확인할 수 없다. 과거 조사된
치성에서는 다량의 기와가 수습된 것에 비해 여기에서는 기와편을 거
의 찾아볼 수 없어 누각과 같은 목조건물은 설치되지 않은 것으로 판단
된다.

4. 출토유물에 대한 검토

이번 합포성에서 출토된 유물은 주로 기와류와 자기 및 마름쇠가 출
토되었다. 먼저 기와의 경우 암기와의 문양은 호상문[19]이 시문된 것들
이 출토되고 있는데 흥미로운 것은 북벽 체성에서는 기와가 출토되지
않지만 치성에서만 집중적으로 기와가 출토되고 있다.

이와 같은 현상은 치성 상부에는 누각과 같은 누층건물이 존재하였

---

19) 金成鎭, 위의 논문, 2005, 52쪽.
　　기존에 창해파문, 청해판문, 중호문으로 명명되었던 문양으로 기존의 분류에서 중
　　호문으로 분류된 문양이 원문이나 타원형문, 반동심문등을 모두 포함하여 구분이
　　모호해짐에 따라 곡선이 호를 그리는 형태로 한정하여 호상문이라고 명명하였다.

던 것으로 추정해 볼 수 있다.

이번 합포성 조사에서는 조각난 마름쇠가 출토되었는데 이 마름쇠는 조선시대에 해자 내부의 방어시설로 사용되는 철질려(鐵蒺藜)[20], 능철(菱鐵)[21), 여철(藜鐵)로 불리우는 것으로 이 철질려는 신라 태종무열왕 8년에 고구려가 북한산성을 공격하자 성주 동타천(冬陁川)이 성밖에 철질려를 던져놓아 사람과 말이 다니지 못하게 했다는 기록이 있으며,[22] 양주 대모산성[23), 부여 부소산성[24), 이천 설봉산성[25)에서도 삼국시대 철질려가 출토되기도 하였다.

조선시대에는 개국 초부터 이 철질려를 대량으로 제작하여 사용하

---

20) 민승기, 「조선의 무기와 갑옷」, 『조선사회사 총서』 22, 가람기획, 2004, 321~323쪽.
철질려는 4개의 뾰족한 날이 달린 철조각으로서 질려, 능철(菱鐵), 여철(藜鐵), 마름쇠라고도 한다. 이 철질려는 어떻게 던져 놓더라도 4개의 날 중에서 3개는 지면을 향하고 나머지 하나는 위쪽을 향하므로 이를 성주변이나 적의 도하지점에 뿌려놓으면 적이 쉽게 접근하지 못하게 하는 작용을 하고 있다. 특히 철질려의 날에는 인분을 발라 놓기도 했기 때문에, 철질려 찔리면 이차적인 감염에 의해서 사망할 가능성도 높았다. 질려는 개별적으로 뿌리기도 하지만, 5, 6개를 하나의 줄에 묶어서 사용하기도 한다. 현존하는 철질려 유물 중 큰 것은 대부분 줄에 꿰기 위한 구멍이 있다.

21) 철질려와 능철은 같은 의미로 사용되기도 하고, 혹은 조금 다른 의미로 사용되기도 한다. 『咸坪邑誌』에 철질려는 1좌라고 표시했고, 능철은 낱개로 표시했는데, 여기에서 철질려는 능철을 줄로 엮어 가시덤불처럼 만들어 놓은 상태를 말한다.

22) 『三國史記』新羅本紀 第五, 太宗武烈王 八年條
「五月九日...中略...城主大舍冬陁川 使人擲鐵蒺藜於城外 人馬不能行...」

23) 문화재연구소 · 한림대박물관, 「양주 대모산성 발굴보고서」, 1990, 188~189쪽.

24) 부여문화재연구소, 「부소산성 발굴조사중간보고」, 1995, 189~190쪽.

25) 단국대학교 매장문화재연구소 · 이천시, 「이천 설봉산성2차발굴조사보고서」, 매장문화재연구소 학술조사총서 제6책, 2001, 483~484쪽.
이천 설봉산성에서 출토된 철질려는 4개의 뾰족한 끝을 가진 송곳형 철봉을 정삼각뿔의 꼭지점을 위로 향하게 결합된 형태이다. 'ㄱ'자형의 철물이 꺾어진 부분을 두드려 납작하게 단조한 후 두 개의 등을 맞대어 붙인 것이다. 각가지의 몸체는 횡단면 4각형으로 각이 날카롭게 되도록 두드렸을 것으로 보인다.

였다. 세종 23년에 이정석이 올린 상소를 보면, 철질려는 육상에서 왜적 예상공격로에 빽빽하게 뿌려놓아 적이 가볍게 돌입하지 못하도록 하고, 수전에서는 배의 바깥쪽 공간에 뿌려 놓아서 적이 아군의 배로 뛰어넘어오지 못하게 해야 한다고 했다.

또한 성종 11년에는 의주 수구탄(水口灘) 등 적 도하가 예상되는 지점에 철제 기둥을 세우고, 여기에 여러 개의 철질려를 매단 밧줄을 묶어 놓아 적의 도하를 저지하는 방안이 시도되었다. 또 중종 때는 제주도 포구에 철질려를 뿌려서 왜구를 방비했다고 한다. 또한 해자 내의 얕은 물에 철질려를 깔아서 적을 저지하는 방법은 유성룡이 건의한 전수십조(戰守十條)에도 나타나며, 조선 후기까지도 도하 저지수단으로 계속 사용되었다고 한다. 수전에서 질려 사용법은 『풍천유향(風泉遺響)』에 잘 나와 있는데, 질려 50개를 대나무 통 속에 넣어서 허리에 차고 있다가 적과의 육박전이 벌어지면 이를 풀어서 적선 안으로 던진다고 했다.[26]

또한 『만기요람』 내용 가운데 조선 후기 오군영에서 대량의 철질려가 비축되어 있음을 볼 수 있는데, 당시 어영청에만도 3만 2,167개의 철질려가 있었다고 한다.[27]

근래에 조사된 김해읍성에서도 철질려가 확인되고 있다. 김해읍성에서 출토된 철질려는 성 외벽 표토 아래 80cm에서 3개가 출토되고 있다. 부식되어 제작수법을 알 수는 없지만 단조된 철막대를 양단에서 절단하여 비틀고 그 끝을 날카롭게 마무리한 것으로 추정하고 있다. 각각 잔존 5.3cm, 4.4cm, 4.0cm로 읍성 방어를 위해 사용된 것으로 추정되

---

26) 宋奎斌, 「風泉遺響」, 軍事文獻集11, 國防部戰史編纂委員會, 1990.
27) 민승기, 「조선의 무기와 갑옷」, 『조선사회사 총서』 22, 가람기획, 2004, 321~323쪽.

므로, 해자 내부 이외에서도 사용했을 가능성은 배제할 수 없다.[28] 합포성에서 출토되는 마름쇠는 역시 해자 내부에서 출토되는 것이 아닌 치성 주변에서 출토되고 있어 조선시대 성곽 방어을 위해 목익이나 탱자나무 이외에도 마름쇠가 사용되고 있음을 알 수 있는 것이다.

5. 맺음말

여기서는 창원 합포성 북벽 체성과 치성 및 출토유물을 특징을 중심으로 기술하여 맺음말에 대신하고자 한다.

첫째, 합포성 주변 건물신축부지에 대한 고고학적 조사는 총 3번에 걸쳐 실시되었다. 이 가운데 1차 시굴조사인 114-1번지에서는 북벽 체성 내외벽이 확인조사 되었으며, 2차 시굴조사인 73-10번지에서는 북서쪽 치성이 조사되었다.

특히 73-10번지 신축건물부지에서 확인된 치성은 도시화를 인해 해체된 합포성에서 확인된 두 번째 치성이다. 기존에 조사되어 현재 복원된 치성에 비해 그 축조수법이나 성석 가공도로 볼 때 보다 발전된 양상으로 연구례가 부족한 남해안 지역 영진보성 방어시설 연구에 좋은 자료로 활용되리라고 생각한다.

둘째, 합포성 건물신축부지에서 출토된 유물 가운데 마름쇠가 출토되었다. 이 마름쇠는 해자 내부와 체성 외벽 하단 지역에 산포하거나 설치하여 방어시설 방어력을 제고하는데 일조한 것으로 삼국시대부터 사용되었으며 김해읍성 체성 주변에서도 확인되고 있어 조선시대 읍

---

28) 釜山廣域市立博物館, 「金海 東上洞 소방도로 개설 구간내 金海邑城址 試掘調査」, 博物館研究論集 7, 1999, 86쪽.

성 및 영진보성 방어를 위해 사용되었음을 알 수 있다.

이상의 내용을 종합해 볼 때 창원 합포성은 고려시대 말부터 조선 전기에 이르기까지 창원지역 치소성으로 행정적인 기능과 아울러 경상우도 절도사영이 소재하던 병영으로서 경상도 해안 및 내륙지역 군사거점으로서 왜구에 대한 최일선 방어의 중심지적인 역할을 수행한 매우 중요한 위치를 차지하는 유적임을 알 수 있었다. 아울러 그와 같은 사실을 증명하는 치성은 조선 전기 영진보성 연구에도 중요한 자료가 될 것으로 기대된다.

울산 개운포진성 연구

1. 머리말

울산광역시 기념물 제6호인 울산광역시 남구 성암동 610번지에 소재하는 개운포진성은 동해로 접어드는 외황강 하류에 위치한다. 이 일대는 외황강과 울산만이 만나는 기수지역으로서 성내측은 침식작용으로 형성된 침식대지와 외황강 범람으로 퇴적된 충적지가 넓게 분포하고 있고 강을 접하고 있는 진성 남서쪽은 고운 모래로 구성된 갯벌지대가 형성되어 있다.

개운포진성는 해발 60m 정도 구릉지대와 외황강과 접해 있는 저지대에 축조된 포곡식 석축성이다. 이러한 개운포진성은 개운포진이 부산으로 이전 이전까지 울산지역 영진보이며 경상좌수영의 역할을 수행한 성곽으로 그 구조와 축조수법 파악은 조선시대 관방사 연구에 의미가 있다고 할 수 있다.

개운포진성에 대한 조사연구현황을 살펴보면 (울산발전연구원 문화재센터, 2004)에서 동문지, 북문지, 남체성, (추정)서문지 4개소를 정밀 발굴조사 하였다. 발굴조사 당시 서쪽에 위치한 곡부 일부는 서문지 또는 선입지가 존재할 것으로 판단하였다. (한겨레문화재연구원, 2017) 발굴조사에서는 개운포진성 치성이 조사되었다.[1] (울산문화재연구원, 2018) 발굴조사에서는 (추정)서문지를 중심으로 기발굴된 부분을 포함하여 남·북 방향으로 외연을 일부 확장하여 발굴조사를 시행하였다.[2] 이러한 조사연구 성과는 개운포진성 일부에 대한 조사에서 확인된 것으로 종합적인 개운포진성에 대한 연구는 미흡한 실정이다.

따라서 개운포진성 조사에서 확인된 체성과 기존 조사된 체성 및 치성, 해자, 성내외시설물 등 특히 선소에 대한 구조와 축조수법 등을 파악하는 것이 시급한 일로 대두되었다. 이에 이 장에서는 개운포진성에서 조사된 고고학적 성과를 바탕으로 구조, 축조수법, 규모와 부대시설을 살펴보고자 한다. 이를 통해 울산지역 관방성과 조선시대 경상좌도 영진보성의 축조 양상을 파악하고자 한다. 선학동배들의 아낌없는 질정을 바란다.

2. 개운포진성 설치와 축성

개운포진성은 수군만호진과 경상좌도수군절제사영이 설치된 영진성으로『조선왕조실록(朝鮮王朝實錄)』태조 7년에

---

1) (재)한겨레문화재연구원,『개운포성지 치성 및 객사 추정지 시·발굴조사』, 2019.
2) (재)울산문화재연구원,『개운포성지 서문지(선입지 추정지) 성격규명을 위한 발굴조사 약보고서』, 2018.

"울주(蔚州) 연해(沿海) 가운데 개운포(開雲浦)에서 서생포(西生浦) 까지는 수로(水路)로 1식(息)255) 이고, 육로(陸路)로는 반식(半息)이 며, 개운포에서 감북포(甘北浦)까지는 수로로 5식(息)이고, 육로로는 4 식(息)이므로, 만일 급한 일이 있으면 서로 구원하기가 어렵습니다. 빌 건대, 양포(兩浦)의 중앙인 염포(鹽浦) 강어귀 장생포(長生浦)에 개운 포(開雲浦)의 병선(兵船)을 옮겨 정박시켜 방어하게 하면, 국고(國庫) 가 있는 곳에 백성의 주거(住居)가 점점 번성하게 되어, 울주(蔚州) 읍 성(邑城)의 외곽 호위가 겸하여 완전해지고, 세 포구가 서로 가서 구호 (救護)하기가 멀지 않을 것입니다. 또 울주(蔚州) 한 고을 경내에 수군 (水軍) 두 만호(萬戶)가 있어, 관원은 많고 백성은 적으니, 빌건대, 서생 포 만호(西生浦萬戶)를 혁파하여 장생포 만호(長生浦萬戶)로 하여금 겸임하게 하소서...... 하니 그대로 따랐다.3)

는 기사에서 확인된다. 이 기사 내용에서 개운포에 병선이 배치되어 있음을 알 수 있어 이때 당시 수군 주둔이 확인된다.

개운포에 만호영이 있었다는 기록은 태종 11년(1411)『開雲浦萬戶 曺敏老가 바다의 적을 막을 만한 재질을 갖추지 아니하기 때문에 그의 職帖을 剝奪한다...』라는 기사에서 확인되고 있다.

또한 「경상도지리지(慶尙道地理志)」세종 7년(1425)에 개운포 만호 진이 있었음을 알 수 있고, 성종 24(1493)년에

『경상좌수영(慶尙左道水營)이 본래 동래현(東萊縣) 부산포(富山浦) 에 있었는데 국가의 주장(主將)이 왜인과 혼처(混處)하고 있어 거처로

---

3)『태종실록』권14 7년 7월 27일 무인. 慶尙道兵馬節制使姜思德以各浦事宜上書 蔚州沿海自開雲浦至西生浦水路一息, 陸路半息; 開雲浦至甘北浦水路五息, 陸路四息, 脫有緩急, 難以相救' 乞於兩浦中央鹽浦 江口' 長生浦, 將開雲浦兵船, 移泊防禦, 則 國庫在處, 民居漸蕃; 蔚州邑城, 外護兼全; 三浦相往, 救護不遠° 且蔚州一邑之境, 有 水軍二萬戶, 官多民少° 乞革西生浦萬戶, 使長生浦萬戶兼之°

서 마땅하지 아니하여 울산 개운포로 이전하였다.』

라는 기사에서 좌수영을 개운포로 이전한 것을 확인할 수 있다. 또한
중종 29년에 다시 개운포에서 東萊 海雲浦(南村)으로 좌수영이 이전되
었다.[4]
 이러한 기록을 참고하면 개운포진은 태종~세조까지는 만호진으로
운영되다가 세종 5년(1459)에 경상좌도수군절도사영으로 승격되어 중
종 29년(1534)까지 경상좌도수군절도사영으로 운영되었던 것임을 알
수 있다. 반면에『징비록』,『증보문헌비고』,『울산읍지』등에서는 선
조 25년(1592)에 동래 남촌으로 이전하였다고 한다. 따라서 경상좌수
영성 이전 양상만을 두고 볼 때 개운포진성이 유지된 것은 75~133년
사이임을 알 수 있다. 개운포진과 경상좌수영의 관계는 금번 논고와는
관련이 없음으로 다음을 기약하고 여기서는 논외로 한다.

3. 개운포진성 고고학적 검토

 이 장에서는 울산 개운포진성에 대한 최근까지 이루어진 고고학적
조사내용을 중심으로 개운포진성 입지유형, 평면형태, 체성 축조수법,
부대시설 순서로 살펴본다.

---

4) 좌수영의 이전시기에 관해서는 중종 29년(1534)과 선조 25년(1592)으로 양분되고
   있다.

1) 개운포진성 입지유형

 조선시대 영진보성은 고지도에 묘사된 입지와 현재 잔존 성곽의 입지유형에 따라 해안평야형, 내륙형, 도서형, 해안선형 4가지 유형으로 분류할 수 있다.

 개운포진성은 영진보성 입지유형 중 해안평야형 입지에 해당한다. 해안평야형은 바다와 하천이 접하고 하천을 이용 내륙지역으로 진입할 수 있는 곳에 설치되어 있으며 주변에는 해안평야가 있다.

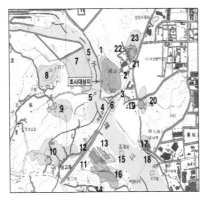 

〈그림 1〉 개운포진성 입지 및 전경 현황

 따라서 영진보성은 평야와 구릉이 만나는 곳에 위치하여 바다에서는 쉽게 확인하기 어려운 지형이다. 반면에 성내에서 해안선과 하천을 관망하기는 매우 편리한 곳이다. 이 유형에 속하는 것으로서는 울산 병영성, 서생포성, 두모포진성, 마산 합포성, 좌수영성, 염포성을 들 수 있다.

 이러한 입지는 강과 바다가 만나는 기수지역에 위치하여 강과 바다를 모두 감제할 수 있는 위치이다.5) 즉 개운포진성은 동해로 접어드는

5) 이일갑, 「남해안지역 조선시대 진·보에 관한 연구」, 동아대학교대학원 석사학위논

외황강의 하류에 위치하며 이 일대는 외황강과 울산만이 만나는 기수지역으로서 성내측은 침식작용으로 형성된 침식대지와 외황강의 범람으로 퇴적된 충적지가 넓게 분포하고 있고 강을 접하고 있는 성지의 남서쪽은 고운 모래로 구성된 갯벌지대가 형성되어 있다. 성지는 해발 60m 정도의 구릉지대와 외황강과 접해 있는 저지대에 축조되었으며 성지 내부는 조망과 생활에 편리한 평탄지와 계곡이 형성되어 있으며 성지의 남서쪽은 바다로 돌출된 곶부리와 수심 3m 내외의 외황강이 흘러 동해로 유입된다.[6]

2) 개운포진성 평면형태

조선시대 영진보성 평면형태는 대체로 방형, 원형, 주형, 제형으로 나누어 볼 수 있다. 이러한 것은 연해읍성의 양상과 대동소이한 것으로 파악할 수 있겠다. 남해안 영진보성에서 확인되는 평면형태 비율을 살펴보면, 방형(Ⅰ식)이 전체 20개소 가운데 1개소로 5%에 해당하고, 원형(Ⅱ식)은 15%인 3개소, 주형(Ⅲ식)은 10개소로 50%, 마지막으로 제형(Ⅳ식)은 6개소로 30%에 해당하여 주형이 절반을 차지하고 제형이 그 다음이다.[7]

최근까지 조사에서 확인된 개운포진성 평면형태는 주형이다. 남해안지역 영진보성에서 가장 많은 평면형태는 주형이다. 이 주형은 연해읍성을 비롯하여 내륙읍성에서도 다수가 확인되고 있어 조선시대 전

문, 2000, 67~69쪽.

6) 국립문화재연구소, 2011, 위의 책, 43쪽.

7) 이일갑, 「경남 남해안지역 영·진·보성에 대한 검토」, 『영남고고학』 45호, 영남고고학회, 2008, 12~17쪽.

기에 유행한 평면형태였음을 알 수 있다. 이 주형은 15세기에서 16세기에 걸쳐 축조형태가 확인되고 있어 조선시대 전기 축성 유형이라고 할 수 있다. 이 주형은 흡사 우리나라 한선의 구조와 동일한 형태로 한쪽은 좁고 반대쪽은 넓은 형태로 이루어져 있다. 이 주형은 두 정점이 연결된 정직선을 기준으로 돌출한 정점의 너비가 대칭되는 정점의 너비의 1/2를 넘지 않은 것을 Ⅲ-A식으로 1/2를 넘는 것을 Ⅲ-B식으로 나눈다.

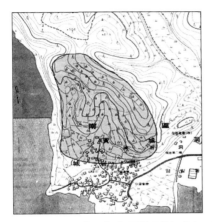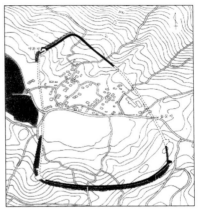

〈그림 2〉 주형 평면도(좌: 개운포진성 우: 가배량진성)

Ⅲ-A식은 체성부 한쪽 부분이 구릉정상이나 돌출된 지형에 축조되어 있는 형태인데 지형을 반영하여 축조한 것으로 파악된다. 이 유형에 속하는 영진보성은 울산 병영성, 개운포진성, 소을비포진성, 금단곶보성, 가배량성 등이 있다.

이것으로 영진보성에서 주형이 전체 절반을 차지하는 것이 남해안 연해읍성과 동일한 양상임을 알 수 있다. 이러한 양상은 조선 전기 연해읍성 평면형태의 하나로 자리 잡은 주형이 성종조에 집중적으로 축조되는 영진보성에서도 그 전통이 계속해서 이어지고 있는 것에 기인하는 것이다. 즉 영산읍성이나 칠원읍성처럼 성종조에 축조되는 남해안 내륙읍성에서도 주형이 확인되고 있어 이 당시 영진보성 평면형태를 파악하는데 많은 시사점을 준다고 할 수 있을 것이다.

더구나 연해지역에 축조된 영진보성의 경우 수군기지로서 배를 이용한 생활이 일상화되어 있는 군사집단으로서 어쩌면 주형의 평면형태를 사용하는 것은 당연한 일인지도 모른다. 이 주형은 조선 전기 후반을 지나 조선중기인 16세기에도 성곽 평면형태로 채용되고 있는 것이라고 할 수 있겠다.[8] 개운포진성 역시 수군진성으로 이러한 영향하에 평면형태를 주형으로 채용하여 축조된 것이라 할 수 있겠다. 더욱이 축조시점이 관찬지 등에서 분명하게 드러나지 않는 것을 감안하면 이러한 평면형태 채용 시기를 유추하여 볼 때 개운포진성은 15세기 중후반 이후 성종조에 추진된 남해안지역 영진보성 축성사업 이후에 축조된 것으로 판단된다.

3) 개운포진성 체성 축조수법

개운포진성 추정 서문지 체성 잔존 규모는 길이 39.3m, 너비 4.1~4.4m, 최대 높이 3m 정도이다. 발굴조사에서 확인된 체성 축조수법은 우선 북측 급경사면은 기반암을 길이 200cm, 높이 90cm의 등간, 등고의 규격으로 계단상 굴착하여 인위적으로 평탄면을 형성하였다. 이어서 확보된 평탄면에 2~3열의 기단보축을 쌓고 장대석을 놓아 수평을 맞춘 다음, 그 위에 기단석을 세워 축조하였다. 특히 계단상으로 이어지

---

8) 이일갑, 위의 논문, 2008, 12~17쪽.

는 급경사 부분의 시작점은 세로로 긴 형태의 기단석을 수적하여 높이
상의 차이를 맞춘 것으로서 평탄지인 곡부 중앙 부분을 향해 급격하게
떨어지는 경사를 극복하기 위한 방안으로 판단된다. 기단보축 너비는
북측 80㎝ 내외, 중앙 95㎝ 내외, 남측 60㎝ 내외이다.

평탄지로 이어지는 곡부 중앙부는 경도가 매우 단단한 흑갈색 퇴적
층을 기반층으로 해서 기단보축－장대석－기단석 순으로 축조하였다.
평탄면의 기단석은 모두 가로로 눕혀쌓기 한 후 상부에 면석을 올리는
방식이다. 남측 경사면 또한 북측 경사면 축조방법과 동일하다.

체성 외벽 내측에는 토석을 혼용한 층과 성토층을 판축기법을 사용
해 교대로 반복하여 구축한 후, 최종적으로 다시 돌을 쌓아 마감하는
순으로 성의 내벽을 완성하였다. 잔존상태가 비교적 불량한 남측 사면
에 체성 내부의 토석혼축층이 노출되어 확인되었다. 단면상으로 볼 때,
체성 외측은 수직, 중앙은 평탄면, 내측은 경사면을 이룬다.9)

〈사진 1〉 서문지 체성부 기단수평화구간

---

9) 울산문화재연구원, 『개운포성지 서문지(선입지 추정지) 성격규명을 위한 발굴조사
약식보고서』, 2018.

이상의 조사내용을 중심으로 개운포진성 축조수법을 파악해 본다. 먼저 16세기 이전에 축조된 영진보성 체성 기단부는 금갑도진성, 법성진성, 울산좌병영성 등에서 사직선기단 축조수법이 확인되고 있다. 이것은 전반적인 축조수법이 아닌 일부에서 확인되는 것으로 대부분의 영진보성에서는 기단수평화공법으로 축조되었음을 앞에서도 밝혔다.

개운포진성 역시 기단수평화공법을 사용하여 축조되고 있다. 15세기 후반에서 16세기 말 사이에 축조된 영진보성은 기단부를 조성할 때 읍성 축조수법에서 사용하는 지정과 석축보강 등을 실시하고 있으며 개운포진성 역시 남벽 체성 내벽부에서도 이러한 양상이 확인된다.[10]

15세기 전기 전반에 축조된 영진보성은 외벽 축조수법에 있어 체성 면석은 장방형과 방형의 형태로 치석 내지 가공되며, 입수적한 장대석은 아직 사용되지 않거나 소수에 불과한 것을 알 수 있다. 반면에 15세기 후반에서 16세기 말 사이에 축조된 영진보성은 체성 외벽면석 쌓기는 허튼층쌓기와 바른층쌓기, 입수적쌓기 등이 혼용되어 나타난다. 또한 내벽 적심부는 15세기 전기 전반에 축조된 영진보성은 인두대 크기의 할석과 침석 등을 이용하여 계단식으로 축조되었다. 개운포진성 역시 이러한 축조수법을 그대로 답습하고 있다. 반면에 15세기 후반에서 16세기 말 사이에 축조된 영진보성 내벽은 흙을 성토하거나 일부 유사판축으로 다져서 그 일부를 절개한 후 외벽면석과 할석을 이용하여 축조된다.

다음 16세기 이후 축조되는 영진보성은 먼저 기단부 조성시 바닥을 굴착하여 점토로 다진 후 할석과 흙을 섞어서 기초부를 조성한다. 그리

---

10) (재)울산발전연구원 문화재센터, 『울산 개운포성지』, 학술연구총서 제3집, 2004, 65쪽.

고 급경사 구간에서는 지대석 없이 성석을 축조하고 있다. 또한 15, 16세기에 축조된 영진보성 체성 기단석 및 성석을 정리하고 흙을 다진 후 그 위에 성석과 흙을 섞어서 축조하는 것이 확인된다. 이러한 것은 임진왜란 이후 심하게 훼손되거나 파괴된 읍성 및 영진보성에서 나타나는데 대표적으로 울산 경상좌병영성, 경상좌수영성, 옥포진성 등에서 확인된다. 16세기 이후에 축조되는 영진보성 외벽면석은 앞서 언급한 15세기 전기 축조되는 영진보성 체성부에서 확인되는 방형 및 장방형 같은 성석으로 축조되며 구간에 따라 그렝이공법을 사용한 흔적도 확인된다. 다만 이 그렝이공법은 도성 주변 및 지방거점산성에서도 확인되고 있어 검토의 여지가 있다고 하겠다. 17세기의 도성, 읍성, 산성, 강화도 등지의 성곽 외벽면석은 사각형 면석 및 위아래와 좌우의 성석에 모양을 맞춘 그렝이법이 활성화되는 변화가 나타나는 반면에 개운포진성을 비롯한 남해안지역 영진보성 외벽 면석은 변화가 확인되지 않는다. 기존 무너진 석재의 재활용이나 장대석을 여러 개로 치석하여 허튼층쌓기와 바른층쌓기와 면석쌓기 등이 혼용되고 있다. 따라서 임진왜란 이후 17세기에 개운포진성에 대한 개수축은 이루어지지 않으며 이 당시 성곽축조 신경향 역시 적용되지 않는다.[11]

개운포진성 내벽 적심부 축조수법은 전체적으로 경사진 내탁식으로 토석혼축쌓기, 성토쌓기, 할석쌓기 등으로 축조되고 있다. 이때 외벽 기단보축은 전기에 축조한 것에 흙을 이용하여 성토하였다.

이상의 양상으로 볼 때 15, 16세기 남해안지역 각 육군·수군절도사영 소속 영진보성 축조수법은 17세기 이후부터 20세기 초반까지 대동

---

11) 이일갑, 「남해안지역 조선시대 영진보성에 대한 일고찰」, 『석당논총』 71집, 동아대석당학술원, 2018.

소이하다. 다만 포루의 설치, 성석 규격화, 성벽 수평 맞추기 등의 각종 부대시설 확충이 확인되는 통영성 등은 16세기 이후로 도입되는 중국, 일본, 서양성곽축조기술에 영향을 받아 축조된 듯하다.[12] 그 외 개운포 진성을 비롯한 남해안지역 영진보성은 조선 전기 초축 이후 체성부를 유지 보수하거나 퇴락한 상태로 방치한 것으로 파악된다. 따라서 조선 전ㆍ후기에 걸쳐 남해안지역 영진보성 체성부 축조수법은 일관되게 유지되고 있는 것이다.[13]

4) 개운포진성 부대시설

(1) 해자

개운포진성 남벽에서는 약 5m 외측에 20~30cm 크기의 할석과 강 돌을 이용하여 열상(列狀)의 구조물을 이루고 있는데, 해자로 확인되었 다. 해자는 내측과 외측에 15~20cm 내외의 할석을 이용하여 모두 4~5단을 쌓았다. 축조 방법은 체성에서 4m 가량 남쪽으로 간격을 두 고, 생토면을 'ㄴ'자상로 절개하여 내ㆍ외측에 모두 할석을 이용하여 양 쪽에 벽을 쌓은 형태이다. 해자의 양쪽 벽은 우선 20~30cm 크기의 할 석으로 쌓고 빈 공간은 이보다 작은 냇돌이나 깬돌을 이용하여 견고하 게 메워 쌓았다. 특히 남쪽 벽석을 축조할 때 먼저 뻘층에는 가공하지 않은 직경 5cm 내외의 목재를 수직으로 박아 벽석의 침하를 방지하였 고 그 위에 할석을 이용하여 3~4단의 외벽석을 쌓았다. 해자 바닥은 점성이 강하고 미립자의 흑회색 뻘로 채워져 있으며, 바닥에는 다수의

---

12) 이천우, 「남한산성 축성법에 관한 연구」, 명지대학교 석사학위논문, 2006, 168~ 169쪽.
13) 이일갑, 위의 글, 2018, 130쪽.

목익(木杙)이 조밀하게 박혀 있음이 확인되었다. 목익은 해자 바닥의 중앙부를 중심으로 열을 이루고 있고, 간격이나 방향의 정형성은 없으나 서로 교차하는 방식으로 다수가 박힌 채 확인되었다. 해자 최대 깊이 1.1m, 해자 내측 너비 4.5m, 외측 너비 5.5m이다. 북문지 바깥쪽 해자는 개운포진성 가장 높은 지점에 설치되어 폭이 넓고 깊이가 매우 깊은 것이 특징이다. 동벽 해자는 동쪽 체성과 옹성의 동쪽 면에 바로 인접하여 설치되어 있으며, 깊이가 체성면을 기준으로 할 때 6m 이상이다. 해자는 경사면에 설치되어 있는데 여기에서 파낸 흙을 이용해 외성을 축조하여 해자 깊이를 극대화하였다. 서편해자는

〈사진 2〉 추정 해자 전경

깊이가 동편해자보다는 얕으나 너비가 10m 정도로 넓게 설치되어 있으며 축조방식은 동편해자와 동일하다. 특히 서편해자는 체성에서 약 10~15m 이상으로 떨어져 설치되어 있으며, 옹성 및 서쪽 체성의 외측에는 해자까지 비교적 넓은 평탄면이 조성되어 있다.[14]

최근 발굴조사에서 조사자 보고에 의하면 "곡부 중앙 성벽 외면에서 서쪽(강쪽)으로 약 6.5m 떨어진 지점에 반원상의 수혈이 확인되었다. 수혈은 기반암인 자연암반을 일부 굴착해서 조성한 것으로 일부 구간에 길이 약 20㎝ 내외의 할석이 구축되어 있는 것으로 보아 남쪽 성벽 외측에서 확인된 해자와 동일한 시설일 가능성이 있으나 후대 삭평 및 훼손이 심해 정확한 성질을 알 수 없다. 수혈 내부에서 '水'자가 시문된

---

14) 울산발전연구원 문화재센터, 『울산 개운포성지Ⅱ』, 학술연구총서 제7집, 2007, 13~14, 40~47쪽.

자기 저부편이 1점 확인되었다.

 개운포진성 해자는 금번 조사에서 확인된 이격거리가 6.5m를 포함하여 5~15m로 확인되고 있다. 이 중 금번 조사된 서벽 해자가 과거 조사된 서벽 해자 이격거리에 비해서 짧다.

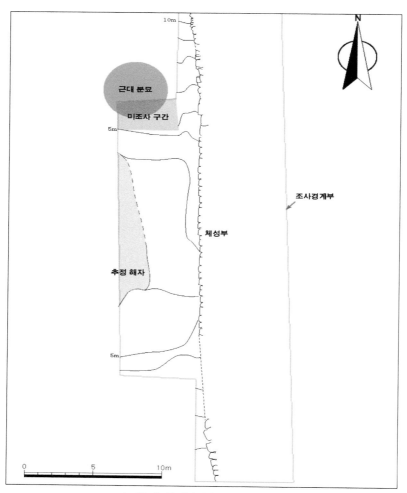

〈그림 3〉 추정해자와 체성부 현황도

서벽 체성에서 확인된 해자이격거리가 15m임을 감안하면 해자 이 격거리가 절반 정도 감해서 축조된 해자가 금번 조사에서 확인되고 있 다. 이러한 현상은 다른 성벽 앞 해자에서는 대체로 6m 전후인 점을 감 안하면 개운포진성 해자 이격거리는 6m 전후를 기본으로 파악해 볼 수 있다. 또한 이격거리에 영향 미친 것은 외황강에 인접해 있어 강으로 인한 자연적인 방어가 가능한데다 일반적인 조선시대 성곽 조사에서 확인되는 양상으로 볼 때 문지 등을 포함하여 부대시설에 들어서는 곳 에는 축조되는 것에 기인한다고 할 수 있다.

〈사진 3〉 다대포진성 해자　　　　〈사진 4〉 서생포진성 해자

울산지역 또 다른 영진보성인 서생포진성 해자는 체성과 이격거리 가 약 13m이다.[15] 부산 다대포진성 해자는 북벽 체성에서 10m 이격되 어 있다. 이외에도 경상좌병영성 10m, 소을비포진성 10m, 합포성 10m ~20m 등 10m 내외가 많다. 반면에 전라도 여수석보 해자는 서벽 체성 부에서 이격거리 5.3~5.5m, 너비 4.7~5m로 축조된 것으로 확인된다. 이 여수석보 해자 이격거리가 개운포진성 해자이격거리 6.5m와 너비

15) 지윤미, 「서생포만호진성의 해자에 관한 연구」, 『울주의 성곽』, (재)한겨레문화재 연구원 개원 5주년 기념학술대회, 2014.

도 유사하게 확인되고 있는 것이다.

이 여수석보가 전라좌수영 소속 영진보 중 최하위 제대 성곽임을 상기하면 경상좌수영 영성인 개운포진성과 같이 체성과 해자간 이격거리가 여타의 영진보성과 달리 비슷하게 확인되고 있는 것은 흥미로운 현상이다.

남해안지역에서 확인된 다대포진성, 서생포진성, 울산좌병영성 해자 너비가 동일한 양상이다. 이것은 경상좌수영 관할 영진보성은 대체로 동일 규격으로 축조된 것이라 하겠다. 개운포진성 해자 역시 이 범주에 해당할 것으로 추정된다.16)

(2) 선창

조선시대 수군 영진보성은 기본적으로 배를 운용하여 바다를 방어하는 군사기지인 관계로 배를 매어두거나 선박의 화물 등을 보관 또는 적재하는 곳이 필요하였다.

『조선왕조실록(朝鮮王朝實錄)』에는 선소(船所) 또는 선창(船艙) 두 가지 명칭을 확인된다. 대체로 군선을 제작하고 수리하는 곳은 선소라는 명칭을 사용하고 있으며 선창은 군선을 정박시키는 곳 즉 선착장을 지칭하고 있다. 굴강(掘江)은 조선시대 선박의 수리·보수, 군사 물자의 하역, 특수 목적 선박 등의 정박을 목적으로 세운 중요한 군사 시설로, 방파제와 선착장의 역할을 수행하였다.17) 선소와 선창, 굴강 또는 굴항(掘項)은 넓은 의미에서 부두라고 할 수 있다.18)

---

16) 이일갑, 「南海岸 沿海邑城의 垓字考」, 『문물연구』 제10호, 동아시아문물연구학술
　　재단, 2006, 82~83쪽.
17) 한국학중앙연구원, 디지털 여수문화대전, 굴강(掘江).
18) 국립해양문화재연구소, 『조선시대 수군진조사Ⅲ 경상우수영 편』, 국립해양문화

안골포진 굴강

천성진 굴강

구영등포진성 굴강

전라좌수영 굴강

〈사진 5〉 남해안지역 조선시대 영진보성 굴강지

　울산 개운포진성 추정 서문지 주변 지역을 선창 내지 선입지로 일부
에서 추정하고 있다. 결론부터 말하자면 선창 내지 선소로 추정하는 서
문지 일대는 선소 내지 선입지가 될 수 없다. 또한 선입지라는 용어는
우리나라 기록에서는 확인되지 않는 용어로 사용에 주의가 필요하다.

　여기에서는 조선시대 남해안지역에 축조된 영진보성의 부대시설인
선창에 대해서 살펴본다.

　최근까지 남해안지역에서 지표조사/ 시발굴을 통해 확인된 선소 및
굴강, 추정 선소지는 극히 일부로 그 존재와 현황을 파악하기에는 자료
가 빈약한 것이 사실이다.19) 그 현황을 살펴보면 다음과 같다.

재연구소 학술총서, 2016, 536쪽.

전라우수영에 속한 다경포진은 전라남도 무안군 운남면 성내리 원성내 마을에 위치한다. 다경포진성은 북동-남서방향의 타원형 형태이다. 전체 길이는 320m이며 전체적인 지형은 남쪽에 위치한 해발 65m 봉우리의 북사면 말단부에 위치하고 있으며 남쪽이 높고 북쪽이 낮은 분지형이다.

해안을 따라 북동쪽 성벽은 높이 10m 낭떠러지를 자연 방어벽으로 활용하였다. 진성 북문지에서 북동쪽으로 약 110m 전방 갯벌에는 조선시대 고지도에 표시된 선소로 추정되는 목제 유구가 남아있다.

이 목제 유구는 모두 3개체로, 중앙의 유구는 길이 7m(현 잔존체 3.6~7m), 직경 약 45cm(현 잔존체는 26~45cm) 정도 되는 목제구조물이 열을 지어 있는데, 가로로 4개씩(현 잔존체는 1~4개) 일정한 간격을 두고 배치되어 있으며, 중앙에 있는 구조물에서 서측 약 70° 방향으로 약 90m 거리를 두고 1개체가 동측 250° 방향으로 22m 떨어져서 동일한 구조물 1조가 더 있다. 기다란 목제 유구 위에 배를 올려놓고 수리하거나 건조한 것으로 판단된다. 목제 유구 양쪽 끝쪽에 사각 홈이 파져 있는데 이곳에 다른 구조물을 세워 배를 고정했을 것으로 추정된다.

고지도에 선소 바로 옆에 직청표시가 나타나 있는 것으로 보아 직청이 존재했을 것으로 판단되며 현재 확인된 선소유적 가운데 하부구조물이 3개조씩 남아 있는 곳은 다경포진이 유일하다.[20]

어란포진 고지도에 선소 건물지는 남향으로 4칸이며, 선소는 어란

19) 국립해양문화재연구소,『조선시대 수군진조사 Ⅰ, Ⅱ, Ⅲ, Ⅳ』, 국립해양문화재연구소 학술총서, 2011, 2014, 2016, 2018.
   권순강,「경상도 남부지역 읍성의 축조양상과 공간구조에 관한 연구」, 부산대대학원 박사학위논문, 2018, 88쪽.
20) 국립해양문화재연구소,『조선시대 수군진조사 Ⅰ 전라우수영 편』, 국립해양문화재연구소 학술총서 제24집, 2011, 114쪽.

앞바다와 접하여 배를 계류했던 선창시설도 방파제 안쪽 매립지로 추정한다. 그곳에는 병선이 3척 그려져 있으며 고지도에 항의 북쪽 해변에도 병선 2척이 그려져 있는데 이는 계류시설인 선창으로 추정된다.

남도포진성은 고지도에 보면 진성과 꽤 떨어진 남쪽 만 어귀에 선박이 그려져 있어 이곳에 선창이 있었던 것으로 추정한다. 현재 그 지점에 선소 및 선창시설로 추정되는 곳에 아직 선축이 남아있다. 포구 길이 33.3m, 너비 8m, 높이 6.3m이며, 좌측에 배를 짓고 진수하기 좋은 경사면이 있다.[21]

회령포진성은 고지도에 성 밖 남문 바로 아래 선소가 있었고, 군선의 정박지인 선창 또한 이곳에 위치하였다. 마도진성 남문 밖 해안가에 선소와 선창시설이 들어서 있다.[22] 영암군 이진진은 1872년 『군현지도』에 동문 밖 선창가에는 선소가 표시되어 있는데 3칸의 합각지붕이다. 그 앞바다에는 동문 앞에 3척의 배가 선소 앞에 1척의 배가 그려져 있다. 금갑도진성은 고지도에 남서쪽 끝에 2척의 선박이 그려져 있어 이 부근이 선창시설이 있었던 곳으로 추정된다. 현재 이곳은 금갑마을 남서쪽 끝에 배를 계류할 수 있는 방파제가 설치되어 있다.

다대포진성 선소는 조선 후기 지방지도에서는 다대포진성 동쪽 해안에 설치되어 있고, 1872년 『군현지도』에는 남벽 기준 좌우에 설치된 것으로 표시되어 있다. 동래부산고지도(19세기 후반)에서는 선창이 없고 선박만 남벽 체성부 해안 좌우에 표시되어 있다.[23]

안골포진성 굴강은 안골동 동쪽 해변(안골동 517번지 일대)에 돌이

---

21) 국립해양문화재연구소, 2011, 위의 책.
22) 『강진현마도진지도』(규장각소장).
23) 이일갑, 「부산 다대포진성에 대한 연구」, 『항도부산』 제35호, 부산광역시사편찬위원회 2018, 207쪽.

부채꼴 모양으로 쌓여 있는 굴강 흔적이 남아있다. 굴강은 조선 세조 8
년(1482)에 안골포 수군 만호진을 설치할 때 축조한 것이다. 굴강 상부
석축이 일부 허물어지기는 하였으나 하부는 매몰되어 온전히 남아있
다. 현재 매립되어 육지로 변한 기존도로에도 굴강이 연결되거나 굴강
과 관련된 유구가 있을 것으로 추정된다고 한다. 선소 역시 이 주변으
로 추정된다.[24]

   구영등진성 굴강은 구영리 앞 모래사장 중심으로 옛 선착장(구영리
329번지 일대)으로 사용했다고 한다. 모래사장에 말뚝 등을 박아서 선
착을 했다고 하며, 태풍 등을 피해 정박할 경우 기존 선착 장소보다 조
금 높은 곳에 배를 선착했다고 한다.[25] 전라좌수영 굴강은 현재 모두
매립되어 당시의 모습을 찾아보기 힘든 상황이다. 하지만 일제강점기
당시 촬영된 사진을 통하여 예전의 모습과 함께 위치를 추정할 수 있
다.[26] 이외에도 남해안지역에 산재하는 많은 영진보성 선창 및 선소,
굴강 추정지로 파악되는 곳이 있다.

   그럼 선창과 선소, 굴강에 대한 『조선왕조실록(朝鮮王朝實錄)』을 살
펴보면,

> 가. 拓,基以慶尙水使狀啓, 請移設水營於蔚山, 兵營於永川曰: "水營
> 船艙, 水道不便, 每潮退, 船掛於陸, 而蔚山之船艙甚好, 宜移水營於此
> 地° 兵營旣在蔚山, 則兩營亦不可幷設一處, 兵營移設於永川爲便°" 上
> 問諸臣, 皆對如拓基議° 上以事係更張, 命更議之, 仍寢不行° [27]

---

24) 국립해양문화재연구소, 앞의 책, 2016, 151쪽.
25) 국립해양문화재연구소, 앞의 책, 2016, 179쪽.
26) 국립해양문화재연구소, 『조선시대 수군진조사 II 전라좌수영 편』, 국립해양문화
    재연구소 학술총서, 2014.
27) 『영조실록』권51, 16년 3월20일.

"수영의 선창(船艙)은 수도(水道)가 불편하여 썰물 때마다 배가 뭍에 걸리나 울산의 선창은 매우 좋으니, 수영을 이곳으로 옮겨야 하겠습니다. 병영이 이미 울산에 있고 보면 두 영을 또한 한 곳에 아울러 둘 수 없으니, 병영은 영천으로 옮기는 것이 온편하겠습니다." 하니, 임금이 신하들에게 물었다. 다들 유척기의 의논과 같이 대답하니, 임금이 경장(更張)에 관계되는 일이라 하여 다시 의논하라고 명하였는데, 곧 그만두고 행하지 않았다.고 하였다. 지금의 부산 수영구에 소재하는 경상좌수영의 선창이 물길이 불편하고 배가 걸리는 일이 잦은데 울산 선창이 좋다. 하는 내용에서 선창(船艙)이라는 명칭을 사용하고 있다. 이때 선창은 선착장을 의미하는 것으로 파악된다.

　나. 정조 3년 3월 8일 임진일 윤대 내용 중에

　　나-1.
　　而但所可悶者, 船艙之不便, 勢將略費物力, 年年漸濬° 而咫尺松家,
　　運石非難, 左右築堤, 開導東泊之所, 則潮汐之間, 常有蕩滌船艙之效, 而
　　所掘之艙, 斷無塡塞之患[28]

라는 기사에서 선창은 강바닥을 파서 모래가 쌓이는 것을 방지하고 좌우에 제언 즉 방파제를 축조하고 그 안에 선박을 정박시키도록 하고 있다. 따라서 선창장과 굴강으로 사용할 구조물을 축조하고 있음을 알 수 있다.

　　나-2.
　　昇天之東, 有松亭浦, 素稱船泊處° 故往審形止, 則背山臨海, 地勢廻

---

28)『정조실록』 권7, 3년 3월 8일.

抱, 民居將爲四百戶° 船艙所繫民船, 亦過數十隻° 泊船之所, 則非但爲
江都之第一, 求諸他道, 亦所罕有者° 若設中營於昇天堡, 而戰艦藏於此
浦, 則雖當有警之時, 數多私船, 皆將爲備禦之具° 29)

나－3.
　戰艦旣移, 則泊船處, 不可不擇, 而浦嶼上下數三十里間, 惟松亭最
便° 左右砂麓遮護, 可以藏風, 免觸碎之患一也° 浦上有三四百戶, 可以
迭相看護二也° 後依高岸, 前臨大江, 潮至溢岸, 雖千斛樓船, 泛若一葦,
戰艦之朝夕再浮, 聞警卽發三也° 處於月串′昇天之間, 列墩相望, 砲聲
相聞, 雖不建待變亭, 足以聞警四也° 自船將以下, 至能櫓格軍′射手′
砲手諸色卒伍數百人, 皆定於浦民, 當操鍊之時, 無徵發往來之弊五也,
有是五利, 船艙則捨此莫可° 待變亭不必設, 而船上什物及軍器所′藏
庫舍, 當不下數十間° 此則本府庫舍久空, 頹毀者多, 以此移撤改建° 非
但以無用爲有用, 亦足省事力, 而節浮費.30)

　　나－2, 나－3에서는 조선시대 선창 및 선소의 입지에 관해서 강화도
송정포 지형을 예로 설명하고 있다. 영진보성 주변에 3, 4백 호가 거주
하고 있어 교대로 선창을 감시할 수 있고 뒤로는 높은 언덕을 의지하고
있고 앞으로는 큰 강을 굽어보고 있는 지형으로 전함이 아침 저녁으로
두 번 뜰 수 있어 경보를 들으면 즉시 출발하는 이점이 있어야 한다. 여
러 돈대(墩臺)와 마주 바라보고 있고 포성이 서로 들리기 때문에 감시
초소를 건립하지 않아도 충분히 경보를 들을 수 있어야 하고, 선장 이
하 능로군 · 격군 · 사수 · 포수 · 제색 졸오 수백 인이 모두 영진보성이
축조된 해안포구민으로 구성되어 있으므로, 긴급할 때를 당하여는 징
발하여 왕래하는 폐단이 없는 것이 조건이라 하였다. 따라서 이 기사내

29)『정조실록』권7, 3년 3월 8일.
30)『정조실록』권7, 3년 3월 8일.

용에 언급한 것처럼 선창 내지 선소의 설치는 지형적 산과 산록이 둘러싼 대체로 협만과 같은 지형에 설치해야 하는 것을 알 수 있으며 바닷가 마을이 위치한 인근에 설치되어야 한다는 것을 알 수 있다.

다. 정조 3년 3월 8일 임진일 윤대에서 다시 논의된 내용 가운데

> 島上則不然, 海潮外囓, 山水內匯, 夏潦之際, 汎濫蕩潏, 城在山上, 水滲城隙, 其善崩, 亦勢使然也° 惟海泥′沙′礫, 雜以築之者, 最得其宜° 夫海泥膠粘, 遇水則吸而引之, 見日則燥而堅之° 若築之牢固, 被以莎草, 雖潮囓水漲, 能不崩塌, 此亦理之必然° 海澤堤堰, 皆用泥土, 蓋以此也° 31)

라는 언급에서 "해택(海澤)의 제언(堤堰)" 즉 바닷가에 축조한 제방에 "모두 진흙을 쓰는 이유"가 진흙과 모래, 자갈을 섞어서 쌓을 때 바닥의 진흙, 즉 개펄흙의 접착성과 마른 후 경도가 단단함에 있으며 그 위에 사초, 모래와 풀을 입힌다면 바닷물의 유입되어도 무너지지 않는다 하였다. 이러한 것은 선창과 선소를 둘러싼 방파제 축조방식을 언급한 것으로 개펄흙을 방파제 즉 굴강축조에 사용하고 있음을 알 수 있다.

라. 정조 12년 4월 10일 임인일에 좌의정 이성원이 아뢰기를,

> 左議政李性源啓言: "頃因嶺南御史金履成別單, 左水營船艙築石形止, 令帥臣看審矣° 水使李章漢言: '去戊申, 港口潮入處築石, 凡三百餘步, 而用役夫三萬三千° 今此當築處, 合四百五步, 比前功役倍蓰° '云° 請待年豐° " 允之° 32)

---

31)『정조실록』권7, 3년 3월 8일.
32)『정조실록』권25, 12년 4월 10일.

이 기사 내용에서 굴강 축조가 일정 시점에서 반복적으로 이루어지고 있으며 동원 인력 역시 만만찮게 많은 것을 알 수 있다. 따라서 공력에 소요되는 비용조달을 위해 풍년을 기다릴 수밖에 없는 저간의 사정을 밝히고 있는 것이다.

　마. 정조실록 28권, 정조 13년 9월 18일 신축

> 至於船艙之代以浮橋, 可保萬全° 船艙則所入船隻, 多或近千, 浮橋則
> 不滿百隻, 此已省弊° 況且完固堅實, 無異陸地, 可以永久遵行33)

　바. 순조 14년 2월 30일 임술일에 "경상 감사 김노응(金魯應)과 통제사 서영보(徐英輔)의 계본(啓本)에,

> 慶尙監司金魯應, 統制使徐英輔啓本, 枚擧河東府使尹載鐸牒報以爲
> '河東戰船留泊處, 乃是蟾江下流, 而淺流沙灘, 土石崩頹, 每當赴操, 掘港
> 曳船, 軍民受弊° 昆陽郡 蛇浦, 在於河東接壤之地, 海水成滙, 山勢廻抱,
> 政合藏船, 今若移設於此, 割其局內土地, 屬之本邑, 以爲募民守直之地
> 爲宜°' 云° 請令移設近艙, 土地亦爲劃給, 以爲募民守護之地°" 從
> 之° 34)

하였는데, 이 기사는 하동의 전선이 정박하는 곳이 섬진강 하류로 상류에서 내려온 토사가 퇴적되어 선박의 항행이 자유롭지 못한 점으로 인해 정박지 즉 선창을 바꿀 것을 계문하는 내용이다. 여기에서 배를 정박하기 좋은 곳, 즉 좋은 선창장의 조건으로 바닷물로 인한 자연적인 방어와 산세가 포구를 감싸서 외부의 적으로부터 선박을 보호할 수 있

---

33)『정조실록』권29, 13년 9월 18일.
34)『순조실록』권17, 14년 2월 30일.

는 곳을 언급하고 있다.

이러한 조건에 울산 개운포진성은 바다와 하천이 맞닿은 하류지역에 해당하며 주변 산세를 안쪽으로 감싸고 있어 쉽게 적에게 노출되지 않는 지점에 해당하는 것임을 알 수 있는 것이다. 따라서 현재 이러한 선창 설치 조건에 부합하는 것은 서벽 체성부와 외황강이 나란하게 맞닿아 있는 지점이 아닌 남벽 체성부 아래 마을의 동쪽으로 협만을 이룬 지점이라야 할 것이다.

최근까지 조사된 남해안지역 영진보성 선소는 고지도를 통해 살펴보면 영진보성이 위치한 만의 입구 안쪽의 좌측 또는 우측에 위치하며 외부로부터 은폐되는 곳에 위치하였음을 알 수 있다. 또한 선소 인근에는 어변정이나 집물고 등이 표시되어 있어 선소와 관련된 건물로 추정된다.[35]

마지막으로 기존 선창 및 굴강 조사에서 확인된 양상과 비교할 때 개운포진성 선창은 서문지 체성부 앞이 아닌 남벽 체성부 아래쪽 마을의 동남쪽 더구나 추정 선소(선입지)에 해당하는 서문지 일대 앞에 6.5m 이격하여 해자가 확인되고 있어 배를 접안하는 시설물인 선소 앞에 해자를 설치할 수는 없기 때문이다. 더군다나 서벽 체성부 아래 출수구가 확인되고 체성부 내에 배수시설이 설치되어 있는데 이곳은 지형적인 요인으로 인해 성내 오수를 바깥으로 배출하는 곳에 해당한다. 따라서 상시 많은 양의 물의 흐름으로 인해 배를 접안하는 시설물 설치에는 적합하지 않은 곳이다.

또한 앞서 언급한 바와 같이 최근까지 조사된 선창을 살펴 볼 때 그 위치가 지형적으로 협만이나 만곡한 해안선 안쪽에 설치하는 것으로 파악되고 있어 외황강과 나란한 지형에 해당하는 추정 서문지 주변은

---

35) 국립해양문화재연구소, 2011, 위의 책, 114쪽.

선소로서 그 기능을 수행하기 힘들 것이다.

또한, 육지 쪽으로는 배를 매는 계선주(繫船柱)가 설치되어 있고 바다 쪽으로도 배를 고정하기 위한 원추상의 보조 기둥들이 있었던 것도 있음이 고고학적 조사성과에서도 일부 확인되고 있는데 기본적으로 조수간만으로 인한 갯펄이 형성되는 지점에서만 가능한 것이다. 따라서 외황강 유속의 흐름상 서문지 주변 체성부에 제방인 굴강과 접안시설을 설치할 수 있는 조건이 될 수 없다.

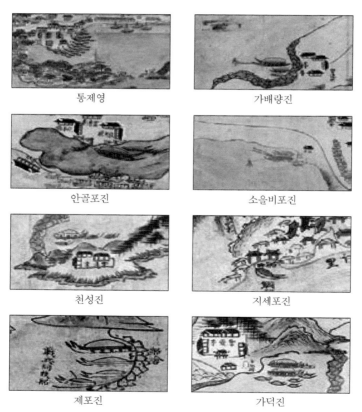

통제영	가배량진
안골포진	소을비포진
천성진	지세포진
제포진	가덕진

〈그림 4〉 1872년 지방지도에 표시된 경상도 영진보 선소

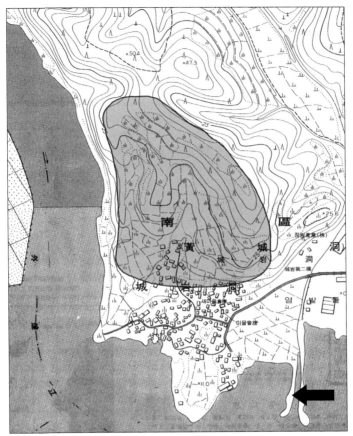

〈그림 5〉 개운포진성 선창 및 굴강 추정지(화살표 지점)

이외에도 개운포진성이 위치하는 남구 성암동은 조선 숙종 때 성내리와 외서낭당리라 하던 마을로서 성암동은 조선시대 영성이 있었기때문에 영성과 관련된 지명과 유래가 많다. 선소는 일명 군선창(軍船廠)이라 하며 군선의 선계지(船繫地)는 물론 전함(戰艦)의 건조, 개조, 수리 등을 담당하는 장소이며 오늘날 불리고 있는 선수는 선소(船所)에서 유래된 것이다[36]. 이 선수의 동쪽에 있는 마을인 세다골은 세대(細

竹)에서 변화된 것으로 세다골은 <그림 5>의 오른쪽 하단 화살 위쪽 염밭들 동쪽에 해당하는 지역임으로 선수의 동쪽에 세다골이 위치하고 있음으로 개운포진성 선창은 서벽 체성부 앞쪽이 아닌 남벽 체성부 아래쪽 마을의 동남쪽에 설치된 것으로 추정해 볼 수 있겠다.

4. 맺음말

조선시대 대일본 최일선 지역에 해당하는 경상도 수군사령부인 경상좌수영이 설치되었던 성곽사적으로 중요한 위치를 차지하는 울산 개운포진성을 몇차례 고고학적 조사성과를 가지고 검토하는 것이 무리이다. 다만 앞으로 종합정비계획에 따라 연차적 발굴조사를 통한 적극적인 자료 보완을 기대하며 개운포진성을 요약 정리하면 다음과 같다.

울산 개운포진성은 입지조건에 있어 조선시대 영진보성 중 해안평야형에 해당한다. 완만한 구릉을 이용하여 강과 바다가 만나는 지점에 주변을 감제할 수 있는 지형에 해당한다. 외부에서는 가까이 접근하기까지 성곽의 존재를 파악할 수 없다. 아울러 주변 높은 산봉우리에서 바다를 감시할 수 있는 봉수시설과 세트관계를 이루었을 것으로 판단된다. 바다와 하천이 만나는 지점에 설치 축조되어 있어 바다에서 하천을 통해 내륙으로 침입하는 왜구를 효과적으로 차단하는 요충지 역할을 충실히 수행하였던 것이다.

개운포진성 평면형태는 주형이다. 이 주형은 조선시대 전기 읍성과 영진보성 중 일부에서만 유행하던 것으로 우리 민족 고유 배모양인 한선

---

36) 울산문화재연구원, 『개운포성지 서문지(선입지 추정지) 성격규명을 위한 발굴조사약식보고서』, 2018, 4~5쪽.

과 닮아 있다. 아울러 성곽배치가 행주형으로 이 유형은 강을 거슬러 올라가는 역동성으로 인해 풍수지리설에서 좋은 지형으로 알려져 있다.

성곽 축조수법은 기단수평화공법과 외벽석축내탁식을 채용하였다. 기본적으로 15세기 중후반에서 16세기에 연결되는 영진보성 축조수법을 충실히 따르고 있다. 개운포진성에서는 해자가 확인되고 있다. 지형적으로 급경사에 하천이 인접한 지역에서도 해자를 구비하고 있다. 지형적 조건에 상관없이 해자는 영진보성 축조 시 규식의 하나로 축조되고 있음을 알 수 있다.

개운포진성 선창지로 알려진 추정서문지 외벽에서 6.5m 이격하여 해자가 축조되어 있다. 아울러 조선시대 영진보성 선창 위치에 대한『조선왕조실록(朝鮮王朝實錄)』을 참고하면 "영진보성 주변에 3, 4백 호가 거주하고 있어 교대로 선창을 감시할 수 있고 뒤로는 높은 언덕을 의지하고 있고 앞으로는 큰 강을 굽어보고 있는 지형으로 전함이 경보를 들으면 즉시 출발하는 이점이 있어야 한다. 여러 돈대(墩臺)와 마주 바라보고 있고 포성이 서로 들리기 때문에 감시초소를 건립하지 않아도 충분히 경보를 들을 수 있어야 한다. 선장 이하 능로군·격군·사수·포수·제색 졸오 수백 인이 모두 영진보성이 축조된 해안포구민으로 구성되어 있다. 급할 때를 당하여는 징발하여 왕래하는 폐단이 없는 것이 조건"이라 하였다.

따라서 이 기사내용에 언급한 것처럼 선창 내지 선소의 설치는 산과 산록이 둘러싼 대체로 협만과 같은 지형에 설치해야 하는 것을 알 수 있다. 바닷가 마을이 위치한 인근에 설치되어야 한다는 것을 알 수 있다. 개운포진성에서 이 조건에 부합하는 지점은 기존 알려진 추정 서문지 주변 '선입지'가 아닌 남벽 체성부 동남쪽 해안지역인 지금은 매립된 과거 협만지역에 해당한다고 하겠다.

　마지막으로 개운포진성이 위치하는 남구 성암동 일대 지명에 관해서 살펴보면, 선소는 일명 군선창(軍船廠)이라 하며 군선의 선계지(船繫地)는 물론 전함(戰艦)의 건조, 개조, 수리 등을 담당하는 장소이며 오늘날 불리고 있는 선수는 선소(船所)에서 유래된 것이다. 이 선수의 동쪽에 있는 마을인 세다골은 세대(細竹)에서 변화된 것으로 세다골이 개운포진성 동쪽 공단지역에 해당함으로 선창은 왼쪽인 개운포진성 남벽 체성부 아래쪽 마을의 동남쪽에 설치된 것으로 추정해 볼 수 있겠다. 향후 미진한 부분은 개운포진성에 대한 연차적인 조사가 이루어진 후 보완할 것을 다짐하며 맺음말로 대신한다.

부산 두모포진성에 대한 소고

1. 머리말

부산지역은 반도라는 우리나라의 지정학적 위치로 인해 해양세력에 의한 대륙 진출 시 가장 먼저 맞닥뜨리는 입지조건을 가지고 있어 일찍부터 우리나라의 남쪽 지역을 방어하는 주요거점의 역할을 수행해온 지역이다. 더욱이 삼국시대 가야, 신라의 각축장이었던 역사적 배경과 함께 중국과 일본으로 가는 좋은 항구로서의 지정학적 위치로 볼 때 그 역할과 중요성은 조선시대 전 기간은 물론 앞선 삼국, 고려시대 이전부터 인식되어왔다.[1]

부산광역시 기장군 기장읍 죽성리에 소재하는 두모포진성은 고려시대 왜구방비를 목적으로 처음 토성으로 축조하였으나 조선 중종 5년(1510) 둘레 1,250척, 높이 10척 규모의 석성으로 개축하였다. 임진왜란 시 죽성리왜성을 축성하면서 대부분의 석재를 이곳에서 운반하여

---

1) 이일갑, 「부산 다대포진성에 대한 연구」, 『항도부산』 제35호, 2018, 194쪽.

갔기 때문에 훼손되었으나 인조 7년(1629) 부산시 수정동으로 두모포영이 이동됨으로써 이름은 그대로 두모포영이라 불렀으며, 기장현의 두모포란 지명을 두호로 개칭하였다고 한다. 둘레는 약 600m이며 높이는 약 3m이다. 종4품 수군만호를 두었는데 부산포진의 종3품 수군첨사의 지휘를 받았고 병선 16척과 군사 843명을 두었다고 한다.[2]

『東國輿地勝覽』기장현 관방조에 '豆毛浦營 在縣東七里 水軍萬戶一人 正德庚午始築石城周一千二白五十尺高十尺'라고 기록하고 있다.

이러한 두모포진성은 임진왜란을 거친 후 복구되지 않은 채로 두모포진이 이전하기 이전까지 부산지역 중요 국방요새로서 그 기능을 다하여 왔으며 그 구조와 축조수법 파악은 성곽사적 측면에서도 의미가 있다고 할 수 있다.

최근까지 두모포진성에 대한 조사연구현황을 살펴보면 (나동욱, 1993)[3], (이일갑, 2000)[4], (복천박물관, 2008)[5], (이일갑, 2008)[6], (시공

---

2) 『新增東國輿地勝覽』권23 기장현 관방「豆毛浦營 在縣東七里 水軍萬戶一人.(新增)正德庚午始築石城 周一千二百五十尺 高十尺」
『慶尙道續撰地理誌』기장현 관방「豆毛浦, 在縣東去官門五里, 有軍兵船八隻軍七百名 無軍兵船五隻」
『慶尙道邑誌』관방 두모포진「在縣東七里水軍萬戶一人正德庚午始築石城周一千三百五十 高十尺 崇禎二年革移于東萊後多年 只存城址」
『輿地圖書』기장현 관방「豆毛浦營在縣東七里 水軍萬戶一人 舊增正德庚午始築石城周一千三百五十 又高十尺 新增崇禎二年移鎭于東萊」
『增補文獻備考』권32 해방 두모포「在南二十四里有萬戶鎭宣祖二十五年自移機張 于釜山肅宗六年又移O倭館舊基」
3) 나동욱, 「부산지역의 성지에 관한 검토」, 박물관 연구논집2, 부산시립박물관, 1993.
4) 이일갑, 「남해안지역 조선시대 진 · 보에 관한 연구」, 동아대학교대학원 석사학위논문, 2000.
5) 복천박물관, 『기장 두모포진성 · 죽성리왜성-시온-죽성간 도로공사구간내-』, 2008.
6) 이일갑, 「경남 남해안지역 영 · 진 · 보성에 대한 검토」, 『영남고고학보』 45, 영남고고학회, 2008.

문화재연구원, 2020. 7)[7]가 있다. 이러한 조사연구 성과는 일부에 한정된 지표조사 및 긴급구제조사에서 확인된 것으로 종합적인 두모포진성에 대한 연구는 미흡한 실정이다.

그러나 최근 두모포진성 체성 외벽 석축 일부가 조사되어 조선시대 영진보성 구조와 축조수법이 확인되어 두모포진성의 실체를 일부라도 규명할 수 있는 계기를 마련하게 되었다. 따라서 최근 조사에서 확인된 체성과 기존 조사된 체성 및 치성을 중심으로 두모포진성에 대한 구조와 축조수법 등을 파악하는 것이 시급한 일로 대두되었다.

그러므로 본고에서는 최근 조사된 고고학적 현황을 바탕으로 두모포진성의 설치와 축성, 진성의 규모와 축조수법을 파악해보고자 하였다. 이를 통해 부산지역 관방체계의 한단면과 남해안지역 영진보성 축성을 파악하는 계기로 삼고자 하였다.

2. 두모포진과 진성 축조 및 운용

1) 두모포진성과 왜성

두모포진성이 위치하는 부산시 기장군 기장읍 죽성리 일대는 북으로는 기장읍소재지와 남쪽과 동쪽으로는 동해바다와 접한 지역이다. 지형적으로 부산시 기장군 기장읍 동쪽, 즉 동해에 면한 봉대산의 북, 동사면 말단부에 해당되며 동쪽으로는 신천천이 위치하여 동해와 접하고 있다. 두모포진성이 확인된 곳은 기장읍에서 죽성리 해안길로 연

---

7) (재)시공문화재연구원, 『기장군 죽성리 662-1번지 단독주택 신축부지 내 유적 문화재 발굴조사 약보고서』, 2019.

결되는 도로가 기장실버타운과 원죽1구 마을회관이 위치하는 곳의 사이를 사행상으로 도로가 형성된 곳의 끝지점에 해당하는 곳이다. 북쪽으로 원죽마을이 위치하며 기장실버타운과 경계를 이루고 있으며 현재 해안으로 연결된 간선도로의 아래 부분에 해당한다.

두모포진과 관련해서 태종 3년(1403)에 "왜선 5척이 두모포에 침입하여 사관 두 사람을 사로잡고, 병선 5척을 불태웠다. 만호와 군인이 모두 헤엄쳐서 도망하였다."고 하였다. 이때에 두모포진에 진성이 설치되었는지 확인할 수 없다. 다만 만호와 군인 모두 헤엄쳐서 도망쳤다하는 기사에서 방어시설이 부재한 것으로도 판단해 볼 수 있다.8) 아울러 장재거선이 기본적인 수군전략임을 감안하면 당시 성곽시설은 전무한 것으로도 판단해 볼 수 있는 것이다.

『세종실록지리지』 경상도조에는 경상좌도수군도안무처치사(경상좌수사의 전신) 아래 수군만호가 수어하는 곳은 11개소로 이 중 좌도수군도안무처치사가 위치하는 동래 부산포에 1,779명을 제외한 염포(鹽浦)에 도만호(都萬戶)가 설치되고 병선(兵船) 7척, 군사 5백 2명, 서생포(西生浦)에 병선 20척, 군인 7백 67명, 축산포(丑山浦), 병선 12척, 군사 4백 29명, 오포(盈德)에, 병선 8척, 군사 3백 53명, 통양포(興海)에, 병선 8척, 군사 2백 18명, 포이포(長鬐)에, 병선 8척, 군사 5백 89명, 감포(慶州)에, 병선 6척, 군사 3백 87명, 개운포(開雲浦)에, 병선 12척, 군사 4백 20명, 두모포(機張)에, 병선 16척, 군사 8백 43명, 해운포(東萊)에, 병선 7척, 군사 5백 89명, 다대포(多大浦)에 병선 9척, 군사 7백 23명이 있다.9) 이 기사내용을 살펴보면 도만호가 설치된 염포보다도 군

---

8) 『태종실록』 6권, 3년 10월 3일 정미.
9) 『세종실록』 150권, 지리지 경상도 지리지 / 경상도.

선과 병력이 1.5배 이상 많고, 서생포진과 다대포진보다도 병력수 면에 있어서도 경상좌도수군 만호진 가운데 가장 많은 병력과 군선을 보유하고 있는 곳이 두모포진이다. 이것은 두모포진이 동남해안지역 방어에 가장 중요한 요충지 가운데 하나이며 그 중요성에 의거하여 많은 병력과 군선이 배치된 것임을 알 수 있는 것이다.

『조선왕조실록』문종 1년 10월에 충청·전라·경상도 도체찰사 정분이 계하기를 "경상도 영일(迎日)의 동을배포(冬乙背浦)·청하(淸河)의 개질포(介叱浦)·흥해(興海)의 두모포(豆毛浦) 등지로 병선(兵船)을 옮겨 정박(碇泊)시키고, 백성들을 옮겨서 살게 하는 것이 편한지 편하지 않을지를 몸소 가서 살펴보았는데, 모두 병선을 정박하기에 적당하지 못하였습니다. 또 통양포(通洋浦)의 현재 정박처와 그 전의 기지(基地)도 또한 모두 포구(浦口)에 모래가 쌓여 물이 얕아서 병선이 용이하게 출입할 수 없었습니다. ....중략.... 청컨대, 포구의 모래가 쌓인 곳을 파헤쳐 열고 돌을 포개어 쌓아서 제방을 축조하여 모래가 막힐 수 없게 한 뒤에 병선을 옮겨 정박하게 하소서."[10] 하니, 그대로 따랐다. 고 하였다. 이 기사내용에는 두모포가 병선을 정박하기에 적당하지 않는 곳이라 하고 있으며 이에 대한 방책으로 포구 해안변을 파서 물길을 열고 돌로 제방을 축조토록하고 있다. 이것은 영진보성 주변에 선소와 선착장을 겸할 수 있는 굴강시설을 설치토록하자는 것임을 알 수 있으며 두모포진 역시 이때에 굴강시설이 신설된 것으로 추정해 볼 수 있겠다.

중종 5년(1510) 8월에 "비어 방략 아홉 가지"를 경상도 병사에게 내리는데 이 비어방략 두 번째항에 "적(賊)이 만약 큰 세력으로 온다면 작은 보루의 병력으로는 버티기 어려울 것이니" 두모포는 기장에 합하도

10)『문종실록』10권, 1년 10월 1일 병인.

록 하고 있다.11) 이때 두모포와 같은 진보를 작은 보루라 하였으며 이 기사내용을 볼 때 두모포진에 보루와 같은 방어시설이 설치되어 있음을 알 수 있다.

선조 27년 3월 10일에 선전관 유몽룡이 경상도 병사의 피폐한 상황을 보고하며 왜적의 적세를 아뢰고 있는데 그 내용을 살펴보면, "좌도(左道)의 적세는 서생포(西生浦)·임랑포(林浪浦)·두모포(豆毛浦)·기장(機張)과 동래(東萊) 지방의 성황당(城隍堂) 및 수영(水營)·부산포(釜山浦)와 양산(梁山) 지방의 구법곡(仇法谷) 등지에 전처럼 진을 치고 웅거하여 적선이 수시로 오가고 있으며, 우도(右道)는 김해(金海)·죽도(竹島)·덕교(德橋)·웅천(熊川)·웅포(熊浦)·안골포(安骨浦)·제포(薺浦)·천성(天城)·가덕(加德)·거제(巨濟) 등지에 역시 전처럼 웅거하여 적선이 항상 드나든다고 하였습니다."라고 하였다.12) 이 기사 내용 가운데 흥미로운 것은 왜적이 서생포(西生浦)·임랑포(林浪浦)·두모포(豆毛浦)·기장(機張)과 동래(東萊) 지방의 성황당(城隍堂)에 진을 치고 웅거하여 적선이 수시로 오가고 있다는 것이다. 이 성황당은 "서낭당"의 다른 말로, 서낭신을 모신 당집이나 제단. 지방에 따라 할미당·천황당·국사당 등으로 불리기도 한다. 서낭당은 보통 신수(神樹)에 잡석을 쌓은 돌무더기나, 신수에 당집이 복합되어 있는 형태로 고개 마루, 길옆, 부락입구, 사찰입구에 위치하고 있다.13) 실제로 기장 두모포

---

11) 『중종실록』 12권, 5년 8월 20일 계묘. ...좌도에서는 해운포(海雲浦)를 동래(東萊) 제석곡(帝釋谷)에 합하고 다대포(多大浦)는 부산포(釜山浦)에 합하며, 두모포(豆毛浦)는 기장(機張)에 합하고 군영포(軍營浦)는 서생포(西生浦)에 합하며, 우도에서는 우고개(牛古介)를 성고개(城高介)에 합하고 율포(栗浦)는 지세포(知世浦)에 합하여 대변(待變)할 것.

12) 『선조실록』 49권, 27년 3월 10일 무자.

13) 『네이버 지식백과』성황당 [城隍堂] (원불교대사전).

진성을 활용하여 축성한 기장 죽성리왜성이 위치하는 곳에는 기장 죽성리 해송 성황당이 위치하고 있어 기사 내용과 부합함을 알 수 있다. 또한 동래왜성이 위치하는 곳이 후기 동래읍성 축성 후 동장대 주변이고 그 주변에 성황사가 위치하는 것이 해동지도에 표시되어 있어 성황당 주변에 왜성을 축조하고 있는 것은 흥미로운 사실이다.

선조 27년 10월 1일 경상도 병마절도사 고언백이 올린 적정에 대한 치계 내용 가운데 "두모포에 주둔한 왜군 500명이 언양 석남촌지역을 습격하여 남녀 5명을 잡아갔다"는 내용이 확인된다. 이 기사 내용으로 볼 때 두모포지역에 주둔한 왜군의 군사작전 범위가 기장과 양산을 넘어 울산 및 경주 접경에 이르렀던 것으로 파악해 볼 수 있는 것이다.[14] 그러나 호포왜성, 양산 증산왜성 등이 있고 지리적으로 언양과는 인접하고 있음을 감안하면 해안가에 위치한 두모포 왜군이 천성산(해발 920m), 대운산(742.6m)를 거쳐서 가거나 우회해도 웅상을 거쳐 현재 7번국도를 따라서 이동해야 하거나, 해안을 따라서 울산을 거쳐 언양으로 이동해야 하는데 울산왜성, 서생포왜성 등에 주둔한 병력을 감안하면 쉽게 납득하기 어려운 행동으로 보여진다.

이어 선조 28년 6월 8일 기사 내용에서 확인되는 내용을 살펴보면, 접대 도감이 아뢰기를, "어제 왜영(倭營)에서 돌아온 양빈이 문견한 내용으로 품첩(稟帖)을 만들어 사신에게 바쳤으므로 그 첩을 등서하여 올립니다." 하였는데, 첩의 내용은 다음과 같다.

---

14) 『선조실록』 56권 27년 10월 1일 을사.
　　언양 현감(彦陽縣監) 위덕화(魏德和)가 치보하기를 '기장(機張)의 두모포(豆毛浦)에 주둔하고 있는 적병 5백여 명이 현의 석남촌(石南村)을 갑자기 포위하여 모두 분탕(焚蕩)하고 남녀 5명을 붙잡아 갔다.'고 하였습니다.

"각영(各營)의 왜병 수목(數目)은, 두모포(豆毛浦) 청정(清正) 2만 4천, 서생포(西生浦) 주병 태수병(走兵太守兵) 8천, 기장영(機張營) 갑주 태수(甲州太守) 2천, 부산 산휘원(山輝元) 2만, 용당(龍堂) 융경(隆景) 4천, 김해 천천(天天) 풍신직정(豊臣直政) 1만 8천, 가덕(加德) 풍신광문(豊臣廣門) 및 통익(統益) 2천, 안골포(安骨浦) 안치(安治) 4천, 제포(薺浦) 행장(行長) 1만, 대마도 의지(義智) 3천, 거제도 3영(營) 의홍(義弘) 1만, 사주 태수(士州太守) 8천, 일정(一正) 6천, 동래 내운 태수(萊雲太守) 8천으로, 이것이 일본에서 원래 들어온 수목입니다. 그 뒤에 줄거나 늘어난 것이 일정하지 않으니, 행장의 한 영을 보면 그 밖의 것도 알 수 있습니다. 갖추어 아룁니다."【이상 총수는 13만 5천이다.】[15]

이 품첩에 기록된 왜군 총수는 13만 5천에 이르고 이 중 두모포에만 가등청정 아래 2만 4천 명을 주둔하고 있음을 알 수 있다. 특히 기장영(기장읍성 추정)에 2천, 서생포왜성에 8천이 주둔하고 있어 가등청정 휘하에 대략 2만 6천에 이르는 왜군이 기장 두모포진성 일대에 주둔하고 있는 것이다.

다음 선조 28년 9월 28일 정유 기사에는 선조가 "적의 형세가 어떠하던가?" 물음에 권형이 아뢰기를,
"부산 평행장(平行長)의 진영 안은 전후 수만여 호이고, 왜추(倭酋)가 중국 사신 및 유격(遊擊)을 위하여 큰 집 두 채를 지었는데 매우 장려(壯麗)하였습니다. 적의 진영은 높은 데에 의지하고 험준한 데에 의거하였으며, 산을 등지고 바다에 임해 있는데 배 5백~6백 척이 포구에 정박해 있었습니다. 동래와 부산의 20리 길에는 벼가 무성하였습니다. 적에게 잡혀 있는 백성 가운데 혹 본국을 사모하여 벗어나려 해도 벗어나지 못하는 자가 있으며, 혹은 왜인에게 붙어서 도리어 강화를 두려워하는 자도 있었습니다. 왜적은 밤낮으로 몰래 싣고 도해(渡

15) 『선조실록』 64권, 28년 6월 8일 기유.

海)하여 머물러 있는 왜가 매우 적었습니다. 동래의 적추(賊酋) 평의지(坪義智)·평조신(平調信)은 환자(還上)의 납입을 독촉하고 있었습니다. 청정(淸正)은 서생포(西生浦)에서 두모포(豆毛浦)로 이주(移駐)하여 바야흐로 성지(城池)를 수선하고 있다 합니다. 진중의 모든 왜인은 토목 공사가 끊이지 않아서 '이영차' 소리가 곳곳에서 우레처럼 울렸습니다. 대개 16개 진영 중에 반수 이상은 도해하고 현재 남아있는 것은 두모포·동래·부산·죽도(竹島)·가덕(加德)·안골포(安骨浦) 6개 진영이라 합니다." 하였다.

"행장(行長)이 우리 나라 성터에 진을 쳤던가" 하니, 권형이 아뢰기를, "행장의 진은 가장 높은 곳에 옮겨 설치하였습니다." 하였다.

상이 이르기를, "왜인이 높은 봉우리에 진을 쳤다면 물은 어떻게 공급하던가?"하니, 성룡이 아뢰기를, "산성이 험한 데에 의거해 있으면 오랫동안 포위할 수 없습니다. 그러므로 평상시에는 평지에 진을 치고 변고가 있으면 산성에 들어가 웅거합니다."16)

이 내용에서 두모포는 가등청정이 이동하여 죽성리왜성을 수선하기 위하여 토목공사를 실시하고 있는 상황이고 왜적이 산정상인 본환에 주진을 설치하고 있음을 파악할 수 있다. 따라서 선조 28년 9월에 두모포진성 일대는 왜적의 축성에 따른 토목공사가 지속적으로 진행되고 있었으며 왜군이 일본으로 돌아가서 남은 잔여 병력으로 조명연합군에 대항하기 위해 수비강화를 바탕으로 성곽축성 및 수축이 지속적으로 진행하였던 것이라 할 수 있다. 이때 두모포진성은 성석과 성내외 건물 및 부대시설 자재를 왜성 축성자재로 사용하여 파괴되었던 것으로 파악된다. 두모포진성 역시 본래 평면형태가 아닌 왜성의 부가적인 시설물이 설치 운영된 것으로 파악해 볼 수 있는 것이다.

---

16)『선조실록』67권, 28년 9월 28일 정유.

이러한 것은 선조 28년 12월 3일 접반사 사섬시정(司贍寺正) 황신(黃愼)이 치계에서 확인할 수 있는데 그 내용을 살펴보면,

"본월 10일에 신이 본도 순찰사(本道巡察使)가 차견(差遣)한 양산 품관(梁山品官) 최기(崔沂)를 장사꾼으로 꾸며서 두모포(豆毛浦) · 서생포(西生浦) · 임랑포(林浪浦) 등지에 가서 왜영의 형편을 탐지하게 하였더니, 당일 돌아와서 말하기를 '기장(機張)의 두모포에 도착하였더니, 진중의 왜인들이 바야흐로 축성(築城)하는 역사(役事)를 일으켜서 나무를 끌어오고 돌을 실어나르는 왜인이 도로를 메웠으며 옛 현(縣)의 성(城)에서 돌을 반수 이상이나 뽑아내고 또 근처의 암석을 채취하여 끊임없이 실어날랐다. 성문을 들어가서 두루 살펴보니, 구진(舊鎭)의 방옥(房屋)이 드문 곳에는 여기 저기 더 만들었고, 서생포 논밭에서 수확한 곡식을 배로 실어다가 진영 안에 쌓아둔 것이 36개소나 되고 곡초(穀草)를 남쪽에 쌓아둔 것이 50여 개소나 되었으며 군병이 많기로는 부산의 버금이었으나 시장의 점포는 그 반에도 미치지 못하였다. 바다 어귀에 정박한 왜선이 매우 많았는데 우리 나라의 큰 판옥선(板屋船) 2척도 그 가운데 있었다. 거류민에게 물어보았더니, 머물러 있는 왜인의 수효가 거의 8천 명이나 되고 전일 일본으로 들어간 자도 많으며 양곡과 기계 및 잡물을 일찍이 나누어 운반하여 일본으로 실어갔다고 하였다. 왜적에 붙은 우리 나라 사람으로서 왜의 진영 옆에 사는 자가 거의 2백여 호나 되었다. 13일에 서생포에 이르니 진영 안의 성책(城柵)과 망루(望樓)가 이미 다 파괴되고 방옥도 이미 철거되었으며 오직 대왜(大倭)의 집 3채와 소왜의 집 6채가 있는데 목책(木柵)을 둘러치고 머물러 있는 왜인이 겨우 50~60여 명 있을 뿐이었다. 왜인에게 물어보았더니, 사냥하러 나간 자가 30여 명이라 하였다. 같은 날 임랑포에 이르니, 파괴된 형상은 서생포와 같았고, 오직 왜가(倭家) 13개 처소가 있는데 3개 처소는 왜인이 있고 그 나머지는 모두 텅 비어 문도 닫혀 있지 않았다. 머물러 있는 왜인들이 혹 전야(田野)로 나가고 없었기 때문에 보이는 왜는 겨우 2천여 명이었다.' 하였습니다."[17]

이 치계 내용 속에 죽성리왜성 축조를 위해 두모포진성 뿐만 아니라 기장읍성 성석과 각종 자재를 동원하고 있음을 파악할 수 있다. 또한 성내에도 다양한 종류의 건물을 신설하고 있으며 기존 왜군이 주둔하였던 서생포와 임랑포를 파괴하거나 철거하여 조명연합군이 사용토록 하지 못하게 하였다. 이 시기 왜군은 임진년 당시 출전한 왜군 태반이 일본으로 돌아가고 최소 방어병력만을 남겨둔 것으로 병력의 열세를 만회하기 위해 왜성에 대한 대대적인 축성 및 보수가 이루어지고 있었던 것이다. 이러한 저간의 사정에 따라 두모포진성 역시 조선군 영진보성 형태에서 죽성리왜성 윤곽식 구조 중 가장 외곽 방어선에 해당하는 3지환의 기능을 갖춘 성곽구조물로 탈바꿈하게 된 것이다. 최근 발굴 조사에서 확인된 두모포진성 체성부 중 일부는 조선 읍성 및 영진보성 기단부 축조수법과는 차이가 확인되었다. 즉 체성부 기단부에 체성부 진행방향과 직교하게 기단부를 설치하였으며 이러한 수법은 가덕진성에 왜성 축조수법이 확인되는 지점에서 확인된 양상과 대동소이한 것으로 파악된다. 즉 두모포진성 체성부 외벽면석 및 적심석을 일부 철거하고 왜성식 기단부를 조성하였으며 성문(호구)로 추정되는 출입시설물을 조성한 것으로 파악할 수 있는 것이다.

임진, 정유재란 이후 두모포진과 관련한 내용 중 크게 두 가지가 눈에 띄는데 그 중 첫 번째는 영조 26년 11월 23일 임술 기사로, 영조가 대신과 균역 당상을 인견하여 진보의 혁파 · 어염과 군관의 일 등을 논의 하는 가운데 균역 당상 홍계희(洪啓禧)가 아뢰기를,

"지난번 경상 감사 민백상(閔百祥)의 장계를 보건대 말하기를, '수

17) 『선조실록』 70권, 28년 12월 3일 신축.

군(水軍)에게 줄 양미(糧米)를 마련해 낼 곳이 없으니, 긴요하지 않은 진보(鎭堡) 서너 곳을 혁파하고, 다대포(多大浦)의 전선(戰船) 2척 가운데 한 척을 줄여야 하니, 전선 한 척을 줄이면 수군이 거의 1천 명에 이르러 크게 도움이 되겠습니다.' 하였습니다. 다대포는 선항(船港)이 아주 좋아 다른 진에 비교할 바가 아니어서 당초 세 척을 마련해 둔 것은 깊은 뜻이 있었으니, 지금 줄여서는 안 됩니다. 진보에 이르러서는 임진년 261) 후에 징창(懲創)하여 설치한 것이 매우 많아서 두모포(豆毛浦)나 개운포(開雲浦) 등은 모두 한곳에 있어 매우 긴요하지 않습니다. 신이 해행(海行)할 때에 자세히 보고는 마땅히 감해야 한다고 여겼으며 입시한 승지(承旨)도 그때 신과 함께 보았습니다." 하니, 승지 남태기(南泰耆)가 말하기를, "동래(東萊)의 여러 진(鎭)은 거의 바둑알처럼 설치되어 있어 과연 긴요하지 않아서 비록 한두 곳을 감하더라도 무방할 것입니다."18)

두 번째는 영조 27년 1월 3일 신축에 경상 감사 민백상 상소하길,

"신이 지난번에 긴요하지 않은 각진(各鎭)을 혁파하여 다른 진에 옮겨 보충하자는 뜻으로써 사유(事由)를 갖추어 장달(狀達)하였습니다. 그리하여 마침내 단참(單驂)으로써 순찰(巡察)을 떠나 연해(沿海)의 각진을 두루 살펴보았고 해방(海防)의 고로(故老)들을 불러서 그 해로(海路)의 험란하고 평탄한 것과 연혁(沿革)의 고사(故事)에 대해 물어보았습니다. 또 좌우(左右)의 수신(帥臣)들과 난만(爛漫)하게 상의하였더니, 그들은 말하기를, '동래(東萊)의 다대포(多大浦) · 개운포(開雲浦) · 두모포(豆毛浦) · 서평포(西平浦) · 부산포(釜山浦) 5진과 웅천(熊川)의 가덕(加德) · 천성(天城) · 안골(安骨) · 청천(晴川) · 신문(新門) · 제포(薺浦) 6진과 거제(巨濟)의 장목(長木) · 조라(助羅) · 옥포(玉浦) · 지세(知世) · 율포(栗浦) · 소비포(所非浦) · 가배량(加背梁) 7진은 모두 한 조그마한 고을 안에 처하여 실로 중첩되고 긴요하지 않은 개탄스러운 점이 있으나, 이곳은 왜선(倭船)이 왕래(往來)하거나 표박(漂泊)하는

---

18) 『영조실록』 72권, 26년 11월 23일 임술.

곳으로 진장(鎭長)이 얼마가 되고 선척(船隻)이 몇개쯤 된다는 것을 저들이 모두 익히 보아서 잘 알고 있으니, 애당초에 창설(創設)을 하지 않았다면 그만이겠지만 이미 창설을 하였다가 다시 철거를 한다는 것은 결국 변방의 위엄을 견고하게 하는 도리가 아니니, 아직은 경솔하게 혁파를 의논할 수가 없습니다.' 하였습니다. 이것도 또한 의견(意見)이 있으니, 이것은 그대로 두고 거론하지 마소서. 고성(固城)의 사량포(蛇梁浦)와 진주(晉州)의 적량포(赤梁浦)는 모두가 절도(絶島)의 단진(單鎭)이고, 고성의 구소비(舊所非)는 우수영(右水營)의 구기(舊基)를 위해서 설치한 것이고, 남해(南海)의 미조항(彌助項)·평산포(平山浦)는 혹은 깊고 먼 바다에 들어가 있어 보경(報警)에 긴요하기도 하고 혹은 호남(湖南)의 좌수영(左水營)과 마주 대하여 성세(聲勢)가 서로 원조되기도 하니, 이 다섯 진은 비록 왜선이 오고 가는 곳은 아니지만 또한 혁파할 수가 없습니다. 그 나머지의 각진들은 그 형편의 경중에 따라서 혹은 혁파하기도 하고 혹은 보존하기도 하여 조금도 방해가 없을 것입니다. 대개 좌도(左道) 연해(沿海)는 동래(東萊)·기장(機張) 이북(以北)은 애초에 밀물이나 썰물이 나가고 들어오는 일이 없는데 파도(波濤)가 스스로 서로 부딪쳐 언덕 위를 때립니다. 그리고 또 언덕의 돌이 높고 날카로워 우리 나라의 선척은 비록 혹시 간간이 정박할 수 있는 곳이 있지만 경박(輕薄)한 왜선 같은 것은 애당초 무리를 지어 일제히 정박할 장소가 없기 때문에 왜선이 가장 두려워하는 곳이 좌도 연해 같은 데가 없습니다. 그러므로 경주(慶州)의 감포(甘浦), 영해(寧海)의 축산포(丑山浦), 흥해(興海)의 칠포(漆浦), 장기(長鬐)의 포이포(包伊浦)는 임진년001 이후로 그곳이 쓸모가 없다는 것을 알게 되었던 것입니다. 그러므로 본도(本道)의 감영(監營)으로부터 장문(狀聞)하여 동래 수영성(水營城) 밑으로 이전시킨 것인데, 이것은 대개 수영(水營)의 책응(策應)하는 장소이며 이전(移轉)하는 지역으로써 관액(關阨)의 요해지(要害地)를 삼아서 그런 것은 아닙니다. 수영에 이미 4척(隻)의 전선(戰船)이 있고 또 그 수십 리의 안에 부산(釜山) 등 7척의 전선이 있고 또 그 동쪽으로 1백 리의 안에 서생포(西生浦) 등에 3척의 전선이 있으니, 이것으로 충분히 위급한 시기의 우익(羽翼)이 될 수가 있습니다. 그렇다면 수영 아래 새로 옮긴 4진의 잘못 배치하고 중첩으로 설치한 것이 어찌 매우 무의미하지 않겠습니까? 좌도에서 폐지할 수 있는 곳이 이 4진 같은 데가 없는데, 지금 만일 모조리 혁파해 버린다면 수영이 조잔(凋殘)하게 될 우려가 없지 않을 것입니다. 그 가운데서 포이진(包伊鎭)의 포구(浦口)에 있는 것은 그대로 두고 축산(丑山)·감포(甘浦)·칠포(漆浦)의 성(城) 좌우에 있는 것은 폐지하는 것이 결단코 의아스럽게 여길 만한 점이 없습니다. 대개 좌도에서 폐지할 수 있는 곳은 축산포·감포·칠포이고 우도에서 폐지할 수 있는 곳은 풍덕포·상주포·곡포·영등포인데, ...중략..."[19]

이 두 기사 내용에서는 두모포진은 부산 수정동 지역으로 이전한 상태였으며 부산진 내에 소속되어 있는 상황에서 이루어진 것이다. 즉 부산진 관내에 여러 만호진이 기존 만호진성이 축성되어 있던 지역에서 부산진성 내와 주변으로 이전하면서 영진으로서의 기능이 유명무실해진 상태에서 영조 26, 27년에 이르러 불필요한 세제를 절약하여 국가재정을 확충하는 방안의 하나로 영진에 대한 철폐가 논의되고 있음을 알 수 있다.

한편, 1592년(임진왜란)이 발발하자 개전 초에 두모포진성은 경상좌수사 박홍이 전선을 자침시키고 진영을 이탈하면서 고니시 유키나가(小西行長)의 부대에 함락되기 전에 이미 진성을 수성할 병력이 도주하였다. 당시의 상황과 관련하여 전투 날짜나 전투상황은 확인되지 않는다. 그리고 두모포진은 임진, 정유재란이 끝날 때까지 미수복지역이었고 왜성 축조공역 역시 관련기록에서도 확인되고 있다.[20]

임란이후 두모포진은 적로의 제일선임을 인식하여 여타의 진들과

---

19) 『영조실록』 73권, 27년 1월 3일 신축
20) 『선조실록』 67권, 28년 9월 28일 정유, 『선조실록』 70권, 선조 28년 12월 03일 신축.

달리 이설되거나 폐지되지 않았고 바로 복구되었다. 그러나 인조 7년 (1629)에 부산시 수정동으로 진을 이설하였다. 이때 이후 수정동 일대가 두모포영으로 불리게 되었으며 기장현의 두모포는 두호(豆湖)로 개칭하였다고 한다. 조선 후기 1750년(영조 26년)에 들어서는 유명무실한 진보의 철폐논의가 활발하게 진행되는 가운데 두모포진 역시 철폐논의에 포함되었다.[21] 이후 두모포진은 고종 13년에 철폐 될 때까지 부산지역의 중요한 해안방어처로 명맥을 유지 하였다.[22]

2) 두모포진성 축조

남해안지역 영진보성에 대한 축성 논의는 1484년(성종 15년)에 이루어지고 그 결과 홍응을 축성사로 삼아서 해당지역의 영진보성에 대한 성기를 심정케하였다. 이때 1485년(성종 16년) 홍응의 계문에 의하면 두모포진성 축성에 대한 내용은 확인되지 않는다.[23]

두모포진성에 대한 축성논의가 처음 확인되는 것은 1510년(중종 5년) 삼포왜변이 발발한 직후 축성이 이루어지면서다.[24] 그러나 이때에는 이미 두모포진에는 성곽이 축조되어 있었다. 즉 1510년(중종 5년)에 둘레 1,250척, 높이 10척 규모의 석성으로 개축하였던 것으로 볼 때 보루성으로 축조된 토성 내지 목책성이 잔존해 있던 것을 이때에 이르러 개축한 것으로 파악해 볼 수 있다.

---

21) 『영조실록』72권, 26년 11월 23일 임술.
22) 『고종실록』13권, 13년 10월 22일 기유.
23) 『성종실록』176권, 16년 3월 25일 병오.
24) 나동욱, 「두모포진성(機張 豆毛浦鎭城)」, 『한국고고학전문사전-성곽, 봉수편-』, 2011, 382쪽.

이후『신증동국여지승람(新增東國輿地勝覽)』기장현조에는 두모포
진성은 석성으로 축조되고 둘레 1,250척, 높이 10척이다. 이외에『여지
도서(輿地圖書)』, 『만기요람(萬機要覽)』, 『대동지지(大東地志)』 등에
둘레 1,250척으로 기록되어 있다. 다만『증보문헌비고(增補文獻備考)』
에 1,010척으로 기록되어 있다. 따라서 처음 두모포진성에 비해서 240
척 가량 축소된 것을 알 수 있다. 조선 전기에 영진보성 성기심정에 사
용된 척도는 현재 미터법을 환산해보면 포백척을 사용한 것임을 알 수
있는데 이러한 두모포진성 성둘레는 해운포. 칠포. 염포. 삼천포, 옥포,
당포, 적량포, 사량포, 영등포 등의 만호영이 설치된 진성과 대동소이
함을 알 수 있다.

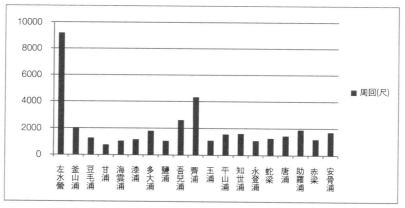

〈그림 1〉 영진보성의 성둘레(이일갑, 2010년, 영남고고학보 전제)25)

그러나 두모포진성은 설치 당시 만호진임에도 병선과 수군병력 수
가 경상좌수영을 제외하고 가장 많은 숫자였으나 성둘레는 중소형에

---

25) 이일갑, 「경남 남해안지역 영 · 진 · 보성에 대한 검토」, 『영남고고학보』 제45호, 영
남고고학회, 2008.

가깝다. 아울러 개축 이후 임진왜란을 거친 조선 후기까지도 증축은 이루어지지 않았음을 알 수 있다. 또한 첨절제사 및 절도사영성의 최소 성둘레인 2000척 이상에도 미치지 않고 있음을 알 수 있다.(<그림 1> 참조)

3. 두모포진성 고고학적 검토

1) 입지와 구조

고지도와 현재 잔존 성곽의 입지에 따라 조선시대 영진보성 입지유형을 살펴보면, 해안평야형, 내륙형, 도서형, 해안선형의 4가지 유형으로 분류할 수 있다.

두모포진성은 이 중 A형 해안평야형이다. 이 A형은 바다와 하천이 접하고 바다에서 하천을 이용하여 내륙으로 진입할 수 있는 길목에 위치하고 있으며 산기슭에는 해안평야가 펼쳐져 있다. 따라서 영진보성은 해발 10~40m 이하의 구릉사면에 위치하여 해안에서는 찾기 어려운 지형이지만 반대로 성지에서 해안선과 하천을 관망하기는 매우 편리한 곳이다.

이러한 유형에 속하는 것으로서는 우선 울주 화산리 성지를 들 수 있다. 울주 화산리 성지 외에도 이러한 유형에 속하는 것으로서는 울산 경상좌병영성, 서생포진성, 마산 합포영성, 부산 경상좌수영성 등을 들 수 있다.

다음으로 두모포진성 평면형태를 살펴보면, 조선시대 영진보성 평면형태는 대체로 방형, 원형, 주형, 제형으로 나누어 볼 수 있다. 이러한

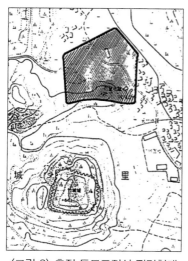

〈그림 2〉 추정 두모포진성 평면형태

것은 연해읍성의 양상과 대동소이한 것으로 파악할 수 있겠다. 두모포진성 평면형태는 최근까지 <그림 2>에서 확인되는 오각형 형태로 파악되고 있었다.26) 그러나 필자에 의해 확인된 두모포진성 평면형태는 방형이다. 이 방형은 조선시대 이전부터 가장 오랫동안 존재하였던 성곽 평면형태로서 연구자에 따라서는 방형의 평면형태가 나타나는 것이 주례고공기(周禮考工記)의 영향에 의한 중국적요소로 파악하고 있다.27) 이러한 형은 삼국시대와 고려시대를 거쳐 조선시대에 이르기까지 지속적으로 사용되어 온 성곽의 평면형태로서 영진보성은 물론 남해안지역 연해읍성의 축조에도 사용되고 있다. 연해지역에서 방형 평면형태로 축조된 영진보성은 대표적으로 두모포진성과 구율포진성이다. 방형은 조선시대 연해읍성에서도 경주읍성, 경산읍성, 김해읍성, 남해읍성, 언양읍성, 웅천읍성, 함안읍성에서 확인되고 있다. 축조시기와 체성 둘레와 상관없이 평지성 유형으로 축조되나 내륙읍성의 경우에는 평산성의 형태도 확인되고 있다. 영진보성 중 성종조에 축조되는 거제도의 구율포진성은 장방형의 평면형태로 축조되어 있다. 선조 30년 이후 축조된 제주도 수산진성의 경우도

---

26) 복천박물관, 『기장 두모포진성·죽성리왜성－시온~죽성간도로공사구간내－』, 2008.
27) 최원석, 「경상도 邑治 경관의 역사지리학적 복원에 관한 연구: 南海邑을 사례로」, 『문화역사지리』 제16권, 2004.

정방형으로 축조되어 있다. 다만 평면형태가 정방형인 Ⅰ-A식은 영진 보성의 평면형태에서는 확인되지 않고 있고, 평면형태가 장방형인 Ⅰ

-B식만 영진보성의 평면형태에서 확인되고 있는데[28] 두모포진성은 정 방형에 가까운 장방형이라 할 수 있 겠다. 통상 바다와 하천이 맞닿은 곳 에 위치하는 영진보성 평면형태에 는 주형이 확인되고 있는데 반해 지 형적으로 유사한 두모포진성에서는

〈사진 1〉 두모포진성 평면형태

오히려 평지읍성에서 보이는 방형으로 축조되었다. 이것은 두모포진 성이 저지성 구릉을 활용한 평산성에 가까운 것이라 할 수 있어 특이한 양상이라고 할 수 있다.

2) 체성 축조수법

최근에 조사된 두모포진성은 소규모 구릉의 북사면 기반암을 'ㄴ'상으 로 굴착하고 산탁한 편축성으로 14m 정도 잔존하는 상태로 확인되었다.

체성 중앙과 서쪽(10m)은 비교적 두모포진성 북벽 체성이 잔존하고 있으나 동쪽(4m)은 기저부만 남아있다. 해당 부분은 마을로 들어가는 도로를 조성하기 위하여 파괴되었다. 성벽은 지형을 이용하여 축성하 였으며 서쪽에서 동쪽으로 완만하게 낮아지고 있다.

두모포진성 체성 축조수법을 살펴보면, 체성은 기저부를 기준으로

---

28) 이일갑, 「경남 남해안지역 영·진·보성에 대한 검토」, 『영남고고학보』45, 영남고 고학회, 2008, 13쪽.

잔존성벽 높이는 3.0~3.1m, 외벽석인 기단석과 성석은 5단 가량 잔존하고 있으며 지대석부터 2.6~2.7m이다. 성벽에 사용된 석재는 인근지역에서 채집한 것으로 추정되며 특별한 치석의 흔적이 보이지 않는다. 축조방식은 허튼층쌓기(亂積)으로 축성하였으나 단을 맞추어 쌓은 것이 확인된다. 성벽을 거의 수직에 가깝게 축조하였으며 서쪽 체성 상부 성석은 밖으로 10~20㎝가량 밀려나와 있다. 이러한 현상은 체성 뒤편 콘크리트 도로 조성 때 생긴 압력으로 인한 배부름 현상으로 판단된다.

기저부는 기반암층을 폭 3m로 굴착하고 15~25㎝×20~30㎝의 할석을 이용하여 기존지형에 맞추어 지정하였다. 그 위에 지대석을 눕혀서 축조하였고 기단석은 조사대상지에서 9.8m가량 잔존하고 있으며 두께 50~70㎝, 길이 60~150㎝의 방형 및 장방형의 석재를 사용하고 있다. 조사대상지 중앙 장방형 기단석은 성벽과 반대방향으로 기울어져 있으며 이는 도로조성 중 파괴 또는 체성 하중에 의하여 기울어졌을 것으로 추정된다. 성석은 기단석으로부터 4단이 남아있다. 기단석 상부에 두께 25~35㎝, 길이 30~40㎝의 석재로 1단을 조성, 2단은 두께 35~60㎝, 길이 55~150㎝의 중형의 석재를 사용하였다. 3과 4단은 1단과 비슷한 크기의 석재를 사용하고 있으며 상부로 올라가면서 성석 크기는 감소하고 있다. 조사구역 서쪽 끝에는 두께 85㎝, 길이 65㎝의 석재 있으며, 2~4단 성석의 구간별 구분을 위한 표지석으로 추정된다.

체성 내벽부는 하부 폭 3m, 상부 폭 4.5m로 기저부 및 기단부는 경사면 일부를 'ㄴ'상으로 굴착하고 조성하였다. 기반암을 굴착하고 폭 3m가량 기저부 및 기단을 조성하였으며, 기단석 뒤편으로는 인두대 크기의 할석을 뒤채움하였다. 성석이 있는 1단부터는 폭 3m가량 인두대 크기의 할석을 채우고 그 뒤편이 빈공간은 토사로 채웠다. 상부로 올라

가면서 성석과 뒤채움석의 폭이 1.5m까지 줄어들며, 나머지 기반층이 있는 경사면까지 3m가량은 토사를 이용하여 뒤채움을 하였다. 체성은 구릉의 지형을 따라 등고선과 비교적 평행하게 조성한 것으로 보이며 일부구간은 기반층 또는 기반암층을 굴착, 성벽을 산탁 편축하였다. 체성 뒤채움은 앞서에서 언급한 것처럼 기저부는 할석을 이용하였으며 상부로 가면서 할석을 전면에 쌓고 뒤채움으로 토사를 이용하였다. 유물은 체성 상부와 기저부 전면에서 백자저부 및 저부편, 옹기편 등이 수습되었다.

따라서 체성 축조수법을 살펴본 결과 중종 5년에 개수축된 두모포진성 역시 2유형에 해당하며[29], 최근 조사된 체성은 자연암반을 계단상으로 절개하고 외벽면석을 설치한 후 뒤쪽으로 적심석을 채웠으며 위로 갈수록 가로, 세로쌓기를 번갈아 실시하였다. 자연암반과 적심석 사이에는 흙으로 채웠다. 이렇게 일정한 높이까지 체성을 축조하고 자연암반의 정상부쯤에서 내외협축으로 체성을 축조하고 있는 것이다.

두모포진성 축조수법 특징 중 하나는 경사면에 설치된 체성 외벽기단부 축조수법이다. 두모포진성 체성 외벽 기단 축조수법은 경사면에 사직선기단공법을 사용하여 축조하고 있는 것이다. 이러한 것은 일부 영진보성 체성 외벽 기단 축조수법과도 유사하다.

체성 내벽은 최근 발굴조사된 지점은 협축식으로 파악되나 인접한 곳에 잔존하고 있는 체성부은 외벽면석만 확인되고 있어 임진왜란 당시 죽성리왜성 축성을 위해 적심석 등이 훼손되었다하더라도 전체적으로 협축식으로 축조한 후 임진왜란 이후부터 조선 후기까지 계속적

---

29) 이일갑, 「남해안지역 조선시대 영진보성에 대한 일고찰」, 『석당논총』 제71집, 2018, 124~126쪽.

인 훼손으로 인해 잔존형태가 남은 것으로 추정해 볼 수 있지만 단언할 수는 없다.

두모포진성에서 확인된 체성 축조수법 중 가장 특징적인 것은 지대석과 기단석은 장대석을 사용하기보단 장방형 내지 방형의 석재를 사용하여 축조하였으며 외벽은 대체로 허튼층쌓기로 축조 하였다. 지대석과 기단석에 장대석을 사용하는 15세기 말에서 16세기 초 영진보성 축조수법과는 체성 외벽축조수법에서 차이가 확인된다. 특히 가덕도 천성진성 북문지 일원 증축 체성부와 양상이 대동소이하여 관련성에 주목된다.30) 이러한 체성 외벽 축조수법 확인된 곳은 두모포진성 발굴구역 중 동쪽 4m 가량으로 구주대학교(九州大學校) 소장『기장성도(機張城圖)』에 논두렁을 가로 지르는 진성 북쪽 성벽 중간지점이 단절되고 석축이 성 안쪽으로 나란히 들어와 있는 곳에 해당하는 곳으로 추정할 수 있다. 따라서 이곳은 두모포진성 북문지에 해당하는 곳이라 할 수 있다. 아울러 임진왜란 당시 축조된 기장왜성 2지환 내지 3지환의 북쪽 출입구와 관련한 유구가 조성된 것으로 파악된다. 이 구간에 대해서 나동욱은 구주대학교 소장『기장성도(機張城圖)』를 보면 논두렁을 가로 지르는 진성의 서북쪽 성벽 중간지점이 단절되어 있으면서 석축이 성 안쪽으로 나란히 들어와 있으며 북동쪽의 성벽은 평면 삼각형의 형태를 지니고 있어 왜성의 노대(櫓臺)와 같은 분위기를 자아낸다고 하였다.31) 어쨌든 이 구간은 기존 조선성곽의 축조수법과는 일정한 차이점이 보이고 있는 것은 사실이다. 이런 양상이 조선 영진보성 체성을 기초로 하여 왜성 3지환을 축조하고 통로를 설치하기 위해 축조된 것으로

---

30) 부산박물관,『천성진성 2016년 시굴조사보고서』, 부산박물관 학술연구총서 제55집, 2017.
31) 복천박물관, 2008, 위의 책.

파악해 볼 수 있지만 일부 구간에 한정된 조사라 단언할 수는 없다.

두모포진성에서 확인되는 부대시설 가운데 치성을 살펴보면, 조사된 치성은 서벽이 약 4m로 높이 1.3m가 남아있다. 치성의 축조수법도 체성벽과 같이 두께 약 40cm의 기단석을 배치하고 20~30cm 정도 뒤로 물려 2.0×3.0×1m 크기의 대형 판석을 쌓고 틈새는 잡석을 끼워 보강한 형태이다. 이곳의 석재 역시 해안지대의 암석을 판석상으로 가공하여 입수적하였다. 잔존하는 길이가 약 4m로 조선시대 영진보성 치성에 기준인 5m에는 미치지 못하는 게 사실이다. 물론 잔존 길이 일수 있어 자료의 보충을 기대해 본다. 이 두모포진성 치성을 포함하여 최근까지 조사된 영진보성 치성의 평면플랜에 대해서 살펴보면, 합포성은 현재 복원된 치성 너비 7m, 길이 7.2m, 시굴조사에서 확인된 치성 너비 8m, 길이 6.3m 이상인 것으로 추정된다. 이러한 것은 세종 15년에 세운 규식에 따라 치성을 설치하고 있는 것과 그렇지 않은 것으로 나누어 볼 수 있다. 조사된 2개 치성 가운데 길이:너비가 1:1의 정방형을 띠는 것이 현재 복원된 치성이고 시굴조사에서 확인된 치성은 정확한 길이를 확인할 수가 없지만 대략 복원된 치성 길이와 동일하다고 볼 때 길이:너비가 역시 1:1.1로서 정방형으로 축조되고 있다. 이것은 경남지역에서 조사된 여타 읍성에서 확인된 치성 평면플랜의 경우 장방형이 다수를 차지하는 것과는 다소 다른 양상임을 수 있다.

남해안지역 영진보성에 있어서 울산병영성과 합포성과 같은 육군병마절도사영이 설치된 내상성의 경우에는 지휘체계상 하위단위부대가 설치된 진보성에 비해 치성 길이가 더 길게 축조되어 있다. 또한 수군절도사영성보다도 길이에 있어 더 길게 축조되어 있다. 즉 육군병영성과 수군영성은 너비의 경우 7~8m로 현재까지 조사 보고된 영진보성 치성 가운데 전체 55%가량으로 절반을 넘기고 있으며 전체적으로는 대략 6~10m까지 다양한 크기로 나타나고 있다.

4. 맺음말

현재 발굴조사내지 정밀지표조사에 의해 확인된 한정된 자료를 가지고 두모포진성을 논하는 것이 다소 무리인 것도 사실이다. 앞으로 전면적인 발굴조사를 통한 적극적인 자료의 보완을 기대하며 두모포진성에서 얻은 필자의 생각을 요약 정리하면 다음과 같다.

남해안지역은 선사시대부터 사람이 거주하기 좋은 자연환경과 기후 조건으로 인하여 많은 유적이 나타나고 있는 것이 사실이다. 이러한 남해안은 삼국시대 이후 국가재정과 국체유지의 근간이 되었다. 그러므로 시대가 바뀌면서도 남해안지역에 대한 위정자들의 관심은 각별한 것이었다. 특히 삼국시대 신라 때부터 이 지역에 대한 끊임없는 약탈과 파괴를 일삼는 왜구에 대한 방비책이 가장 큰 과제로 대두되었던 것이 사실이다. 그중 여말선초 왜구의 침입은 그 규모나 피해의 정도에서 국가의 존망을 위협할 정도로 심각한 것이었다. 고려가 망한 이유를 왜구에서 찾을 정도이다. 따라서 이 지역에 대한 비변책으로 많은 성곽이 축성된 것이 사실이며, 본고에서 다룬 두모포진성 역시 이러한 왜구의 침입에 대비한 가장 적극적인 비변책 이었던 것이다.

남해안 영진보성은 성곽 규모가 읍성과 비슷하거나 통상 둘레가 1000~1500尺 사이가 가장 많고 높이도 13尺이 주류를 이루고 위치는 구릉과 산의 끝자락을 이용하여 계곡을 포함하는 포곡식의 평산성이 대부분을 이루고 있다. 성의 정면은 반드시 바다와 접해 있고 성문은 사방에 두거나 최소한 삼면에 설치하며, 반드시 옹성과 치성을 설치하여 방어력을 높이고 있고 아울러 배후에 해자를 설치하고 있다. 이러한 기본적인 조선시대 영진보성 구조와 축조수법과 비교하여 두모포진성 역시 대동소이함을 알 수 있다. 특히 두모포진성은 바다와 하천이 만나는 지점에 설치 축조되어 있어 바다에서 내륙으로 진출하는 왜구를 효과적으로 차단하는 요충지 역할을 충실히 수행하였던 것이다. 이러한 지형적 잇점은 임진왜란 시 왜군에 의해 죽성리왜성 축조로 연결되었으며 두모포진성 역시 죽성리왜성의 일부에 포함되었던 것이다. 특히 죽성리왜성 축조시 각종 자재의 조달을 두모포진성과 기장읍성에서 하였으며 이로 인해 두 성곽이 훼손이 이루어져 임진왜란 이후에도 복구가 완전하게 이루어지지는 않았던 듯하다.

마지막으로 금번 두모포진성 발굴조사를 통하여 기존 두모포진성 평면형태가 오각형이 아닌 북서−남동 체성이 약간 길게 축조된 방형 영진보성으로 확인된 점과 문헌기록상의 내용을 고고학적 발굴조사를 통해 확인된 점이 성과라 할 수 있다. 향후 미진한 부분은 두모포진성에 대한 체계적인 조사가 이루어진 후 자료의 획득을 기대하며 맺음말로 대신한다.

〈사진 2〉 1948년 항공사진에서 본 조사대상지와
추정왜성지(국토지리정보원)

〈사진 3〉 1948년 항공사진에서 추정 두모포진성

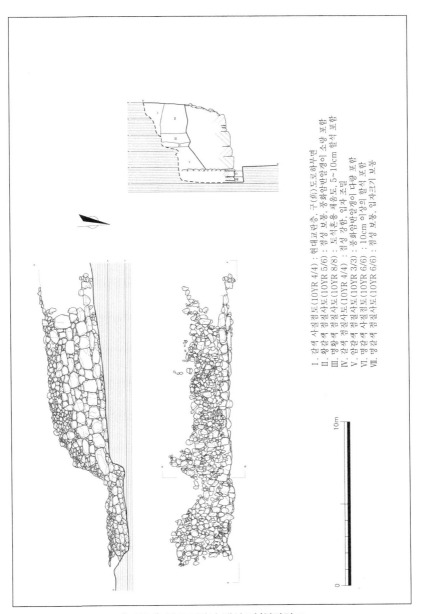

I. 갈색 사질점토(10YR 4/4) : 현대교란층, 구(溝)토출하부면
II. 황갈색 점질사토(10YR 5/6) : 점성 보통, 풍화암반입경이 소량 포함
III. 명황색 점질사토(10YR 8/8) : 토석혼용, 체육토. 5~10cm 할석 포함
IV. 갈색 점질점사토(10YR 4/4) : 점성 강함, 입자 조밀
V. 암갈색 점질사토(10YR 3/3) : 풍화암반입경이 다량 포함
VI. 명갈색 사질점토(10YR 6/6) : 10cm 이상의 할석 포함
VII. 명암갈색 점질사토(10YR 6/6) : 점성 보통, 입자크기 보통

〈그림 3〉 두모포진성 체성 평/입단면도

〈사진 4〉 두모포진성 전경 　　　　〈사진 5〉 두모포진성 체성 전경

〈사진 6〉 북벽 잔존 체성 　　　　〈사진 7〉 북벽 잔존 체성 세부

〈사진 8〉 체성 절개면 및 기단부 전경 　　　　〈사진 9〉 죽성리 왜성 추정 문지 전정

〈사진 10〉 두모포진성 체성 이용 왜성문지 　　　　〈사진 11〉 추정 문지 세부

부산 다대포진성에 대한 연구

1. 머리말

부산지역은 반도라는 우리나라의 지정학적 위치로 인해 해양세력에 의한 대륙 진출 시 가장 먼저 맞닥뜨리는 입지조건을 가지고 있어 일찍 부터 우리나라의 남쪽 지역을 방어하는 주요거점의 역할을 수행해온 지역이다. 더욱이 삼국시대 가야, 신라의 각축장이었던 역사적 배경과 함께 중국과 일본으로 가는 좋은 항구로서의 지정학적 위치로 볼 때 그 역할과 중요성은 조선시대 전 기간은 물론 앞선 삼국, 고려시대 이전부 터 인식되어왔다.

부산광역시 사하구 다대동에 소재하는 다대포진성은 성종 15년 남 해안지역 영진보성이 본격적으로 축성되는 이전 시기부터 축성논의가 있었으며, 아울러 경상좌수영 이전이 고려되었을 만큼 군사적인 요충 지였다. 특히 다대진성은 임진왜란을 거쳐 조선 후기 폐성에 이르기까 지 부산지역 중요 국방요새로서 그 기능을 다하여 왔으며 그 구조와 축조수법 파악은 성곽사적 측면에서도 그 의미가 크다고 할 수 있다.

조선시대 영진보성 연구는 대체로 문헌사에서는 축성기사 검토에 치중하여 일부 소개되고 있고, 고고학적인 측면에 있어서 연해읍성의 한 범주에 포함하여 생각되기도 한다.[1]

최근까지 영진보성에 대한 고고학적인 조사는 대부분 남해안지역을 중심으로 이루어졌다.[2] 이를 통해 영진보성은 군사적인 성곽일 뿐만 아니라 당시 행정단위의 치소성으로 존재하였으므로, 조선시대의 군사편제 및 주변 국가와의 대외관계를 이해하는데 중요한 자료임을 파

1) 심정보,『한국 읍성의 연구』, 학연문화사, 1995.
2) 丁仲煥 · 沈奉謹, 「창원군내 성지조사보고」,『석당논총』제1집, 1976, 최몽룡, 「고흥 발포진성 발굴조사보고서」,『백산학보』29, 1984, 국립해양문화재연구소,『조선시대 수군진조사 1』- 전라우수영, 학술총서 24, 2011, 국립해양문화재연구소,『조선시대 수군진조사 2』- 전라좌수영, 학술총서 33, 2014, 국립해양문화재연구소,『조선시대 수군진조사 3』- 경상우수영, 학술총서 41, 2016, 목포대학교박물관, 「무안군의 문화유적」, 1986, 목포대학교박물관, 「해남군의 문화유적」,1986, 목포대학교박물관, 「신안군의 문화유적」, 1987. 목포대학교박물관, 「장흥군의 문화유적」, 1989, 부산대학교 한국문화연구소, 「경상좌수영성지 지표조사보고서」, 1990, 심봉근, 「마산합포성지기초조사보고서」, 동아대학교박물관, 1991, 심봉근, 「거제시 성지 조사보고서」, 동아대학교박물관, 1995, 목포대학교박물관, 「완도군의 문화유적」, 1995, 동아대학교박물관, 「거제장목관광단지조성지역 문화유적지표조사보고서」, 1997, 통영시, 「당포성 지표조사보고서」, 1997, 동아대학교박물관, 「구소을비포성지 지표조사보고서」, 1999, 심봉근, 「울산왜성 · 병영성지」동아대학교박물관, 1986, 목포대학교박물관, 「강진 병영성 발굴조사보고서」,『목포대학교학술총서』23, 1991, 심봉근, 「거제 오양성지」, 동아대학교박물관, 1994, 나동욱 · 성현주, 「금단곶보성지 발굴조사 개보」,『박물관연구논집』6, 부산광역시립박물관, 1997, 부산대학교박물관, 「기장군 문화유적 지표조사 보고서」, 1998, 국립부여박물관, 「서천 장암진성」,『국립부여박물관고적조사보고』제5책, 1997, 부산광역시립박물관,『경상좌수영성지』, 학술연구총서 21, 2001, 경남발전연구원,『거제옥포진성』, 조사연구보고서 제36책, 2005, 경남발전연구원,『마산합포성지』, 조사연구보고서 제49책, 2006, 경남발전연구원,『통영읍성』, 조사연구보고서 제107책, 2013, 울산발전연구원 문화재센터,『울산 경상좌도병영성 동문지 - 울산 병영성 월성개나리아파트~동문지 정비사업구간 내 유적』, 발굴조사보고서 제89집, 2016.

악할 수 있었다.

차용걸은 도성과 산성이 아닌 관방성 특히 남해안지방의 진보가 축조되는 조선 전기는, 축성사상 전대와 다른 특징적인 시기로 보고 있다.[3] 민덕식은, 진보의 축성시 초기의 목책도니성의 형태에서 석축으로의 전환과정과 수중목책(연목)에 관해 진보의 축성시 부대시설로의 설치를 사료의 기록에 의거하여 검토하였다.[4] 유재춘은 『新增東國輿地勝覽』의 성곽기록 표기척은 대체로 포백척이 기준이라 하였다. 특히 성종 16년 홍응의 제포의 보에 대한 심정시 회령포와 영등포의 보의 길이가 신증동국여지승람의 기록과 일치함을 들어 그 용척이 포백척이라고 주장하였다. 아울러 성곽 표시 단위가 '보' 중심에서 '척' 중심으로 바뀌었다고 주장하였다.[5] 심봉근은 기존의 문헌사료의 해석과 대입에 의한 성곽연구의 한계성을 지적하였다. 이때 연구의 보완방법으로 남해연안에서 고고학적으로 발굴 조사된 성지의 체성 축조수법과 구조, 규모, 축성재료등 제요소를 정리하였다. 이를 바탕으로 성곽의 시기별 특징을 밝히고 전국에 분포한 각종성지의 축조시기와 용도를 추정해 볼 수 있는 틀을 마련하였다.[6] 이일갑은 남해안지역 영진보성을 검토하여 영진보성은 읍성과는 다른 군사시설임을 검증하였다. 이 연구에서 입지, 평면형태, 성둘레, 체성 축조수법, 인접 왜성과의 비교 등을 통하여 형식분류를 실시하였다. 이를 통하여 영진보성의 설치와 운영은 조선 전기 남해안지역의 해안방어체제의 완비를 위한 성종 19년을 전

---

3) 차용걸, 「고려말·조선전기 대외 관방사 연구」, 충남대학교대학원 박사학위논문, 1988.
4) 민덕식, 「조선시대의 목책」, 『충북사학』 11~12, 충북대학교사학회, 1988, 169~232쪽.
5) 유재춘, 「조선전기 성곽 연구」, 『군사』 제33호, 국방군사연구소, 1996.
6) 심봉근, 「한국남해연안성지의 고고학적 연구」, 학연문화사, 1995.

후한 입보수성의 소극적인 방어전술의 전환이 아니라 보다 강화된 대해상방어전략임을 규명하였다.[7]

또한 이일갑은 남해안지역 영진보성 체성 축조수법과 부대시설 가운데 치성 등의 구조 변화를 파악하여 영진보성의 제대단위의 위상에 따라 성둘레와 부대시설의 규모와 설치 수에 차이가 있음을 규명하였다.[8]

최근까지 다대진성에 대한 조사연구현황을 살펴보면 (부산대학교박물관, 1977)[9], (나동욱, 1993)[10], (이일갑, 2000)[11], (부산시립박물관, 2001)[12], (한국문물연구원, 2006. 4)[13], (김석희, 1992)[14], (국보학술문화연구원, 2016. 7)[15]에 의해 미시사적연구가 이루어졌으나 일부에 한정된 지표조사 및 긴급구제조사였다. 그리고 거시사적 연구에 있어서는 (송해영·서치상, 2015. 10)[16]의 연구에서 다대포진의 관아구성과 각 건물지에 대한 고증이 이루어지고 아울러 다대포진성의 해체과정이 확인되어 일부 연구의 진전을 보였으나 여전히 다대포진성에 대한 종합적인 연구는 미흡한 실정이다.

---

7) 이일갑, 「남해안지역 조선시대 진·보에 관한 연구」, 동아대학교대학원 석사학위 논문, 2000.
8) 이일갑, 「경남 남해안지역 영·진·보성에 대한 검토」, 『영남고고학보』 45, 영남고고학회, 2008.
9) 부산대학교 박물관, 『부산시문화재지표조사보고서』, 1977. 12.
10) 나동욱, 「부산지역의 성지에 관한 검토」, 박물관 연구논집 2, 부산시립박물관, 1993.
11) 이일갑, 2000, 위의 논문.
12) 부산시립박물관, 『다대포성지 내 건물 신축에 따른 정밀지표조사』, 2001.
13)한국문물연구원, 『다대1구역 주택재개발정비사업부지 문화재 지표조사 결과보고서』, 2006. 4.
14) 김석희, 「임진왜란과 부산항전」, 『항도부산』 9, 부산시사편찬위원회, 1992.
15) 국보학술문화연구원, 『부산 다대진성 문화재 발굴조사 결과 보고서』, 2016.
16) 송해영·서치상, 「다대포진 관아의 공간구성과 해체과정 연구」, 대한건축학회, 2015. 10.

그러나 최근 다대포진성 북벽 체성 바깥에서 다대포진성 해자의 석축이 조사되어 조선시대 영진보성 구조와 축조수법이 확인되어 다대포진성의 실체를 규명할 수 있는 계기를 마련하게 되었다. 따라서 최근 조사에서 확인된 체성과 해자를 중심으로 다대포진성에 대한 구조와 축조수법 등을 파악하는 것이 시급한 일로 대두되었다.

그러므로 본고에서는 최근 조사된 고고학적 현황을 바탕으로 다대포진의 설치와 축성, 진성의 규모와 축조수법을 파악해보고자 하였다. 이를 통해 부산지역 관방체계의 한 단면과 남해안지역 영진보성의 축성을 파악하는 계기로 삼고자 하였다.

2. 다대포진과 진성 축조

1) 다대포진

다대포진성이 위치하는 부산 서남단에 위치한 사하구는 장군봉, 천마산, 아미산, 시약산을 경계로 동쪽으로 서구와 접한다. 낙동강을 경계로 서쪽에 강서구, 구덕산 서쪽 능선과 승학산 줄기를 경계로 북쪽에 사상구, 그리고 남쪽으로 남해와 접하고 있다.

이 가운데 다대포는 북쪽으로 장림동, 감천동과 접해 있고, 그 나머지는 해안으로 둘러싸여 있다. 다대포는 지리적으로 좋은 환경을 가진 포구이며 예로부터 다대진으로 불리웠다.[17]

---

17) 한국문물연구원, 『다대1구역 주택재개발정비사업부지 문화재 지표조사 결과보고서』, 2006. 4.

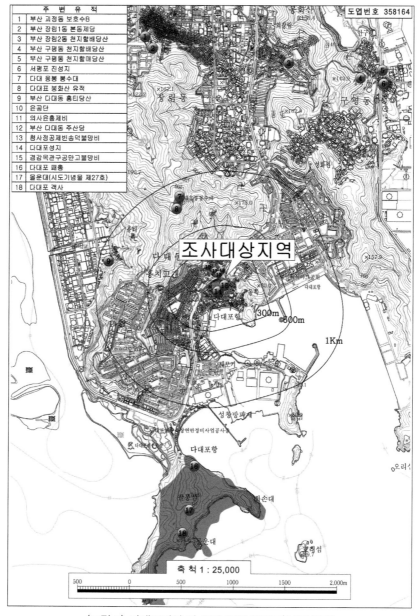

주 변 유 적	
1	부산 괴정동 보호수B
2	부산 장림1동 본동제당
3	부산 장림2동 천지할배당산
4	부산 구평동 천지할배당산
5	부산 구평동 천지할매당산
6	서평포 진성지
7	다대 웅봉 봉수대
8	다대표 봉화산 유적
9	부산 다대동 홍티당산
10	윤공단
11	의사윤흥제비
12	부산 다대동 주산당
13	첨사정공제빈송덕불망비
14	다대포성지
15	겸감목관구공만고불망비
16	다대포 패총
17	몰운대(시도기념물 제27호)
18	다대포 객사

도엽번호 358164

조사대상지역

축척 1 : 25,000

〈그림 1〉 다대포진성 및 주변 유적 위치도(1/25,000)

현재 다대포 지명은 다대진에서 유래하는 것으로, 조선시대에는 동 래현 소속 다대포가 해방 요처로 부각되어 부산포에 주둔했던 경상좌 도 도만호가 진장을 겸했다. 이후 다대포진 천호가 임명되었고 부산포 소속의 병선 3척이 배속되었다. 그러나 이때 다대포진은 병선을 정박 할 장소나 관련 관아시설을 제대로 갖추지 못한 실정이었으며 다대포 진 천호는 부산포에 머물렀다. 1417년(태종 17) 수군만호(종4품)가 파 견되는 수군진이 되었으며 병선 9척과 723명의 군사가 배치되었다.[18] 이후 현재 위치로 다대포진이 이설되었다가 장습포로 다대포진이 다 시 이설되었다. 이후 부산포진에 합해지고 있는 것으로 파악된다. 이후 1511년(중종 6년) 2월 22일 계묘 기사[19]를 살펴보면 다대포진은 장습 포에 이설 후 여전히 그 위치에 있었던 것으로 파악해 볼 수 있다. 또한 1511년(중종 6년) 4월 13일 임진[20]기사를 볼 때 장습포와 서평포가 동 일한 지역이라고 생각된다. 그렇지만 장습포 이전이 대간들의 비판을 받게 되면서 다대포진은 옛 자리로 복설되었다.[21] 이후 다대포진에 부 산포진을 옮기고 부산포를 경상좌도의 수영으로 삼고자하는 논의가 있었다.

다대포진의 진장에 당상관을 그곳의 첨사로 삼도록 계청하여 국왕 의 승인을 받고 있어 이때에 이르러 다대포진은 만호진에서 첨사진으 로 승격되었다.[22]

또한 1534년(중종 29년) 9월 29일 임진 기사에는 다대포진 내 관사

---

18) 『태종실록』34권, 17년(1417) 8월 20일 계묘..
　　『세종실록』150권, 지리지 경상도 지리지 / 경상도.
19) 『중종실록』13권, 6년 2월 22일 계묘.
20) 『중종실록』13권, 6년 4월 13일 임진.
21) 『중종실록』44권, 17년 2월 27일 갑진.
22) 『중종실록』78권, 29년 9월 29일 임진.

규모와 객관 증개축이 이루어졌다.

그리고 중종 39년(1544) 가을에 이르러 가덕도 축성사의 복명에 따라 다대포진 진장을 무재가 있는 당상관으로 가려 차출하여 군관을 많이 거느리게 하고 도내의 한량도 아울러 호세를 갈음하여 부방하게 하도록 하고 있다.[23]

아울러 1544(중종 39년) 9월 28일 갑자에 다대포진에 군관 3인과 병사 100명을 충원토록 요청하고 있다. 그리고 다대포를 첨사진으로 한 것은 적이 들어오는 길의 첫 지역에 기인하는 곳이라 현재의 첨사와 과거 만호의 예를 들어 새로 차출하는 첨사는 동반을 오래 지낸 물망이 있는 자로 하도록 논의되고 있다.[24]

한편, 1592년(임진왜란)이 발발하자 개전 초에 다대포진성은 고니시 유키나가(小西行長)의 부대에게 함락되고 첨사 윤홍신 이하 군관민이 역전하였으나 피살되었다.[25] 당시의 상황을 서애 유성룡이 쓴『징비록(懲毖錄)』에 다대포첨사 윤홍신(尹興信)은 적을 막아 힘써 싸우다가 죽음을 당했다고 하였으며 전투 날짜나 전투상황은 밝히지 않았다.[26] 1757년(영조33년) 당시 동래부사를 역임한 부제학 조엄(趙曮)이 쓴 다대포 첨사『윤공전망사적서(尹公戰亡事蹟敍)』에 의하면, 당시 첨사 윤홍신의 행적은 파악할 수 있으나 기타 전투와 관련한 날짜와 상황을 확인할 길이 없다.[27] 그리고 다대포는 임진, 정유재란이 끝날 때까지 미수복지역이었고 부산포를 중심으로 축조되는 왜성 축조공역이 다대포

---

23)『중종실록』104권, 39년 9월 26일 임술.
24)『중종실록』104권, 중종 39년 9월 28일 갑자.
25)『선조수정실록』26권, 25년 4월 14일 계묘..
26) 류성룡,『懲毖錄』제1권 9.
27)『영조실록』118권, 48년 1월 14일 경술.

지역에서도 확인되고 있다.[28]

임란이후 다대포진은 적로의 제일선임을 인식하여 여타의 진들과 달리 이설되거나 폐지되지 않았고 바로 복구되었다.

조선 후기에 들어서는 1750년(영조 26년)에 유명무실한 진보 철폐논의가 활발하게 진행되는 가운데 다대포진에 소속된 전선을 줄이는 논의도 포함되었다.[29] 1881년(고종 18년) 2월 26일 무오에 포이, 개운, 서평의 진을 없애고 절영도진을 설치하였다. 해당 진장은 첨사로 승격시키고, 관아 건물, 창고, 무기, 군향(軍餉), 급료를 앞서 폐지한 3개진에 있는 것을 가져다 쓰도록 하였다. 설치된 목장은 적당한 곳에 옮기도록 하였다. 이때에 서평포진이 폐지되었고 관련 시설물 및 군기 등이 다대포가 아닌 절영도진으로 이속되었음을 알 수 있다.[30]1883년(고종 20년) 4월 19일에는 앞서 서평진의 폐지에 이어서 다대진을 폐지하였다. 이때 다대진은 해당 첨사 이력만을 허용하는 대신 그 휘하에 소속된 모든 곳은 부산진에 이부토록 하였다.[31] 그러나 1885년(고종 22년) 12월 19일 계미에 절영도가 도서의 한계로 인한 방어 상의 문제와 폐지한 영진의 성지와 청사도 본래 완전하고 견고하며 무기와 군사들도 아주 정예하여 능히 위급한 때에 의거할 수 있음을 들어서 다대진을 재설치하였다. 아울러 절영도 첨사의 직함을 감하고 해당 진영의 장수를 다대진 첨사로 삼도록 하고 있다.[32] 이렇게 재 설치된 다대포진은 1910년

---

28) 『선조실록』35권, 26년 2월 18일 계묘.
29) 『영조실록』72권, 26년 11월 23일 임술. 이때 당시 논의의 내용은 전선 1척을 줄이며 적게는 800명에서 1,000여 명에 이르는 인원을 줄이는 것으로 파악되고 있고 오히려 전선의 숫자를 늘려야 한다는 의견과 아울러 수영의 이전을 다대포진으로 할 것을 강조하고 있어 다대포진의 중요성을 새삼 강조하고 있다.
30) 『고종실록』18권, 18년 2월 26일 무오..
31) 『고종실록』20권, 20년 4월 19일 기사.
32) 『고종실록』22권, 고종 22년 12월 19일 계미.

일제가 전국의 성곽철폐령이 내려지는 시기까지 계속해서 부산지역의 가장 중요한 해안방어처로 운용되었다.

2) 다대포진성의 축조

다대포진성에 대한 축성논의가 처음 확인되는 것은 1483년(성종 14년) 울산지역 수영을 다대포로 이설하려는 논의가 이루어지면서 부산포와 제포의 예와 같이 축성[33] 하고자 하는 의견이 개진되었다. 그러나 이때에는 다대포진에 아직 성곽이 축조되지 않았다. 이후 1484년(성종 15년)에 남해안지역의 영진보성의 축조논의가 이루어지고 그 결과 홍응을 축성사로 삼아서 해당지역의 영진보성에 대한 성기를 심정케하였다. 이때 1485년(성종 16년) 홍응의 계문에 의하면 다대포진성은 초축 당시에는 수군만호의 제진이라 체성의 둘레 1,298척, 동서 360척, 남북 244척이었다.[34]

이후 『新增東國輿地勝覽』동래부조에는 1490년(성종 21년) 다대포영은 석성으로 축조되고 둘레 1,806척, 높이 13척이다. 동서남북에 성문과 문루가 있어 동문은 패인루, 서문은 영상루, 남문은 장관루, 북문은 숙위루라 하였다. 성내에는 객사인 회원관과 동헌인 수호각을 비롯하여 군기소인 청상루, 관청, 금산소, 목소, 공방소, 도훈도소, 지통소, 제향소, 대동고, 유포고, 대변소, 진창 등이 관사와 창고가 있었다. 이밖에 성 밖에 주사의 관문인 진남루와 주사의 대변소인 진남정이 있었다.[35]

이외에 『東萊府誌』, 『萬機要覽』, 『東萊府邑誌』, 『萊營誌』, 『東萊府

---

33) 『성종실록』154권, 성종 14년 5월 8일 기해.
34) 『성종실록』176권, 성종 16년 3월 25일 병오.
35) 『新增東國輿地勝覽』권23, 동래부조.

邑誌』등에서는 다대포진성의 성둘레를 1,806척으로 기록하고 있다. 반면에 1893년 발간된『多大鎭各房重記冊』에서는 1,908尺에 193垛로 기록되어 있다. 1895년 발간된『多大鎭誌』에서는 10척이 늘어난 1,918 尺으로 기록되어 있다. 타구의 숫자는 193垛로 동일하다. 그러나 1895 년 발간된『東萊府事例』에서는 다시 1,806尺으로 기록되어 있다.

따라서 처음 다대포진성 성기를 심정한 것에 비해서 600척 이상을 늘려 축조하고 있음을 알 수 있다. 이때 영진보성 성기심정에 사용된 척도는 현재 미터법을 환산해보면 포백척을 사용한 것임을 알 수 있다.

이러한 다대포진성 성둘레는 경상좌수영성과 경상우수영성, 제포진 성, 부산포진성, 울산병영성, 합포성 등 첨절제사와 절도사영이 설치된 영진보성의 성둘레가 2000尺 이상을 상회하는 반면 2000척 이하임을 알 수 있다.

남해안지역에서 확인되는 영진보성 가운데 1000~1500척을 전후로 11개소, 1500~2000척이 6개소로 전체 57%를 차지하며 절반을 넘고 있다. 보는 대략 1000척 이하가 대부분을 차지하고 있다.36) 그러나 다 대포진성은 첨사영성으로 승급되었음에도 초축 당시 만호영 성둘레가 1,806척이었다. 이후 장습포 및 서평포로 이설과 합병, 다시 초축 성지 로 이전, 이후 임진왜란을 거친 조선 후기까지도 증축은 이루어지지 않 았다. 따라서 첨절제사 및 절도사영성의 최소 성둘레인 2000척 이상에 도 미치지 않고 있음을 알 수 있다. 이것은 변진이력지구로 지정되어 당상관급 무관이 진장인 영진보성의 중요성에 비하여 성둘레는 그에 미치지 못하고 있음이다.

---

36) 이일갑, 「경남 남해안지역 영·진·보성에 대한 검토」, 『영남고고학보』 제45호, 영 남고고학회, 2008.

다대포진성은 1510년(중종 5년) 4월9일에 왜구에 의해 침탈되어 성 내외부와 군선이 불탔다.[37] 동년 5월 24일 무인일에 이와 관련하여 도 원수 유순정, 다대포의 병선이 불태워져 남은 것이 없고, 병선이 불 타는 것을 방지하고 위해 수중목책을 설치토록 건의한다. 이때 이후에 설치한 수중목책이 제포진성, 당포진성 등의 조사에서 확인되고 있어 다대포진성에도 이때에 수중목책이 설치되었을 것으로 판단된다.[38]

다대포진성 성곽 수개축과 관련하여서는 1593년(선조 26년) 윤11월 14 일에, 선조와 유성룡의 대담 내용에 임진왜란 발발 전인 1591년(선조 24 년) 신묘년에 전국에 걸쳐 성지를 선축하는데 다대포진성 역시 체성 및 해 자의 수개축이 이루어졌던 것으로 언급하고 있다.[39] 이때에 이르러서 초축 이후 부분적인 수리가 아닌 대규모의 수축이 이루어졌음을 알 수 있다. 임 란이후 다대포진성의 수개축과 관련하여서는 1708년(숙종 33년) 12월 지 중추 이인엽 서계에 나온 내용 가운데 변방의 가장 요해처에 다대포가 포 함되어 있으며 다시 더 증수하도록 하는 내용이 확인된다.[40] 또한 1868년

37) 『중종실록』11권, 5년 4월 10일 을미.
38) 『중종실록』11권, 5년 5월 24일 무인. "都元帥柳順汀狀啓曰: … 且前者賊倭等 焚蕩 薺浦永登浦安骨浦釜山浦多大浦兵船無餘 賊若復寇 則必如前焚蕩 須植大木 以鐵鎖 次次聯接 橫截藏船浦口"
39) 『중종실록』45권, 26년 윤11월 14일 갑오. "謹査小邦 前於辛卯夏 日本賊酋 遣妖僧 玄蘇 來叩邊門投書其言絶悖 (貟) 小邦以從已 小邦君臣 爲之痛心 疾首 知必有賊變 卽差使臣 馳奏京師 又分差巡察使金晬 于慶尙道 李洸于全羅道 尹先覺于忠淸道 巡 邊使 申砬 李鎰于京畿 黃海道 點閱軍丁 修造軍器 繕築城池 又以慶尙道前受敵之地, 增築釜山東萊密陽金海多大浦昌原咸安 等城 鑿深壕塹 其內地之無城處 如大丘府 淸 道郡 星州牧 三嘉縣 永川郡 慶山縣 河陽縣 安東府 尙州牧 悉發民築城 又慮人情狃安 怠慢 國王連發近臣 承旨等官 閱視催督 其違慢失機者 以輕重行罰"
40) 『숙종실록』45권, 33년 12월 27일 을사. "乙巳/知中樞李寅燁上疏條陳鳥 竹兩嶺防守 事 仍言 一 卽今憂 虞 多在海防疎虞之端 非止一二 沿海列鎭 雖星羅碁布 而凋殘疲弊 土卒鮮少 脫有緩急 無以得力 臣之淺 慮以爲 擇其最要害處 如嶺南之巨濟 南海 加德 多大浦 湖南之加里浦 蝟島 古羣山 湖西之元山 安興 海西之白翎 所江 關西之廣梁 宣

(고종 5년) 8월 22일에 다대포진성의 성첩과 군기를 수리한 공을 들어서 다대 첨사 김기혁에게 포상하는 은전을 베풀도록 하고 있어 이때에 이르러 다대포진성을 수개축한 것을 확인할 수 있다.[41] 따라서 다대포진성은 초축 이후 4차례 이상 전면적인 수개축이 이루어진 듯하다. 그러나 성둘레에 있어서는 변화가 없다. 이것은 현재 미터치로 환산한 다대포진성 규모가 잔존 체성부 둘레 약 835m이고, 성종 21년에 축조한 둘레 1806척의 포백척 환산치인 843m와 거의 일치하고 있음으로 알 수 있다. 조선 후기 때 기록 가운데 척수 차이는 척도의 사용을 달리한 것이거나 10척 차이가 나는 것은 오기로 파악된다.

다대포진성은 임진왜란 당시 왜선이 다대포항에 주둔하고 있었으며[42] 가등청정이 정유재란 재침시 다대포로 상륙하였다.[43] 또한 왜군이 다대포 등지에 왜성을 축성하는 내용이 확인되고 있어 왜군에게 있어서도 중요한 군사적 요충으로 다대포진성이 활용되고 있었음을 알 수 있는 것이다.[44]

沙 更加增修 島中人民 盡爲劃給 團束作隊 時時鍊藝"
41) 『고종실록』5권, 5년 8월 22일 병인.
42) 『선조실록』104권, 31년 9월 28일 경술.
43) 『선조실록』84권, 30년 1월 21일 임자. "壬子/慶尙等四道都體察使議政府右議政 李元翼 身兼將相 時擬鄧 書狀:機張縣監李廷堅馳報內 淸正今月十三日多大浦到泊 先來船二百餘隻 十五日廷堅又馳報曰 倭大船一隻 倭子七十餘名及倭將喜八 卽金大夫 直到釜山 以牌文示之曰"
44) 『선조실록』35권, 26년 2월 18일 계묘.

3. 다대포진성의 고고학적 검토

1) 다대포진성 구조 검토

『조선 후기지방지도』에는 다대포진 전체를 성곽으로 둘러싸고 있으며 체성 상단에 여장이 설치되어 있는 것으로 표시되어 있다.『광여도』에는 체성이 없고 객사 건물만 축조된 것으로 표시되고 인접해서 서평진이 위치하고 있다.『해동지도』에도 체성이 없는 것으로 표시되어 있다. 또한『다대진지도』,『동래부산고지도』,『조선 후기지방지도－경상도－』,『각읍지도』등에서 확인되는 체성 평면형태는 말각방형 내지 타원형이다.

그러나 현재 지적원도 및 현황측량도, 지형도에서 확인된 다대포진성 평면형태는 주형으로 확인되어 고지도에 표시된 것과는 다른 것을 알 수 있다. 그리고 앞서 언급된 고지도 가운데 성문은『영남도』,『영남지도』(규장각),『영남지도』(영남대학교),『각읍지도』,『영남읍지』에서는 표시되지 않는다. 반면에 1872년『군현지도』(다대진지도),『동래부산고지도』, 조선 후기지방지도에서는 4대문이 표시되고 홍예식으로 그려져 있다. 따라서 다대포진성 성문의 정확한 형태 파악은 어렵다. 다만 남해안지역에서 조사된 영진보성 성문 가운데 개거식 형태가 많이 확인되는 것이 참고가 될 것이다. 또 다대포진성 북동쪽에 서평진이 주로 표시되어 있다. 체성을 묘사한 것도 있으나 대부분 관사만 표시하고 있다. 선창은 조선 후기 지방지도에서는 다대포진성의 동쪽 해안에 설치되어 있으나 1872년『군현지도』에는 남벽을 기준으로 할 때 좌우에 각각 설치되어 있다. 반면에 동래부산고지도(19세기 후반)에서는 선창은 그려져 있지 않고 단지 선박이 남벽 체성 기준으로 해안 좌우에 묘사되어 있다.

　고지도에서는 부대시설인 옹성과 치성, 해자의 설치가 확인되지 않는다. 이러한 것은 고지도상에 실제와 달리 옹성 및 치성 등이 표현되지 않는 경우도 많이 있는 것을 참고하면 사실 크게 문제될 것이 없다. 더구나 최근 북벽 체성 외부에서 해자가 확인되고 있음을 볼 때 체성을 제외한 부대시설의 지도 묘사는 의도적으로 생략된 듯하다. 이처럼 부대시설을 지도에서 생략하는 것은 역시 군사적인 이유에 기초하는 것이다. 즉 부대시설 가운데 옹성의 위치와 개구부의 방향, 그리고 치성의 위치와 숫자는 기밀을 유지해야하는 것에 연유한다고 판단된다. 특히 1차 방어선인 해자의 설치 유무와 진출입로를 표시하지 않는 것도 동일한 이유에 기인한다고 판단된다.

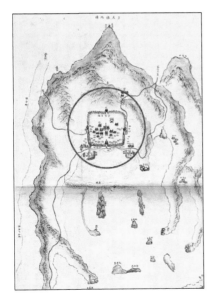

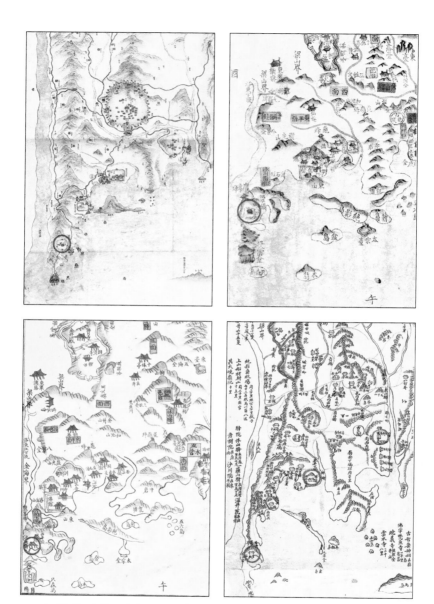

〈그림 2〉다대포진성의 고지도(좌상에서 ①다대진지도, ②동래부산고지도,
③조선후기지방지도－경상도－, ④각읍지도 동래부, ⑤광여도, ⑥해동지도)

2) 다대포진성 조사현황 및 검토

(1) 고고학적 조사현황

다대포진성은 평면 주형의 잔존 성둘레 약 835m 석축으로 된 영진보성이다. 다대포진성이 위치한 곳은 북쪽에 있는 아미산 구릉 말단부에 위치한다. 지형적으로 동쪽이 높고 서쪽이 낮은 편이다. 남쪽은 바다와 매립지로 형성된 다대포항이 연접하고 있으며 북쪽은 다대로 개설로 인해 그 원형이 훼손된 상태이다. 현재 다대포진성 체성부는 대부분 민가 담장으로 사용되거나 훼손된 상태이다. 북쪽은 도로개설 및 최근 지하철 공사 터파기로 인하여 체성부가 훼손된 상태이며 전체적으로 가장 잔존 상태가 불량한 상태이다. 다만 부산유아교육진흥원 담장으로 사용 중인 다대포진성 북벽 체성부 일부(약 15m), 다대동 174, 175−1번지 일부(약 30m), 180−1, 180−4, 181−1, 182번지(약 50m), 남벽 182, 183−3, 190−1, 191번지 100m, 1121, 1122, 1123, 1129번지 일원(80m)과 서벽 1109−4, 1111번지에 체성부 일부(약 20m)가 잔존하는 것을 확인할 수 있다. 전체적으로 대략 300m 내외의 체성부가 잔존하고 있다.

북벽은 고고학적 조사 결과 기단부 및 체성이 확인되었다. 외벽기단 보축 범위도 파악되었다. 체성 외벽 잔존 높이는 1.5m로 약 3~4단이 확인되었다. 외벽은 풍화암반 위에 갈색사질점토층을 정지하고 그 위에 황갈색토 및 흑갈색토를 교대로 쌓아 다졌다. 그 위에 편평한 지대석을 놓고, 다시 그 상부로 치석된 대형 석재들을 약 10cm 정도 뒤로 물려서 성벽석을 축조하였다. 외벽 성석 사이에는 잔돌을 끼워 넣었다. 상부로 올라갈수록 비교적 작은 할석들을 사용하여 외벽을 축조하고 있으며 세워쌓기와 눕혀쌓기를 혼용하였다. 체성 외벽 지대석 앞쪽으로 판상형 석재를 이용하여 약 110~120cm 폭의 외벽기단보축을 설치하였다.

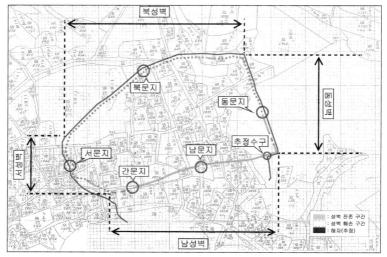
〈그림 3〉 대정 2년(1913년) 지적[원도]

다음으로 다대포진성 부대시설을 살펴보면, 성문 4개소(동, 서, 남, 북), 간문 1개소와 북벽에서 해자가 확인되었다. 서문과 동문, 북문은 현재 도시화가 진행되어 그 형태를 파악할 수 없으나 지적원도를 참고할 때 그 위치를 대략적으로 파악해 볼 수 있다.

고고학적 발굴조사에서 확인된 다대포진성 해자는 북벽 체성에서 10m 이격된 지점에서 폭 5.2m 정도이다. 생토면을 굴착한 후 3.3~.7m 정도의 폭을 둔 해자 내외호안석축으로 확인되었다. 이 호안석축은 지대가 낮은 동쪽에서 높은 쪽인 서쪽으로 축조된 것이다. 해자는 지표아래 약 40cm에서 확인되고 있으며 해자 북쪽 호안석축은 지대석을 포함하여 2단이 잔존하고 있으며 잔존 길이는 약 8m, 잔존 높이 50cm이다. 북쪽 호안석축 1단은 기반암인 풍화암반을 "L"상으로 절개하여 판상형 석재 및 할석을 이용하여 지대석을 축조하고 있다. 일부지점은 기반암을 그대로 이용하였다. 이때 굴광선과 해자호안석축 사이에는 점성이 강한 암갈색점질토와 풍화암반 알갱이편이 포함된 다짐층이 확인된다. 호안석축에 사용된 석재는 지대석은 20~25×30cm, 기단석은 25~30×20cm의 할석을 사용하였다. 남쪽 호안석축은 지대석과 기단석의 2단이 잔존하고 있다. 잔존 길이는 6.4m이며 호안석축의 일부는 지대석 없이 기반암에 그대로 축조한 반면 일부는 지대석을 축조하여 호안석축을 설치하고 있다. 다대포진성 해자바닥은 편평하며 목익 등 시설물 및 유물은 확인되지 않는다.

(2) 다대포진성 고고학적 검토

다대포진성 입지는 좁은 해협이나 만곡한 지형 내부에 위치하고 주변에 크고 작은 도서들이 산재해 있으므로 적이 아군을 쉽게 발견하지 못하는 이점이 있다. 그러나 아군 역시 좁은 해협과 만곡된 지형으로 인해 적의 출입을 쉽게 파악하기 힘든 점이 있어 주변산에 권설봉수(權設烽燧)가 설치되어 조기경보체계를 구축하고 있다.

다대포진성 체성 축조수법은 기존에 조사된 경상좌수영성지 체성에서 확인되는 양상과 대동소이하다.[45] 다대포진성 축조수법 특징은 경사면에 설치된 체성 외벽기단부 축조수법이다. 다대포진성 체성 외벽기단 축조수법은 경사면에 수평화공법을 사용하여 축조하고 있는 것이다. 이러한 것은 영조 때 수축되는 후기 동래읍성 경사면 축조수법,

---

45) 부산광역시립박물관, 『경상좌수영성지』, 학술연구총서 21, 2001.

경상좌수영성지 체성 축조수법과도 유사하다. 다만 차이가 있다면 지대석 설치유무라고 할 수 있겠다. 즉 다대포진성 체성은 지대석을 설치하고 그 위에 성석을 세워쌓기와 눕혀쌓기로 교대로 실시하여 축조된다. 반면에 후기동래읍성 산지면 축성부, 경상좌수영성 발굴구역에서는 지대석의 설치 없이 기단석만 설치되어 있다. 또한 다대포진성 해자에서도 지대석의 설치 없이 기단석만 설치하고 그 위에 호안석을 축조하고 있는 구간도 확인되고 있어 시기적으로 조선 전기보다는 늦은 시기에 축조되었음을 알 수 있다.

〈사진 1〉 다대진성 체성 내벽 노출상태

다대포진성 체성 내벽은 정식조사가 이루어지지 않아 정확한 형태를 파악할 수는 없다. 2001년 다대진성 내 신축건물지에 대한 입회조사(부산시립박물관)에서 확인된 내벽적심부에서 계단식석축에 흙을 경사지게 덮어서 마무리한 것이 확인되고 있어 기본적으로 외벽석축 내탁식으로 축조된 것으로 파악된다. 또한 2016년 조사(국보학술문화연구원)에서 장대석을 이용 입수적한 외벽면석 등과 그 뒤에 일정 크기의 침석 등을 이용하여 체성 적심을 축조하고 있는 것을 파악하였다.

이러한 축조양상은 남해안지역 영진보성 체성 축조수법과 대동소이하고, 다대포진성의 양상으로 볼 때 조선 후기에도 그 축조수법을 답습하고 있음을 알 수 있다. 다만 북벽 체성 구간 중 수축 흔적을 확인 할 수는 있는 구간도 있어 전체적으로 외벽석축내탁식으로 축조한 후 임진왜란 이후부터 조선 후기까지 수개축시에 부분적인 축조수법의 변화가 파악되나 단언할 수는 없다.

그리고 조선 후기의 외벽축조수법에 있어 같은 지역인 동래읍성에서는 치석된 가공석을 사용하고 그랭이공법에 의해 석재간의 틈을 없애거나 줄이고, 그를 통해 마찰면이 넓어지고 있음에 반하여 다대포진성에는 이러한 축조수법이 확인되지 않는다. 따라서 후기동래읍성 및 통영성 등에서 확인되는 장방형 및 방형 성석으로 치석하고 그랭이공법에 의해 석재간의 간격을 없애고 마찰면을 넓게 만드는 방식의 조선후기수법은 다대포진성 체성 축조수법에서는 일단 채용되지 않고 있다. 특히 부산지역 거진인 다대포진성에서 임진왜란 이후 축성 및 수개축 되는 후기 동래읍성, 통영성, 한양도성, 수원화성, 남한산성, 강화도 돈대 등에서 확인되는 기단석을 입수적하지 않고 성석 크기를 줄이고 치석한 방형, 장방형석으로 눕혀쌓기를 실시하는 축조수법이 확인되지 않는 것은 다소 특이한 현상으로 파악된다.

그러면 조선전후기에 걸쳐 부산지역의 가장 중요한 군사거점이며 대일본 최일선 방어시설인 다대포진성에서 16세기 이후 새롭게 도입된 체성 축조수법이 확인되지 않는 것은 어떤 이유일까? 그것은 크게 세 가지로 해석해 볼 수 있다. 첫 번째로 군사방어전략 변화이다. 조선후기에는 한양도성방어체계에 속한 산성 및 왕실보장처에 대한 성곽축조가 치중된데다 지방에서도 거점산성을 중심으로 한 방어전략의 변화가 이루어졌다. 즉 부산지역은 동래읍성과 그 배후에 위치하는 금정산성을 중심으로 방어체계가 이루어진 관계로 이를 중심으로 한 성곽 수축 내지 혹은 증개축 이루어졌다. 이때 후기 동래읍성과 금정산성에서는 17세기의 성곽축성술이 일부 확인된다. 두 번째로 다대포진성의 입지에 기인하는 것으로 생각된다. 다대포진성은 부산지역 대표적인 영진보성으로 16세기 이전까지 낙동강하구의 끝에 위치하며 낙동강과 가덕협수로를 통하여 남해안과 경상도의 내륙으로 진출하고자 하였던 왜세력을 차단 견제하는 것이 주된 임무였다. 그러나 임진왜란을 겪은 후 조선조정에서는 일본의 수륙병진전술에 의해 배를 이용해 남해안을 돌아서 서해로 빠져 나오는 전술의 효과적인 대응책이 선상수어와 중요 수로 길목을 지키는 것에 있음에 착안하여 그 중요지점에 해당하는 가덕진성, 통영성 등을 새롭게 축조하거나 해남 우수영성을 수개축하였다. 반면에 다대포진성은 그 중요성이 강조되어 전선의 숫자를 늘리도록 하는 등의 논의46)가 이루어졌음에도 인접한 왜관과 일본에서 도착하는 최초 해안도박처임을 감안하여 기존 성곽에 더하여 수축만 할 뿐 당시 군사상 기밀에 해당하는 성곽축조술을 노출하지 않기 위하여 새로운 성곽축성술이 적용되지 않았다고 생각된다. 세 번째는 임진왜란 이전에 다대포진성 역할이 인접한 가덕진성으로 상당부분이 이전되었기 때문이라고 판단된다. 따라서 이러한 세 가지의 이유로 인하여 변진이력지구로 지정되고 당상관급 첨사진이며 경상좌수영 관할 최고 거진임에도 불구하고 체성부 축조는 조선 전후기를 걸쳐 큰 변화가 나타나지 않는 것이다.

다음으로 다대포진성 조사현황에서 확인되는 부대시설을 검토한다.

---

46) 『영조실록』 72권, 26년 11월 23일 임술.

먼저 성문을 살펴보면, 정문인 남문은 과거 지적원도에는 바다와 인접해 있음을 알 수 있다. 지금은 주변지역 매립으로 인해 해안에서 이격되었지만 조선시대 당시에는 바닷가 모래사장과 인접하여 성문 가까이에 바닷물이 드나들었던 것으로 파악된다. 이러한 것은 『해사록(海槎錄)』에 수록된 다대포진성 묘사에서 모래사장에 가까우며 저녁 밀물이 수루에 맞닿는다는 구절이 있어 남문 인근까지 바닷물이 드나들었던 것으로 파악된다.[47] 특히 이때 "戍樓"는 적을 감시하기 위한 초소 혹은 누각으로 파악해 볼 수 있다. 통상 이러한 누각 시설 등은 치성 위에 설치되는 것이 많다. 또한 성문에 인접해서 적대에 설치되는 것을 참고한다면 다대포진성 남벽 체성에 치성이 설치되어 있었던 것으로 파악해 볼 수 있는 것이다.

다대포진성 해자는 『조선왕조실록』 선조 26년조에 기사 내용 가운데 경상도 부산·동래·밀양·김해·다대포(多大浦)·창원·함안 등지 성을 증축하고 참호도 깊이 팠다.[48] 라는 기사에서 확인되고 있다. 이때 다대포진성이 증축되고 해자가 축조되고 있음을 알 수 있다. 따라서 적어도 다대포진성 해자가 1592년 이전에 이미 설치되었거나 이때 당시에 축조된 것으로 파악해 볼 수 있다. 또한 임진왜란이 일어나기 직

---

47) 「海槎錄」다대포(多大浦)에서 비오는 중에 ─신유(申濡)
　　옛 성이 모래 언덕에 가까우니 / 古壘近沙岸
　　저녁 밀물이 수루에 맞닿누나 / 暮潮連戍樓
　　새들은 연깃가 나무에 깃들였고 / 鳥棲煙際樹
　　사람은 비오는 배 안에 누워 있네 / 人臥雨中舟
　　물나라엔 단풍 숲이 컴컴하고 / 水國楓林暗
　　산밭엔 밀 이삭이 익었네 / 山田麥穗秋
　　동으로 만 리 밖에 가는 길인데 / 東行萬里外
　　예서 오래 묵자니 이 시름 어이하리 / 愁絶此淹留
48) 『선조실록』45권, 26년 윤11월 14일 갑오. ....又以慶尙道前受敵之地, 增築釜山, 東萊, 密陽, 金海, 多大浦, 昌原, 咸安等城, 鑿深壕塹。

전에 다시 해자를 수개축하고 있음을 볼 때 최근 발굴조사에서 확인된 해자는 임진왜란 직후 왜군에 의해 진성이 함락 훼손되면서 파괴되었던 것으로 판단된다. 그리고 임진왜란 이후 성곽 복구가 이루어지면서 다시 개축되었을 것으로 판단된다.

이 다대포진성 해자와 유사한 것은 울산 경상좌병영성 동벽 해자(2016년 발굴조사)로 너비 5m, 내외호안석축간 너비 3.5m, 깊이는 내벽 13~125cm, 외벽 17~87cm로 단면 모양은 U자형이며, 건호(隍)이다.49) 이 해자의 내외호안석축 간격과 굴착폭 그리고 물을 채우지 않은 건호인 점이 모두 다대포진성 북벽 해자와 동일하다. 그리고 서생포진성 해자는 체성에서 약 13m 떨어진 곳에서 확인되었다. 다대포진성 해자가 북벽 체성에서 10m 이격된 것과 비교할 때 유사함을 알 수 있다.

또한 서생포진성 해자는 잔존 최대 5~6단, 최대 높이 약 120cm, 너비 약 50cm이다. 2차 해자 너비는 최대 3.7m 정도이며 높이는 2.5~3m 정도로 추정된다.50) 다대포진성 해자는 너비 5.2m로 서생포진성 해자 폭보다는 넓게 확인된다. 그러나 해자 내외호안석축 너비 3.3~3.7m 정도임을 고려하면 동일한 너비를 가진 것으로 판단된다. 그에 반해 여수석보에서 확인된 해자는 서벽 체성 외벽 기준으로 5.3~5.5m의 거리를 두고 4.7~5m 너비로 축조하였다. 해자 내, 외면에 20~90cm 크기의 할석으로 호안석축을 축조하였으며, 내벽은 60~100cm, 외벽은 80~90cm 높이이다. 이러한 여수석보는 영진보 가운데 가장 하위 제대 성곽에 해당하는 것임을 상기하면 전체적으로 거진인 다대포진성에 비

---

49) 울산발전연구원 문화재센터, 『울산 경상좌도병영성 동문지―울산 병영성 월성개나리아파트~동문지 정비사업구간 내 유적』, 발굴조사보고서 제89집, 2016.
50) 지윤미, 「서생포만호진성의 해자에 관한 연구」, 『울주의 성곽』, (재)한겨레문화재연구원 개원 5주년 기념학술대회, 2014.

해서 체성과 해자사이 이격거리는 반감되는 것을 알 수 있다. 반면 해자 너비는 유사하게 확인되고 있다.

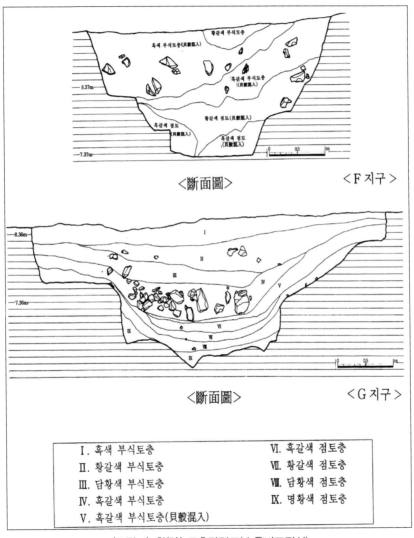

〈그림 4〉 황(隍) 토층단면도(소을비포진성)

최근 고고학적으로 조사된 남해안지역 영진보성 체성부와 해자 이격거리는 고고학적으로 확인된 합포성 10m~20m, 경상좌병영성 10m, 다대포진성 10m, 소을비포진성 10m, 서생포진성 13m, 개운포진성 7~15m, 여수석보성 5.3~5.5m 등으로서 대략 10m 내외가 많다. 그 거리가 대략 5, 6~20m로 확인되고 있는 남해안지역 연해읍성과는 동일한 양상이라고 할 수 있다.

이와 같은 양상이 확인되는 것은 남해안지역 영진보성은 성종조에 일률적으로 성기심정을 하고 그 결과에 따라 일시에 성곽이 축조되면서 동일한 이격거리를 가지게 된 것에 기인한다.

그리고 남해안지역에서 확인된 영진보성 해자 너비는 대체적으로 2~8m 사이인 것으로 확인된다. 그 가운데서 최근 조사된 서생포진성, 울산좌병영성 등이 다대포진성 해자 너비와 특히 동일한 양상이다. 이것으로 단언할 수 없지만 경상좌수영 관할 영진보성 해자는 규모로 볼 때 대체로 동일한 규격으로 축조된 것으로 파악해 볼 수 있는 것이다.

남해안지역 조선시대 영진보성 해자는 단면 U자형 외에도 V자형으로의 굴착들도 다소 확인되고 있다. 그 유형에 있어서도 물을 채운 해자보다는 건호인 황의 형태가 확인되고 있다. 다대포진성 역시 해자 단면은 U자형으로 물을 채우지 않은 건호인 황에 해당한다.

대부분 영진보성은 그 입지조건 자체가 성 정면이 반드시 바다와 접하거나 바다와 내륙하천이 접하는 지점에 위치하고 있어 특별히 해자를 구비할 필요는 없는 것으로 생각해 볼 수 있지만 실제는 대부분의 영진보성에는 해자가 구비되어 있다. 더구나 해자 설치 지점에 있어서도 특히 육지로 연결되는 구릉사면에는 거의 해자를 설치한다. 다대포진성 해자 역시 북벽 체성부 정면을 비롯한 동, 서, 남, 북벽 사방에 해

자가 축조된 것으로 파악되어 진성의 방어력을 보완하고 있다.[51]

다대포진성 해자 호안석축은 체성에 비해서는 조잡하게 축조되어 있다. 이것은 기저부 바닥에 지대석을 놓고 뒤로 물려서 기단석과 해자석을 축조하는 연해읍성에 비해서 다대포진성 해자 호안석축 기단부는 지대석이 없이 기반암을 정지하고 그 위에 바로 축조한 것에 기인한다. 대체로 영진보성 해자 축조시 기반암을 굴착하여 그대로 사용하는 경우가 많은 것으로 특별히 석축 및 토축을 이용하여 양안벽을 구축하지는 않는 것과는 차이가 있다. 연해읍성 해자석으로 사용된 석재들은 대부분 자연할석이나 화강암계통의 자연산석이 대부분이며 강돌과 면석의 경우 부분적으로 가공한 흔적이 확인되고 있으나 그 숫자는 많지 않은 것으로 판명되는데 다대포진성 해자호안석축도 대동소이하다.

최근 조사된 연해읍성 해자에서는 목익(木杙)이 기본적으로 확인되고 있다. 반면에 다대포진성을 비롯한 영진보성 해자에서는 목익이 거의 확인되지 않는다. 이러한 것이 일부분에 한정된 조사결과에 의한 것에 기인하는지는 단언할 수는 없다. 다만 최근에 조사된 영진보성 가운데 개운포성을 제외한 해자에서는 목익이 확인되지 않고 있는 것을 감안할 때 잘 납득이 가지 않는 현상이다. 더구나 부산지역내의 동래읍성과 인접한 진해 웅천읍성의 해자 내에서도 다량의 목익이 확인되고 있다. 따라서 목적상 군사성인 영진보성의 방어력을 높여 줄 해자 내부에 목익이 설치되지 않는 것은 좀더 다른 각도에서 이해되어야 할 것이다. 즉 이것은 해자의 설치위치에 따라 급경사지역에는 물을 담수할 수 없기에 건호인 황을 설치하고 평지에는 방어적인 면을 고려하여 물을 담

---

51) 이일갑, 「南海岸 沿海邑城의 垓字考」, 『문물연구』 제10호, 동아시아문물연구학술재단, 2006, 82~83쪽.

수하고 그 안에 목익을 설치하여 방어력을 강화 있다고 할 수 있는 것이다. 따라서 남해안지역 영진보성의 해자는 연해읍성의 해자 보다는 방어적인 면에 있어 부실함을 엿볼 수 있다.[52]

4. 맺음말

지금까지 지표조사 및 발굴조사를 통해 다대포진성에 관하여 살펴보았는데, 그것을 요약하면 다음과 같다.

다대포진성은 부산지역에 설치 축조된 관방성으로 조선시대 국방상 중요 거진 중의 하나이다. 특히 조선 후기에는 변진이력지구로 지정되어 당상관 이상의 첨사가 임명되어 부산지역을 포함하여 남해안지역 대왜구 방어 전초기지 가운데 가장 선두에 위치한 중요한 곳이었다. 다대포진은 조선시대 영진보의 잦은 이동과 설폐가 이루어진 가운데서도 설치와 운용에 있어서 처음 설치 및 진성 축조가 이루어진 지금의 다대동 지역 일대에 위치하고 있었다.

또한 이때 이전 설치가 이루어지는 장습포와 서평포가 동일한 지역임을 이번 연구로 파악할 수 있었다. 다대포진은 임진왜란 이전에는 왜구의 서진과 낙동강을 이용한 내륙침입에 대비코저 현재의 위치에 설치 운영하였다. 임진왜란 이후에는 적로(일본)의 최일선임을 인식하여 여타의 진들과 달리 이설되거나 폐지되지 않았고 바로 복구되어 조선 후기까지 조선 전기기능에 더하여 대규모 침입에 대한 선상수어 기능을 더하였다고 생각된다.

---

52) 이일갑, 2006, 앞의 논문, 83쪽.

다대포진성은 적이 아군을 쉽게 발견하지 못하는 잇점이 있는 반면, 적의 출입을 쉽게 파악하기 힘든 지형조건을 갖춘 위치에 축조되어 있다. 따라서 이러한 제약조건을 보완하기 위해 배후산에 권설봉수(權設烽燧)인 다대봉수를 설치하여 이와 연계된 조기경보체계를 구축하였다. 또한 고고학적 현황조사 결과 고지도에서 확인되는 평면 말각방형 내지 타원형이 아닌 주형으로 확인되었다. 이러한 주형이 조선 전기 특정시기에만 유행한 성곽 평면형태임을 감안하면 성종조에 축조된 다대포진성은 거의 주형 마지막 단계에 축조되었다고 할 수 있다.

고고학적 조사에서 확인된 다대포진성의 규모는 둘레 1806척의 포백척 환산치와 거의 일치하고 있다. 다대포진성 축조는 처음 성기심정 시보다 늦은 시기에 이루어졌으며 성둘레 역시 최초 성기 심정 시 보다 약 600척 가량 늘어났음을 알 수 있었다. 그러나 성둘레 1,806척은 첨사진성으로 승급되었음에도 초기 축조 당시 만호영의 성둘레를 유지하며 장습포 및 서평포로 이설과 합병, 다시 현재 위치로 이전, 이후 임진왜란을 거친 조선 후기까지도 증축은 이루어지지 않았다. 또한 첨절제사진성 및 절도사영성의 최소 성둘레인 2000척 이상에도 미치지 않고 있음을 알 수 있다. 이것은 변진이력지구로 지정되어 당상관급 무관이 진장인 다대포진성의 위상과 중요성에 비하여 성둘레는 그에 미치지 못하고 있다고 할 수 있다.

다대포진성 체성 축조 특징은 체성 외벽축조수법과 내벽축조수법에서 확인할 수 있다. 체성 외벽 축조수법은 성석을 장방형 및 방형으로 치석하고 그랭이공법에 의해 석재간의 간격을 없애고 마찰면을 넓게 만드는 식의 17세기 수법은 일단 채용되지 않고 있다. 다대포진성 체성 내벽은 계단식석축에 흙을 경사지게 덮어서 마무리하였다. 따라서 전체적으로 외벽석축내탁식으로 축조한 후 임진왜란을 거쳐 조선 후기까지 계속해서 사용한 것으로 생각 된다. 이러한 특징으로 살펴볼 때 16세기 이후 새롭게 도입된 성곽 축조수법이 다대포진성에서는 확인되지 않는 이유는 크게 세가지로 해석해 볼 수 있다. 첫 번째로 군사방어전략의 변화, 두 번째로 다대포진성의 입지, 세번째는 가덕진성으로의 역할 이전 때문이다.

고지도 및 문헌기록에서 확인되지 않는 치성, 해자 등 부대시설이 확인되었다. 치성은 다대포진성의 남벽 체성에 설치되어 있었던 것으로 추정해 볼 수 있다. 해자는 초축 당시에 이미 설치되었거나 임진왜란이 일어나기 직전에 다시 수개축하고 있어 최근 발굴조사에서 확인된 해자는 임란 전후에 축조된 것으로 추정해 볼 수 있다. 고지도에서 확인되지 않는 부대시설은 체성을 제외한 군사시설에 대한 지도 묘사를 의도적으로 생략한 것에 기인한다. 이처럼 부대시설을 지도에서 생략하는 것은 역시 군사기밀을 유지하기 위함에 기초하는 것이라 생각된다.

이상은 고고학적 조사 내용 일부로 파악된 사실이다. 그러나 조선시대 전 기간에 걸쳐 설치 및 축조된 다대포진 및 진성에 대한 연구에 있어 아주 미미한 부분에 지나지 않는다. 따라서 조선시대 부산지역 관방체계와 성곽축조 및 운용, 군사전략, 수군의 활동, 대일관계 연구 등을 위해서도 다대포진성에 대한 연구는 지속적으로 이루어져야 할 것이다. 이러한 점에서 금번 다대포진성에 대한 연구를 통하여 밝힌 내용들이 향후 다대포진성에 대한 연구의 진전에 작은 보탬이 되길 바라는 마음 간절하다. 마지막으로 다대포진성에 대해서 여기에서 언급한 가설은 차후 새로운 자료가 추가되면 수정될 수 있는 내용이다. 부족한 점은 앞으로 계속적으로 보완할 것을 다짐하며 맺음말에 대신한다.

〈사진 2〉 1977년 촬영 다대포진성 잔존 체성 전경

〈사진 3〉 1977년 촬영 다대포진성 잔존 건물지 전경

〈사진 4〉 북벽 잔존 체성

〈사진 5〉 북벽 잔존 체성 세부

〈사진 6〉 해자 전경

〈사진 7〉 해자 내 토층상태

〈사진 8〉 해자 전경 – 외측

〈사진 9〉 해자 전경 – 외측 입면

옥포진성에 대한 소고

1. 머리말

금번 시굴조사에서는 확인된 유구는 옥포진성 전체 가운데 공동주택건설로 인해 훼손될 지역에 위치하는 체성으로서 기존의 지표조사에 의해 확인된 옥포진성 보다 정확한 체성 축조수법이 확인되었다. 특히 조선시대 읍성에 비해 그 조사례가 부족한 영진성의 조사가 이루어져 조선시대 남해안 지역의 진성의 축조양상의 한단면을 파악할 수 있을 뿐 아니라 거제도를 비롯한 남해안 지역에 소재하는 진보에 대한 연구에 있어 좋은 자료를 제공한 것으로 파악된다. 따라서 여기에서는 조선시대 남해안에 축조된 진보의 양상을 살펴보고 옥포진성의 연혁과 구조 및 축조수법에 대해 검토하고 향후 이루어질 조사에 대한 기초자료로 삼고자 한다.

2. 연혁과 현황

1) 연혁

옥포진(玉浦鎭)은『세종실록지리지』권150, 지리지, 경상도, 거제현 조를 보면「玉浦 在縣東二十五里 加背梁都萬戶 與見乃梁萬戶守禦」라 하여 옥포가 거제현의 동쪽으로 25리에 있고 가배량도만호가 견내량 만호와 더불어 방어하라라고 하고 있는데 이때가 세종 즉위년으로 대마 도 정벌 이후 가배량과 견내량의 만호로 하여금 옥포로 옮겨 지키게하 고 있다. 이때 이미 옥포진이 설치되었다.

다음으로『경상도속찬지리지』진주도, 거제현, 관방조에서「玉浦 在延草里 去官門十五里一百二十步 有軍兵船十隻 所騎舡軍一千名 無 軍兵船六隻」이라 하여 玉浦는 연초리에 있으며 軍兵船이 10隻, 騎舡軍 이 一千名, 兵士가 타지 않는 兵船이 6隻을 보유한 水軍鎭이 설치되어 있는 것을 확인 할 수 있다. 또 端宗 元年 癸酉年 五月 壬申日에 慶尙忠 淸全羅道體察使 鄭苯의 上疏文에서 慶尙道 助羅浦가 巨濟島의 동남쪽 모서리의 좌측에 있으며 倭船과 倭寇가 자주 침입하는 要害處로 吾兒 浦의 兵船 3隻과 知世浦 兵船 2隻을 移轉시키고 軍官인 處置使를 權官 으로 교체하고 防禦使로 萬戶를 설치할 것과 또한 唐浦, 吾兒浦, 玉浦 의 小猛船 각 1隻을 이동하여 속하게 하라는 記事가 확인되고 있는데 여기에서 玉浦의 小猛船 각 1隻을 이동하는 기사와 관련하여 역시 玉 浦에 水軍이 주둔하는 鎭이 설치되어 있는 것을 확인할 수 있다.『조선 왕조실록』세조 3년 9월 27일 무자조에 병조에서 3도 都巡察使로 하여 금 慶尙右道 船軍의 소속의 재조정 여부를 자세히 헤아려 啓聞하기를 청하였다. 이에 巡察使 啓本에 의거하여 아뢰기를 "거제현의 永登浦,

玉浦, 知世浦, 助羅浦, 吾兒浦 등의 포에는 兵船이 지나치게 많으며 永
登浦, 玉浦는 熊川의 薺浦와 더불어 마주 대하기를 마치 門戶같이 하여
안팎으로 구원하기가 모두 便益하다고 하고, 아울러 知世浦와 助羅浦
의 거리가 너무 멀고 소재관만 지킬뿐 이라 하여 革罷를 주장하고 그
船軍 400名을 玉浦의 防禦에 돌리도록 하고 있다."는 기사를 보면 옥포
진성이 거제도 지역 뿐만 아니라 남해안 일대에서 군사상의 역할이 차
지하는 비중이 상당하였음을 알 수 있다.

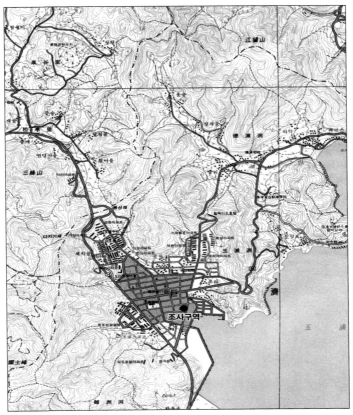

〈그림 1〉 옥포진성 위치도

다음으로 玉浦鎭城 축조와 관련한 기록을 살펴보면『대동지지(大東
地志)』와『증보문헌비고(增補文獻備考)』에서는 축성시기를 성종 19년
(1488)으로 기록하고 있으나『朝鮮王朝實錄에서는 成宗 21年(1490) 8
月에 築造한 것으로 되어있다. 이 기사를 통하여 보면 적어도 成宗 21
年(1490)에는 玉浦鎭城이 築造되어 있음을 알 수 있다. 또 新增東國輿
地勝覽』권32 거제현 관방조에 "玉浦營에 石城이 축조되어 있으며, 둘
레가 一千七十四尺이고 높이가 十三尺이며 성내에는 우물 1개 연못 1
개가 있으며 水軍萬戶가 다스린다."라고 되어 있다.

四道巡察使 홍응(洪應)의 啓聞에 "......玉浦城은 北쪽 방향을 보고 있
으며 둘레가 一千四百四十尺, 동서 길이 三百六十尺, 남북 넓이가 三百
四十尺이며 堡에는 샘(우물)이 3개 연못이 1개 있으며 玉浦의 서쪽에
巨濟縣이 위치하고 있다. 陸路로 二十五里를 가면 知世浦에 이르고 水
路로 北쪽으로 七十里를 가면 永登浦에 堡가 설치되어 있다."라고 하
였다. 또한 成宗 二十一年 庚戌 八月條에는" 玉浦城의 둘레가 一千七
十八尺, 높이는 十三尺으로 "기록되어 있다. 이상의 내용을 살펴보면
玉浦鎭城의 規模는 둘레가 1,074尺, 높이가 13尺 정도인데 成宗條 기
사내용에는 둘레가 1,440尺이고 높이가 15尺으로 되어 있다. 그러나
『新增東國輿地勝覽』이후의 기록에는 모두 1,074尺으로 기록되어 있
어 실록의 내용과 약간 상이함을 알 수 있다. 이러한 것은 홍응의 심정
에 의해 초축 시의 옥포진성은 1,440尺으로 계획되어 축조가 시작된
듯하나 차후 축조 과정에서 성기(城基)가 축소된 듯하다. 이것은 성종
년간에 간쟁기관(諫諍機關)을 비롯한 축성반대론자들의 지속적인 정
역(停役) 주장에 따라 築城役의 시행과 중단이 반복되었기 때문으로 추
정된다. 이와 같은 양상은 조사구역 토층상태에서도 일부 확인되지만

전체적인 조사가 진행된 이후에 보다 상세한 결과를 확인할 수 있을 것으로 추정된다.

다음으로 중종 5년 경오 5월조에 도원수(都元帥) 유순정이 상소하길, "慶尙右道 巨濟땅 永登浦, 玉浦, 知世浦, 助羅浦 主城땅, 唐浦, 熊川땅 安骨浦 등은 防禦를 요하는 최고 중요한 要害處로 城이 築造되어 있으나 오랜 세월 관리하지 않아 그 높이 불과 五六尺으로 만일 적이 대거 侵入하면 防禦하기에 불리하니 긴급히 保守하도록 末木으로 설비를 더하여 城門의 防備를 철저히 하여 적이 侵寇하여 火攻하는데 대비하소서"라는 기사가 확인되고 있는데 이때에 이르러 성벽의 방비를 보강하기 위해 수축이 일부 진행된 것으로 추정해 볼 수 있을 것 같다. 또한 선조 26년 계사 10월 병신조에 豊原府院君 柳成龍과 工曹判書 金命元이 아뢰기를 "巨濟島는 남쪽 변방 섬가운데 땅이 넓고 배만드는 자재의 생산이 많은데 당시의 慶尙右道 兵船의 資材가 모두 여기서 나왔다. 작년에 倭寇가 巨濟島를 侵犯하여 섬을 취하자 남아있는 섬주민들이 決死抗戰하여 적들을 몰아내었는데 晉州城 敗戰이후 敵船이 다시 侵犯하여 남아 있는 주민들을 살해하고 永登浦, 知世浦, 玉浦 등지에 나누어 거점을 정하여 駐屯하니 이것은 배속의 병이 든 것과 같다". 라고 하였다.

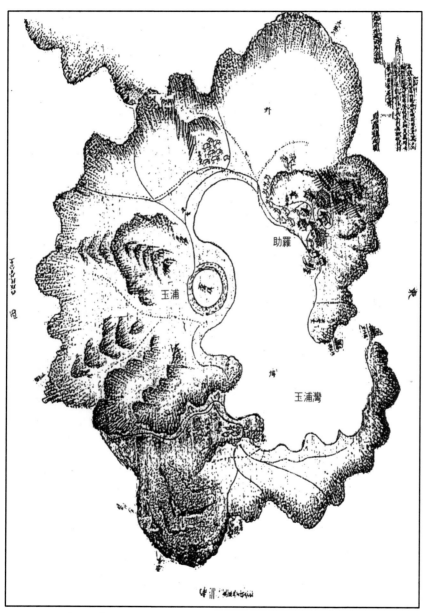

〈그림 2〉 규장각 소장 고지도에 나타난 조라진 (현재의 옥포만)

이 記事에서 壬辰倭亂이 시작된 이후 최초로 玉浦灣에서 忠武公 李舜臣에 의해 倭船 30餘隻이 大敗되는 玉浦海戰이 치러질 당시 倭軍에 의해 玉浦城이 이미 점령당하였으며, 특히 丁酉再亂시에도 계속해서 倭軍에 의해 玉浦鎭城이 占領되고 있는 것을 確認할 수 있다. 이와 같은 연유로 적어도 玉浦鎭城은 倭軍에 의해 占領된 이래 상당한 毀損이 進行되었을 것으로 推定된다. 이와 같은 推定에는 금번에 調査된 玉浦城 體城部의 土層調査에서 나타나는 木炭을 비롯한 화재의 흔적과 아울러 內托部 최하층에 나타나는 朝鮮 前記 遺物의 양상과 달리 木炭層을 기준으로 그 上層과 盛土層에서 出土되는 遺物의 양상은 白磁片과 甕器片을 包含하여 주로 朝鮮 後期에 해당하는 것으로 玉浦鎭城이 壬辰倭亂이 終熄된 이후에 재정비된 것으로 추정할 수 있을 것이다.

한편 玉浦鎭城의 존속시기는 고종 32년(1895) 갑오개혁 때 당시 각 군문을 폐합하여 軍務衙門의 소속으로 일원화시키면서 三道水軍統制營이 폐영되는 것과 함께 옥포진도 폐진된 것으로 보여진다. 특히 광무 3년(1899)에 발간된 巨濟郡志에는 옥포진이 각진과 병합되어 폐진되었다는 기록이 있는 것을 보면 1895년에 역시 폐진되어 그 기능을 상실한 것으로 보여진다.

　가.「都體察使鄭芚馳啓 臣審巨濟邑城審 周回一天九百六十尺 初不依法築造 低微窄狹 心須改築而後 一島之民 可得入堡 臣觀古丁部曲 地勢寬平 洞壑深密 且有井泉 可耕可居之地頗多 請移邑城於此 狀以明年十月 築造爲便 且永登浦與玉浦 相距遙隔 不得通望 居民 晝夜布野耕農而倭人 常相經過往來 正是要害之地 請於兩浦之間要浦設木柵 抽永登船軍二十 玉浦三十 使兩浦軍官一人領之 ○相往戌 又知世爲兒 兩浦知間 勿士浦道途亦遙遠險阻 儻倭賊乘夜剽竊 則勢不相聞 亦難於追逐 請於

兩浦之中 助羅浦 以知世兵船二艘 五兒三艘 分迫守禦 令處置使軍官一
人領戍 終止」1)

　나.「先是慶尙道右道 都節制使辛修晴啓 道內玉浦甘浦永登浦山達浦
乃倭賊首先到泊之處 請擇要害之處設木柵 又移設巨濟鎭干中央 使之防
戍… 上曰 設木柵及移設巨濟 則時方農務 當俟秋成…」2)

　다.「先時巨濟縣人上言 本邑 舊在島內水月里 設木柵去丙午年 移干
沙等里 建設館舍 修築城池之功 至戊辰年內訖 今因都體察使鄭苯審定
又欲移干古丁里 本邑人吏官奴婢 已皆土箸阜盛 今使移邑 則營繕無窮
願勿移設 以安民生 如不得已 則出陸移居 以圖長久 命不兵曹 至是議政
府據兵曹呈啓 都體察使啓本內 古丁部曲 寬平谷密 泉井有餘可耕可居之
地甚多 且當各浦中央要衝之地 宣於㫄此置邑 已曾啓下令 自十月始移
邑築城 今邑人上言 請勿廳理 上曰 今邑城 在北邊一隅 當初審定之時 無
乃別有深意乎 館舍城池 亦皆完固姑仍舊何如 令政府更議 右參贊安崇善
以爲臣於乙丑年 以巡察使 行到巨濟 目擊邑城 地勢畢下濱於海口 被患
可畏 移設之議誠是 今更思之 影燈玉浦知世淸 右道水營 環島列鎭 共爲
○角 固城唐浦 亦在相望 大變不能遽起 臣意以爲 殿下 初卽位數年之間
務要安靜 然城郭不可不完 但量其緊緩 先築緊處之後 移此邑城 亦未晚
也 領議政河演 左議政皇浦仁 右議政南智 左贊成金宗瑞 以爲城內水泉
甚少 引流城外而貯之 請俟秋成 更審今所定城基內 泉源山形 若其移設
之利 倍於舊城 則移築 上曰 泉井不足 賊若曠日特久 則奈何 今不改築
則已矣 若改築則宜移古丁里 予意已定 須於今秋 汲汲移設平 姑停二三
年 漸次移設平 更議以啓 僉議啓 巨濟在海島 正當賊程始面 極爲要 今秋
移築爲便 上 從之」3)

　라.「慶尙忠淸 全羅道都體察使啓 慶尙道助羅浦 左巨濟東南隅 倭船

1)『문종실록』권4, 즉위년 10월 무술.
2)『문종실록』권6, 원년 3월 신유.
3)『문종실록』권7, 원년 5월 계묘.

倭泊要害之處 故分五兒浦兵船三隻 知世浦兵船二隻移泊 以處置使□ 傳
軍官 爲權營 然權營無 蘖치 故防禦虛간 請置萬戶 又以唐浦鳥兒浦玉浦
小猛船 各一隻移屬 從之」4)

　마.「四道巡察使洪應書啓 諸道諸浦設堡處… 鳥羅浦設堡處 坐地東
向 周回二千二百四十尺 東西長一千九百六十二尺 南北廣三百三十尺 堡
內水泉一 自浦北至巨濟縣 陸路一息 北至知世浦 水路二息 知世浦設堡
處 坐至西向 周回一千八百四十尺 東西長六百四十尺 北南廣四百尺 堡
內水泉二 自浦西至巨濟縣 陸路一息 北至玉浦 水路一息 玉浦設補處 坐
至北向 周回一千四百四十尺 東西長三百六十尺 南北廣三百四十尺 堡內
水泉三池一 自浦西至巨濟縣 陸路二十五里 南至知世浦 水路七十里 永
登浦設堡處 坐地東向 周回一千六十八尺 南北長四百尺 東西廣二百六
十八尺 堡內有二渠 自浦西至巨濟縣 陸路四十三里 東至薺浦 水路一
息…」5)

　바.「是月 慶尙道釜山浦 周二千二十八尺 玉浦城 周一千七十八尺 唐
浦城 周一千四百四十五尺 加背梁城 周八百八十三尺 並高十三尺」6)

　사.「都元帥柳順汀狀啓曰 右道巨濟地永登浦玉浦知世浦鳥羅浦 周城
地唐浦 熊川地安骨浦等處 則皆是防禦最緊之地 城子俱以碎石築之 年久
頹圮其高亦不過五六尺 賊若大擧而來 則蘭入不難 須急改築 庶可守禦
矣 正當農月 役民亦難 姑於城頭及城○ 設鹿角 其坑坎末木削木□ 其末
植諸坑塹 名曰末木 等事 嚴加設備 城門扉類皆薄板 賊來則或焚燒 或
破折甚易 道內會計付鐵物 量數題給 打造薄鐵 의排於門扉外面何如 且
前者賊倭等 焚蕩薺浦永登浦安骨浦釜山浦多大浦兵船無餘 賊若復寇 則
必餘前焚蕩 須植大木 以鐵鎖 次次聯接 橫截藏船浦□ 又用葛大索 懸重
石于木 使木沉水下一尺許 使賊船拘礙 不得踰入 且不得斫斷 又於聯木

4)『단종실록』권5, 원년 5월 임오.
5)『성종실록』권176, 16년 3월 병오.
6)『성종실록』권243, 21년 8월 경술.

中央 置鐵鉤 或鎖或解 令開閉在我 我欲用船 則解鉤出去 庶合守船之策
故令虞汀所啓 上 從之」7)

아.「慶尙右道兵馬節度使柳繼宗馳啓曰 巨濟島永登浦栗浦玉浦知世
浦助羅浦等鎭 非徒 絶島 兵勢單弱 萬有賊變 必不能保 右各浦 皆距一息
許 其中央三岐處 以防禦不緊鎭海鎭分防騎兵八十名 固城鎭騎兵五十名
移屯 而遣別軍官金敬禮申宗璧等將之 以爲援兵 自今年正月始矣」8)

자.「豐原府院君柳成龍 工曹判書金命元 啓曰… 且巨濟 在南邊海中
土地甚廣 多産船材 當時慶尙右道兵船之材 皆取諸此島 前年賊雖犯人巨
濟 而其處遺民 盡力相戰 旋卽驅出 令年晋州之敗 賊船彌滿此島 盡殺餘
民 多設城柵 分據於永登知世浦玉浦等處 此乃腹心之疾…」9)

차.「慶尙監司閔百祥 上疏 其略曰... 東萊之多大開雲豆毛西平 釜山五
鎭 熊川之加德天城安骨晴川新門薺浦六鎭 巨濟之長木助羅玉浦之世栗
浦所非浦加背梁七鎭 則俱處於一小邑之內 實有稠疊不緊之歎 而係是倭
船往來漂泊之地 鎭長之爲幾許 船隻之爲幾許 彼人無不熟見而稔知 初不
創設則已 旣設還撤 終非壯邊威之道 姑不可輕議革罷云者 亦有意見 此
則置而勿論」10)

카.「玉浦 在縣東二十五里 加背梁都萬戶 與見乃梁萬戶守禦」11)

타.「玉浦 在延草里 去官門十五里一百二十步 有軍兵船十隻 所騎船
軍一千名 無軍兵船六隻」12)

---

7)『중종실록』권11, 5년 5월 무인.
8)『중종실록』권19, 8년 11월 병인.
9)『선조실록』권43, 26년 10월 병신.
10)『영조실록』권73, 27년 1월 신축.
11)『세종실록』권150, 지리지 거제현.
12)『경상도속찬지리지』진주도 거제현 관방.

파. 「玉浦營 在縣東十九里 有石城 周一千七十四尺 高十三尺 內有一
井一池 水軍萬戶一人」[13]

하. 「加背梁戍 在縣南三十四里 古有水軍都萬戶營 後移置于巨濟縣
玉浦 成宗二十二年 以倭寇屢入 復築石城 周八百八十三尺 高十三尺 差
權管戍之」[14]

2) 현황

　옥포진성이 위치하는 곳의 지형은 국사봉과 삼봉산의 개석곡에서
발원한 하천에 의해 형성된 선상지성 지형대로서 전면에는 내만인 옥
포만이 발달해 있다. 이 옥포진성은 전방이 삼봉산에서 옥포만으로 뻗
어 나와 있는 지형으로 인해 폐쇄되어 천연의 엄폐지를 제공받을 뿐 아
니라 대안(對岸)으로는 국사봉 자락이 동남축으로 뻗어 만(灣)을 옥죄

어 있어 외적에 대한 방비에 유리
한 지형여건을 갖추었다. 이러한
모습은 18세기에 편찬된 규장각
소장의 고지도에 극명하게 묘사되
어 있다. 이 옥포만(助羅鎭)은 북
쪽의 장목만에서 남쪽의 가배만에
이르는 거제도내의 여러 만 중에
서도 특히 곧장 바다로 열리지 않
은 곳으로, 이러한 점이 이곳에 진
성을 축조한 입지배경의 하나일

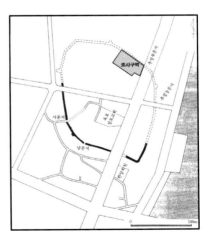

〈그림 3〉 옥포진성 평면도

13) 『신증동국여지승람』 권32, 거제현 관방.
14) 『신증동국여지승람』 권32, 고성현 관방.

것으로 추정된다.

옥포진성은 해발 14m내외의 바다에 인접해 있는 평지에 축조된 모서리의 각을 약간 줄인 방형의 평지성이다. 성의 규모는 잔존둘레 590m, 높이 1.2m, 폭 3.8m 정도이다. 성벽은 서쪽과 남쪽에 일부 남아있으며 시굴조사에서 북쪽에서도 일부 확인되었다.

북쪽 시굴조사는 공동주택 신축부지에 대한 조사로 확인된 성벽 상부 너비는 약 2.9 m 정도이다. 또한 성벽 하부 너비는 일부분에 대한 시굴조사인 관계로 정확한 폭을 확인할 수 없다. 대략 기저부가 기반암층 생토면을 정지한 부분에서 외벽 방향으로 4~5m내외로 추정된다. 이러한 양상은 거제도 및 남해안 지역에서 확인되는 진성 너비와 일치하고 있다. 성벽 내벽 잔존 높이는 약 70~100cm 내외로 성벽은 내벽쪽 수평면에서부터 내벽이 시작되고 있다. 노출된 성벽을 통해서 보면, 내벽의 채움석은 지름 15~20cm 내외 성석을 사용하여 가급적 편평한 면이 바깥쪽으로 보이도록 쌓고, 적심석은 막채워 넣은 것 같은 인상을 주고 있으며, 외벽쪽으로 계단상을 이루고 있다.

내벽은 일부 트렌치에서 위로 올라 갈수록 점차 높아지는 계단상을 띠는 것도 있으며, 적심부분 사이에서 기와와 분청사기 및 백자편이 출토되고 있다. 또한 외벽 쪽으로는 조사구역 밖이라 정확한 양상을 확인할 수는 없지만 현재 지형과 인근 주민들의 전언에 따르면 체성 외벽이 내벽에 비해 상당히 높았으며 외벽과 내벽 사이에는 레벨차가 있음을 확인 할 수 있다.

이번 시굴조사는 서쪽으로부터 총 8개의 트렌치를 설치하여 각각 조사를 실시하였는데 그 가운데 체성부와 유구가 확인된 트렌치의 특징은 다음과 같다.

(1) 층위 및 유구

① 층위

본 유적의 층위는 기반층을 포함하여 크게 6개층으로 구분된다.

Ⅰ층은 시멘트와 자갈, 잡석들이 다량으로 섞여 있는 현대 퇴적층으로 민가가 철거된 이후에 형성된 퇴적층으로 보여 진다.

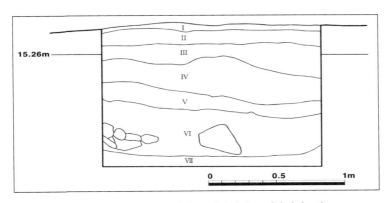

Ⅰ: 표토층 : 시멘트 + 자갈 Ⅱ: 갈색 점질토 : 점성 약함. 쓰레기 다량포함
Ⅲ: 흑갈색 사질토 : 할석, 자갈포함 Ⅳ: 명갈색 사질토 : 〃
Ⅴ: 적갈색 사질토 : 〃 Ⅵ: 암흑색 사질토 : 수분포함, 점성 다소 강함 Ⅶ: 생토층

〈그림 4〉 옥포진성 체성 트렌치 토층도

그 아래층인 Ⅱ층은 각종 생활쓰레기와 갈색점질토가 섞여 있는 현대 퇴적층으로 민가가 들어서 있을 당시 조성된 퇴적층으로 보여 진다. Ⅲ층은 흑갈색사질점토에 산화철과 망간이 혼입되어 근대 경작층으로 추정된다. Ⅳ층은 암흑갈색사질점토층으로 소량의 할석을 함유하고 있으며 진성이 폐기된 후 경작지로 활용된 층으로 보여 진다. Ⅴ층은 옥포성이 축조될 당시의 구지표로 추정되며 이곳에서 와편 및 자기편들이 집중적으로 출토되고 있다.

VI층은 기반층으로 암록색의 암반들이 다량으로 섞여 있는 황·적갈색토층으로 점성이 강하다. 전체적으로 서북쪽에서 동남쪽으로 완만하게 경사져서 이루어져 있으며 후대의 잇다른 교란으로 안정적인 토층을 확인하기는 어려우며 Ⅴ,Ⅵ층에서는 지하수가 용출하여 정확한 토층의 양상을 파악하기는 어려움이 있다.

② 유구

가. 1트렌치

조사구역 가운데 가장 동남쪽에 위치한 곳으로 다른 구역에 비해서 레벨차가 나는 곳이었다. 조사 전에는 민가가 들어서 있었으며 조사당시에는 건물이 철거되고 그 폐기물이 쌓여 있었다. 조사를 위해 인접한 도로와 나란하게 트렌치를 설치하고 폐기물을 걷어내자 현 지표 아래 50cm에서부터 체성 적심부분이 들어났다. 성벽이 비교적 많이 파손된 상태였고, 또한 조사범위의 한정으로 외벽부분 성벽의 정확한 형태를 파악하기 힘든 상태였다. 드러난 석열에 덮혀 있던 토사를 정리하고 설치한 트렌치를 확장하자 바닥에서 지하수가 솟아나와 내벽부분의 정확한 양상을 파악하기는 힘들었다. 다만 드러난 적심부분의 양상을 가지고 얘기하면, 성벽 기단부분은 이곳 생토층을 정지하여 그 위를 점토로 다진 다음 자갈로 다지고 그 위에 인두대 크기의 할석이 3−4단 정도 쌓여져 있었다. 내벽은 막돌쌓기를 실시하여 여타의 담장 쌓듯이 쌓았으며, 적심사이에서 자기편 및 와편 일부가 출토되고 있다.

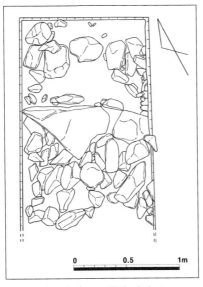

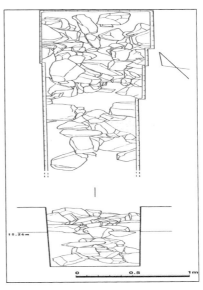

〈그림 5〉 1트렌치 평면도   〈그림 6〉 4트렌치 평면도 및 내벽입면도

나. 4트렌치

조사 당시에는 주차공간으로 사용되는 곳으로 조사를 위해 시굴트렌치를 설치하고 지표 아래로 약 70cm 정도 내려가자 생활쓰레기와 건축폐기물을 드러나고 그 아래로 체성의 적심부분과 내벽이 드러났다. 내벽은 부분적으로 붕괴되어 있었으며 내벽으로 경사지게 축조되어 있었다. 체성의 적심상태는 잔돌을 채워놓은 것처럼 보이며 내벽의 끝에는 치석한 돌의 편평한 부분이 바깥으로 보이게 한 단이 나란하게 쌓여져 있으며 그 아래는 막돌쌓기로 되어 있다. 이러한 것은 내벽부분에 대한 마지막 마무리로 시행한 것인지 내벽부의 최하단석 인지는 조사가 좀 더 진행되어야만 확인할 수 있을 것으로 판단된다. 내벽을 이루는 돌은 16×25cm가 대부분을 차지하고 있으며 외벽으로 갈수록 성돌

의 크기가 좀 더 대형화됨을 확인할 수 있었다. 현재 체성 너비는 조사구간 내에서 약 270cm 가량 되며 잔존 높이는 약 70~120cm 내외로 약 3~4단의 막돌쌓기로 이루어져 있다. 조사구간 바깥의 외벽부까지 포함하면 적어도 4~4.5m에 이를 것으로 추정된다. 성벽 기단부분은 이곳 생토층을 정지하여 그 위를 점토로 다진 다음 "ㄴ"字狀으로 먼저 절개하고 바닥을 자갈로 다지고 그 위에 인두대 크기의 할석을 3단으로 쌓고 마지막 4단은 판석을 이용하여 편평하게 쌓아 놓았다. 트렌치 토층상태 확인 결과 트렌치 최하단의 비교적 안정적인 흑갈색층이 성곽 조성 당시의 구지표로 추정되며 그 위에 퇴적토들은 진성의 폐기후 밭 경작을 위해 복토된 것으로 보여지며, 현 지표의 바로 아래에 나타나는 명황갈색띠가 나타나는 토층에는 각종 건축폐기물과 생활쓰레기가 섞여 있어 밭조성후 근대에 이르러 택지로 이용되고 있었음을 확인할 수 있었다. 이러한 양상은 조사구간 전체에서 동일하게 나타나고 있다.

다. 5트렌치

조사구간의 가장 서북쪽에 위치하는 트렌치로서 조사시 인접한 간선도로와 나란하게 트렌치를 설치하여 조사를 실시하였다. 최근까지 택지로 사용되다가 현재는 민가가 철거된 후 주차장으로 사용되고 있다. 성벽은 과거에 성벽 상단에 민가가 들어서 있어 내벽의 경우는 성벽이 3단정도 남아 있는 상태이다. 성벽의 특징은 여타의 조선시대 전기 읍성의 석축과 같은 방법으로, 성돌은 막돌쌓기 수법으로 축조되어 있다. 체성 너비는 조사구간내에서 확인된 것으로 대략 270cm 정도이며 상부로 갈수록 작은돌로 축조하고 그 틈새를 잔돌로 메우는 방식이다. 잔존높이는 70cm이며, 기단부의 축조는 바닥에 점토로 다지고 그 위에 자갈을 깔고 지대석 없이 담장 쌓듯이 수직으로 쌓고 있다. 내벽 뒷편의 속채우기는 성석의 바로 뒤편에 침석처럼 생긴 긴돌을 일정한 폭으로 쌓는 수법은 확인되지 않으며 잔존 상태로 보아 내외벽이 동시에 협축된 것으로 보인다. 토층 조사시 유물포함층에서 백자편 및 기와편이 출토되고 있으며, 이곳도 역시 상부는 생활쓰레기와 건축폐기물이 매립되어 있고 하부는 경작지로 확인

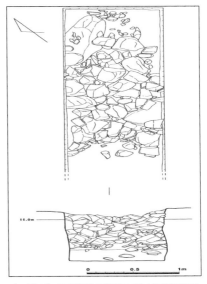

〈그림 7〉 5트렌치 평면도 및 내벽입면도

되며 최하층의 경우에 축조 당시에 사용된 생활면으로 파악되며 유물도 이곳에서 주로 출토되고 있다.

3. 옥포진성 고고학적 검토

1) 체성

원래 옥포진성 전체 길이는 조선시대 문헌을 정리하면 둘레가 1,074척 높이 13척 정도이다. 옥포만의 중심해안이며 체성 내외에 민가가 밀집하면서 성벽은 대부분 훼손되고 민가 담장에서 부분적으로 그 흔적을 확인 할 수 있는 정도이다. 성벽 문지와 치성이 존재하던 곳은 현재 건물들과 도로가 확포장 되어 윤곽을 확인할 수 없다. 동남벽 체성 모

서리 부분 일부가 잔존하고 있으나 현재 잡초가 무성하고 좌우에 이미 건물들이 들어서 있는 상황으로 전반적으로 보존상태가 좋지 못한 상황이다. 잔존하는 성벽은 대부분 협축식으로 확인되고 있지만 내외가 완전히 잔존하는 것이 없어 전체적으로 협축으로 축조되었다고 단언할 수는 없다. 또한 시굴조사에서 확인된 체성도 초축 당시에 폭 3.8m 가량의 내외협축으로 축조되었다가 개축 시 내벽 뒤쪽을 굴착하고 점토다짐에 의한 내탁부를 조성한 것이 확인되고 있어 이러한 사실을 방증하고 있다.

체성 축조수법은 지대석과 기단석을 배치하고 그 위에 성석을 배치한 것으로 상부로 가면서 점차 그 크기가 작아진 것으로 추정되며 이러한 축조수법은 조선 전기 연해읍성 축조수법과 대동소이하다.

성벽 축조수법은 외벽에 석축을 하고 그 내부는 흙을 채우는 내탁식이다. 발굴 조사된 체성 북쪽 외벽에서는 하부 지대석과 기단석이 남아 있는 성벽 위에 잡석들이 채워져 있다. 지대석의 아래에는 인두대 크기의 할석과 잔돌을 이용하여 수평을 유지하고 있다. 또 성석과 성석 사이에는 끼임돌을 끼워서 간격을 메우고 있다. 지대석 뒤쪽에는 체성과 직교하는 침석(枕石)으로 추정되는 자연대석들이 놓여 있다. 외벽 안쪽으로 약 3.8m 정도 너비로 굵은 석재와 할석들이 무질서하게 채워 넣고 그 안쪽으로는 흙을 채워 넣었다. 그리고 마지막에 흙이 밀려나지 않도록 내벽의 가장 안쪽면에 1~2단의 석열을 설치하였다.

전체적인 체성 축조수법을 살펴보면, 체성은 먼저 성벽이 될 부분 표토를 제거하고 성 안쪽에서 외벽 쪽으로 생토면을 'ㄴ'자상으로 정지(整地)하고, 그 위로 약 10cm 내외 점토를 다져서 성벽 하단부를 구축하고 있다. 외벽쪽은 10cm 내외 점토다짐층 위에 자갈로서 바닥을 정지하고 그 위에 기단석을 올려놓은 형태로 파악된다. 외벽 앞쪽으로는 원토양과 지반유실을 방지하기 위해 판석을 이용하여 보축석이 깔려 있다.

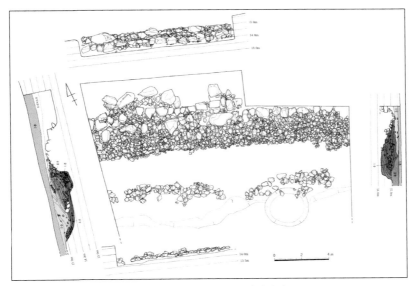

〈그림 8〉 옥포진성 체성 평/입단면도

내벽은 정지한 내벽쪽 수평면에서부터 시작되고 있으며 노출된 성벽을 살펴보면, 내벽 채움석은 지름 15~30cm 내외 성석을 사용하여 가급적 편평한 면이 바깥쪽으로 보이도록 쌓고, 적심석은 막채워 넣은 것 같은 인상을 주고 있다. 외벽쪽으로 계단상을 이루고 있는 것도 확인되고 있다. 성벽 잔존고는 70~100cm 내외로 내벽에는 적심석 석열 사이에서 기와 및 자기편이 출토되고 있다.

이 옥포진성 체성은 축조 당시 내외협축으로 너비 약 3.8m로 석축하였다가 임진왜란 이후 퇴락(頹落)한 체성을 정지하고 내벽에 석축 대신 흙을 성토다짐하여 내탁식으로 개축한 것으로 추정된다. 이와 같은 것은 내부 다짐토내 상부와 하부의 잡석층 양상이 상호구별되고 출토되는 유물 역시 선후시기가 차이가 나는 것에서 알 수 있는 것이다. 다만 일부분에 한정된 조사라 유적 전반에 걸쳐 이와 같은 현상이 보이는지는 단언할 수 없다.

〈사진 1〉 옥포진성 체성 잔존상태

2) 유물

출토유물 중 기와편은 두께 2~3cm가 대부분으로 무문, 격자문, 복합문, 삼각집선문이 시문된 것들이다. 이 가운데 격자문과 복합문이 다수를 차지하고 있다. 와편은 대부분 체성부 내탁부 내부토층에서 확인되고 있으며 개축시 혼입된 것으로 추정된다.

자기류는 상하층의 출토유물의 성격이 명확히 구분되어 도자사연구에 좋은 자료를 제공하고 있다. 자기편 가운데 초축관련 토층에서 출토된 것에는 주로 분청사기가 출토되고 있는데 이 경우에는 상감분청, 인화분청, 인화＋귀얄분청, 귀얄분청 등 다양한 기법의 분청사기가 출토되고 있다. 특히 이 가운데에는 ○○○庫 라는 명문이 새겨진 분청사기편이 확인되었다.15) 이 분청사기의 명문을 판독하면 대략 星州長興庫

로 추정된다. 이 분청사기는 星州長興庫에서 옥포의 수군진으로 공급한 물건으로 추정된다.[16] 흥미로운 것은 인접한 진주나 하동, 진해 등지에도 장흥고가 있음에도 성주명 장흥고의 분청사기가 출토되고 있는 것인데 때 조선 전기의 중앙과 지방의 자기 공급체계를 연구하는데 좋은 자료로 생각된다.[17]

이외에도 백자편의 경우 주로 내벽 내탁부 상부에서 출토되고 있고, 접시와 완 종류가 주류를 이루고 있다. 대부분 모래받침으로 구운 것이고 기형은 동체에서 외반한 것들이 수습되고 있다. 주로 조선 중기 이후에 해당하는 것으로 개축과 관련이 있는 것으로 추정된다. 또한 백자와 더불어 옹기편도 다수 수습되었으며, 동물뼈들도 일부 출토되고 있다.

4. 맺음말

옥포진은 세종 즉위년 대마도 정벌 이후 가배량과 견내량 만호로 하여금 옥포로 옮겨 지키게하고 있다. 이때 이미 옥포진이 설치되었으나 이때 당시 성곽이 축조되지는 않았다.

옥포진성 축성시기는 성종 19년(1488)으로 기록하고 있으나 조선왕조실록에서는 성종 21년(1490) 8월에 축조한 것으로 되어 있다. 따라

---

15) 세종실록에 보면 각 지방에서 공납용으로 만들어 중앙에 바친 그릇의 질에 우열이 심했다는 기록이 나오는데 그릇에 지방명을 새겨 넣은 것은 그 책임을 묻기 위해서였던 것으로 추정하고 있다.

16) 姜敬淑, 1989,「韓國陶磁史」, 一志社, 291~293쪽. 장흥고는 돗자리, 유둔, 지지 등을 관리하고 관청에서 쓰는 물품을 공급하는 관사의 명칭이다.

17) 성주의 경우 하동, 고령과 더불어 조선시대부터 최상의 질을 자랑하는 고령토의 산지로 세종실록지리지에도 도기소가 존재한 것을 볼 때 상당한 수준의 자기들이 생산되고 있었을 것으로 판단된다.

서 옥포진성은 성종 21년(1490)에는 축조되어 있음을 알 수 있다. 이 옥포진성은 거제도 지역 뿐만아니라 남해안 일대에서 군사상의 역할이 차지하는 비중이 상당하였다.

옥포진성의 규모는 둘레가 1,074척, 높이가 13척 정도인데 성종조 기사내용에는 둘레가 1,440척이고 높이가 15척으로 되어 있다. 그러나 『新增東國輿地勝覽』 이후의 기록에는 모두 1,074尺으로 기록되어 있어 실록의 내용과 약간 상이함을 알 수 있다. 이러한 것은 홍응의 심정에 의해 초축시의 옥포진성은 1,440尺으로 計劃되어 築造가 시작된 듯 하나 차후 築造 과정에서 성기가 축소된 듯 하다. 이것은 성종 년간에 간쟁기관을 비롯한 축성반대론자들의 지속적인 정역 주장에 따라 축성역의 시행과 중단이 반복되었기 때문으로 추정된다. 이와 같은 양상은 조사구역 토층상태에서도 일부 확인되지만 전체적인 조사가 진행된 이후에 보다 상세한 결과를 확인할 수 있을 것으로 추정된다.

옥포진성은 왜군에 의해 점령된 이래 상당한 훼손이 진행되었을 것으로 추정된다. 임진왜란이 종식된 이후에 재정비된 것으로 추정할 수 있을 것이다. 이와 같은 추정에는 금번에 조사된 옥포성 체성부의 토층조사에서 나타나는 목탄을 비롯한 화재의 흔적과 아울러 내탁부 최하층에 나타나는 조선 전기 유물의 양상과 달리 목탄층을 기준으로 그 상층과 성토층에서 출토되는 유물의 양상은 백자편과 옹기편을 포함하여 주로 조선 후기에 해당하는 것이기 때문이다.

한편 옥포진성의 존속시기는 고종 32년(1895) 갑오개혁 때 당시 각 군문을 폐합하여 군무아문의 소속으로 일원화시키면서 삼도수군통제영이 폐영되는 것과 함께 옥포진도 폐진된 것으로 보여진다. 특히 1899년 광무 3년에 발간된 거제군지에는 옥포진이 각진과 병합되어 폐진되었다는 기록이 있는 것을 보면 1895년에 역시 폐진되어 그 기능을 상실한 것으로 보여진다.

〈사진 2〉 1트렌치 내 체성 노출상태

〈사진 3〉 4트렌치 내 체성 노출상태

〈사진 4〉 5트렌치 내 체성 적심 축조상태

〈사진 5〉 4트렌치 체성 내벽 축조상태

조선 후기 축조 통영성에 대한 소고

1. 머리말

경상남도 기념물 제160호인 통영성지는 통영시 문화동, 중앙동, 태평동, 북신동 일대에 위치하고 있다. 통영성지는 중앙에 위치한 세병관을 중심으로 남쪽은 대부분 시가지로 변모한 상태로 훼손되었고 북쪽 여황산 주변에 일부 체성이 잔존하고 있다. 특히 통영시가지의 확대로 인해 북문, 남문, 동문 등의 체성과 관련한 대부분의 유구가 훼손된 상태이다.

이에 통영시에서는 통영성 복원정비사업을 추진 중에 있으며 이 사업의 일환으로 2010년 6월 17일부터 7월 18까지 행정구역상 경상남도 통영시 태평동 440-11번지 일원(면적:450㎡)에 대한 발굴조사를 실시하였다.

고고학적 조사를 통해 근·현대 생활폐기물에 의한 교란된 상부층 아래에서 동포루지 치성 및 통영성 체성 기단부가 일부 확인되었다. 특히 이 조사에서 확인된 잔존 동포루지 주변 체성과 동포루지 치성의 축조수법은 양란이후에 축조된 성곽의 축조흐름을 파악하는 중요한 자료로 파악되었다.

따라서 이글에서는 통영성 동포루지 발굴조사 성과를 중심으로 최근 조사된 통영성 관련 고고학적 조사 결과에 대한 현황을 살펴본다. 이 가운데 통영성에서 확인되는 체성 축조수법과 최근까지 조사된 조선 후기 성곽 체성 축조수법과 비교를 통하여 조선시대 후기 성곽의 축조 양상을 파악해 보고자한다.

2. 연혁과 현황

통영성은 삼도수군통제영을 중심으로 축성한 것으로 1991년 12월 23일 경상남도기념물 제106호로 지정되었다.

통영성이 소재하는 통영은 임진왜란까지 고성군 속현이었다. 조선 전기 통영지방의 생활은 『두룡포기사비(頭龍浦記事碑)』[1]에 잘 나타나

---

1) 경상남도 유형문화재 제112호. 『頭龍浦記事碑』頭龍浦之設鎭 非古也 萬曆中 古統制
使李公慶濬之所建也 公旣有惠澤在於人(十餘字缺)其德咸欲立石以記其蹟 以壽其傳
塑於今統制具公 公於公曾爲慕佐 受知最深(十餘字缺)不可以不文辭 記其梗槪如左公
故宰相禰之子韓山牧隱公之後也 氏族之盛(十餘字缺)斯可略矣 公兄弟四人 聯璧共顯
其一卽今知事慶瀟 宿德重望 爲當今第一(十餘字缺)其才蘊其一卽今少尹慶滉 雖不由
科第以進 李醇謹奉職 屢遷中外官 有能名(十餘字缺) 有古儒將風 所至輒有聲 再鎭關
西 一帥湖右 兵民愛之若父母畏之(十餘字缺) 大過人者 以是朝廷重焉 倭以鎭龠 再爲
統制 統制之職 兼領三道 控扼領湖(十餘字缺) 選不能居是職焉 然統制之設 亦非古也
在任辰李公舜臣 以海上偏帥(十餘字缺) 延無官賞之 且不俾重權無以彈壓群帥 捍禦東
南故 特置統制以官之 統制之設(十餘字缺) 而遠於左 中移固城 卽宜於藏船而不便於應
卒 相繼爲帥者 紐於姑息 莫能改革(十餘字缺) 干頭龍 西依掘浦東控見梁 南通大洋 北
連平陸深而不奧淺而不露 眞水陸之形勝(十餘字缺) 過此而橫行 海波不驚者殆 將數十
年矣 昔組狄 移鎭樵城而後趙不敢近庾翼從(十餘字缺) 設必恃人而後 得關防之所焉 自

있다. 통영은 원래 조그마한 포구로서 '두룡포(頭龍浦)'라 불리었으며, 행정상 거제현에 속해 있었다. 두룡포는 원래 지금의 정량동 한전이 자

古及今 其揆一也 今夫頭龍 未得其人 卽(十餘字缺) 萬年 閱幾千百人 而始成於之手 天地設是險 以待又待人豈偶然哉 李公(十餘字缺) 以爲世之利 前後二公之出 雖謂之應時可也 而獨公之迹幾乎泯沒 而無傳(十餘字缺) 公布爲鎭侖之地 公之功與德又得與具 公而有峴首之傳 則不惟地得人 人亦待(十餘字缺) 戚重臣 來守是鎭 而其功名事蹟 公方左鎭 又幹是事故 不敢有所稱頌以候來者云 通訓大夫昌原大郡護府使(姓名缺) 禦海將軍行訓(職與姓名缺) 天啓午年三月 日(1625年) 高宗甲辰(1904年) 本郡人 李鶴在 李承周 自浦邊 移立於洗兵舘廣場

1. 두룡포(頭龍浦)...1934년에 발행된 ≪통영군지(統營郡誌)≫에는 ≪통제영지(統制營誌)≫에 "두룡포는 거제 지역에 있는 마을 이름이다.(統制營誌云頭龍浦巨濟坊里名也)라 했다"라고 기록되어 있다.

2. 악포(握浦)...필사자(筆寫者)가 '굴포(掘浦)'를 '악포(握浦)'로 오기(誤記)했는지, 아니면 임진란 이전에 이곳을 '수중(손아귀)에 들 만한 작은 개'라고 하여 악포(握浦)라 불렀는지는 알 수 없다. 1987년에 발행된 ≪충무시지(忠武市誌)≫에 의하면, '판데목'이라 하였는데, 오늘날 해저터널과 충무운하교 주변을 가리키는 듯하다.

3. 조적(祖)...진(晉)의 범양(范陽)사람. 어려서부터 강개(慷慨)한 절개가 있었으며 유곤(劉琨)과 같이 주(州)의 주부(主簿)를 맡았다. 같이 잠을 잘 때 밤중에 닭 우는 소리를 듣고 유곤을 차서 깨우면서, '이것은 나쁜 소리가 아니다.' 하고는 일어나서 춤을 추었다. 원제(元帝)가 불러서 군자좨주(軍諮祭酒)를 시키고, 얼마 뒤에 예주자사(豫州刺使)를 시키니, 강을 건널 때에 노를 치면서 맹세하기를, "중원(中原)을 맑게 못하고 다시 돌아간다면 큰 강이 있을 뿐이다."라 하고, 드디어 부곡(部曲)의 병사를 거느리고 석륵(石勒)과 대치하여 황하 이남을 진(晉)의 국토로 지켰다. 초성(城)은 조적이 회음에서 적을 이겨서 주둔했던 곳이다.

4. 유익(庾翼)...진인(晉人). 형주(荊州) 자사(刺史)를 지냈으며 군공(軍功)이 많았다. 진(晉) 강제(康帝)의 즉위에 면(沔)에 들어가 호적(胡賊)을 치고자 하는 상소를 하였고, 하구(夏口)에 머물러서 다시 상소한 내용이 있으며, 호적(胡賊)과 서북을 정벌한 공로가 있었다.

5. 현산지전(峴山之傳)... 진(晉) 나라 양호(羊祜)의 타루비(墮淚碑) 고사로, 비석을 세움을 말한다. 양호는 무제 때에 오(吳)를 정벌할 계획을 세워 두예(杜預)를 천거하여 대신하게 하였다. 진영에 있을 때에는 항상 가벼운 가죽옷을 입고 갑옷을 입지 아니하였고, 오(吳)의 육항(陸抗)과 대치해 있으면서도 수덕(修德)에 힘을 써서 오(吳)나라 사람들이 그를 그리워했다. 그가 죽자 백성들이 그를 위하여 현산(峴山)에 비석을 세웠는데 그 비석을 바라보는 사람들이 모두 눈물을 흘렸음으로 당시에 타루비(墮淚碑)라고 하였다.

리한 일대의 수심이 얕은 내만을 가리켰으나 뒤에 부근 해안을 통칭하기도 했다. 임진왜란 전까지 통영은 고성군에 속한 가배량수(加背梁戌)라 하였고 수군도독만호영(水軍都督萬戶營)이 있었다. 한때 군치소를 옥포로 이치하였다가 성종 22년(1491)에 왜구의 침입이 빈번하므로 다시 성을 수축하고 권영성(權詧成)를 보내어 지키게 했던 곳이다. 선조 25년(1592)에 부근의 당포, 한산도에서 왜군을 섬멸하고 선조 26년(1593) 삼도수군통제사가 있을 통제영을 한산도에 설치하니 한산도는 우리 수군의 본거지가 되었다.[2]

　그 후 선조 35년(1602) 제5대 삼도수군통제사인 유형(柳珩)이 통제영을 거제도 오아포에서 고성군 춘원포로 옮겨 주둔하게 되었다. 그 후 선조 36년(1604) 6대 통제사인 이경준이 통제영을 두룡포에 정하면서 경상우수영(慶尙右水營)이 통제영을 겸하게 된다. 이경준은 먼저 세병관을 세우기 시작하였으며 동년에 백화당(百和堂), 정해정(靖海亭) 등 예비영사를 세웠고 다음해인 선조 37년(1605)에 통제영을 두룡포에 설치하였다. 이로부터 이 지방을 통제영이라 부르게 되었다. 이후 14년간 통제영이 두룡포에 있다가 광해군 9년(1617) 두룡포가 다시 고성현에 이속 되었을때 이름을 바꾸어 춘원면이라고 하였다. 춘원면은 고성현 치소로부터 50리 거리에 있었다.

---

2) 원명칭은 삼도수군통제영(三道水軍統制營)이다. 선조 37년(1604) 통제사 이경준이 두룡포(지금의 통영시)로 통제영을 옮기면서 통영의 명칭이 유래하였다. 과거 행정 구역명인 충무시(忠武市)이전의 지명은 통영군이고, 통영군에서 시로 승격되면서 충무공(忠武公)의 시호를 따서 충무시라 하였다. 이후 통영군과 충무시가 통합하며 다시 통영으로 명명되었다. 따라서 통영이나 충무시의 탄생은 삼도수군통제영과 충무공에 연유하여 붙여진 이름인 것이다.

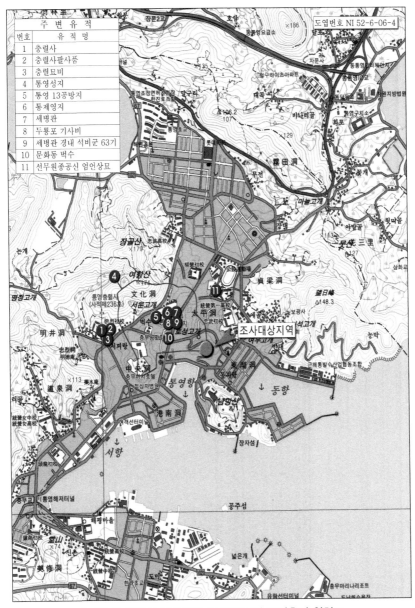

주 변 유 적	
번호	유 적 명
1	충렬사
2	충렬사팔사품
3	충렬묘비
4	통영성지
5	통영 13공방지
6	통제영지
7	세병관
8	두룡포 기사비
9	세병관 경내 석비군 63기
10	문화동 벅수
11	선무원종공신 엄언상묘

〈그림 1〉 통영성 동포루지 조사구역 및 주변유적 위치도

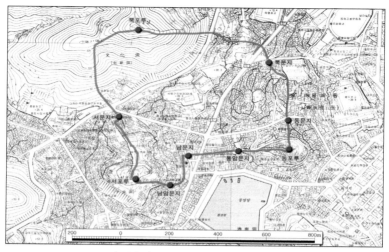

〈그림 2〉 통영성지 현황(1/10,000)

　통영성은 왜적을 방어하고 거주지와 생업지를 갈라 놓는 두 가지 목
적으로 1678년(숙종 4)에 통제사 윤천뢰(尹天賚)가 축성하였다. 평지와
산지 지형을 절충한 평산성으로 해발 174.2m 여황산을 등에 지고 지금
의 북신, 문화, 명정, 태평, 정량동에 걸쳐 쌓은 둘레 2,800m, 높이
4.5m, 폭 4m 성이다. 북문 북쪽 여황산 기슭에서 서문 북쪽 산기슭까
지 여황산 양쪽 등성이 약 1km는 토성이고 나머지는 석성이다. 토성은
산등성이를 이용하여 기단부는 삭토식(削土式)으로 조성하다가 상부
로 갈수록 석심(石心)을 넣고 흙을 다지면서 사다리꼴 모양으로 쌓았
다. 남문을 위시한 4대문과 2암문(暗門) 양쪽에는 네모 반듯하게 다듬
은 무사석으로 협축(夾築)하였다. 나머지 부분은 지세를 따라 사행(蛇
行)하면서 자연석으로 바깥쪽을 퇴물림쌓기로 축성하고 안쪽은 흙과
잡석으로 밋밋하게 쌓아올린 내탁법으로 축조하였다. 1985년 통제영
이 없어지고 일제강점기에 성벽과 문루가 훼철되어 지금은 토성의 유

지와 석성 일부분만 남아있다. 옛 통영성에는 4대문(大門), 2협문(夾門), 3포루(鋪樓), 동서목책(東西木柵), 좌우변내장(左右邊內墻), 석주(石柱) 등과 아울러 동쪽에 춘생문(春生門), 서쪽에 금소문(金嘯門), 남쪽에 청남루(淸南樓), 동남쪽에 암문(暗門), 북쪽에 의두문(依斗門)이 있었다고 한다. 동문은 홍예문(虹霓門)으로 축성할 때 함께 지었는데, 1748년 통제사 장태소(張泰紹)가 신흥문(新興門)이라는 편액을 문루에 걸었고, 1792년 통제사 이윤경(李潤慶)이 고쳐 지으면서 춘생문(春生門)이라 하였다. 서문 역시 홍예문으로 축성 때 지었는데 1790년 통제사 신응주(申應周)가 고쳐 짓고 금숙문(金肅門)이라 하였다. 남문도 홍예문으로 축성시에 지었는데 일명 청남루(淸南樓)라 하였다. 1843년 통제사 허계(許棨)가 중수하였다. 북문은 통영성을 축성할 당시에는 문루가 없었으나 1771년 통제사 원중회(元重會)가 문루를 짓고 이름을 공북루(拱北樓)라 하였는데, 일명 의두문(依斗門)이라고도 하였다. 동·남 두 암문은 성을 쌓을 때 함께 만들었는데 문루가 없었다. 동암문은 일명 수구문(水口門)이라고도 불렀으며 항상 잠가 두었다고 한다. 3포루는 1694년 통제사 목림기(睦林奇)가 세웠다. 통영성을 방비하던 산성중군(山城中軍)이 순찰과 경비를 하던 초소로 때로는 장수가 이곳에서 군사들을 지휘하였기에 장대(將臺)라고도 하였다. 북포루는 여황산 정상에 있었는데 북장대라고도 불렀으며 1993년 2월에 복원되었다. 동포루는 성 동쪽 동피랑 꼭대기에 있어 동장대, 서포루는 성의 서쪽 서피랑 꼭대기에 있어 서장대라고도 하였다.

이후 고종 6년(1869)에 고성현이 고성부로 승격하여 통영성내로 고성부의 치소가 옮겨졌으며 그 3년 후인 고종 9년(1872)에 다시 통영군의 치소로 돌아왔다. 고종 32년(1895)에는 통제영을 폐지하고 고성군 남부 통영반도 지역을 분할하여 진남군을 두었다가 다음해인 건양 원년(1896)에 고성에 군대를 400여명 주둔시켰다. 광무 4년(1900)에 진남군을 설치하였으며 융희 3년(1909)에 평안남도 진남포시와 혼돈을 피하기 위하여 다시 진남군을 용남면으로 개칭하였으며 이때 춘원은 용안면 두룡포리가 되었다.

3. 조사사례 및 현황

1) 통영성내 서포루 일원 지표조사(통영시 문화동 216번지 일원)

2003년 경남문화재연구원에서 통영성지 중 서문지 부근에서 남문지까지 구간 750m 정도 조사를 실시하였다. 이 길이는 통영성 전체 성벽 길이에 1/4 정도에 해당하며, 이 부분에는 서문지와 서포루, 남암문과 남문지가 위치한다. 먼저 조사대상구역을 A~D구간으로 나누어 조사를 실시하였으며, 조사대상지역의 조사와 더불어 통영성 전체에 대한 지표조사도 병행하였다.[3]

2) 통영성 북문지 유적

2009년 경상문화재연구원에서 실시한 북문지 주변 조사에서는 통영성 북동쪽 체성과 2기의 수구, 체성 상부를 정지하여 조성된 조선 후기 건물지 2동과 근대 배수로 1기만이 확인되었으며, 북문지 존재는 확인되지 않았다.[4]

---

3) 경남문화재연구원, 『통영성지내 서포루 일원 지표조사』, 2004.
4) 경상문화재연구원, 『통영성지내 북문지 문화재 발굴조사 약보고서』, 2009.

3) 통영 하수관거 정비사업부지내 유적 발굴조사

2011년 부경문물연구원에서 추정 북문지 주변 조사결과 관련한 시설이 다수 확인되며, 일부 지역에는 체성이 지상에 노출되었다. 체성 외벽이 상당부분 지상에 노출되어 있으며, 노출된 체성은 현재 축대와 골목길로 이용되고 있다. 그리고 일제 강점기에서 현대에 걸친 장기간의 교란으로 인해 구지표면 및 문화층, 유구의 흔적을 거의 확인할 수 없다.[5]

4) 통영 동포루지 발굴조사

통제영지 동쪽, 현재 조사대상지는 행정구역상 통영시 태평동 440-11번지 일원에 일명 '동피랑'이라 불리는 마을의 구릉 정상부(해발 46.0m)에 위치하고 있다.

조사구역 북동쪽 끝에서 통영성 성벽 일부를 확인하였다. 정상부를 편평하게 하기 위하여 체성 적심부를 돋았으며 움푹 들어간 정상부 암반을 메꾸어 지면을 조성하였다. 정상부 암반에서 북쪽으로 떨어지는 곡부에서 정북 방향으로 진행하는 동벽 체성을 확인하였다. 이는 정북으로 진행하며 동쪽을 바라보고 있다. 잔존 체성 남쪽에서 치성 일부도 확인하였으나 문루와 관련된 시설로 추정되는 흔적은 확인되지 않았다.

계곡부로 떨어지는 층위를 살펴보면, 먼저 암반을 굴착하여 덮은 굵은모래(마사토)가 상층에서 확인된다. 아래층에서는 현대생활폐기물인 연탄, 콘크리트, 철근 등 다양한 폐기물이 부식토와 섞여 확인된다.

---

5) 부경문물연구원, 『통영 하수관거 정비사업부지 내 유적 발굴(표본)조사 결과 약보고서』, 2011.

이 폐기물층 아래서 약간의 부식토층이 확인되며 바로 암반이 확인된다. 정상부는 평평하게 굴착하였으며 곡부로 떨어지는 암반의 끝부분을 성토하여 정상부 면적을 넓혔다. 성벽 또는 성벽 중간까지 현대폐기물이 덮여있었다. 현대폐기물을 들어낸 아래층에서 치성 앞과 뒤쪽 다짐토가 확인되었다. 치성부 앞의 다짐토는 6층으로 토층이 확인되었다. 체성 적심의 다짐토로 황색 사질점토로 정상부에서는 확인할 수 없는 점질토가 성벽 앞과 뒤편에 이용되었다. 이 점질토 층위 아래에서는 암반이 확인되었다. 보강토에서는 다수의 기와편과 자기편 등이 출토되었다.[6]

(1) 동벽 체성

조사구역 북동쪽 해발 44.4~44.6m 지점에 위치한다. 조사구역 동쪽의 상단부에서 북쪽으로 기단부가 진행되며 동쪽을 바라보고 있다. 정상부로부터 곡부로 이어지는 성벽이 약 10m 정도 확인되었으며 기단석을 포함하여 2단만이 잔존한다.

동포루 추정지 동벽 안쪽에서 시작하여 계곡부인 정북으로 경사지게 내려간다. 잔존하는 체성은 내벽이 높고 외벽이 낮은 형태로 확인되는데 기저부인 암반의 지형에 따른 것으로 판단된다. 풍화암반의 경사면을 계단식으로 정지하여 지대석을 놓고 그 위에 기단석을 포함하여 1, 2단의 성석이 잔존하고 있다. 지대석과 기단석을 포함한 성석의 크기는 25~32cm 정도이며 세워쌓기와 눕혀쌓기로 교대로 실시하였다. 지대석은 길이 50~72cm, 높이 15~19cm, 성석은 길이 26~52cm, 높이 14~32cm이다. 지대석과 연결되는 계단식 기단석의 높이는 25~

---

6) 동양문물연구원, 『통영성지내 동포루』, 조사연구보고 제7집, 2012.

32cm 정도이다.

체성 축조수법을 살펴보면, 먼저 기저부의 암반을 60~80cm 굴착·정지하여 지대석을 설치하였다. 이때 체성 일부 지점에서는 인두대 크기의 할석을 이용하여 높이를 맞추고 있으며 그 위에 지대석을 설치하였다. 지대석을 설치한 후 그 위에는 장방형 내지 방형의 면석이 보이도록 일부 가공이 이루어진 성석을 축조하고 있다. 체성 외벽의 뒤편은 황갈색 사질점토로 채워 넣었던 것을 일부 확인할 수 있었다. 그 위로 후대에 정상부의 면적을 넓히기 위하여 생활폐기물과 풍화암반토를 성토한 층이 확인되었다. 북쪽 체성과 연결되는 이곳 체성에서는 유물이 확인되지 않았다.

(2) 치성

치성은 동벽 체성에서 남동쪽으로 120° 정도 꺾이며 진행하는 성벽이 확인되어 동포루에 축조되었던 치성부로 추정된다. 금번 조사구역 가운데 동쪽편으로 해발 46m 지점에 해당한다. 해당지역은 과거 마을의 일반가옥이 위치하던 곳으로 조사 직전까지 그 흔적들이 잔존하고 있었다. 특히 치성부 주변에는 각종 건출폐기물과 생활쓰레기들이 산재해 있었다. 조사는 이러한 폐기물과 쓰레기를 반출한 후 현재의 표토를 제거하는 순서로 진행하였다.

조사결과 동쪽암반이 곡부로 떨어지는 끝부분에 기단석이 암반을 돌면서 확인되었다. 치성의 상부는 건물구조물이 들어서면서 이미 유실되었으며 치성부는 동북벽만 남아있으며 동남쪽, 남서쪽은 기반암만이 잔존한다. 남서쪽은 수직으로 절취되어 있으며 1.0~1.5m 아래에 최근까지 민가가 있었다.

잔존 치성 외벽 길이는 7.6m 정도이며 체성과의 모서리부분을 제외하고는 1~2단만이 남아있으며 기반층은 기존 암반을 이용하고 있다. 지형상 내벽이 높고 외벽이 낮은 상태이며 체성은 암반의 형태에 맞추어 축조하고 있다. 암반이 솟은 곳은 암반 위에 1~3cm 정도 굴착하여 지대석 없이 기단석을 설치하였으며 암반이 낮아지는 곳은 체성 아래에 지대석을 축조하여 높이를 맞추었다. 기반암은 성벽의 내부로 이용하였다. 체성 축조수법은 치석되지 않은 부정형의 할석들을 사용하였으며 성석 사이는 작은 돌을 끼워 넣어 견고성을 높였다. 지대석은 길이 17~27cm, 높이 13~20cm이며, 기단석 및 성석의 길이는 52~192cm, 높이는 46~67cm이다. 체성부의 잔존높이는 36~130cm이다.

외벽으로부터 내벽 뒤채움은 풍화암반을 굴착하여 생긴 풍화암토와 황색점토를 혼합하여 외벽면석의 뒤채움을 하였다. 이 점토는 성벽의 외벽에는 보강토로 이용하였다. 외벽의 보강토는 6층으로 각 층위마다 풍화암반이 다량 혼재되어 있다. 1층은 교란토로 상수관과 폐기물이 확인되었다. 2층은 적갈색 사질점토로 최근 복토층에 의해 삭평되어 정확한 범위를 확인 할 수 없었다. 3층은 갈색 사질점토로 풍화암반알갱이와 세석립이 다량 포함되었으며 4층은 갈색 사질점토로 3층과 유사하나 밀도가 더 높은 편이다. 5층은 적갈색 사질점토로 가장 점성이 강하고, 6층은 갈색 사질점토로 풍화암반알갱이와 석립이 다량 포함되어 있다. 암반부터 체성의 50cm 높이까지 쌓았음을 확인하였으나 상부는 현대 복토에 의하여 더 이상 확인하지 못하였다. 체성 보강토의 3층에서 6층 사이에서 백자편, 기와편 등이 출토되었다.(<그림 3> 참조)

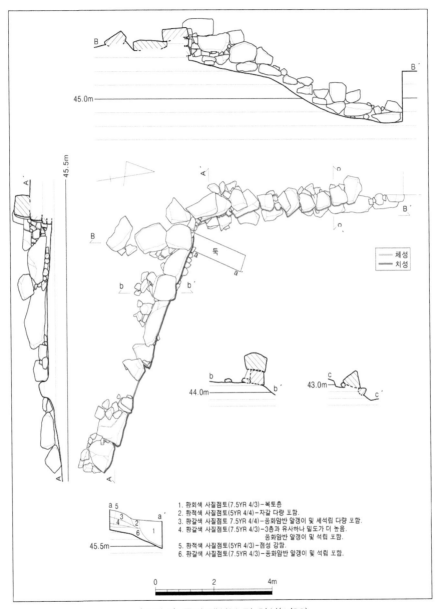

1. 황회색 사질점토(7.5YR 4/3)-복토층.
2. 황적색 사질점토(5YR 4/4)-자갈 다량 포함.
3. 황갈색 사질점토 7.5YR 4/4)-풍화암반 알갱이 및 세석립 다량 포함.
4. 황갈색 사질점토(7.5YR 4/3)-3층과 유사하나 밀도가 더 높음.
   풍화암반 알갱이 및 석립 포함.
5. 황적색 사질점토(5YR 4/3)-점성 강함.
6. 황갈색 사질점토(7.5YR 4/3)-풍화암반 알갱이 및 석립 포함.

0   2   4m

〈그림 3〉 동벽 체성부 및 치성(1/80)

〈표 1〉 동포루지 속성표

유구	길이(m)	석재 크기(cm)	주축 방향	특징
동벽 체성부	10.0	50~72×15~19 26~52×14~32 12~45	남—북 (0°−180°)	암반을 굴착하여 계단식으로 조성.(60~80cm 굴착·정지) 기단석에서 25~30cm 들여쌓음.
치성	7.6	17~27×13~20 52~192×46~67 36~130	북서—동남 (120°)	암반을 일부 굴착하거나 괴임석을 대서 높이를 맞춤. 동벽에서 덧대어 나옴.

4. 통영성 축조수법에 대한 약간의 검토

이상으로 통영성 동포루지 발굴조사 결과에 대한 조사현황 및 최근 조사사례를 살펴보았다.

여기에서는 통영성 체성 축조수법을 중심으로 통영성 및 조선 후기 축조 성곽에 관해 살펴보도록 한다.

통영성은 1678년(숙종4) 제57대 통제사인 윤천뢰가 축조하기 시작하였다. 통영성지는 현재 통영시내 중심부인 문화동을 중심으로 명정동, 중앙동, 태평동, 동호동, 북신동 일대에 넓게 분포하고 있다.

통영성은 여황산을 배후로 하고 북쪽에서 남쪽에 위치하는 한산만(閑山灣)과 통영만(統營灣)을 조망하기 유리한 남쪽 경사면을 성내로 하고 야산 능선을 따라 축조한 포곡식의 평산성이다.

통영성 평면형태는 남서쪽 부분이 사각형으로 돌출되어 있는 제형이다. 성의 규모는 남—북 직경이 600m(돌출부 제외, 돌출부 포함 : 720m), 동—서 직경이 710m이며, 체성 내부면적은 444,900㎡로 추산되며, 성의 총길이는 남벽이 790m(돌출부 포함), 동벽 590m, 북벽이

710m, 서벽 690m로 총연장 2,780m 정도이다.[7]

체성은 여황산 정상부에 위치한 북포루 주변은 토석병축으로 축조되었다고 알려져 있고, 남쪽 해안선 주변 평지를 비롯하여 낮은 지역에는 치석되지 않은 할석을 사용한 석축으로 축조되어 있다.

각종 관계문헌과 고지도에 의하면 북문(공북루, 의두문), 동문(신흥문, 춘생문), 남문(청남루), 서문(금소문) 등의 사대문과 동암문, 남암문 등 2암문이 있다.

4대문 중 남문지를 제외한 문지는 외부 노출이 적은 오목한 골짜기를 택하여 설치하였다. 즉, 남문지는 세병관 남쪽 정면에 설치하였는데 남문은 앞바다를 조망하기 유리하다. 동문지는 동문로에, 북문지는 동쪽에, 그리고 서문지는 세병관에서 서쪽 충렬사로 넘어가는 고개에 각각 배치시켰다. 정문인 남문에는 동서 양쪽에 암문을 두고 있는데 남문의 남쪽에는 수항루가 위치하였고, 수항루 앞으로는 포구였기 때문에 방어상 남쪽 해변을 중시한 것으로 판단된다.

여황산 정상에는 북포루를 설치하여 주변은 물론 성내를 관망하고 해안선과 근접한 위치에는 동포루 및 서포루를 배치하여 해안선을 경계하였다.[8]

이외 동서목책, 좌우변내장, 좌우석주, 좌우여장 각 십타, 동락로변정, 동부로변정, 남문내정, 신상지변정, 서구상로변정, 북문내로변정 등 9정이 있었다고 한다.[9] 또한 육지로 연결되는 북쪽 입구쪽에 원문

---

7) 경남문화재연구원, 위의 보고서, 2004.

8) 통영성의 중앙부에 위치하고 있는 통제영은 임진왜란 발발 이듬해인 1593년(선조 16) 삼도수군통제사가 3도의 수군을 지휘, 통괄하던 본영으로 1895년(고종 32) 각 도의 병영 및 수영이 폐영될 때까지 존속하였다.

9) 『統營志』성지 강희 17년 무오 尹公天賚始築 山城周回七里 女墻七百七垜 尺計一萬 一千七百三十尺 高一丈半 步計二千三百四十六步 三池 一在南門內 長二十步 廣七步

성(轅門城)을 배치하였다.

　현재 통영성은 시가지의 확장으로 체성 및 그와 관련된 부속시설들은 대부분 훼손되었으나 건물과 민가 및 도로의 축대로서 통영시가지 군데군데에서 외벽이 확인되며, 내벽은 확인하기 힘든 상태이다. 특히 4대문을 비롯한 문지와 암문은 현재 도로개설과 민가의 축대로 사용되고 있어 흔적을 찾을 수 없는 실정이다. 그나마 세병관(洗兵館)과 북과문(北戈門), 수항루(受降樓)가 남아있으며, 운주당(運籌堂), 경무당(景武堂), 내아(內衙), 백화당(百和堂)과 병고(兵庫) 등의 건물은 복원이 이루어진 상태이다.

　그럼 최근 조사된 통영성 동포루 치성 및 주변 체성 축조수법과 근래에 조사된 통영성의 체성 축조수법을 살펴보자. 통영성 동포루 주변에서 확인된 체성은 정상부로부터 곡부로 이어지는 성벽이 약 10m 정도 확인되었으며 기단석을 포함하여 2단만이 잔존한다.

　잔존하는 체성은 내벽이 높고 외벽이 낮은 형태로 확인되는데 기저부인 암반 지형에 따른 것으로 판단된다. 풍화암반의 경사면을 계단식으로 정지하여 지대석을 놓고 그 위에 기단석을 포함하여 1,2단의 성석이 잔존하고 있다. 통영성 동포루지의 체성 축조수법 가운데 기단부를 살펴보면 기저부 암반을 60~80cm 굴착·정지하여 지대석을 설치하였

深四尺 築城時幷鑿 九井 一在鑄錢洞 一在下東門路邊 一在東樂路邊 一在東部路邊 一在南門內人家中 一在新上池邊 一在西舊上路邊 二在北門內路邊 芹田長二十五把在東暗門內 康熙四十三年甲申李公昌肇尺量屬山城所 南門樓虹霓築城時幷建 一名淸南樓 乾隆元年丙辰 尹公宅鼎重修有記 東門樓虹霓 築城時幷建 乾隆十三年戊辰 張公泰紹以新興門題額 五十七年壬子李公潤慶 改建名春生門 韶光二十三年新築 李公應食重修 西門樓虹霓 築城時幷建 乾隆五十年年庚戌 申公應周改建名金嘯門 北門樓本無樓 乾隆三十六年辛卯 元公重會時建名拱北樓 東暗門無樓 築城時幷建 南暗門無樓 築城時幷建常時鎖鑰 三鋪樓 在東西北山頂上 康熙三十三年甲戌 睦公林奇時建.

다. 지대석은 길이 50~72cm, 높이 15~19cm, 기단석을 포함한 성석의 크기는 길이 26~52cm, 높이 14~32cm이다. 이러한 체성 축조양상은 기존에 조사된 통영성 북포루 및 서포루 주변 체성에서 확인되는 양상과 대동소이함을 알 수 있다. 여기에서 주목해 볼 것은 경사면에 설치된 체성 외벽 축조수법이다. 통영성 동포루지에서 확인되는 체성 외벽 축조수법은 경사면에 기단수평화공법을 사용하여 체성을 축조하고 있는 것이다. 이러한 것은 영조 때 수축되는 후기 동래읍성 경사면 축조수법과도 유사하다. 다만 차이가 있다면 지대석 설치유무라고 할 수 있다. 통영성 동포루지 체성은 앞서 언급한 바와 같이 지대석을 설치하고 그 위에 성석을 세워쌓기와 눕혀쌓기로 교대로 실시하여 축조되는 반면에 후기 동래읍성에서는 지대석 설치 없이 기단석만 설치하고 그 위에 성석을 축조하고 있다.

내벽적심부에 관련해서 살펴보면, 통영성 동포루지 체성은 먼저 기반암층을 정지하고 그 뒤에 일정부분 인두대 크기와 자갈을 이용하여 체성 적심부를 축조하고 있는 점에서는 후기 동래읍성과 대동소이함을 파악할 수 있다. 아울러 금정산성 체성 축조수법 구간 중 동일하게 축조되는 양상도 함께 확인되고 있어 경상도 지역 조선 후기 성곽의 전반적인 축조수법 양상임을 알 수 있다. 다만 후기 동래읍성 체성 적심부는 일부 구간에서 토루를 설치하고 토루를 다시 일부 굴착하고 외벽을 축조하고 내탁부를 조성하는데 반해 통영성 동포루지에서는 후대 훼손으로 그러한 양상을 파악할 수 없어 내탁부 축조수법을 정확히 확인할 수 없어 비교가 어렵다는 점이 다소 아쉽다.

다음 체성 외벽 축조수법을 살펴보면, 인두대 크기 할석을 이용하여 높이를 맞추고 있다. 그 위에는 장방형 내지 방형 면석이 보이도록 일부 가공이 이루어진 성석을 축조하고 있으며 사이에는 끼임돌을 사용한 허튼층쌓기가 실시되어 있다. 아울러 체성 축조에 사용된 성석 역시 가공석보다 반가공석을 사용하여 축조하였다. 따라서 통영성 동포루지 주변 체성 축조수법만을 놓고 본다면, 성석을 치석하고 그랭이공법에 의해 성석 사이 간격을 없애고 마찰면을 넓게 만드는 수법은 일단 채용되지 않고 있는 점을 알 수 있다. 물론 남한산성 및 수원화성 등에서 보이는 체성 역시 끼임돌을 사용하고 있는 구간도 확인되고 있지만 기본적으로 조선 전기 체성 축조수법과 달리 성석 크기를 줄이고 기단석 입수적보다 눕혀쌓기를 실시하는 축조수법이 후기 동래읍성, 남한산성, 수원화성, 금정산성, 통영성 등에서 확인되는 점을 볼 때 조선 후기에 축조되는 성곽들의 축조수법상의 차이점을 확인할 수 있는 것이다.

따라서 통영성 동포루지 체성은 즉 기반암층을 거칠게 정지하여 경사면 체성 축조시 기단수평화공법을 활용하여 축조하는 점, 체성 외벽 뒤쪽을 일부 채움석으로 채우고 그 뒤편을 토석을 이용한 내탁부로 활용한 점은 조선 후기 성곽에서 나타나는 동일한 축조 양상이라 할 수 있다. 그러나 그 위에 지대석을 설치하고 기단석을 쌓고 성석을 축조하는 수법은 후기동래읍성, 수원 화성, 남한산성 등에서 확인되는 치석된 가공석을 사용하고 그랭이공법에 의해 성석 사이 틈을 없애거나 줄이고, 그를 통해 마찰면이 넓어지는 점 등과 확실한 차이를 보여주는 점이라고 할 수 있다. 또한 지대석 및 기단석에 사용되는 성석 및 축조수법에 있어 장대석을 이용한 입수적 형태가 아닌 장방형, 방형 성석을 사용하여 눕혀쌓기 수법을 많이 볼 수 없는 점 역시 차이점이라고 할 수 있다.

따라서 통영성 동포루지 체성 축조수법은 조선 전기 연해읍성 및 영진보성 축조수법과 조선 후기 산성 및 읍성 축조수법을 동시에 확인할 수 있어 양란 이후 조선 후기 성곽 축조수법의 과도기적 단계 축조수법이라고 할 수 있다.

다음으로 동포루지 치성과 포루에 관해서 살펴보자. 성서(城書)에서는 "치성 위에 지은 집을(鋪)"라 하였다. 치성에 있는 군사들을 가려 보호하려는 것으로 즉 치위에 배치된 군사들을 보호하고, 비바람을 피하며 휴식을 하기 위해 치성 위에 지은 것이 포(鋪)이다.[10] 라고 하여 군사들의 휴식과 경계를 목적으로 한 건물임을 알 수 있다. 이러한 포사의 형태는 수원화성의 경우 누각(樓閣)과 대(臺)의 형태가 확인되고 있는데 동포루의 경우에는 역시 이와 같은 형태였던 것으로 추정된다. 특히 북포루 조사에서 확인된 초석 위치로 볼 때 정면 3칸, 측면 1칸 규모로 확인되고 있어 동포루 역시 이와 유사할 것으로 판단된다.

발굴조사에서 확인된 동포루지 치성은 측벽 일부가 확인되었고 잔존 규모는 7.6m로 확인되었다.

이번에 확인된 치성 측벽은 잔존규모보다 전장 길이가 더 길었던 것으로 추정된다. 따라서 대략 8m 전후 길이로 추정된다. 이러한 양상은 다소 재미있는 결과로 받아들여진다. 즉 치성 길이가 8m 전후인 것은 조선 전기 치성 가운데 방대형 치성 길이가 15척×20척 규식을 기준으로 할 때, 포백척 환산치인 7m×9m인점을 감안하면 그 근사치에 해당한다고 할 수 있는 것이다. 따라서 체성에 덧대어져 축조되어 있어 체성과 동시 축조보다는 시기차를 보이는 동포루 치성은 양란 이후 축조되는 남한산성을 비롯한 수원 화성 치성과 비교할 때 그 길이가 길게 축조된 것임을 알 수 있다. 즉 이것은 화성성역의궤에 실린 수원 화성

---

10) 손영식, 『한국의 성곽』, 주류성출판사, 2009, 436쪽.

동북포루인 간건대의 경우의 예를 들어보면, 그 길이가 18.5척이고 너비가 24척인데 화성성역의궤의 도설 편에서 성곽 길이를 주척으로 측정하고 6주척을 1보로, 3.8영조척이 1보라고 부기하고 있다. 그리고 팔달문과 화서문을 실측조사하고 영조척을 검토한 결과 1영조척이 30.85㎝로 추정되는[11] 것을 감안하면 다음과 같은 결론에 도달할 수 있는 것이다.

　수원 화성은 주척으로 길이를 측정하였고 1주척은 3.8영조척을 6주척을 나눈 미터 환산치가 19.538㎝가 되므로 18,5척×19.538㎝는 3.6m임을 알 수 있다. 따라서 화성의 동북포루의 치성 길이는 18.5척 3.6m로 통영 동포루 치성 길이의 절반에 불과한 것을 알 수 있다. 이러한 양상은 조선 전기 연해읍성 치성의 방대형의 경우 길이가 9m 전후, 가장 일반적인 형태인 방형의 경우 5m인점을 감안하며 그 길이가 1/3가량 줄어든 것임을 알 수 있는 것이다. 또한 영조 때인 1731년에 축조된 후기 동래읍성에서 조사된 치성 중 길이가 4.2, 4.7m로 5m내외 임을 감안하면 조선 후기 치성 축조 규모와는 차이를 보이고 있음을 알 수 있다. 그러므로 통영성 동포루 치성은 수원 화성과 남한산성으로 대표되는 조선 후기 치성 축조 규모와도 맞지 않는다. 오히려 조선 전기에 축조된 치성 평면플랜을 닮고 있음을 알 수 있는 것이다. 이러한 것을 감안하면 통영성 동포루 치성은 적어도 축조규모에 있어서는 조선 전기 양상이 계속적으로 이어진다는 것을 알 수 있는 것이다. 임진, 병자호란을 겪고 난 후 조선시대 17세기에는 새로운 성곽축조 경향이 나타나게 된다. 이러한 것은 기술적인 측면에서 중국에서 들어온 기효신서, 무비지가 크게 영향을 끼친 것을 비롯하여 일본 및 서양 성곽 축조

---

11) 박홍수, 「이조척도에 관한 연구」, 대동문화연구, 1967.

수법도 일정한 영향을 주었던 것이라고 할 수 있다.[12]

5. 맺음말

통영성은 조선시대 후기 남해안 영진보성의 축조수법을 파악할 수 있다는 점에 그 중요성이 있다고 할 수 있다. 특히 양란 이후 도성주변 산성 축조 및 수원화성 축조 등 중앙의 성곽축조수법의 변화에 관해서는 그 자료의 축적 및 연구가 일부 이루어지고 있는 현실에 비해 지방지역 특히 임진왜란 이후 축조된 영진보성과 산성을 비롯한 관방성의 연구는 전무한 실정이다. 따라서 축조수법이 혼합된 성곽축성사에 있어 과도기적 성곽에 해당하는 통영성에서 조선 후기 성곽축조수법의 변화를 파악할 수 있다는 점에서 그 가치가 있다고 할 수 있겠다. 물론 일부분에 한정하여 발굴된 양상으로 전체를 파악하는 우를 범할 수도 있지만 도시화로 인해 날로 훼손이 이루어져 과거모습을 온전하게 보존하지 못하는 현실에 우선 조사된 것이라도 기록 보존해야 하는 것이 시급하다. 추후 발굴조사를 통해 보다 적극적인 자료가 확보되면 자료의 검토를 통해 보완할 것을 약속하며 선학동배들의 아낌없는 질정을 바란다.

---

12) 차용걸, 「조선후기 축성기술의 변화와 산성의 운영」, 『한국성곽연구의 새로운 관점』, 한국성곽학회, 초대회장 심봉근박사 퇴임기념 논총, 2010.

전라병영성과 영진보 축성

1. 머리말

우리나라 성곽유적은 현재 북한을 포함하여 약 1,700여 개소가 되는 것으로 알려져 있다.[1] 광복 이후 현재까지 진행된 읍성, 영진보성을 비롯한 조선시대 성곽 조사는 대개 구제발굴조사로 충분한 자료 수집과 검토가 이루어지지 않은 가운데 조사대상지에 대한 부분조사에 치중하여 체계적인 조사 및 연구가 부족한 실정이다.[2]

반면에 강진 전라병영성은 이러한 일반적인 추세에 반하여 최근까지 꾸준한 조사와 연구[3]가 진행되어 체성과 각 부대시설, 성내시설물

---

1) 문화재관리국, 『문화유적총람』, 1977, 한국보이스카우트연맹, 『한국의 성곽과 봉수』, 1990, 井上秀雄, 「朝鮮城郭一覽」, 『朝鮮學報』103집, 1982.
2) 이일갑, 「남해안지역 조선시대 영진보성에 대한 일고찰」, 『石堂論叢』71집, 2018, 112~113쪽.
3) 강진 전라병영성 및 병영면 일원에 한 최초의 학술조사는 1991년 목포학교박물관에서 "康津 兵營城"이라는 학술조사로 시작되었는데, 당시 다양한 문헌자료 조사 및 현황조사를 통해서 성곽의 범위 및 내부 건물지에 한 기초자료를 확보할 수 있었다. 그리고 1997년 3월에는 "全羅兵營城 復元 및 整備 基本計劃"이 수립되었고, 이후 전

등을 연차적으로 조사하여 가히 성곽연구조사의 모범사례라 할 수 있을 것이다. 특히 체성과 각 문지, 치성, 해자, 각 공해 등에 대한 고고학적 조사는 조선시대 영진보성 연구는 물론 한국 성곽연구를 진일보 시키는 중요한 성과라 할 수 있을 것이다.

따라서 여기에서는 강진 전라병영성의 고고학적 조사결과를 바탕으로 조선시대 남해안지역 영진보성과 비교검토를 통하여 강진 전라병영성의 구조와 축조수법에 담겨 있는 성곽축성사적 특징을 살펴본다. 또한 개국이후부터 일관되게 추진된 조선왕조 성보축조 및 운영 정책이라는 큰 틀의 이해를 전제로 남해안지역에 산재하는 조선시대 영진보성 전형과 강진 전라병영성만의 가치성을 살펴보고자 한다. 이와 같은 작업이 이루어져야 강진 전라병영성이 가지는 역사적 의의와 문화유산으로서 보존과 복원이 한층 내실화 될 수 있을 것이라 판단된다.

2. 영진보성 축조와 강진 전라병영성 축성

조선시대 관방체제 정비과정에 있어서 영진보성 축성을 살펴보면, 우선 조선시대 관방체제 정비는 도성축조 이후 연해지역 읍성 축조와 내륙지역 읍성이 계획적으로 축성된다. 그 다음으로 주진인 육군 주요 병영성과 해안 수군 수영성 등이 순차적으로 축성되는 가운데 지리적으로 적로에 해당하여 왜구의 창궐이 빈발하여 피해가 막심한 하삼도(경상, 전라, 충청도)에 우선적으로 설치된 것이다.

특히 15세기말 성종조에 이르러서는 해안 영진에 대한 축성, 즉 수군 영진성에 대한 축성이 진척되었다. 이후 16세기 초엽에 일어난 경오왜변(1510)을 계기로 중중조에 전국 읍성과 영진보성에 대한 2차적인 수축과 보완이 이루어졌다. 이때는 15세기 전기 중앙정부에 의해서 의욕적으로 시행된 축성공역으로 인해 축조된 읍성과 영진보성 등이 상당수 훼손 및 관리 미비로 퇴락된 상황에서 새로운 축성수법을 도입하거나 시설물의 확충보다는 기존 성곽 체성의 부분적 보수와 시설물 보강, 수중목책 설치 등의 임시방편적인 정책이 대부분 시행되었다.

16세기 임진왜란 이후 조선 관방체제는 전기 당시 축성된 읍성과 영진보성을 중심으로 한 진관체제의 약점이 드러나 임진, 병자 양란에서 엄청난 피해를 입은 점을 참고하여 산성 중심 지역거점방어로 전환하게 되었다. 따라서 이때 수도 한양을 중심으로 도성이어처(道成移御處)에 해당하는 남한, 북한산성 수축과 정비, 강화도지역에 대한 방어시설 강화 등으로 이어졌으며, 지방에서도 해당 지역 거점산성을 지정하여 수개축을 통하여 활용토록 하였다. 이러한 정책은 조선 후기 대원군 집권시까지 큰 틀에서의 변화 없이 계속적으로 이어져 왔다. 이후 조선 관방체제는 갑오경장과 성곽 철폐령 등으로 인하여 그 기능을 상실하였다.

이와 같은 시간적 흐름 속에서 조선시대 영진보성 축성은 성종조 이전과 이후로 나누어 볼 수 있다.

먼저 조선시대 성종 연간 이전 영진보성 축성을 살펴보면, 왜구를 방비하기 위한 시설로서 "관방"은 이미 삼국시대부터 있어 왔다.[4] 고려시대에도 현종조부터 읍성류 및 농보류 축성이 동여진과 왜에 대한 관방시설로서 축조를 보았던 기록이 보이고 있다.[5]

이러한 전시대의 축성관련과 연결하여 조선시대에도 남해안으로 대표되는 남방 방비는 북방 방비와 더불어 가장 큰 문제가 아닐 수 없었다. 따라서 개국 초 태조 연간부터 여말선초로 이어지는 왜구의 침입을 방비하기 위한 많은 논의들이 있어 왔다.[6] 더욱이 태종대에는 기존의 산성을 수리하거나 축조하고 또한 평지성과 읍성을 동일시하여 산성과 대비시키고 수비의 편의를 내세워 산성 축조를 강조하고 있다.[7]

---

4)『삼국사기』권8, 성덕왕 21년 겨울 10월조.
5)『고려사』병지의 성보조에서 연해읍에 대한 이 시기의 축성사실을 정리하면 다음과 같다.
　　① 목종 10년(1007) 성울진
　　② 현종 2년(1011) 성청하, 홍해, 영일, 울주, 장기
　　③ 현종 3년(1012) 성경주
　　④ 현종 12년(1021) 수동래군성
　　⑤ 덕종 3년(1034) 수명주성
　　⑥ 정종 6년(1040) 성김해부
　　⑦ 문종 즉위년(1046) 유병부낭중김경 자동래지남해 축연변성보농장 이액해적지중
6)『태조실록』권5, 3년 1월 무진.『태조실록』권7, 4년 5월 계사삭.『태조실록』권8, 4년 11월 경오.
7) 산성을 중심으로 한 대왜정책은 태종 7년 성석린이 올린 시무20조에 잘 나타나고 있다.「領議政府事成石隣 上書陳時務二十條⋯負固恃險 不依兵法 擇深阻 築山城 安置老少 收納菽粟 擧烽相應 間道潛通 出其不意 以取勝者 東人之長技也 平地之城 固不

그러나 태종 13년 7월에 이르러 의정부에서 계하기를, 각 도, 각 고을의 3·4식정도 안에 산성을 설치하되 구기(舊基)가 있는 것은 거듭 수리하고, 구기가 없는 것은 택지(擇地)하여 새로 쌓아서 그 안에 창고를 설치하고 양곡을 저축하여, 위급한 일이 있을 때 산성에 입보하도록 건의하여 시행하고 있다. 동년 8월에는 각 도에 경차관을 보내어 각 고을 산성의 구기로서 수리할 곳과 신기(新基)로서 축조할 곳을 순심토록 하고 있다.

이러한 태종 13년에 시행한 비변책은 이제까지의 구기만을 수리하여 사용하는 계획성이 결여된 소극적인 방책에서 계획성 있는 적극적인 방책으로의 전환이 이루어진 것으로 다음 대인 세종에 이르러 보다 적극적인 방어책을 강구되기에 이르렀다. 그것은 세종 원년(1449년) 대마도 정벌과 같은 위압책과 병행하며 더불어 연해읍성의 축조도 지속적으로 추진함을 의미하는 것이다.

세종조에 있어 왜구에 대한 적극적인 방어책을 강구하여 실행에 옮기게 된 것은, 세종 11년 1월 25일에 허조가 계하여, 경상도 연해 각읍은 왜구가 조석으로 오가는데 성보가 완전하지 못하니 매년 농한기마다 쌓아 10년을 기약하면 성보(城堡)가 완전해질 것이라[8] 한 것이 계기가 되어 동년 2월 4일 병조판서 최윤덕을 충청, 전라, 경상도 도순무사로 삼아[9] 성기 심정을 하는 때부터 시작된 것으로 볼 수 있겠다. 최윤덕은 동년 2월 10일에 6개 항목으로 이루어진 『각관성자조축조건(各官城子造築條件)』을 마련하여 올렸다.

이러한 『각관성자조축조건(各官城子造築條件)』을 기준으로 하여 가

可無 然自古東人之善守者鮮 不可專恃邑城」.

8)『세종실록』권43, 11년 정월 임신.

9)『세종실록』권43, 11년 2월 경진.

장 긴요한 연해읍들은 산성(山城) 대신 읍성(邑城)을 축조하는 것을 기본원칙으로 하여 축성이 진행되었다. 그러나 세종 12년 말에 축성 공역이 춘추로 이어져 축성군의 사망자가 많이 발생하였다는 권진의 상소로 인하여 많은 변화에 직면하게 되었으며, 이에 봄에는 사역시키지 않는다는 것과, 매년 각 도에 1성씩만을 쌓게 하며 완성치 못하면 다음 해에 쌓는다는 것과, 성기의 심정은 도순무사(都巡撫使)가 하고 축성 감독은 각 도의 감사 및 절제사가 하도록 이원화 하고 있다.[10]

그러나 축성역이 예상보다 늦어지고 공역이 줄지 않자, 세종 16년 7월에 우의정 최윤덕과 형조판서 정흠지 등이 경상도의 내상성·영일·곤남성이 5년이 지나도 필축(畢築)치 못한 것은 매년 역일을 한정하였기 때문임을 들어, 첫째 각 고을의 군인 다소에 따라 성기를 나누어 주어 축성을 마칠 때까지 한정하여, 감사와 도절제사가 순행하며 고찰케 하고, 둘째 그 고을의 城堡는 다른 고을의 군인을 사역치 않고 경내의 경작하는 바의 다소에 의해 성기를 나누어 주어 완성때까지 해마다 쌓게 하며, 셋째, 남해도에도 백성이 많이 살고 있어서 축성하기에 이르렀으니 수령 배치 여부를 순심토록 건의함에 그대로 따르고 있다. 이때부터 당해 읍성은 당해 읍민이 축조토록 하였던 것이다.

한편 세종 20년에는 『축성신도(築城新圖)』를 반포하여 일정한 규식에 의하여 성곽이 축조토록 하였다.[11] 세종 21년 7월에 동지중추원사 이사검이 비변책을 올려, 경상도 방수에 관하여 건의하고 있다. 상소에

---

10) 『세종실록』 권54, 13년 10월 갑진.
11) 즉 세종 25년 11월에 겸성균주부 이보흠이 상소한 내용을 보면 "近年에 쌓은 여러 성이 모두 퇴비 되었다고 하는데, 이는 무오년(세종 20년)에 「축성신도(築城新圖)」를 반포한 이래 관리가 입법한 뜻을 알지 못하고 법을 지키는 폐단이 그렇게 만든 것이라고 하여 알 수 있다.

서 각 포의 방수하는 배가 바다에 떠있는 것이 한 두척에 지나지 못하여, 만일 왜변이 있다면 응하여 대적하기가 어려울 것임을 지적하고, 육지의 군도 다만 도절제사영의 군사 50인씩 4번으로 나누어 지키고 있어, 그 방어가 매우 허술하다고 하고, 울산과 영일은 상거가 150리인데 그 사이에 비록 감포가 있어 방어를 하기는 하나 다만 작은 배 한척이 있을 뿐이라, 만일 적변이 있으면 경주의 남면이 염려된다고 하여, 홍해, 청하 두 고을 사이에 영일진을 옮겨 설치하고, 또 장기현에 새로 한 진을 설치하여 방수에 대비할 것을 청하고 있다.12) 이에 따라 세종 21년 11월에 장기, 영일, 남해, 김해 등에 성(城)을 축조하고 있음을 볼 수 있다.

이러한 내용에서 태종과 세종년간에도 군대만 주둔하는 독자적인 병영성인 영진보성은 축성되지 않았다. 특히 이때 하삼도에 축조된 읍성은 백성들의 편의와 왜구에 대한 적극적인 대처방안으로 입보처의 개념을 산성에서 읍성으로 전환시켰던 것이다. 이러한 연해지역 읍성 축조는 세종에 이은 문종에서 세조대에도 중앙에서 관리를 파견하여 지속적으로 완축(完築)을 도모하였으나, 간쟁기관의 반대와 단종대의 계유정난으로 인해 일시 정파되기에 이르렀다. 이후 세조 1년(1455년) 북부의 군익체제를 개선하여 재편한 군익도체제(軍翼道體制)를 전국으로 확대하면서 영진체제하의 지역을 포함한 전국을 몇 개의 군익도로 나누고 각 군익도를 중·좌·우익으로 구분하여 새로운 군제를 마련하였다. 이 당시 전라도는 제주도를 포함한 연해지역의 5진(홍양진·옥구진·부안진·무장진·독진) 이외에 내륙의 전주·남원·순천·나주에 진을 설치하고 각 진을 중·좌·우익의 3익 체계로 정비하였다. 각

---

12)『세종실록』권87, 21년 11월 갑자.

익의 지휘관은 수령이 겸하도록 하였으며, 지휘체계는 도절제사(都節制使)→중익절제사(中翼節制使)→제익(諸翼)으로 연결되도록 하여 해당 고을의 읍성이 곧 영진보성의 역할을 동시에 수행하였던 것이다. 다시 세조 3년(1457)에 주진(主鎭)·거진(巨鎭)·제진(諸鎭)의 3단계로 구성되는 진관체제(鎭管體制)[13]로 재편되는데, 전라도에는 전주·강진에 주진을, 나주·남원 등 7개 읍성에 거진을, 김제·해남 등 66개 군현에 제진을 두었다. 이러한 진관체제를 바탕으로 각 도마다 병영과 수영을 설치하였는데 함경도 경성에 북병영과 북수영, 북청에 남병영, 함흥에 남수영, 전라도 강진에 병영, 여수에 좌수영, 해남에 우수영, 경상도 울산에 좌병영, 창원에 우병영, 동래에 좌수영, 거제에 우수영을 두었다.

그러나 조선왕조 개창 이래 태종을 거쳐 세종대에서 그 자손들인 세조대에 이르기까지 의욕적으로 추진된 읍성이 앞서에 언급한 바와 같이 곧 영진보성은 아니었다. 당시 읍성(邑城) 외에 영진보(營鎭堡)는 만호(萬戶)·천호(千戶)등이 병선(兵船)을 거느리고 관방처[14]에 정박하는 곳으로 육지에는 작은 초막을 짓고 약간의 병량(兵糧)(船中에 상비하는 것이 원칙이나 양이 많을 경우)을 보관하는 일종의 창고 외엔 별다른 시설이라고는 없었다. 당시 수군의 임무가 장재선상(長在船上)으로 표명되며 수상에 머물면서 만약의 사태에 대처하는 것이었으므로 육지에 수군을 위한 성보(城堡)를 축조하는 것이 오히려 이상한 것으로 성

---

13) 모든 진이 평상시 주진의 통제를 받다가 유사시에는 독자적인 작전권을 행사하여 한 진관이 패퇴하면 다른 진관이 방위의 공백을 메워서 싸우는 등의 연계적인 체제를 이루도록 하였다. 진관은 주진 밑에 있는 거진을 한 단위로 설정하였는데, 거진은 도의 크기에 따라 3~20곳을 설치하였다.

14) 이때의 관방은 험요한 지형만을 이르는 것 뿐만 아니라 왜구의 초정지로 배를 정박시키기에 알맞는 지형을 갖춘 곳을 말하는 경우가 대부분이며 지명의 끝에 浦자가 붙은 곳이다.

보는 육지의 싸움에만 특히 필요한 것으로 생각하였던 것이다.[15]

특히 조선 전기군제에서 수군의 실태가 앞서도 말한 장재선상의 개념으로 조야가 인식하는 입장에서 성보축조와 입보수성이라는 것은 생각할 수도 없는 일이었다. 세종대의 성보없이 장재선상하는 수군의 방어원칙은 그 후 문종, 세조, 예종을 거쳐 성종에 이르기까지 큰 변화는 없었고, 다만 만호, 첨사 등이 초사를 마련하여 머무는 장소로 이용하는 경우는 있었던 것이다.

성종 이전에도 연변의 요해에 설책(設柵)하는 경우는 있었지만 그러한 것은 일반적인 현상은 아니었다.[16] 따라서 수군은 성보축조와 입보수성이라는 개념 자체가 없었던 것이고 수군이 바다에서 차단하지 못한 왜구를 격퇴하는 것이 주임무였던 영진군(營鎭軍) 즉 육군은 주둔지적 성격이 더 강했던 병영성을 축조하여 사용하였던 것이다. 이때 당시 강진 전라병영성의 군사전술적 역할과 가치 역시 왜구의 내륙진입을 막기 위한 것에 초점이 맞춰진 것이라 하겠다. 그러므로 강진 전라병영성과 같은 하삼도 내상성은 북방의 4군6진과 달리 하삼도 기선군(騎船軍) 즉 수군이 입보농성 혹은 주둔지성을 축성하지 않는 것과는 차별성을 가진 성곽이었던 것이다. 반면에 군사목적 달성에 있어서는 1차 방어선인 수군 후방에 위치하는 2차 차단선인 동시에 최후방어선의 역할을 동시에 수행한 관방성인 것이다.

그러나 성종 15년 10월에 이르러 수군 역시도 영진보성을 축조토록 하는 논의가 조숙기에 의해 계문되면서 조선 전기 영진보성 축조와 운영에 새로운 전기가 마련되기 시작한다. 이때에 "경상도 김해 등지에

---

15) 車勇杰,「朝鮮 成宗代 海防築城論議와 그 樣相」,『白山學報』19, 1975, 247쪽.
16) 울산의 유포석보 등이 그 예에 해당한다.

성보가 없고 연변에 창고가 설치되어 병기를 저장하고 있으니 불우한 변이 발생하면 장차 어떻게 보전하겠느냐고" 하면서, 연변의 긴요한 곳에 성보를 설치하여 유사시에 대비할 곳을 삼게 되면 좋겠다고 하였다. 이러한 주장은 당시 우의정 홍응 등에 의해 지지되었는바 특히 홍응은 이러한 건의가 전일에도 있었긴 하지만 국가에서는 아직 거행할 바 아니라 하여 여지껏 실현을 못본 것 이라 하면서, 북방의 양계방비는 적로(賊路)가 한정되어 있지만 남해안의 경우는 연해방어가 허술하다고 지적하고, 대신을 보내어 긴관처를 심사하고 성보를 축조하여야 한다고 주장하고 나섰다.17)

조숙기의 건의가 축성사인 홍응의 절대적인 지지를 얻어 입안된 후 승정원을 통해서 수렴된 의견은 "대체적으로 대신의 왕래보다 절도사, 관찰사를 통하여 일을 추진하자고 함"에 대해 성종은 사안의 중요성을 감안하여 영돈령 이상의 대신들에게 논의케 하였고 심회, 한명회 등은 대체로 성종의 의사에 맞추었고, 윤필상은 수군이 육지에 입보케 된다 하여 반대하였으며, 이러한 반대의견은 이극배, 노사신 등도 마찬가지였고 이극배는 삼포(부산포, 염포, 제포)의 축성은 가하다 했다.

성종은 반대를 물리치고 홍응을 보내어 연해성보의 설보처를 순심케 하였는데 성종 16년 3월에 이르러서 심정을 완료하고 그 결과를 자세히 계문하였다.18) 즉 홍응의 계문에서 이미 회령포, 감포, 사량을 제외한 16개처의 심정한 제포(諸浦)는 벌써 역을 시작하여 습석(拾石)의 단계에 이르렀다.

이렇게 대체적으로 축성이 진행되고 있는 이후에도 대신들의 찬반

---

17)『성종실록』권171, 15년 10월 임오.
18)『성종실록』권176, 16년 3월 병오.

이 끊이질 않았고 이에 대하여 성종은 보를 설치함은 군기와 육물을 저장하기 위함이지 만호의 거처를 만드는 것이 아니라 하여 영진보성 축성을 계속 진행토록 하였다.

성종 18년 8월에 이르러 정성모의 계에 성종이 영진보성의 정역을 명하자 다시 찬성론자들의 공세가 뒤따랐다. 이에 성종은 다시 뜻을 번복하여 「축지가야(築之可也)」라고 하였고, 이러한 찬반론의 혼돈 속에 경상도 관찰사인 이세좌가 계하길 "왜인들이 축성함을 이상히 여겨서 왕래가 끊어졌다고" 하자 반대론자들은 이 기회를 틈타 소기의 의지를 관철시키려 하였다. 그러나 왜인이 의심한다고 하여 축성을 정역한다면 우리의 약점을 드러내는 것이라 하여 결국 축성은 찬성론으로 결정되고 각도 관찰사와 좌도병마절도사, 수군절도사, 우도병마절도사, 수군절도사 등의 감독 속에 영진보성은 속속 필축을 보게 되었던 것이다.[19]

이처럼 성종 15년부터 18년까지 4년에 걸친 영진보성의 논의에 따라 결정된 축성은 먼저 홍응의 심정처를 중심으로 전라 경상도를 중심으로 23곳에 이루어졌다. 영진보성 축성이 완료된 것은 성종 19년에서 22년까지의 3~4년간에 이루어졌으며 성종 20년 2월에는 축성에 대한 기준을 마련하여 척도를 포백척을 사용하고 높이는 15척을 기준하며 축성 후 5년 내에 퇴락하면 감축자를 파출하기로 하였다.[20] 5년을 기한으로 함은 세종 년간의 읍성 축조 때와 같으나 이때는 길이 15척 이상 퇴락과 10척 이하의 퇴락으로 차등을 두었으므로 세종대의 그것보다 세밀하고 율이 엄격해 졌다고 할 수 있다.

이와 같이 조선은 성종 년간에 이르러 도성, 읍성, 영진보성에 대한

---

19) 『성종실록』 권208, 18년 10월 임진.
20) 『성종실록』 권225, 20년 2월 임진.

일단의 축성을 마쳤으며 이때 완성을 본 관방체제의 유지와 운영은 이후 임진왜란 이전까지 큰 변화 없이 일관되었다.

이러한 조선시대 관방체제 중 전라도 지역 영진보성과 관련하여서는 기록상으로 조선시대에 앞서 고려시대에는 공민왕 10년(1361)에 18개소의 수자리 하는 곳이 있다고 하였다. 전라도에 있었다는 18개소의 수소(戍所)는 전라등처진변만호부 이래로 증가된 18개소의 포(浦)와 량(梁) 등 수군 방어의 요충지를 말하며 이 가운데 순천 돌산수, 내례량수 등이 포함되었으나 다른 수소의 정확한 이름 및 위치를 파악되지 않는다.21)

조선시대에는 태조 2년(1393) 6월 정유일에 전라도 아용포(阿容浦), 태조 5년 6월 신축일에 진도(珍島)만호, 태조 7년 3월 갑자일에 제주 만호 등이 확인되고 있다. 다시 태조 6년(1397) 5월에 각도병마도절제사를 혁파하여 전국 15곳에 각진 첨절제사를 두어 수어토록하였으며, 전라도에는 목포, 조양, 옥구, 홍덕 4곳이 설치되었다. 이때 설치된 각 진은 육수군 소속이었다. 태조 7년(1398)에는 수군 관직을 설정하여 만호, 천호, 백호를 두었고, 태종 8년(1408)12월 기록에 옥구(沃溝)수영의 진수가 합당치 않으므로 무안 대굴포로 수영을 옮길 것이 건의되고 이후 이것은 실현을 보게 된다.

이후 태종 17년(1417) 정월에 왜구를 적극 방어하기 위하여 광산현(光山縣, 광주광역시 광산구 송정동)에 설치된 전라병영을 연해지역인 지금의 강진군 병영면 성동리로 옮겨졌고, 효과적인 왜구 방어를 위하여 그 아래에 편제되어 있던 2개의 진을 북쪽으로 옮겨 재배치함으로

---

21) 차용걸, 「남해안지역 관방유적(진보)의 성격」, 『여수석보의 종합적 검토』, 한국성곽학회·여수시, 2012, 4쪽.

서 방어의 효율성을 기하였다. 이때에 이르러 전라도 육군절도사영이 지금의 강진 병영성으로 옮겨오게 된다.

이 전라병영을 옮기는 문제는 이미 태종 8년(1408) 9월에, 당시 전라도 병마도절제사 강사덕(姜思德)이 광산현의 전라병영이 바다와 130여리나 떨어져 있음으로 해서 왜구를 방어하는데 문제가 있음을 지적하고, 연해지역으로 옮길 것을 건의하고 있다.[22] 이 건의가 있은 후 9년이 지난 뒤인 태종 17년(1417) 정월 조정에서는 조흡(曹恰)을 파견하여 옮길 곳을 살펴보도록 조치하였다. 이로부터 불과 보름 정도가 지난 그해 정월 20일에 도강현의 치소가 있던 지금의 전라남도 강진군 병영면 성동리로 옮겨 설치되었다.

그렇지만 전라병영을 강진 병영성으로 옮긴 후에도 지리적 위치를 문제로 이전에 대한 논란은 끊이지 않았다. 강진에 전라병영이 자리 잡은 지 10년만인 세종 9년(1427) 5월 대호군(大護軍) 이진(李召)은 광주의 옛 자리로 돌아가자는 상서를 올렸다.[23] 또한 세조 3년(1457) 정월에는 나주로 옮기려다가 결국 중단되었다.[24]

임진왜란이 끝난 직후인 선조 32년(1599)에 장흥읍성(長興邑城)으로 옮겨지게 되었으며[25] 장흥읍성으로 옮겨간 지 5년만인 선조 37년(1604) 다시 강진으로 되돌아왔다.[26] 이후 동학농민전쟁과 갑오경장 이후 군제개혁을 통하여 병영성으로서 기능을 상실할 때까지 강진 병영성은 전라도 육군절도사영성의 위치를 계속 유지하였다.

---

22) 『태종실록』 권16, 8년 9월 17일 임술.
23) 『세종실록』 권36, 9년 5월 11일 무술.
24) 『세조실록』 권6, 3년 1월 16일 신사.
25) 『호남영지』(1895, 奎 12189) 중 「兵營營誌」(1895) 및 같은 책 「全羅兵營營誌」(1895.3) 城池
26) 『全羅道 長興邑誌』(1747) 건치연혁.

3. 강진 전라병영성 고고학적 검토

　남해안지역 영진보성 중 강진 전라병영성과 같은 울산 경상좌병영성, 창원 경상우병성 합포성은 육군병마절도사영이 설치된 내상성(內廂城)으로 이외에도 충청도 해미현 내상성이『조선왕조실록』문종조와 세종실록지리지에서 확인된다.[27]

　이 내상성은 조선시대 진관체제에 따라 주진이라 불리우는 병마절도사영과 수군절도사영성은 병영성으로서 기능과 아울러 해당지역 읍성으로서 역할도 동시에 수행하였다. 따라서 이 장에서는 행정적 기능과 군사적 기능을 동시에 갖추고 있고 문헌기록에서도 내상성(內廂城)이라는 고유명칭으로 확인되는 강진 전라병영성에 대한 고고학적 조사내용을 살펴본다. 아울러 최근까지 조사된 여타 내상성 및 조선시대 남해안지역 영진보성과의 비교검토도 실시한다.

1) 체성

　조선시대 읍성 및 영진보성을 비롯한 관방성 축성 시 가장 기초가 되는 성벽 체성에 대해서 살펴보자.

　강진 전라병영성은 고고학적 조사결과 병영성 북동쪽 구간에서 확인된 체성 축조수법에 대하여 내벽부는 계단형식으로 석축을 쌓고 그 위를 흙으로 덮어 경사처리 한 내탁식으로 알려져 있다. 체성 외벽 면석과 내벽석축 사이에는 대소 할석을 서로 엇물리도록 견고하게 쌓아 올려 적심부를 축조하였다. 체성 너비는 면석과 내벽 석축 사이가 약

---

27)『문종실록』권9, 1년 8월 21일 병술.

6.5~7m 정도이고 경사지게 흙을 덮었던 것을 가정하면 대략 10m 정도일 것으로 추정하였다.[28]

　이상의 조사결과는 최근까지 남해안 영진보성 가운데 체성이 조사된 거제 오양성, 거제 옥포진성, 고성 구소을비포성, 고흥 발포진성, 기장 두모포진성, 부산 경상좌수영성, 부산 금단곶보성, 부산 다대포진성, 여수 석창성, 영광 법성포진성, 울산 경상좌병영성, 울산 개운포진성, 장흥진성, 진도 금갑진성, 창원 합포성, 통영 당포성, 통영성, 회령포진성과 이외 지역에도 안흥진성, 서천 장암진성 등이 있어 비교가 가능하다.

　최근까지 조사된 영진보성을 통해서 확인된 체성은 기단부 축조, 외벽 축조, 내벽 축조 순으로 살펴볼 수 있다.

　먼저 기단부 구조를 살펴보면, 기단부 조성이나 기초석 사용, 지정 이용 등에 있어서 몇 가지로 구분 할 수 있다. 이러한 구분은 시간적 차이를 반영한 것으로 보인다.

　조선시대 읍성 및 영진보성 축조 시 먼저 기단부에 기초를 조성할 때 5가지 유형이 확인된다.

　첫째, 지반을 일정한 깊이로 판 후 돌을 섞어 넣어 단단히 다지는 적심공법을 사용한 후 그 위에 다듬은 판상형의 석재를 깔고 그 위에 지대석을 두고 성석을 10~20cm 내외로 들여 줄을 맞추어 쌓아 올린다. 이때 지대석을 포함한 기단석 일부 혹은 전부 외피부분을 흙으로 다짐하였다. 이러한 축조수법은 지반자체가 연약하거나 습지 혹은 강변 등지를 기반으로 하는 성곽축조에 주로 사용되었으며 삼국시대 성곽축

---

28) 전라남도 강진군 명지대학교 부설 한국건축문화연구소, 『康津 全羅兵營城址 發掘調査報告書』, 2005.

조에서도 확인된다. 이러한 예에 속하는 것은 개운포진성, 울산 병영성, 창원 합포성, 부산 금단곶보성, 거제 오양성 등이다. 강진 전라병영성에서도 체성 축조시 기단부를 조성하기 위하여 지하수로 지반이 연약한 지역은 나무말뚝을 박아 지내력을 보강하였다. 나무말뚝 크기는 지름 10㎝ 정도, 길이 1m 이상의 것을 사용하였고 그 위에 흙을 다짐하고 지대석을 설치29)하였으므로 이 유형에 해당한다.

둘째, 영진보성 일부 석축구간은 기반이 풍화암반인 경우에는 상면을 평탄하게 다듬은 후 지대석 없이 기단석을 올렸다. 이는 앞서와 달리 지질적으로 단단한 기초부를 가지고 있어 별도의 보강이 필요 없는 구역에 해당하는 것이다. 이러한 예에는 속하는 것은 통영성이 해당한다.

셋째, 기단부 조성 시 바닥을 굴착하여 점토로 다진 후 할석과 흙을 섞어서 기초부를 조성하는 것이다. 이러한 예는 옥포진성, 안흥진성, 장암진성 등에서 확인할 수 있다.

넷째, 급경사 구간에서는 커다란 쐐기 모양 근석을 튀어나오게 가로놓아 성벽에 밀려드는 석재의 하중을 골고루 분산시키도록 하는 것이다. 이때 근석 간격은 7m, 3.6m의 간격을 유지하여 차이를 보이는 것을 알 수 있다. 조선시대 영진보성에서는 이러한 기단부 축조는 확인되지 않는다. 고려시대 축조된 것으로 파악되는 부산 강서 구랑동성 기단부나 조선시대 축조 하동읍성, 상당산성, 포천 반월산성, 대전 보문산성 등에서 확인된다.30)

다섯째, 기존 체성 기단석 및 성석을 정리하고 흙을 다진 후 그 위에 성석과 흙을 섞어서 축조하는 것으로 임진왜란 이후 심하게 훼손되거

---

29) 전라남도 강진군 명지대학교 부설 한국건축문화연구소, 위의 책, 2005.
30) 충청북도, 『상당산성』, 한반도 중부 내륙지역 산성 II, (사)한국성곽학회편, 2008, 68쪽.

나 파괴된 읍성 및 영진보성에서 확인된다. 울산 경상좌병영성, 부산 경상좌수영성, 거제 옥포진성 등이다.[31]

영진보성 기단부 축조에서는 연해읍성을 비롯한 읍성축조에서 확인되던 사직선기단 축조수법은 울산 경상좌병영성, 영광 법성포진성에서 확인될 뿐 이후 축조되는 영진보성에서는 거의 사용되지 않는다. 따라서 사직선기단 전통이 조선 전기 읍성 축조에 적용되고 있는데 반해, 영진보성 기단부 축조에서는 기단수평화공법을 사용하고 있는 양상이 확인되고 있는 것이다. 이러한 기단수평화공법은 대부분의 고고학적 조사가 이루어진 영진보성에서 공통적으로 확인되고 있으며 강진 전라병영성에서도 일부 확인된다.[32]

강진 전라병영성 체성 외벽축조수법을 살펴보면, 체성외벽 지대석은 1단으로 그 크기는 길이 0.3~1.5m, 높이 0.15~0.3m 정도이다. 지대석을 설치할 때 성기다짐층과 맞닿는 부분은 작은 돌을 채워 수평을 맞췄다. 체성외벽 면석은 각이 없는 자연석으로 허튼층쌓기를 하였으며, 면석 사이의 빈틈에 끼임돌을 끼웠다. 지대석 위의 기단석은 10~15㎝ 정도를 들여쌓았으며, 외벽 면석 크기는 기단석 길이 0.7~1.5m, 높이 0.7~0.9m이고 성석 길이 0.4~0.6m, 높이 0.3~0.6m 정도로 위로 쌓아 올라갈수록 작은 성석을 사용하였다. 노출된 체성 높이는 대체로 1.5m 내외 정도이며, 가장 높게 남아 있는 구간은 남문지 서측 부분 성곽으로 4.5m 정도이다.

남해안지역을 비롯한 영진보성 체성 외벽축조수법에 있어서 임진왜란을 기준으로 16세기 이후에는 체성 외벽 성석 크기와 형태가 통상 알

---

31) 이일갑, 위의 논문, 2018, 120~121쪽.
32) 전라남도 강진군 명지대학교 부설 한국건축문화연구소, 위의 책, 2005, 12~23쪽.

려진 조선 전기 연해읍성 체성 외벽에 사용된 성석 크기 및 형태와는 일정한 차이가 나타나는 것이다. 이것을 확인하기 위해 최근까지 조사된 영진보성 체성에 잔존하는 성석표본을 지정하여 그 길이와 높이를 계측하였다. 이것을 다시 높이:길이로 나눈 수치를 가지고 길이 값을 1로 할 때 높이 값의 변화를 파악하였다. 이때 총 5개 집단군이 형성되었다. 5개 집단은 수치에 따라 제1집단 표준값 0.3, 제2집단 0.4, 제3집단 0.5, 제4집단 0.6, 제5집단 0.7로서 수치 1에 가까울 수로 성석 형태가 정방형에 가까워지는 것을 알 수 있으며, 0에 가까울수록 길이가 길고 높이가 짧은 세장방형으로 파악할 수 있다. 따라서 영진보성 체성에서 파악된 표본 성석은 0.5 값을 가진 성석이 높이에 비해 길이가 1.3~1.5배가량 길게 나타나고 있어 장방형내지 방형의 석재가 사용된 것을 확인할 수 있다.33) 반면에 영진보성 체성 외벽에 축조된 기단석은 외벽면석이 100×300×250cm, 200×300×50cm, 100×70×70cm, 200×160×150cm 등으로 축조되어 있다. 수치를 비교해 본 결과 높이:길이를 나눈 값이 기준인 1을 초과하고 있어 영진보성 체성 기단석은 장방형 내지 방형의 치석한 할석과 길이에 비해 높이가 더 큰 장대석을 이용하여 축조되어 있는 것을 알 수 있다.

이렇게 영진보성 외벽 면석에서 확인할 수 있는 것은 성종 16년 초축으로 알려진 각 영진보성 수치를 비교해 본 결과, 높이:길이를 나눈 값이 기준인 1을 초과하는 것으로 파악되어 외벽면석에 사용되는 것은 장대석인 것이다. 반면에 울산 경상좌병영성 초축 체성, 창원 합포진성 초축 체성, 강진 전라병영성 등의 체성 외벽 면석은 부산 구랑동 유적

---

33) 이일갑, 「조선시대 성곽의 축조수법을 통한 형식설정」, 『동아시아의 문물』, 2012, 387쪽.

의 석축성곽 축조수법과 진도 용장산성, 경상도 하동읍성, 기장읍성, 전라도 광주읍성 초축 성벽과 유사하거나 동일한 양상으로 축조되어 있다. 이 성곽들의 초축 시기가 고려시대 및 고려시대 말 읍성축조수법의 전통이 계속해서 사용된 성곽이라는 점에 있어 시사하는 바가 크다.[34]

특히 울산 경상좌병영성, 창원 합포진성, 강진 전라병영성은 모두 경상도, 전라도 육군 절도사영성인 내상성이라는 공통적인 성격을 가지고 있다. 또한 앞의 수치 검증에서 확인된 바와 같이 시기적으로 15세기 초에 축조된 영진보성 체성 외벽면석은 세종조 본격적인 읍성 축조 시기에서 중종조 사이에 축조되는 장대석을 입수적한 외벽면석 형태와 달리 전시대 전통을 계승한 성곽 체성 축조수법을 적용하여 외벽면석 크기 및 형태가 방형 및 장방형으로 축조되고 있는 것이다.

강진 전라병영성 내벽부 축조수법은 성기다짐층 위에 설치되는 지대석 길이가 대체로 0.3~0.5m로 체성외벽 지대석보다 작은 성석을 사용하였다. 석축은 허튼층쌓기를 하였다. 내벽 기단석은 10㎝ 내외로 퇴물림은 거의 없다. 내벽에 사용된 성석 크기는 길이 0.3~0.6m, 높이 0.15~0.3m 정도로 체성 외벽보다 작은 성석을 사용하였다. 내벽 잔존 석축은 대체적으로 1.5m 내외 높이로 확인되었고, 북동쪽 구간은 그 높이가 3m 정도이며, 3~4단의 계단식으로 확인되었다.

강진 전라병영성 내벽부에 사용된 성석은 외벽면석에 비해서 크기가 작은 대체로 인두대 크기 할석이다. 이것을 허튼층쌓기 하여 3~4단의 계단식으로 축조한 것이 특징이다. 이 내벽부 계단식 축조수법은 영진보성 체성부 내벽 적심 축조수법 분류 가운데, 체성부 적심상태에 따라 내외벽 중간에 잡석으로 적심을 채우고 다시 축차적으로 폭을 좁혀

---

34) 이일갑, 위의 논문, 2018, 122~123쪽.

계단상 형태로 이루어진 것에 해당 한다. 그러나 강진 전라병영성 북동쪽 구간에서 확인된 체성 축조수법에 대하여 조사단은 내벽부는 계단형식으로 석축을 쌓고 그 위를 흙으로 덮어 경사처리 한 내탁식으로 추정하였다. 이것을 참고한다면 적어도 북동쪽 구간은 내벽 적심 축조수법 분류상 적심부 상부를 비롯한 내부를 유사판축상의 흙으로 채우는 유형식에 해당한다.

따라서 강진 전라병영성 내벽 축조수법은 최소 두가지 이상 유형식으로 축조된 것이라 할 수 있다. 즉 초축 당시에는 석축으로 계단식 내벽부를 조성 한 후 이후 기단부를 확장하여 내벽적심은 계단식 석축으로 조성한 후 그 위에 유사판축상의 흙을 채우는 내탁식으로 축조한 것이라 할 수 있다.

먼저 첫 번째 유형은 자연대석을 사용하고 외벽에서 내벽을 향해 2~3m 간격으로 침석을 직교하여 쐐기식으로 쌓고 그 뒤의 내벽은 잡석으로 적심을 채워 축차적으로 계단상 형태를 띠는데 이 유형으로는 창원 합포진성, 울산 개운포진성, 가덕 천성진성 등이다.

두 번째 강진 전라병영성 북동쪽 구간에서 확인된 내벽 축조수법 유형은 자연대석 외벽과 적심부분에 잡석과 할석을 사용하고 적심부 상부를 비롯한 내부를 유사판축상의 흙으로 피복하는 형이다. 이 유형으로는 울산 경상좌병영성, 부산 다대포진성, 기장 두모포진성, 영광 법성포진성, 진도 금갑진성, 부산 금단곶보성, 고성 소을비포진성, 거제 오량성, 통영 당포성, 회령포진성, 장흥진성 등의 영진보성이 여기에 속한다.

이러한 내벽부 축조수법 유형에서 확인할 수 있는 것은 첫 번째 유형에 해당하는 강진 전라병영성(1417), 창원 합포성과 울산 개운포진성은 비교적 조선 전기 이른 시기인 15세기 초반에서 중반에 해당하는 축성 년대를 보인다. 반면 두 번째 유형은 수개축이 아닌 초축 시점이 성종 16년(1485)을 기점으로 15세기 후반에 해당하는 시기로 남해안지역 영진보성 다수가 여기에 해당한다. 따라서 영진보성 체성 내벽 축조양상은 첫 번째 유형에서 두 번째 유형으로 축조되고 있다. 또한 성종 16년 이후 축조되는 대부분의 영진보성은 계단식 보다는 외벽석축내탁식으로 축조된다.

따라서 강진 전라병영성 역시 초축 시에는 계단식 체성 내벽부로 축조된 듯하며 이후 계단식을 적심부로 두고 그 위에 흙과 잔디 등을 이용하여 내부로 경사가 지는 내탁식으로 축조한 것이다. 체성 너비가 면석과 석축 사이 6.5~7m 정도 되는 것으로 보아 경사지게 흙을 덮었던 것을 가정하면 대략 10m 정도[35]라고 한 보고자의 조사결과가 참고점이 될 수 있다. 또한 체성 외벽 면석과 내벽석축 사이에는 대소 할석을 서로 엇물리도록 견고하게 쌓아올려 적심부를 축조하였다.[36]고 하고 있어 세 번째 유형에 해당하는 것처럼 일정부분을 막채워 넣고 그 위에 흙을 경사지게 덮는 것과는 분명한 차이가 있음을 알 수 있다.

2) 성문 및 옹성

강진 전라병영성에서는 성문과 옹성이 동서남북 체성 중간지점에 각각 1개소씩 모두 4개소가 확인되었다. 출입구는 개거식과 홍예식 2가지 형태로 확인되었는데, 남문지는 홍예식으로 확인되었다. 옹성은 개구부가 한쪽에만 있는 편문식으로 육축을 쌓은 후에 성외벽에 붙여

---

35) 전라남도 강진군 명지대학교 부설 한국건축문화연구소, 위의 보고서, 2005.
36) 전라남도 강진군 명지대학교 부설 한국건축문화연구소, 위의 보고서, 2005.

반원형으로 내·외벽을 축조하였다. 대체로 둘레길이가 50m 내외이고, 단부길이가 7~8m 정도이다. 옹성 개구부는 남문·북문 옹성이 동쪽방향으로, 서문·동문 옹성이 남쪽방향으로 트여 있다.

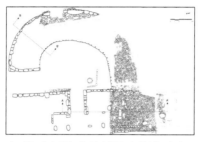

〈그림 1〉 남문지 및 남문지 옹성 평면도   〈그림 2〉 동문지 및 동문지 옹성 평면도

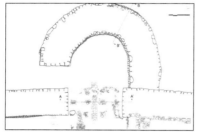
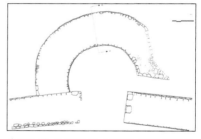

〈그림 3〉 서문지 및 남문지 옹성 평면도   〈그림 4〉 북문지 및 북문지 옹성 평면도

　조선 전기 남해안 연해지역 읍성에는 각 성문마다 옹성을 설치하였다. 이 가운데 진해읍성은 성문 2개소에 옹성 2개소가 설치되어 남해안 연해지역에서 성문과 옹성이 축조된 것이 가장 적다. 고성, 곤양, 기장, 남해, 사천, 하동읍성은 3개소 성문에 모두 옹성이 축조되어 일률적인 축성체계가 적용된 것임을 알 수 있다. 더구나 김해읍성, 동래읍성 등 도호부 이상 행정단위 치소성과 울산병영성과 같은 내상성에는 4개소 성문과 옹성이 설치되고 있어 상위 행정체계 일수록 옹성 설치 숫자 또

한 증가한다고 할 수 있다.

반면에 충청, 전라도 지역 읍성 옹성축조현황인 <그림 5>에 수록된 18개소 가운데 3개소 성문이 11개소로 61% 과반을 넘고 있다. 반면에 옹성이 축조된 곳은 남포읍성, 보령읍성, 면천읍성, 홍주읍성, 순천읍성, 강진 내상성 등 소수에 불과하며 축조 숫자 또한 성문 모두에 설치되지는 않았다. 더구나 옹성이 설치된 곳은 충청도는 해안지역이 대부분이거나 병영이 설치된 내상성에 축조되고 있다. 전라도 지역도 도호부 내지는 병영이 설치된 강진 내상성에 축조되고 있어 경상도 연해지역에 축조된 읍성 대부분에 성문의 숫자와 동일하게 축조된 양상과는 확연한 차이를 보여준다고 하겠다. 이것은 충청, 전라도 지역 읍성역시 행정단위 체계상 최상위 속하는 행정치소에 설치되거나 내상성에 성문과 옹성이 설치되는 것이 여타의 군현보다 많은 것은 경상도와동일하게 나타나는 현상이라고 할 수 있다. (<그림 5> 참조)

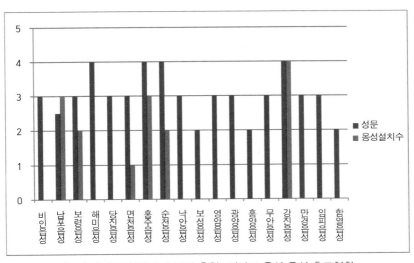

〈그림 5〉 문종실록에 수록된 충청·전라도 읍성 옹성 축조현황

연해읍성 옹성 규모는 우선『세종실록』에 "최윤덕"이 세종 22년 3월에 상언하여, "야인과 왜노가 화포를 사용하지 못하니 옹성과 적대를 없애도 가하다고 하고 옹성의 길이는 50~60尺정도로 성문에 설치할 뿐"이라고 하고 있는데 여기에서 나타난 50~60尺을 당시 옹성의 규모로 파악하고 있다.[37]

그러나 <표 1>에서 확인되는 것은 최윤덕의 계문 내용과는 다소 다르게 나타나고 있다. 이것을 살펴보면 연해읍성 옹성은 세종 22년 당시 최윤덕이 언급한 옹성의 규모인 50~60尺에는 부합되지 않는다. 즉 세종 21년에 축조된 면천읍성 옹성 축조규모는 50~60尺을 기준으로 하면 부합되지만 같은 해에 축조된 경상도 장기읍성 옹성은 면천읍성 옹성의 배가 되는 것으로 파악되고 있다. 더구나 세종 20년 1월 의정부에서 연변 여러 구자에 석보루를 축조할 때에 적대, 옹성 및 연대 도본을 수성전선색(水城戰船色)에서 만들어 도절제사에게 보내 참고하도록 하는 내용[38]과 같은 해『축성신도』가 반강되어 축성 기준규식을 적용토록 한 것을 염두에 두면 다음해인 세종 21년은 축성규식 반포 초기로서 그 시행이 엄격한 이루어졌을 것이라는 일반적인 생각과는 배치되는 현상이라고 할 수 있겠다.(<표 1> 참조)

〈표 1〉 남해안 연해읍성 옹성의 축조규모

읍성명	옹성회전 방향	체성부 폭(cm)	옹성체성 부폭(cm)	옹성외벽 둘레(cm)	개구부 형태	개구부폭 (cm)	성문폭
하동읍성 서문	반시계방향	600	750	4850	편문식	300	360
김해읍성 북문	반시계방향	740	750	6000	편문식	340	360

---

37) 심정보,『한국의 읍성 연구』, 학연문화사, 1995, 377쪽.
    저자는 50~60尺을 布帛尺으로 환산하여 옹성의 길이를 23.4m~28m의 규모로 파악하여 충남지역 읍성에서 확인되는 옹성의 현존하는 측정치와 비교하였다.
38)『세종실록』권89, 21년 1월 경자.

고현읍성 서문	반시계방향	550	700	4700	편문식	360	415
언양읍성 동문	반시계방향	550	865	1,030	편문식	450	350
언양읍성 남문	반시계방향	550	600	5280	편문식	730	330
장기읍성 서문	시계방향	700	700	4200	편문식	400	320
장기읍성 북문	반시계방향	700	700	4500	편문식	350	360
면천읍성 남문	반시계방향	760	600	2540	편문식	900	880
남포읍성 동문	반시계방향	700	850	3200	편문식	620	600
강진병영성 동문	시계방향	700	800	·	편문식	450	
강진병영성 서문	반시계방향	700	680	5230	편문식	550	·
강진병영성 남문	반시계방향	720	750	5220	편문식	500	300
강진병영성 북문	시계방향	700	680	5280	편문식	500	·

더구나 태종 17년에 초축된 하동읍성 옹성 체성 둘레가 40m를 넘고 있다. 세종 16년에 축조된 김해읍성은 60m, 장기읍성 42m 둘레를 가진 옹성이 축조되고 있다. 이것을 당시 기준척인 포백척으로 환산하면 100尺~150尺에 해당한다. 따라서 남해안 연해읍성 옹성은『축성신도』가 반포되는 세종 20년 이전부터 축조된 것은 70척~150척으로 축조되고 있다. 반면에 문종 1년으로 축조 년대가 확인되는 둘레 47m 옹성이 성벽과 동시에 축조된 고현성 옹성 예로 보면『축성신도』반강 이후에도 45m 이상의 성둘레를 가진 옹성이 계속적으로 축조되고 있는 것을 알 수 있다.

그러므로 남해안 연해읍성 옹성은 50~60尺이 아닌 100尺의 성둘레로 축조되었고, 최윤덕이 언급한 50~60尺은 평면형태 분류에서 ㄱ자형에 해당하는 옹성으로 반원형 옹성에 비해 그 성둘레가 짧게 축조되고 있는 것에 기인하는 것이라 할 수 있다.

강진 전라병영성에서 확인된 남문옹성 둘레길이 외벽 약 52.2m, 서문옹성 둘레길이 외벽 약 52.3m, 북문옹성 둘레길이 외벽 약 52.8m이다. 동문 옹성 둘레길이는 유실로 단부길이 약 8m, 개구부 너비 약 4.5m만 확인된다. 따라서 조사결과를 감안하면 강진 전라병영성에 축조된 옹성은『축성신도』가 반강된 세종 20년을 기준으로 그 이전부터 40m 이상을 상회하는 옹성체성이 축조되고 있다. 세종조를 거쳐 문종조 이후에도 100尺 이상 옹성이 축조되고 있는 점을 감안하고, 성종조에 축조된 영진보성 반원형 옹성이 50~60척 전후에 축조되는 점 등에서 적어도 정분의 계문에 기록되기 이전에 이미 축조된 것이라고 할 수 있겠다.

3) 치성

강진 전라병영성에는 치성이 8개소가 확인되었다. 한 면의 길이가 7~8m 정도이며, 방형으로 체성에 덧대어서 축조하였다. 축조수법은 체성과 같은 허튼층쌓기이고 각이 없는 부정형 할석을 사용하였다. 면석은 체성외벽을 제외한 3면을 같은 방법으로 축조하였으며, 뒤채움은 크고 작은 다양한 크기의 돌을 엇물리게 축조하였다. 제1치성은 남서쪽 모서리 성우(城隅)로 3면 모두 확인되었으며, 그 길이는 각 면이 7m 내외이다. 제2치성은 서벽치성으로 서문지와 제1치성 사이에 있다. 3면 모두 확인되었으며, 그 길이는 제1치성과 동일하다.

제3치성은 서벽치성으로서 서문지와 제4치성 사이에 있다. 3면 모두 확인되었고, 길이는 각 면이 7.3m 내외 정도이다. 제4치성은 북서쪽 성우로서 3면 모두 노출되었으며, 그 길이는 8×7.5m 정도이다. 제5치성은 북동쪽 모서리의 치로서 3면 모두 노출되었으며, 그 길이는 8.1×7.7m 정도이다. 제6치성은 동벽치성으로서 동문지와 5치성 사이에 있다. 3면 모두 노출되었으며, 그 길이는 8×6.89m 정도이다. 다른 치성과 다르게 지반 자체에 경사가 있어서 낮은 쪽은 지대석을 2단으로 설치하였으며, 지대석 하부에는 작은 돌을 받쳐 수평을 유지하였다. 제7치성은 길이 약 7.4m, 너비 약 7.6m로 거의 정방형에 가깝다. 제8치성은 남동쪽 모서리 치성으로서 그 길이는 8m 정도이다.

최근까지 조사된 내상성 치성 가운데 합포성에 복원된 치성 너비가 7m, 길이는 7.2m이고, 시굴조사에서 확인된 치성 너비 8m, 길이 6.3m 이상인 것으로 추정된다. 이러한 것은 시굴조사에서 확인된 치성은 정확한 길이를 확인할 수가 없지만 대략 복원된 치성의 길이와 동일하다고 볼 때 길이:너비가 역시 1:1.1로서 정방형으로 축조되고 있다. 또 울산좌병영성과 합포성과 같은 육군병마절도사영이 설치된 내상성은 지휘체계상 하위단위부대가 설치된 진보성에 비해 치성 길이가 더 길게 축조되어 있다. 또 수군절도사영성보다도 더 길게 축조되어 있다. 즉 현재까지 조사 보고된 영진보성 치성은 전체적으로는 대략 6~10m까지 다양한 크기로 나타나고 있다. 이 가운데 전체 55%가량으로 절반을 넘기고 있는 육군병마절도사영성과 수군절도사영성 치성 너비는 7~8m이다. 너비에 비하여 길이는 경상좌도 병마절도사영인 울산병영성과 경상우도 병마절도사영인 합포성, 경상좌수영성, 강진 전라병영성에서 확인되는 치성 길이는 7m내지 그 이상이 대부분이며 여타 영진보성은 5m 내외 길이로 축조되어 있다고 하겠다. 따라서 이것은 15세기에서 16세기로 접어드는 성종과 중종조에 축조된 영진보성 길이가 5m 내외로 세종 15년 이후 연해읍성의 치성 축조시 규식화된 20척(9.4m)과는 일정한 차이를 보인다. 강진 전라병영성 치성 축조에서도 확인되지 않고 있으며 아울러 세종조의 규식과도 차이가 있다고 할 수 있겠다.

더구나 기존에는 지형적인 조건에 기인하여 치성 길이와 폭이 가감되는 것으로 판단하였다. 최근까지 고고학적 조사가 이루어진 내상성 치성은 지형적인 조건이나 성둘레에 따라 너비와 길이가 정해져 축조되는 것과 더불어 각 진(鎭) 서열에 따라 상위지휘체계의 진성일수록 치성 길이와 너비가 더 크게 축조되었다는 것이다. 즉 병영이 설치되고 병마절도사와 절제사가 위치하는 병영성은 조선 전기 진관체제에 의해 해당지역 지방관이 겸임하는 행정치소인 읍성 기능을 갖추고 있다. 이러한 행정적 기능과 군사적 기능을 모두 갖춘 영진성은 연해읍성 치성 규모와 동일한 양상으로 나타나고 있지만 육군과 수군이 주둔하는 진보성은 그렇지 않다. 따라서 육군과 수군 등 병력이 주둔하는 병영성 특히 절도사 영성에 해당하는 강진 전라병영성 역시 연해읍성과 동일한 양상으로 확인되고 있어 일반적인 영진보와 차이가 있는 것이라 할 수 있다.

4) 해자

강진 전라병영성 해자에 대한 조사는 2008년 마한문화연구원에서 실시한 동문~제8치성 구간 시굴 조사에서 시굴트렌치 5개소에서 해자의 호안석축이 확인되었으며, 동문 인근 시굴트렌치에서는 교량시설로 추정되는 목주도 확인되었다. 또한 성곽 발굴조사에서는 동문과 해자 사이에서 출입시설로 추정되는 배수로 및 석열이 확인되었다. 이후 2015년 한울문화재연구원에서 실시한 해자 시굴조사에서는 북측 일부 지역을 제외한 전 지역에서 해자의 호안석축 내·외측벽이 확인되었다. 해자 호안석축은 동문 옹성 부근을 제외하고는 내·외측 벽이 모두 확인되었으며, 제5치성~제6치성 구간에서는 해자 호안석축 내측벽 밖에 인접해서 주공열이 불규칙하게 확인되기도 하였다. 해자 호안석축은 허튼층쌓기 수법으로 축조된 것이 확인되었다. 해자 내부에서 목주가 불규칙적으로 확인되었는데, 이는 해자 호안석축 붕괴를 방지하기 위한 용도로 추정하였다. 체성부에서 해자까지 거리는 11.1~17.4m이며, 해자 폭은 3.9~5.1m, 잔존 깊이는 최대 1.5m로 확인되었다. 호안석축은 한쪽 면을 다듬은 판석을 사용한 구간도 일부 확인되었다. 내측벽에서 확인된 선대 해자의 호안석축은 상대적으로 크고 면을 다듬은 석재를 사용하여 축조한 것으로 확인되었다. 이 구간 해자의 잔존 폭은 4.1~4.8m 내외이며, 깊이는 0.8~1.3m 내외이다.

⟨표 2⟩ 남해안지역 영진보성 해자현황

진보명	성둘레(尺)	해자 이격 거리	해자폭	깊이	단면	목익	비고
울산좌병영성	3722 (2,120m)	8~16m	6~8m 3.5, 3.8m	2m	U자형	·	건호(隍)의 형태, 동문지 단애면에 일부 석렬노출
개운포진성	1264m	7.2m	2m		U자형	·	1열2단석축 잔존폭 2m 이상 건호(隍)로 추정
		10~15m	10m	6m	V자형		
서생포진성	550m	13m	3.7~5m	2.5-3m	U자형	·	내외석축 잔존 폭 70-90cm 건호(隍)으로 추정
다대포진성	835m	10m	3.3~3.7m	1m	U자형	·	내외석축,암반굴착,수평 기단, 지대석 및 무지대석 형태로 축조, 수개축이 이루어진 것으로 추정 잔존 폭 70-90cm, 건호(隍)
			5.2m				
합포진성	4291 (2,000m)	10~20m	·	·	U자형	·	물을 채우지 않은 건호(隍)
소비포진성	825 (335m)	10m	6.4m	2m	U자형	·	암반을 굴착하여 해자를 설치/건호(隍)로 추정
			4.3m	1.8m			

명칭	둘레	너비	폭	깊이	형태		비고
제포진성	1,377m	5~8.5m	5~6m	2.3~2.5m	U자형	·	해자 바깥 호안석축에 덧대어 판축상의 다짐성토층 존재
천성진성	848m	18m	5m	1m	U자형	·	해자 내측에 해당되는 동쪽 호안석축은 가로 40cm, 세로 25cm 크기의 석재를 눕혀쌓기하였는데 3~4단 잔존
			6m	1.3m			
강진병영성	1090m	5.3~18m	2.9~5.4m	0.8~1m	U자형	·	호안석축은 10~49cm크기의 석재를 허튼층 쌓기 하였는데 잔존 높이 1m
여수석창성	703.4m	5.3~5.5m	4.7~5m	1m	U자형	·	해자 내,외면에 20~90cm 크기의 할석으로 호안석축
가배량진성	1,740m	7m	5.4~5.7m	2.9~3m	U자형	·	지형상 안쪽의 호안석축은 매몰된 것으로 추정, 건호(隍)가 양호하게 잔존
			7.7m	2.2m			
옥포진성	590m	5~6m	3~4m	0.5~0.8m	U자형	?	3cm 두께의 목탄이 확인
지세포진성	735m	·	2.6m	2.1m	·	·	외황이 정연하게 둘려져 있음 호안석축 잔존
구영등포진성	550m	·	5.8m	·	·	·	생토층을 깊게 파낸 형태로 해자 설치 때 나온 흙은 측면에 쌓여 있음
구조라진성	860m	·	3m	1.5m	·	·	남서문지 앞쪽 해자의 범위 확인

또한 기존 석축에 덧붙여서 개·보수한 흔적과 석축이 붕괴된 양상·붕괴된 석재 사이에 목주를 박아 추가 붕괴를 방지하고자 한 것으로 보이는 시설도 확인되었다. 이 구간 호안석축 잔존 폭은 3.9~4.5m 내외이며, 깊이는 1.0~1.5m 내외이다. 유물은 조선 전기~후기에 해당하는 자기편, 도기편, 기와편 등이 출토되었으며, 신발 형태의 나막신이

다수 출토되었다.

해자와 체성부 사이에서는 성곽 출수구와 해자를 연결하는 배수로가 확인되었는데, 이는 성 내부의 물을 출수구와 배수로를 사용하여 해자로 흘려보냈음을 보여준다. 배수로는 남북방향으로 확인되었으며, 출수구에서 낙차를 두고 연결되는 구조이나, 근·현대 교란으로 인해 상면은 훼손된 것으로 판단된다. 배수로의 잔존규모는 길이 약 1.27m, 폭 약 90㎝ 내외, 깊이는 30㎝ 내외이다.

영진보성 해자 축조에 대해서 살펴보면, 통상 조선시대 해자는 현재까지 발굴결과를 토대로 하면 물을 채운 해자(垓子)와 건호인 황(隍)으로 나눌 수 있다. 최근까지 남해안지역 영진보성에서 확인된 해자는 물을 채운 해자보다는 건호인 황의 형태가 더 많이 확인되고 있다. 해자 설치 지점에 있어서도 사방에 해자를 구비하는 형태는 영성인 내상성을 비롯한 일부에 지나지 않는다. 더구나 대부분의 영진보성은 그 입지 조건 자체가 성의 정면과 가장 넓은 방어전면에 해당하는 방향은 반드시 바다와 접하거나 바다와 내륙하천이 접하는 지점에 위치하고 있는 수군진성으로 특별히 해자를 구비할 필요는 없는 것으로 생각해 볼 수 있다. 그러나 실제로 대부분의 영진보성에는 해자가 구비되어 있다. 체성부와 해자 사이 이격거리와 관련해서 강진 전라병영성 예를 통해서 살펴보면 재미있는 양상이 확인된다. 강진 전라병영성은 동문지에서 동남 성우 사이를 제외한 곳을 제외한 전 구간에 걸쳐서 총 38개소의 트렌치 조사를 실시하여 해자와 체성 및 부대시설과 이격거리, 해자 너비, 깊이 등을 파악하였다. 그 결과로 파악된 것이 <그림 6>이다. 이 그래프를 살펴보면 강진 전라병영성 해자는 해자 폭너비에 있어서는 체성과 부대시설 사이에는 거의 일정한 너비로 축조된 것을 알 수 있다. 즉 4~4.5m 전후로 해자 너비를 유지하는 반면에 성벽과 해자사이 이격거리는 치성, 옹성 등 부대시설 전면에 설치된 해자가 체성부 전면에 설치된 해자에 비하여 이격거리가 반으로 감해서 축조되고 있는 것을 확인 할 수 있는 것이다. 이것은 연해읍성 해자 축조수법에서도 확인되고 있다.[39] 물론 남해안지역 영진보성 가운데 강진 전라병영성과 같이 대부분의 해자가 조사된 예가 없어 직접적인 적용이 가능할지는 단언할 수 없다.

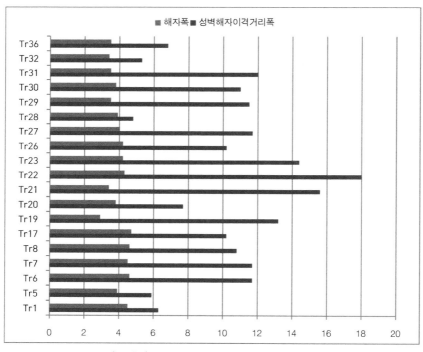

〈그림 6〉 강진 병영성 해자이격거리/해자폭

---

39) 이일갑, 위의 논문, 2006.

<表 3> 남해안지역 영진보성 해자 너비 및 깊이 현황

영진보명	해자폭	깊이	영진보명	해자폭	깊이
울산좌병영성	6	2	천성진성	5	1
울산좌병영성	8	2	천성진성	6	1.3
울산좌병영성	3.5	2	강진병영성	2.9	0.8
울산좌병영성	3.8	2	강진병영성	5.4	1
개운포진성	10	6	여수석창성	4.7	1
서생포진성	3.7	2.5	여수석창성	5	1
서생포진성	5	3	여수석창성	5.4	2.9
다대포진성	3.3	1	가배량진성	5.7	3
다대포진성	3.7	1	가배량진성	7.7	2.2
다대포진성	5.2	1	옥포진성	3	0.5
소비포진성	6.4	2	옥포진성	4	0.8
소비포진성	4.3	1.8	지세포진성	2.6	2.1
제포진성	5	2.3			
제포진성	6	2.5			

다만 경상좌수영성, 경상좌병영성, 합포성, 다대포진성, 서생포진성 등은 해자와 체성부 이격거리가 10m를 기준으로 설치된 듯하여 10~12m 전후 이격거리 기준을 보이는 강진 전라병영성과도 큰 차이가 없는 것이라 하겠다. 따라서 체성부와 해자 이격거리는 남해안지역 영진보성 해자와 더불어 강진 병영성 역시 10m를 기준하여 그 전후로 일률적인 축조가 이루어졌고 치성 및 옹성 등의 부대시설은 체성부에 비하여 반으로 감하여 축조된 것은 분명하다. 영진보성 해자 폭과 깊이와 관련해서는 당대(唐代) ≪통전(通典)≫에서 해자의 규모를 상부 폭 2丈(560~625cm), 깊이 1丈(280~310cm), 하부 폭 1丈으로 정의하는 것과 비교하여서[40] 남해안지역에서 확인된 영진보성 해자 폭은 대체적으로

---

40) 『通典』, 守拒法, 「城壕 面濶二丈 深一丈 底濶一丈 以面濶加底積數大牛之濶 得數一 丈五尺以深一丈乘之 鑿壕一尺得數一十五丈 每一人功 日出三丈 許功五人 一步五尺

2~5m 사이인 것으로 확인된다. 그 중 최근 조사된 서생포진성, 경상 좌병영성, 다대포진성 해자 폭이 특히 동일한 양상이다. 이것으로 단언할 수 없지만 경상좌수영 관할 영진보성 해자는 규모로 볼 때 대체로 동일한 규격으로 축조된 것으로 파악해 볼 수 있는 것이다.

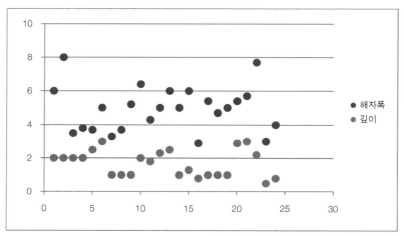

〈그림 7〉 남해안지역 영진보성 해자폭/깊이

남해안지역 영진보성에서 현재까지 확인된 잔존 해자 깊이를 살펴보면 <그림 7>에서 확인되는 바와 같이 대략 1.5m를 기준으로 위 아래로 두 개 군이 형성되는 것을 알 수 있다. 영진보성별로 모든 해자 구간이 잔존 규모로 인한 것인지 아님 시기별로 폭과 깊이를 달리 한 것인지는 파악할 수 없다. 다만 표에서 나타나는 바와 같이 동일 영진보성 해자 사이에도 폭과 깊이가 차이가 있음을 볼 때 초축 및 증개축시 해자의 제원을 파악하기는 힘들 듯하다. 다만 해자 내부에서 확인되는

許功二十五人 十步 許功二百五十人 百步 許功二千五百人一里 許功七萬五百人 以此 僞率 則百里可知」

출토유물 양상으로 볼 때 초축시와 증개축시에 해자 폭은 분명히 차이가 있는 듯하고 높이 역시 차이가 있다. 특히 높이는 초축 시기에 해당하는 15~16세기에 비하여 임진왜란 이후인 17세기에는 점차 낮아졌을 것으로 추정된다. 즉 주무기의 변화와 여장 구조에 있어 원총안, 근총안 등의 설치와 위치에 따라 해자 높이가 변화되었을 것이다. 이러한 해자 높이 변화에 따른 방어력 약화는 치성, 포루, 공심돈 등의 부대시설 설치 수의 증가와 새로운 방어시설 설치로 상쇄하였던 것이라 할 수 있겠다. 또한 이러한 새로운 방어시설은 도성과 그 주변지역 피난이어처(避難移御處) 산성에 적용된 것이고 남해안지역 영진보성에서는 통영성에서 일부 확인 될 뿐이다.

아울러 해자의 무용론이 제기 되었는데 정약용은

> 약용이 이르건대, 해자와 담장은 양마장이다. 정유년 남원의 전투에서 양마장을 지키지 못해 왜적은 여기에 의지해 몸을 가릴 수 있어 남원성은 더욱 빨리 함락당했다.(이사실은 『징비록』에 나온다) 이는 반드시 패배하는 제도이니 없는 것만 같지 못하다.[41]

라고 하였고 영조 3년 경연에서 검토관 조진희가 아뢰기를,

> 성을 지키는 법에는 垓子가 더욱 중요한데 지금은 거의 다 진흙으로 막혀서 관둔전이 되어 삼(麻)을 심으니 진실로 한심한 일입니다.[42]

---

41) 정약용, 『민보의』보원지제,「鏞謂 壕牆者 羊馬牆也 丁酉南原之役 羊馬牆失守 賊依此蔽身 城益速陷(事見懲毖錄) 此必敗之法 不如無也」

42) 『증보문헌비고』권29.「英祖 三年 檢討官 趙鎭禧 經筵 六鎭諸州城堞門樓無不頹圮守城之法尤重垓子而今則幾盡淤塞乃爲官屯田 種麻誠可塞心.」이와 같은 현상은 하동읍성의 남문지에서도 확인되는데, 즉 하동읍성의 남문지 옹성내부를 이 지역에서는 삼굿머리라 지칭하고 있는데 이것은 해자에서 재배한 삼을 삶던 곳이라고 하

라고 하여 대부분의 해자가 많이 매몰되어 그 기능을 상실하고 있음을 알 수 있다. 따라서 강진 전라병영성 해자 역시 17세기 이후 해자에 대한 관리는 연해읍성 및 영진보성과 대동소이하였으며 해자 높이 역시 농사를 짓기 위해 낮아졌거나 붕괴 훼손된 상태로 방치되었다고 하겠다.

앞에서는 규모를 살펴보았고 여기서는 구조에 대해서 살펴본다. 울산 경상좌병영성 동벽 해자(2016년 발굴조사)는 너비 5m, 내외호안석축간 너비 3.5m, 깊이는 내벽 13~125cm, 외벽 17~87cm로 단면 모양은 U자형이며, 건호(隍)이다.43) 이 해자는 물을 채우지 않은 건호이다. 또한 서생포진성 해자는 잔존 최대 5~6단, 최대 높이는 약 1.2m, 너비 약 50cm이다. 2차 해자 너비는 최대 3.7m 정도이며 높이는 2.5~3m 정도로 추정된다.44) 다대포진성 해자는 너비 5.2m, 해자 내외호안석축 너비가 3.3~3.7m이다. 지세포진성이나 가배량진성 남쪽 외곽 해자, 천성진성 남벽 해자에서도 호안석축을 쌓아 해자의 유실을 방지한 것으로 추정된다.

남해안지역 영진보성 해자 너비는 울산좌병영성 해자가 5m, 강진 전라병영성 5m 내외, 서생포진성과 다대포진성 해자가 동일한 너비를 가진 것으로 판단되며 전체적으로 다대포진성 해자가 서생포진성 해자 너비 보다는 넓게 확인된다.(<표 4> 참조) 이에 반해 여수석보는 영진보 가운데 가장 하위 제대 성곽에 해당하며 전체적으로 내상성인 경상좌병영성, 강진 전라병영성이나 첨사진인 다대포진성, 만호진인

여 부쳐진 지명이라고 한다.

43) 울산발전연구원 문화재센터, 『울산 경상좌도병영성 동문지－울산 병영성 월성개나리아파트~동문지 정비사업구간 내 유적』, 발굴조사보고서 제89집, 2016.

44) 지윤미, 「서생포만호진성의 해자에 관한 연구」, 『울주의 성곽』, (재)한겨레문화재연구원 개원 5주년 기념학술대회, 2014.

서생포진성에 비해서 체성과 해자간 이격거리는 반감되지만 해자 너비는 유사하게 확인되고 있어 주목되는 현상이다.

해자 깊이 역시 잔존 1~2m 내외로 연해읍성과 같거나 비슷한 양상으로 확인되고 있다. 울산병영성, 다대포진성, 서생포진성, 합포성, 개운포진성, 강진 전라병영성 등은 모두 석축으로 확인되고 있다.

남해안지역 조선시대 영진보성 해자는 단면 U자형 외에도 V자형으로의 굴착들도 다소 확인되고 있다. 그 유형에 있어서도 물을 채운 해자보다는 건호인 황의 형태가 확인되고 있다. 남해안지역 영진보성 해자 내부의 목익(木杙)은 해발고도에 비추어 대부분이 평지성이 주류를 이루며 평산성이나 산성형의 읍성의 경우에도 읍성 전체 가운데 경사가 평탄한 곳이나 취약한 문지주변에 해자를 설치하여 목익을 집중적으로 배치하고 있는 것과는 다른 양상으로 확인되고 있다(표 4. 참조). 물론 바다와 강이라는 천연적인 해자를 구비하는 장점이 있지만 전반적으로 연해읍성에 비해서는 해자 내부시설 구비가 부실한 것으로 판단한 바 있다.[45)

〈표 4〉 남해안 영진보성 해자 축조수법

유적	축조 형태	깊이	축조 수법	해자석의 재질	해자석의 크기 (가로×세로×두께)	비고
합포성	석축	2.9m	허튼층 쌓기	자연할석	·	10~20m 폭
경상 좌병영성	석축	3m	허튼층 쌓기	치석된 할석	50×20~25, 80×60~70cm	해자 내외호안석축 확인
강진 전라병영성	석축	1.5m	바른층 쌓기 허튼층 쌓기	치석된 할석 및 자연할석	10~49cm	해자 내외호안석축 확인 목익이 설치 해자 바깥에 또다른 해자석축 확인

45) 이일갑, 앞의 논문, 2018, 218쪽.

개운포진성	석축	1.7~2.3m	허튼층 쌓기	할석 및 강돌	20~40, 10~25, 20~50, 10~30cm	장방형 및 부정형 석재를 이용 3-5단정도 기단부를 조성하고 안쪽으로 20cm정도 들여쌓기 실시, 해자가교 확인
서생포진성	석축	1.7m	허튼층 쌓기	할석 및 강돌	40~60cm	해자 바깥에 또다른 해자석축 확인
다대포진성	석축	1.8m	허튼층 쌓기	할석 및 강돌	20~25×30cm, 25~30×20cm	해자 내외호안석축 확인 지대석 설치 없이 기반층을 정지하고 해자호안석축 설치한 구간도 있음.
소비포진성	토축	2.5m	허튼층 쌓기	기반암	·	기반암층인 암반층을 굴착하여 해자를 설치(황)
여수석보성	석축		허튼층 쌓기	할석 및	20~90cm	해자 내외면에 20~90cm 크기의 할석으로 호안석축을 축조하였으며, 내벽은 60~100m, 외벽은 80~90cm높이이다.

강진 병영성 해자[46]에서는 목익이 확인되고 있어 남해안지역 영진 보성 해자에도 목익이 설치되었을 것으로 추정된다. 제1치성과 인접한 곳의 해자 내부에서는 지표로부터 약 50㎝의 깊이에서 목익(木杙)으로 추정 되는 목재들이 쓰러진 양상으로 확인되었다. 목익 추정 목재는 다양한 길이·단면형태를 보이고 있으며, 확인된 목익은 양끝단이 뾰족하게 다듬어진 형태로 확인되었다. 해자 전면에 걸쳐 목익을 설치한 웅천읍성의 경우가 있는데, 이 웅천읍성 해자 내에서 목익이 정형성을 가지고 잘 확인된 곳은 웅천읍성 동벽 해자로서 이곳의 바닥에는 할석과 자갈을 이용하여 고정한 정형성을 띤 목익이 나타나고 있고, 방향성에

---

46) 한울문화재연구원, 『강진 전라병영성 정비사업부지 내 유적(성 외부 해자 정밀발굴조사)』, 학술회의 자료집, 2017.

있어서도 성쪽과 성바깥쪽을 바라보고 지그재그로 교차하여 전면에 걸쳐 설치되어 있다. 특히 두께 4, 6, 8cm 목익들의 상하를 날카롭게 깎아서 바닥에 수직이나 사직선으로 박아 놓아두고 있고, 이와 같이 사직선이나 수직으로 목익을 바닥에 박아두는 것은 언양읍성, 하동읍성 등에서도 확인되고 있는 것이다. 웅천읍성 남벽 해자에서 출토된 목익의 경우에는 대부분이 각재(角材)의 형태로 출토되고 있다. 이러한 연해읍성 해자에서 목익이 확인되는 것과 달리 기존에 조사된 남해안지역 영진보성 해자에서는 목익이 확인되지 않고 있다.

소비포진성 해자가 암반을 굴착한 한 후 호안석축을 축조하지 않는 것을 제외하면 해자 내에는 호안석축이 설치 된다. 호안석축 내외벽간의 너비는 대체로 3~5, 8m에 이른다.[47] 그에 반해 여수석보 서벽 체성부 해자가 4.7~5m 폭으로 확인되고 해자 내, 외면에 20~90cm 크기의 할석으로 호안석축을 축조하였으며, 내벽은 60~100cm, 외벽은 80~90cm 높이이다. 남해안지역 영진보성 해자 호안석축은 기반암을 굴착하여 공히 허튼층쌓기를 실시하여 장대석과 대석을 사용해서 축조되는 체성부에 비해서는 조잡하게 축조된다. 이때 대체적으로 굴착된 기반암층에 폭 50~100cm내외로 할석을 축조하여 호안석축을 축조한다.

이때 기저부 바닥에 지대석을 놓고 뒤로 물려서 기단석과 해자석을 축조하는 방식은 체성부의 축조수법과 대동소이하다. 다만 서생포진성, 다대포진성 호안석축을 축조하는 수법에서는 기반암을 거칠게 정리하고 지대석 설치 없이 그 위에 기단석을 설치하였다. 해자 호안석축으로 사용된 석재들은 대부분 자연할석이나 화강암계통의 자연산석이

---

47) 국립해양문화재연구소, 「경상우수영 편」, 국립해양문화재연구소 학술총서 제41집, 2016.

대부분이며 강돌과 면석의 경우 부분적으로 가공한 흔적이 확인되고 있으나 그 숫자는 많지 않은 것으로 판명된다.

남해안 지역 영진보성 해자 내부 방어시설 설치에 있어서는 연해읍성과 내상성인 육군 병영성 등과 비교하여 미설치 및 소략화 등이 이루어진 것으로 생각해 볼 수 있다. 즉 이것은 해자 설치위치에 따라 급경사 지역에는 물을 담수할 수 없기에 건호인 황을 설치하고 평지에는 방어적인 면을 고려하여 물을 담수하고 그 안에 목익을 설치하여 방어력을 강화하였다고 판단되는 바 남해안지역 영진보성 해자 내부에 목익 설치에 지형적인 상황에 따라 유동적으로 설치가 이루어졌던 것이라 하겠다.

5) 해자 교량시설

남문 옹성 남측에서 확인된 교량 시설은 5기의 목주공(내부에 목주흔)과 1기의 동서방향 석열로 이루어져 있다. 석열은 해자 호안석축 내측벽과 약 2m 정도의 거리를 두고 동서방향 1열로 조성되었으며, 석열과 해자 호안석축 내측벽 사이에서 확인된 목주공 2기 내부에서는 목주흔이 확인되었다. 교량 시설은 남문옹성 중앙부에서 품방유구가 존재하지 않는 약 7.5m 내외의 공간과 직선으로 연결되는 양상을 보이고 있어 남문으로 진입하는 출입로로 판단된다. 석열의 잔존규모는 길이약 5.2m, 폭 60~70㎝ 내외이며, 주공에서 확인된 목주는 지름 약 30㎝ 내외이며, 목주 사이 거리는 4.6m이다. 강진 전라병영성 남문 옹성 남측에서 확인된 교량시설은 진해 웅천읍성에서 확인된 교량시설과 유사하다. 또한 이러한 시설이 확인되는 곳으로 하동읍성 서문지 옹성과 거제 고현읍성에서도 확인되고 있어 상호 비교가 가능하다.

웅천읍성에서 확인된 교량시설은 동문지 옹성과 나란하게 반원형으로 축조된 해자를 포함하는 구획에서 조교로 추정되는 석축이 확인된 것이다. 남북방향으로 향하는 해자가 동문지 옹성의 기준으로 회절하는 부분에 해당하는 곳에서 북서—북동 방향으로 기울어져서 확인되고 있다. 이 석축은 25cm×26cm 크기의 할석을 이용하여 해자에 사선으로 직교하게 축조되어 있는데 현재 2단정도 남아있으며 좌측으로 34cm×36cm 정도의 할석들이 바닥에서 확인되고 있어 동문지로 출입하던 해자의 조교로 추정되나 상단부분과 내외호안석축의 훼손이 심해 전체 형태 및 그 성격을 단언할 수는 없다. 다만 거제 고현읍성 동문지 주변에서 유사한 형태의 적석층이 확인된 바 있어 추정이 가능하다. 조교의 폭은 4.6m로 강진 전라병영성에서 확인되는 목주 사이 거리와 동일한 폭이다.

웅천읍성 동문지 옹성 바깥 해자 내에서 목재기둥이 2열 4조로 확인되었다. 확인된 이 목재기둥은 옹성 개구부로부터 동남쪽으로 15m지점에 해당하는 지점으로 동문지 옹성외벽과는 약 9m 이격된 지점이다. 이 목재기둥은 동문지 옹성과 수평하게 반원형을 이루며 축조된 폭 4.6m의 해자 내부에서 확인되었다. 단면 원형 통나무재로 현재 해자 바닥으로부터 잔존높이 20.5~80cm로 확인되고 있다. 직경은 각각 25, 28, 34, 35cm이며, 앞뒤 간격은 74cm로부터 1.82cm이며 좌우 간격은 3~3.25m로 확인되고 있다. 목재로 축조된 해자 내 교량시설은 고현읍성, 동래읍성에서도 일부 확인되고 있다. 고현읍성 교량[48]은 토석혼축 교량 설치 이전에 사용된 다리의 흔적인 길이 216cm, 두께 13cm 목주

---

[48] 釣橋라는 용어가 있으나 여기에서는 들고 내리는 기능이 없는 관계로 교량시설로 용어를 통일하여 사용한다.

가 해자 상부 매몰석 아래 쓰러진 채 확인되었다. 또한 동래읍성은 해자 호안석축과 직교하는 목주들이 확인되었는데 직경 3~5cm 길이 40cm~100cm로 다발을 묶어 놓은 것이 풀어진듯하게 확인되고 있어 조사자는 당시 해자석축 사이를 연결한 가교의 기둥들로 추정하고 있다.[49]

이상 기존 조사사례로 볼 때 강진 전라병영성에서 확인된 목주공에서 확인된 목주는 지름 약 30㎝ 내외이며, 웅천읍성에서 확인된 목재가 각각 25, 28, 34, 35cm로 그 두께가 동일하거나 비슷하다. 특히 2열 4조의 대칭적인 구조로 확인된 것도 동일한 양상이고 보면 이것은 해자 내 방어 및 은폐를 위한 목익의 용도가 아닌 목교의 상판을 받치는 교량의 기둥으로 사용된 것이라고 할 수 있겠다.

따라서 웅천읍성 동문지 옹성 외벽 해자에서 확인된 목재기둥과 강진 전라병영성 해자 내부 및 목주공 내에서 확인된 목재는 해자 내외를 출입하기 위한 시설에 사용된 교량 기둥으로 판단되는 것이다.

그럼 해자 너비와 교량 너비 사이에는 어떤 상관관계가 성립되는 것일까? 웅천읍성에서 확인된 목재교량이 위치하는 해자의 너비는 4.5m이며 고현읍성과 동래읍성 해자 너비 역시 4.5m로 동일하고 강진 전라병영성도 대동소이한 것으로 확인되고 있다. 즉 목재교량과 토석교량이 동시에 확인되거나 목재교량이 확인되는 해자의 너비는 4.5m로 동일하게 확인되고 있는데 이것은 상당히 흥미로운 자료이다. 웅천읍성의 증축으로 새롭게 조성된 곳인 동문지 기준 동남쪽 해자에서 토석교량과 목재교량이 함께 확인되었는데 이 해자의 조성시기가 문헌기사를 참조할 때 단종 1년(1452) 이후로 다리는 이때에 초축된 것이라면

49) 慶南文化財研究院, 「釜山地下鐵 3號線(壽安停車場) 建設敷地內 文化遺蹟 發掘調査 2次 現場說明會 資料」, 2006.

동일한 해자 폭과 목주 간격에 석축시설이 설치된 강진 전라병영성의 해자 내 교량시설과는 상당한 상관관계가 있다고 할 수 있을 것이다. 더군다나 동래읍성 해자 너비가 4.5m이며 이 해자 내에서도 목재가교가 확인되고 있는 점은 시사하는 바가 크다고 할 수 있다. 특히 임진왜란 이전에 축조된 것으로 추정될 뿐 정확한 초축년대를 파악하기 힘든 동래읍성의 경우에는 그 축조년대에 대한 참고점이 될 수 있을 것이다.

　다음 고현읍성과 웅천읍성 해자 내 토석교량 평면 너비가 4.6~5m로 확인되고 있는데 해자의 너비와 비례하는 것이라고 할 수 있겠다. 이 토석교량의 평면 너비에 비해 인접한 목재교량의 너비는 앞서 언급한 것과 같이 3~3.5m 내외로 좁은 것을 알 수 있다. 물론 상판구조가 확인되지 아니한 상황에서 교각의 너비를 가지고 다리 평면 너비를 비교하기는 무리가 있는 듯하나 강진 전라병영성 3m, 하동읍성 3.6m, 4.1m, 김해읍성 3.6m, 장기읍성 3.2m, 3.6m, 고현읍성 4.15m, 3.2m, 언양읍성 3.5m, 3.5m, 3.3m, 개운포진성 4m, 금단곶보성 3.6m로 대부분의 연해읍성 성문은 3.5m 내외 폭으로 축조되고 있다. 강진 전라병영성 3.5m, 하동읍성 서문 3m, 동문 5.3m, 김해읍성 북문 3.4m, 장기읍성 서문 4m, 북문 3.5m, 고현성 서문 3.6m, 동문 3m, 언양읍성 서문 4.5m, 동문 2.2m, 남문 7.3m로 강진 전라병영성을 포함하여 연해읍성 옹성의 개구부 너비는 3m 이상 4m 이하로 축조되고 있는데다 조선 전기부터 중기이후의 시기에도 개구부 너비를 일관되게 유지하고 있어[50] 해자의 목재교량의 상판 평면 너비는 4m 내외로 추정할 수 있는 것이다.

---

50) 이일갑, 「남해안 연해읍성 옹성에 대한 연구」, 『韓國上古史學報』 第60號, 2008, 138~140쪽.

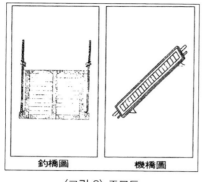

〈그림 8〉 조교도

해자 내 토석교량과 목재교량의 선후시기에 관해 살펴보면, 고현읍성 토석교량 하부에서 목재교량의 목재기둥이 확인되고 있고 토층조사에서도 해자 폐기 전후로 토석교량이 축조되고 있어 목재교량이 토석교량보다 먼저 축조된 것으로 생각해 볼 수 있다. 또한 웅천읍성 동문지 옹성 외곽 해자에서 확인된 목재교량이 인접한 토석교량 보다는 선후시기에 있어 다소 앞서는 것으로 목재교량에서 토석교량의 형태로 점진적인 변화를 보인 것으로 생각할 수 있겠다.51) 그렇지만 해자를 설치한 성곽의 출입과 관련하여 문헌기사에 나타나는 것을 살펴보면,『동국여지승람(東國輿地勝覽)』에 1,378년 고려 말에 창원내상성에 「호(壕)에 물을 둘리고 조교(釣橋)로 막았다」고 한 것으로 보아 이때에 읍성 주변으로 해자가 설치되었을 뿐만 아니라 출입을 위한 조교가 설치되어 있었음을 언급하고 있는데 조교로 막았다는 구절이 있어 이것이 해자를 차단하는 듯한 인상을 주고 있어 목재교량과 같이 열주식의 나무기둥이 아닌 차단형의 토석교량의 형태로 파악해 볼 수 있는 것이다. 반면에 제산 김성탁(霽山 金聖鐸)의『제산전집(霽山全集)』에 제주읍성의 해자설치와 관련하여 "널다리를 海子 위에 걸쳐 인마를 통하게 하고, 양변의 나무인형에 쇠줄을 걸어 놓았다가 성에 오르면 줄을 당겨 다리가 들리게 하였다"52)라는 기사에서 18세기

---

51) 이일갑,「진해 웅천읍성의 고고학적 검토－체성부 축조수법과 구조를 중심으로－」,
　　『고고학지』17, 국립중앙박물관, 2011.
52) 霽山 金聖鐸,「霽山全集」.

조선시대 후기 영조시대에 읍성 해자를 출입하는 시설로 줄을 올리고 내리던 조교가 존재하였음을 확인할 수 있다. 그리고 제주읍성의 군사에 관한 내용 중에는 "성문거교군삼심칠명(城門擧橋軍三十七名)"라 하여 거교군(擧橋軍) 37명이 있었다는[53] 대목이 있어 주목되는데 여기서 거교군(擧橋軍)은 성문을 나와 해자를 건너는데 필요한 조교를 들어올리는 임무를 맡은 것으로 보여 또한 해자를 출입하는 조교가 존재하였음을 알 수 있는 것이다. 이러한 기사를 참고할 때 강진 전라병영성의 해자에는 목재를 이용한 교량시설과 토석을 활용한 교량시설이 설치되어 있었던 것으로 파악된다. 또한 고려 말, 조선 초에도 해자를 축조하고 출입 교량시설로 토석교량이 설치된 것으로 파악해 볼 수 있으며 최근까지는 조선 후기에는 일부 지방에서 확인되고 있는 것이었지만 강진 전라병영성에서도 확인되고 있어 고정식 교량 뿐만아니라 도개식 목재교량이 이른 시기부터 설치 운영되고 있는 점을 파악할 수 있다.

따라서 현재까지 확인된 양상만을 놓고 보면 강진 전라병영성 해자에서 확인된 교량시설들은 적어도 조선 전기부터 목제가교(木製架橋) 내지 조교(釣橋), 토석교(土石橋)의 형태로 점진적인 변화를 보인 것으로 생각할 수 있겠다.[54]

6) 품방(함정)

강진 전라병영성에는 해자와 더불어 영진보성을 방어하는 또 다른 방어시설인 품방(品防)이 설치되었다. 품방은 남문 옹성 중앙부 남측에

---

53) 『濟州兵制烽臺摠錄』, 濟州牧條.
54) 이일갑, 「남해안 연해읍성의 해자」, 韓國城郭學會 初代會長 沈奉謹博士 退任記念 論叢, 韓國城郭學會, 2010, 496~497쪽.

서부터 제1치성 남서측에 이르는 남문~제1치성 구간 전반에 걸쳐서 2열~4열로 조성되었고 일부 구간에서는 사이 공간에 추가적으로 조성한 것도 확인되었다. 품방은 해자 호안석축 외측으로부터 약 6~8m 정도의 거리를 두고 조성되었으며 각 품방 유구 간의 거리는 약 0.5~1.5m 내외로 확인되었다. 현재까지 품방은 약 64개 정도가 확인되었는데, 남문 옹성 정면을 기준으로 서측과 동측으로 약 7.5m 내외의 공간에는 품방이 존재하지 않는 것으로 볼 때 출입로와 관련이 있는 것으로 판단하고 있다. 품방의 평면형태는 원형이고, 단면형태는 상부에서 하부로 가면서 좁아지는 형태로 확인되었으며, 바닥면에서는 대나무를 꽂아놓은 양상이 확인되었다. 품방 내부의 대나무는 자연층에 꽂혀있는 상태였으며, 끝을 뾰족하게 다듬어 놓았던 것으로 확인되었다. 또한 일부 품방에서는 품방의 상부를 은폐하기 위해 덮었던 것으로 추정되는 잔가지, 유기물 부식층이 확인되었다. 품방의 규모는 지름 약 3.5~4.9m 내외이며, 잔존 최대 깊이는 약 2.5m 내외이다. 일부 품방은 구(溝)로 연결되는 양상도 확인되는 점으로 미루어 품방 내부는 물로 채워져 있었을 것으로 추정된다.[55]

이 품방에 대해서는 『난중일기』에

　　품방에 해자 파고 쇠사슬 구멍 뚫는 일로 아침에 군관을 정해 보내고, 나도 일찍이 아침을 먹은 뒤에 동문 위로 나가 품방 역사를 직접 독려했다.[56]

55) 한울문화재연구원, 『강진 전라병영성 정비사업부지 내 유적(성 외부 해자 정밀발굴조사)』, 3차 학술회의 자료집, 2017.
56) 이충무공전서 권5, 『난중일기』, 임진년 4월 19일. 「房 留在石堡倉 不爲領付 故捉致囚禁 十九日戊申 晴 朝 品防掘鑿事 定送軍官 早食後 出東門上 親督品防役」.

또한 선조 28년 을미 10월 7일에 비변사에서 아뢰길,

> 적이 우리 경내를 침범해 오더라도 들에 노략질할 것이 없으면 형
> 세상 깊이 들어올 수 없을 것이니, 오직 험준함을 의거하고 들판을 깨
> 끗이 치우는 것이 급무입니다. 그리고 변경에 풀이 자라나서 불태울
> 만한 곳은 불태우고 강 근처의 민가에 들어갈 만한 곳은 또한 들어가
> 게 하며 성을 수리하고 품방을 많이 파서 모든 비어할 수 있는 대책을
> 각별히 조치할 일로 김대래에게 일러서 보내소서.[57]

라고 하였고, 선조 28년 을미 10월 17일에 상이 이르기를,

> 이른바 품방이란 것은 얼음을 뚫어 굴혈을 만드는 것을 말하는 것
> 이다. 내가 말하는 것은 얼음을 떠서 쌓아 놓는 것이다.[58]

또한 선조 32년 기해 7월 27일에 비밀 비망기로 이일에게 하문하기를,

> 일찍이 서도에 있을 때 경이 바친 거마목(拒馬木)이 매우 편리했는
> 데, 군중의 사람들로 하여금 하나씩 가지고 머무는 곳에 별도로 성책
> 을 만들게 하고 그 외부에는 품방을 파게 한다면 바로 방어할 수 있을
> 테니 제 아무리 오랑캐의 돌기라 한들 어떻게 해 볼 수 없을 것이다.[59]

라고 하고 있으며 선조 38년 을사 5월 26일, 선조 39년 병오 5월 20일

---

57)『선조실록』권68, 28년 10월 7일 을미「此邊草長可焚處則焚之 近江民家可以量入
　　處 亦爲壘入 繕完城子 多掘品防 凡所備禦之策 各別措置事 金大來處言送」.
58)『선조실록』권68, 28년 10월 17일 병오「上曰 所謂品防, 鑿氷成穴 予所言者 伐而積
　　之也」.
59)『선조실록』권115, 32년 7월 27일 갑술「曾在西道時 卿所進拒馬木甚便 若令軍中
　　人 持一箇所止 卽別置爲城 其外卽鑿品防 頃刻可成 虜之突騎 亦無如之何矣」.

에 각각

　　육진의 성들은 넓고 크기만 하지 낮으며, 참호에 이리저리 박아 세
운 말목들은 아이들의 장난이나 마찬가지입니다. 지금 의당 각진의
형세를 헤아려 혹 올려 쌓거나 자성을 쌓되 범위는 작더라도 견고하
게 쌓고, 성지와 기계도 잘 조처해야 합니다. 그리고 참호를 파고 품방
을 뚫으며, 마름쇠와 거마창 등의 물건들도 모두 갖추어야 합니다.[60]

　　고령 첨사 이백복은 조치하는 일에 마음을 다해 성랑을 새로 만든
것이 40여 곳이고, 호 안에다 목책을 설치한 것이 매우 견고하며, 호안
(壕岸)에 연달아서 품방을 팠고 쇠꼬챙이를 많이 만들어 강가에 벌여
심어놓아 방비가 완전한 것이 여러 진 가운데서 으뜸입니다.[61]

이라 하였다. 이 자료 가운데 선조 28년 을미 10월 7일, 28년 을미 10월
17일 기사 내용을 살펴보면 "품방"을 많이 파서 방어할 수 있는 대책수
립과 얼음을 뚫어 굴혈을 만드는 것과 얼음을 떠서 쌓아 놓는 것이 품
방이라 하고 있다.[62] 이 기사 내용에서 알 수 있는 것은 품방은 겨울에
땅을 굴착하여 설치 혹은 축조되는 방어시설이라는 것이다. 그러나 임
진왜란이 발발한 직후인 1592년 4월 19일에 여수 전라좌수영성 외부
에 품방을 축조하고 감독하고 있는 기사[63]와 선조 32년 기해 7월 27일,
선조 38년 을사 5월 26일, 선조 39년 병오 5월 20일 기사를 살펴보면

---

60) 『선조실록』 권187, 38년 5월 26일 기해 「而六鎭城子 闊大而低卑 壕塹林木之齟齬
　　有同兒戲 今宜相度各鎭形勢 或進築 或築子城 務令小而堅 城池 器械 極盡措置 浚其
　　壕塹 鑿其品防, 菱鐵 拒馬槍等物 無不備具」.
61) 『선조실록』 권199, 39년 5월 20일 정해 「高嶺僉使李伯福 盡心措置 城廓新造四十
　　餘處 壕內設木柵甚固 壕岸連掘品防 多造鐵錐 列植江灘 防備完全 爲諸鎭堡之冠」.
62) 『선조실록』 권68, 28년 10월 17일 병오.
63) 이충무공전서 권5, 『난중일기』, 임진년 4월 19일.

품방은 겨울 뿐만 아니라 계절에 상관없이 축조되는 것임을 알 수 있다. 또한 거마목(拒馬木)이라 불리는 요즘 "Barricade"와 같은 이동식 차단물과 함께 방어공간을 방어하는데 필수적인 요소라 할 수 있겠다.

그리고 호안(壕岸)에 연달아서 품방을 팠고 쇠꼬챙이를 많이 만들어 강가에 벌여 심어놓아 방비[64]하였다고 하여 호안 즉 해자에 붙여서 연속적으로 축조하였으며 마름쇠, 거마창, 쇠꼬챙이가 언급되고 있어 품방 내부에 이러한 쇠구조물을 설치하거나 운용한 것이라고 할 수 있다. 따라서 품방은 해자에 연해서 땅을 굴착하여 내부에 쇠꼬챙이 등을 설치한 시설임을 알 수 있는 것이다.

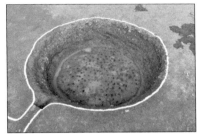

〈사진 1〉 강진 병영성 해자 및 품방 · 품방 세부 모습

이러한 품방은 문헌자료에서 주로 육진과 서도 등 조선시대 북방지역에 설치된 것으로 파악해 볼 수 있는데 『난중일기』에서 전라좌수영성이 있는 여수지역에서도 설치된 것이 확인되고 강진 전라병영성에서도 확인되고 있어 조선시대 남해안지역 영진보성에서도 설치 사용되었음을 알 수 있다.

이 강진 전라병영성에서 확인된 품방 내부에서는 대나무를 다듬어

---

64) 『선조실록』 권199, 39년 5월 20일 정해 「高嶺僉使李伯福 盡心措置 城廊新造四十餘處 壕內設木柵甚固 壕岸連掘品防 多造鐵錐 列植江灘 防備完全 爲諸鎭堡之冠」.

서 바닥에 촘촘하게 꽂아 놓았는데 모원의의 『무비지』에 "함마갱(陷馬坑)은 가운데 사슴뿔창, 죽첨(竹籤)을 묻고 그 함마갱을 아자(亞字)와 같이 서로 이으면 모양이 구쇄(鉤鏁)와 비슷하다." 한 것과 동일한 형태라 할 수 있다. 따라서 품방이 곧 함마갱이라 할 수 있는 것이다.

기본적으로 품방은 처음에는 여진기병에 대응하기 위한 북방지역 영진보성 방어시설물로 설치되었다가 차츰 조선 전 지역에 걸쳐 영진보성 외부에 설치된 것이라 하겠다. 특히 『선조실록』에서 이 품방이 확인되고 있고 아울러 동시대인 이충무공 『난중일기』임진년 4월19일 내용에서도 확인 되는 바 임진년인 1592년에는 품방이 남해안지역 영진보성에도 설치되었던 것이라 하겠다. 또한 선조와 이일의 대화에서 이일이 서도에서 군무에 종사하던 시절에 사용한 거마목과 품방을 조합하여 방어하면 여진기병의 돌격을 쉽게 대처할 수 있다는 내용[65]에서 이일의 서도 군무시절을 유추하면 적어도 경원부사와 함경북병사로 재직하던 1583년에서 1587년 사이에도 품방이 시설되었던 것으로 파악해 볼 수 있는 것이다. 이러한 품방이 설치되는 시기는 중국 송나라 때로 거슬러 올러 가는데 송나라 때인 1044년에 편찬된 병서인 『무경총요』에 "길이는 약 1.5m, 폭은 90cm, 깊이는 약 1.2m로 함정 안에는 사람이나 말을 살상하기 위한 녹각목이나 죽편(竹片)을 심어놓았다."[66] 라고 하여 강진 병영성에서 확인되는 품방과 동일한 모티브를 가진 것임을 알 수 있다.

따라서 강진 전라병영성에서 확인된 품방은 적어도 11세기 중반 고려시대에도 설치하였던 것으로 볼 수 있다. 고려를 거쳐 조선시대 전기

---

65) 『선조실록』권115, 32년 7월 27일 갑술.
66) 시노다고이치, 『무기와 방어구－중국편－』, 들녘, 2001, 242쪽.

에 북방지역에서 집중적으로 사용되었던 것으로 추정해 볼 수 있고 16세기 후반에는 남해안지역 영진보성에서도 설치가 이루어진 방어시설이라 할 수 있다. 또한 이 품방 폐기시기에 관해서 살펴보면, 유구 조사가 이루어진 것이 강진 병영성 한곳에 불과하여 단언할 수 없지만 정약용의 『민보의』보원지제에서도 언급하고 있어서 18세기 후반에도 이 시설이 여전히 시설되고 있었던 것이라 할 수 있겠다. 물론 강진 병영성 품방에서는 초축 시기를 파악할 수 있는 유물이 출토되지 않아 축조시기를 파악할 수 없다. 다만 토층상에서 기반층을 굴착하여 조성하고 해자와 폐기가 동시에 이루어진 것이라면 해자 설치시에도 품방이 같이 조성되어 있었던 것이라 할 수 있겠다. 향후 조사가 이루어지면 그때 다시 재론할 수 있도록 하겠다.

4. 맺음말

조선시대 영진보성은 연해읍성과 더불어 조선시대 전 기간에 걸쳐서 국방체계 내에서 가장 중요한 역할을 수행한 관방유적이다. 그러나 기존 연구에서는 수군 영진보성 위주 연구가 대부분이다. 그러다 최근 각종 조사와 연구를 통해서 육군영진성에 대한 자료 축적이 이루어지고 이를 통해서 조선시대 영진보성 구조와 축조수법을 다시 파악할 수 있게 되었다. 내상성으로 불린 강진 전라병영성은 조선 전기간 걸쳐 단일지역에 위치하며 그 축조수법 역시 조선시대 전 기간을 통하여 파악할 수 있는 중요한 유적이다. 특히 고고학적 조사결과를 바탕으로 살펴본 강진 전라병영성은 태종 17년(1417)에 초축되면서 15세기 초 성곽축조수법과 15세기 중반 세종년간 축조수법 뿐만 아니라 임진왜란 전후한 조선 후기 성곽 축조수법도 파악할 수 있는 기단부, 외벽, 적심부, 내벽, 조교시설, 해자, 품방, 목익 등이 설치되어 있음을 확인할 수 있었다. 조선 후기에는 육군·수군 절도사영이 설치된 내상성(병영성) 축조수법에는 큰 변화를 발견할 수 없다. 다만 최근 조사된 진주성(경상우병영성) 체성부 외벽에서 17세기 이후 축조수법이 확인되고 있어 강진 전라병영성 역시 이러한 영향아래 체성부 수개축이 일부 이루어졌을 것으로 생각 된다. 강진 전라병영성도 산성 및 도성, 일부 읍성 축조에서는 포루의 설치와 성석 크기 규격화 및 수평 맞추기, 각종 부대시설 확충 등 조선 후기에 도입된 성곽축조프로세스에 일부 영향을 받아 개축된 듯하다. 이러한 점에서 강진 전라병영성에서 확인된 고고학적 조사결과와 각종 시설물에 대한 검토는 지방성곽에 새로운 성곽프로세스의 확산과 전파를 파악할 수 있는 중요한 자료인 것이다. 금번 강진 전라병영성 연구에서는 이러한 점에 주목하여 고고학적 조사현황과 남해안지역 영진보성 현황과 특징을 비교하여 기술하였다. 이 논문를 통하여 앞으로 강진 전라병영성에 대하여 지속적으로 보완하고 연구할 것이라는 점에서 필자도 노력할 것을 다짐하는 것으로 맺음말을 대신한다.

〈사진 2〉 강진 전라병영성 전경(항공촬영)

〈사진 3〉 강진 전라병영성 동문

〈사진 4〉 강진 전라병영성 서문

〈사진 5〉 강진 전라병영성 전경 북문

〈사진 6〉 강진 전라병영성 남문

남해안지역 영진보성 조사사례

최근까지 고고학적 조사가 이루어진 남해안지역 영진보성 조사사례는 다음과 같다.

1. 가덕진성

가덕도 북단의 부산광역시 강서구 천가동 주민센터 일대에 소재한다. 조선시대 경상우수영 관할 제진 중의 하나로 중종 39년(1544)에 축성되었다. 평면형태는 직사각형으로 동, 남, 북쪽에 반원형 편문식옹성이 설치되어 있다. 성우와 옹성 좌우에는 치성이 설치되어 있는 것으로 추정되며, 일부 남문지 외곽에서도 확인되고 있다. 성문은 동문과 남문 기단부가 비교적 잘 남아 있고 체성은 덕문중학교 서쪽 외곽을 제외한 성벽 대부분이 육안으로 확인된다. 잔존 높이가 높은 곳은 4~4.5m, 낮은 곳은 약 1m 가량 된다.

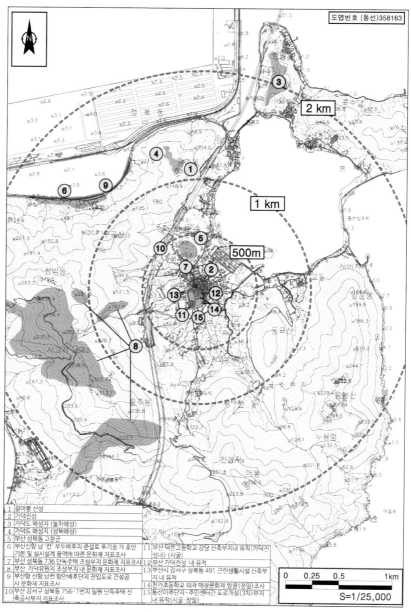

도엽번호 (동선)358163

2 km

1 km

500m

1	갈마봉 산성		
2	가덕진성		
3	가덕도 왜성지 (눌차왜성)		
4	가덕도 왜성지 (성북왜성)		
5	부산 성북동 고분군		
6	부산신항 남 '컨' 부두배후지 준설토 투기장 가 호안 기본 및 실시설계 용역에 따른 문화재 지표조사	11	부산 덕문고등학교 강당 신축부지내 유적(가덕진 성내) (시굴)
7	부산 성북동 736 단독주택 조성부지 문화재 지표조사	12	부산 가덕진성 내 유적
8	부산 가덕유원지 조성부지 내 문화재 지표조사	13	부산시 강서구 성북동 491 근린생활시설 신축부 지 내 유적
9	부산항 신항 남컨 함만배후단지 진입도로 건설공 사 문화재 지표조사	14	천가초등학교 외과 매장문화재 발굴(정밀)조사
10	부산 강서구 성북동 756-1번지 일원 단독주택 신 축공사부지 지표조사	15	동선이주단지~주민센터간 도로개설(3차)부지 내 유적(시굴·정밀)

0   0.25   0.5   1km

S=1/25,000

〈그림 1〉 가덕진성 위치도

440 조선의 영진보성

가덕진은 천성진과 더불어 삼포왜란과 사량진왜변을 겪으며 왜인들의 잦은 출입으로 동남해안 방어를 위해 진의 이설과 신설 등 정비과정에서 설치되었다. 가덕진성에 대한 축성은 중종 39년(1544) 6월에 시작하여 그해 9월 무렵에 완료된 것으로 추정된다. 임진왜란 개전과 동시에 천성진성과 함께 함락되었던 것으로 추정된다. 이후 안골포로 이전하여 천성진·안골포진과 함께 신가덕이라 불리기도 했다고 한다.[1] 일제강점기 지적원도(1915) 가덕진성 남쪽 체성이 이중으로 표시되어 있다. 이는 초축 이후 증축된 것으로 추정해 볼 수 있다.[2]

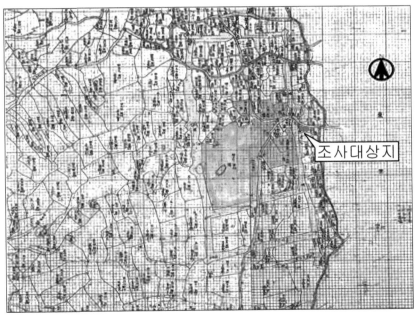

〈그림 2〉 일제강점기 지적원도상 가덕진성 평면도

---

1) 『인조실록』 권36, 16년 1월 15일 기묘.
2) 한국문물연구원, 『동선이주단지-주민센터간 도로개설(3차)부지 내 발굴조사 자문회의자료집』, 2019.

체성은 동벽과 남벽 일부가 잔존하고 있다. 동벽은 높이 2.7m, 폭 3.4m 내외로 100여 미터가 천가초등학교 담장으로 잔존하고 있다. 높이 2.8m, 상단부 폭 3.8m 내외인 옹성과 동문이 발견되었다. 동문은 현재 가덕주민센터 앞 부분에 위치하고 있다. 동벽치성은 체성에서 길이 6m, 폭 4.8m 정도 돌출되어 확인되었다. 남벽은 최대 잔존 높이가 3.3m 가량으로, 하단부에 기단석과 대석을 쌓고 상단으로 갈수록 할석으로 쌓은 옹성도 확인되었다. 서벽은 중학교를 신축하면서 대부분 파괴되었으며, 학교 밖의 민가에 일부 흔적이 남아 있었다. 또한 북벽과 서벽이 만나는 부분에 치성이 확인되었다. 또한 북문지와 관련된 것으로 보이는 성석이 가덕도동 433번지에서 발견되었다. 축조수법을 살펴보면, 기단석은 너비 70~80cm 성석을 세워쌓기하고 있다. 기단석과 성벽석의 축조는 치석된 성석 크기나 양상으로 볼 때 천성진성 초축 체성과 거의 유사하다. 남벽 체성은 경사진 지형을 따라 30~60cm× 20~50cm 크기의 장방형 성석을 지대석으로 삼고 있다. 그 위로 25~ 30cm 들여서 60~120cm×40~80cm 크기 성석을 기단석으로 하여 축조하고 있다. 그 위로 성석은 기단석보다는 조금 작은 50×100cm 내외 성석을 사용하여 축조하였다. 현재 잔존하는 가덕진성 양상을 살펴보면, 동, 북, 서쪽 체성은 천성진성 초축 체성과 유사하다. 남쪽 체성은 천성진성 증축체성과 축조수법이 유사함을 알 수 있다.[3]

---

3) 이성훈, 「천성진성 북문지 일원 체성 축조방식에 대한 소고」, 『박물관연구논집』 26, 부산박물관, 2020, 59~60쪽.

〈사진 1〉가덕진성 동벽 체성 외벽　　　〈사진 2〉 가덕진성 남벽 체성 외벽

〈사진 3〉 가덕진성 해자 내부　　　　〈사진 4〉 가덕진성 해자 호안석축

2. 경상좌수영성

좌수영성지는 남구 수영동 일대로서 원래 좌도수군첨절제사의 진영이었고, 경상좌도수군절도사영의 성지이다.

좌수영은 동래현 부산포에 있었으나[4] 조선 태종 때 울산의 개운포로 옮겼다가[5] 선조 25年(1592年)에 동래 남촌으로 옮겨 왔다.[6] 그 뒤 인조 14년(1636)에 선창이 좁고 모래가 쌓여 선로가 불통하므로 감만이

---

4)『성종실록』권283, 24년 10월 임신.『慶南左道水營 本在東萊縣釜山浦』.
5)『東國輿地勝覽』, 울산관방조, "左道軍節度使營 自東萊縣 釜山浦移于此"
6)『增補文獻備考』권32, 여지고 20, 관방 8, 해방조 "舊在於 蔚山開雲浦 宣祖二年 移設 于東萊南村"

포(戡灣伊浦)로 옮겼다. 그러나 감만이포가 왜관(倭館)과는 수로로 10 리도 안되므로 군사상의 기밀이 누설될 염려가 있어 효종 3년(1652)에 남촌의 옛터로 옮겼다. 이후 고종 32년(1895) 7월 군제개편으로 좌수 영이 혁파되기까지 240여 년간 현재의 위치에 존재하였다.

좌수영에는 무관인 정3품의 경상좌도수군절도사(慶尙左道水軍節度 使)와 그 부관격인 정4품의 우후(虞侯)와 군관(軍官), 영리(營吏), 마도 (馬徒), 진무(鎭撫), 지인(知人), 군졸(軍卒)들이 있었다. [7] 그 관하(關下) 에는 거진(巨鎭)인 첨사영(僉使營)으로 부산포진(釜山浦鎭)과 만호영 (萬戶營)으로 다대포(多大浦: 동래, 뒤에 첨사영으로 승격), 해운포(海 雲浦: 동래, 후에 폐지됨), 서평포(西平浦: 동래, 1881년 5월 폐영), 두모 포(豆毛浦: 기장), 개운포(開雲浦: 울산), 서생포(西生浦: 울산), 염포(鹽 浦: 울산, 후에 폐지됨), 포이포(包伊浦: 장기), 감포(甘浦: 경주, 1751년 폐영), 오포(烏浦: 영포, 뒤에 폐지됨), 축산포(丑山浦: 영해, 1751년 폐 영), 칠포(漆浦: 흥해, 1751년 廢營)가 있었다. [8]

각종문헌[9]에 보이는 경상좌수영성은 석성이며 둘레는 1,193보,

7) 金義煥, 1970,「東萊水營城址一帶遺蹟調査書」,『鄕土文化2輯』.
8) 李相伯, 1962,「韓國史」,『近世前期篇』, 진단학회, 248~249쪽.
9) ①『左水營誌』성지조 "營城 石築 周回一千一百九十三步 高十三尺 垛瓮城三庫 雉城 六庫 東門樓六間 南門樓虹霓六問 北門樓二門 鋪樓三庫 城內三大井 壬申改築時 東北 瓮城二庫 毀破三百二十七垛內 一百九十八垛內 一百九十八垛 營三隻次知 六十六垛 二船次知 六十三垛 包伊次知."
②『攷事新書』"左水營城 在東築 石築 周九千一百九十尺 高一丈三尺 垛三百七十五."
③『增補文獻備考』권27 여지고15 관방3 성곽조 "水軍節度使營 在東南七里 石築(周 九千一百九十尺 高一丈三尺 垛三百七十五) 內有井三"
④『東萊府誌』성곽조 "左水營城 在府東南十里 水使所居也 城周九千一百九十八尺高 十六尺 內有井三"
⑤『輿地圖書』경상도 좌수영 성지조 "石築 周以丈計之 則九白十九丈 以尺計之則九 千一白九十尺以步計之 則一千五白三十一步 高一丈三尺 步二步一尺 垛三白七十五垛 瓮城七庫 雉城 七庫 東城門樓二層 南城門樓二層 北城門樓二層"

9,190척, 높이 13~16尺 정도이고 옹성(甕城) 3곳, 치성(雉城) 6~7곳이며 여장은 375~384타(垜)이다. 동서남북에 문루(門樓)가 있는 4대문(大門)이 있었는데 각각 영일문(迎日門), 호소문(虎嘯門), 주작문(朱雀門), 공진문(拱辰門) 이라 하였다. 동문루가 6칸, 남문루 홍예(虹蜺)가 6칸, 북문루가 2칸, 포루가 3곳이며, 성내에는 우물이 3곳 있었다고 한다. 이 가운데 동, 남, 북문 3곳에는 4각형 옹성이 설치되어 있었으며, 치성이 각 문사이에 2~3개소가 설치되었다. 성내 부속관아는 수사영인 상영(上營)에 절도사의 소거처(所居處)인 동헌(東軒), 비장청(裨將廳), 장관청(將官廳), 군관청(軍官廳)등이 우후영(虞侯營)인 중영(中營)에는 우후 처소인 쇄검헌(洗劍軒) 등을 비롯하여 관아건물과 창고가 많았다.[10]

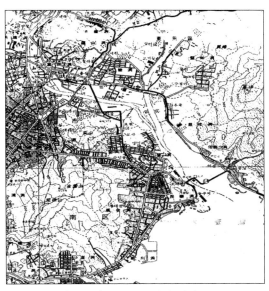

〈그림 3〉 경상좌수영성 위치도

⑥『東萊營誌』성지조.
10) 김석희, 「朝鮮前期의 釜山」, 『釜山市誌 上』, 1974, 209쪽.

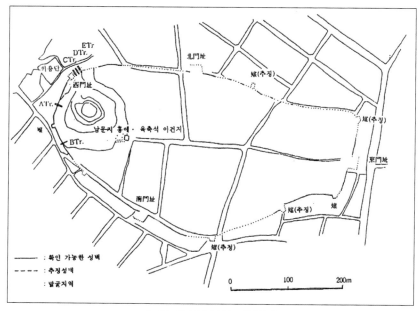

〈그림 4〉 좌수영성 평면형태

　『左水營誌』에 「壬申改築時」라한 「壬申年은」숙종 18년(1692)으로
좌수사 문희성(文希聖) 재임시에 크게 중수되었가.[11] 「東萊府誌」(1740)
에는 "석성이 있는데 지금의 거의 무너졌다"하여 이때 이미 상당히 파
괴되었던 것으로 보인다. 현재 남문 밖에는 좌우에 돌로 만든 박견(狛
犬)이 있는 점이 특이한데, 이는 숙종 때 이 성을 중수하면서 만들어진
것으로 추정된다. 경상좌수영지에 대한 고고학적인 자료를 보면, 성의
평면형태는 장축이 동서로 긴 타원형에 가까운 성으로, 규모는 남북 직
경이 279.6m, 동서 534m이다. 성벽의 길이는 1,480m, 내부 면적은
109,728㎡로 추산된다.[12]

---

11) 김의환, 위의 글, 20쪽.
12) 釜山大學校 韓國文化硏究所, 『慶尙左水營城址學術調査報告書』, 1990.

체성 축조수법을 살펴보면 성벽은 기단부 아래에 점토와 잡석을 20cm로 깔아 다진후 60~140×30cm정도 크기 화강암재 장방형판석을 1~2단 정도 포개어 만든 기단석 위에 10~30cm정도 안으로 물려 거의 수직으로 쌓았다. 대석은 아래쪽에 사용하고 위로 갈수록 중, 소석을 적절히 섞어 쌓았다. 또한 성석 사이는 잔돌끼움으로 쌓아 가능한 한 틈새를 줄였다. 이러한 석벽 뒤쪽 바닥에는 성벽 후면에는 270cm까지 길이 20~50cm정도 할석으로 뒤채움 한 후 다시 그 위에 흙으로 채워 내탁하였다.

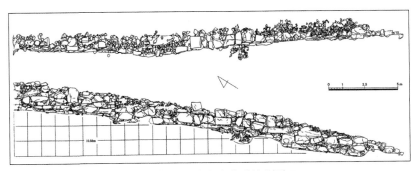

〈그림 5〉 좌수영성 남벽 체성 입면도

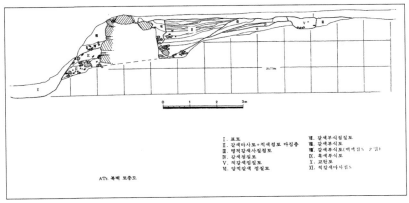

〈그림 6〉 좌수영성 북벽 체성 단면도

옹성은 동, 남, 북 3개문에 있었는데 현재 옹성이 확인되는 곳은 남문지 이다. 4각형 옹성과 개구부는 남, 북문이 서쪽, 동문은 북쪽으로 둔 편문식이다. 성문이 성벽과 나란히 장방형 형태를 이루고 있으며 개문부만 남아 있는데 육축은 약 100×150cm 장방형 화강암재 武砂石으로 수직되게 쌓아 올렸다.

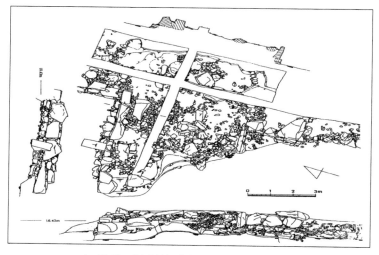

〈그림 7〉 좌수영성 서남쪽 치성 평면 · 입면도

치성은 서문과 남문사이 2개소 남문과 동문 사이 3개소, 동문과 북문 사이 1개소가 있다. 현재 치성은 서남과 동남모서리 2개소에서 확인된다. 포루(鋪樓)는 치성 위에 세운 누각(樓閣)로 6개의 치 치성 가운데 3개소에 설치된 것으로 추정되며, 그 거리는 50~120cm 간격이다.

조선 전기에 속하는 청자편, 조선중, 후기 백자편 등과 흑회색 무문전, 어골문(樹枝文), 창해파문이 시문된 기와편이 수습되었다.

이들 유물들은 거의 성벽 뒤쪽 판축상 뒤채움 보강토의 제3층에서

주로 출토된 것들로서 성곽 축조시기와 관계가 있으며 도자기 대부분
이 적어도 조선중기 이전 특징을 보여주고 있다.

중종9년(1514)에 해운포영성을 쌓았다는 기록13)이 보이는데 이때부
터 지금의 부산 수영동 일대에 城이 축조된 것으로 보인다.

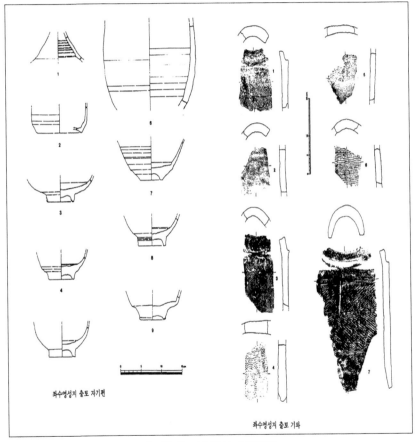

좌수영성지 출토 자기편

좌수영성지 출토 기와

〈그림 8〉 좌수영성 출토유물

---

13)『新增東國輿地勝覽』권23 동래, "海雲浦營 在縣東九里 水軍萬戶一人 (新增)正德甲
戌 始築石城 周 一千三十六尺 高十三尺 內有一池"

〈사진 5〉 경상좌수영성 서남쪽 치성

〈사진 6〉 경상좌수영성 남쪽 체성

3. 경상좌병영성

병영성지는 행정구역상으로 경상남도 울산시 동동과 서동 및 남외동 등 세 개의 동에 걸쳐 위치하고 있다.

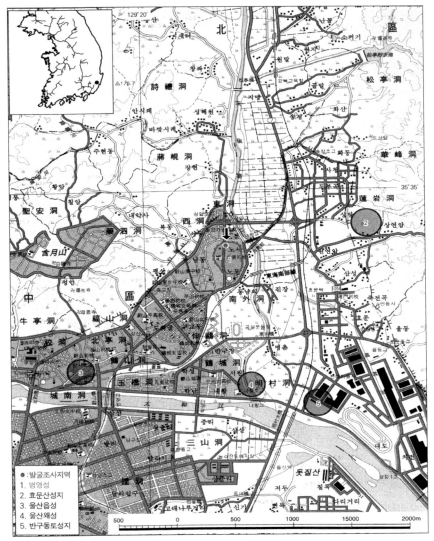

〈그림 9〉 울산 병영성 위치도

병영성이라는 이름은 조선 초기 이곳에 경상좌도병마절제사영(慶尙

左道兵馬節制使營)[14]이 자리한데서 생긴 것이며, 과거에 병영면, 병영동 등의 지명으로 사용되어 왔다. 이곳은 울산광역시 중심부에서 동북측으로 약간 떨어진 곳으로 울산과 경주로 통하는 7번 국도와 동해남부선 철도가 모두 성밑을 지나고 있다. 현재 병영성지가 외관상 평야 중에 우뚝 솟은 독립 구릉처럼 보이지만 조선 초기 이곳에 병영이 설치될 당시만 하더라도 지금의 주위평야는 모두 남해의 해수가 가득 찬 바다였고, 특히 성 동쪽에 연접해서 흐르고 있는 동천을 통해서는 성 북문 아래까지 배가 드나들 수 있었던 것으로 예상된다.

한편 병영성에 대한 문헌기사를 살펴보면『世宗實錄地理志』,『東國輿地勝覽』,『蔚山邑誌』제 자료에 나타난 기사에서 알 수 있다.

즉 조선 태조 6년(1397) 鎭이 병설되었다가[15] 태종 13년(1413) 경주로 鎭이 옮겨지고 없어졌다. 그 뒤인 太宗 15年(1415) 경주에 있던 좌도병마도절제사영이 다시 옮겨와서 지난날 같이 되었으며, 世宗 8年(1426)에는 병영을 창원으로 옮기고 鎭을 대신 설치하였다. 이때 鎭은 병영성에 그대로 두고 군치소는 서쪽 태화강변으로 이동하여 분리되었다. 세종 19년(1437) 창원에 있던 병영을 이곳으로 다시 옮긴 뒤의 기록은 확실치 않다.[16]

---

14) 東亞大學校 博物館 古蹟調査報告書 第十二冊, 133쪽,「東國輿地勝覽」蔚山郡 建置沿革條『…太宗十三年罷鎭改今名 爲知郡事 十五年以郡治爲左道兵馬節制使영…』이라 하여 太宗 15年에 처음 兵馬節制使營이 설치되고 이곳을 곧장 병영이라고 부른 듯싶다. 또 同書 關防條 에는『左道兵馬節度使營 在戒邊城北 卽郡舊治 石城周三千七百二十三尺高十二尺 內有井七渠 有軍 倉…營舊在慶州東南二十餘里 太宗條移于蔚山治所 卽此』라고 규모와 설치시기를 기록하고 있다.

15) 沈奉謹, 1995,『韓國南海沿岸城址의 考古學的 硏究』에서 발췌. "이곳에 군사업무를 병행하게된 것은 고려시대부터라고 생각된다. 즉, 高麗史 志 第十一 地理二 蔚山條에 顯宗九年 防禦使를 설치하였다고 기록하고 있다."

16)『韓國南海沿岸城址의 考古學的 硏究』에서
沈奉謹은 "新郡治所로 합병되었던지 水營設置로 없어졌을 것으로 상정하고, 아울러 新治所 역시 현재의 학성동 주변이나 과거 蔚山郡廳 주변 가운데 하나로 생각하

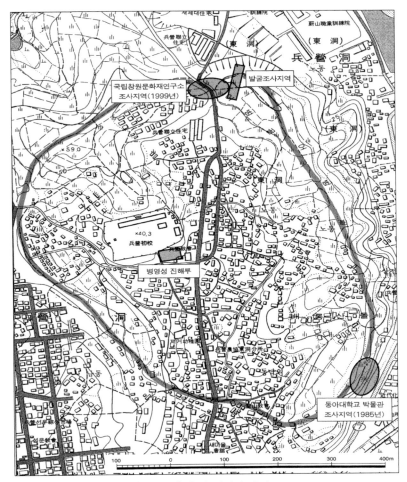

〈그림 10〉 울산 병영성 평면도

며 학성공원 주변일 가능성을 강하게 시사하고 있다." 즉『東國輿地勝覽』蔚州郡
城郭條에는≪邑城 石築 周三千六百三十五尺 高十尺 內有井八 成火辛丑築≫이라
하였는데 成火 辛丑은 成宗 12年(1481年)에 해당함으로 世宗 8年(1426年)보다는
뒤지고 있는데다 同書 古蹟條의≪古邑城在戒邊城西 城周三百十五步 今頹廢≫라는
기록을 참고한다면 戒邊城은 오늘날 학성공원을 지칭하고 있으므로 그 서쪽 주변
에 世宗때 城이 새로 축조되었다가 成宗때 다시 과거 蔚山郡廳 자리로 이동하여 계
속 사용한 것으로 추측하고 있다.

울산병영성 체성을 조사한 결과 1m 깊이 아래에서 석축이 나타났다. 석축은 내외측 각각 일렬로 나란하게 연결되어 있었으나 간혹 훼손된 부분도 있었다. 축조수법은 구릉 정상에 해당하는 지점을 내벽 끝으로 삼고, 외벽 끝은 비스듬한 경사면을 절개하여 평탄하게 만든 다음 지대석을 배치한 뒤 먼저 내탁하였다.

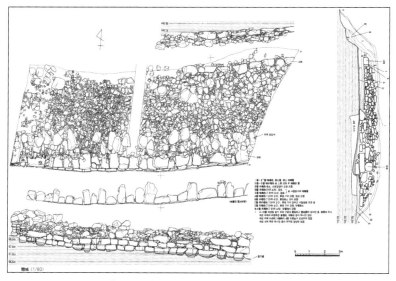

〈그림 11〉 울산 병영성 체성 축조수법

외벽은 90cm×150cm×100cm의 약간 4각으로 가공된 듯한 납작한 장대석을 생토층 위에 점토와 자갈돌을 섞어 단단하게 다진 뒤 올려놓아 지대석으로 삼고 그 위에 기단석인 자연대석을 내측으로 50cm 정도 들여서 놓아 마치 계단상을 이룬 모습이다. 그리고 내벽은 외벽처럼 자연대석을 사용하지 않고 일반담장 같이 막돌을 이용하여 지대석 없이 지면에 수직되게 가지런히 쌓아 올린 형태였다. 형식상 내벽이 쌓여지는 단계부터 내탁에서 협축으로 바뀌어지면서 축조된 셈이다. 이렇게 축조된 내외벽면은 폭이 7m이고 그 사이 적심석은 막돌을 이용하였다. 이때 사용된 적심석도 내벽에 사용된 막돌과 동일한 것이었고 내외벽에 가까운 적심은 열을 지어 배치하였으므로 바깥 체성이 무너져도 적심까지 손상되지 않도록 계단상을 띄고 있었다.

동쪽 外壁에서 확인된 雉城은 약간 돌출된 地點에서 사방 8m 規模의 平面 長方形 基壇部만 남아 있었으며 體城 바깥쪽에 덧대어 基壇石을 配置하고 그 속을 막돌로 채운 것이었다.

북문지 일대에 성문을 보호하기 위한 옹성이 축조돼 있는 것으로 확인됐다. 북문지로 추정되는 중구 서동 216－1 일대 약 800평에 대해 울산시로부터 발굴조사 의뢰를 받아 발굴작업에 들어간 昌原文化財研究所는 "북문지 부근의 성벽은 거의 노출돼 있지 않지만 옹성 내벽 일부에서만 지대석과 기단석이 노출돼 있는 것으로 확인됐다"고, "또 도로개설로 인해 체성의 기저부보다 더 아래까지 굴착돼 문지의 형태는 전혀 남아있지 않다"고 하였다. 발굴조사에 따르면 北門址 일대 體城의 외벽은 지대석과 기단석 정도만 잔존할 뿐 윗부분은 거의 유실되어, 體城의 내벽은 거의 확인할 수 없고 體城의 안은 막돌로 채워져 있다. 體城의 한 부분에 축조된 甕城은 體城의 축조와 마찬가지로 지대석이 약 20cm정도 밖으로 突出돼 있고 옹성내벽도 똑같은 형태를 지니고 있다. 內壁은 높이 1.3~2.4cm, 외벽은 높이 1.2~2.5cm로 각각 잔존하고 있으며 甕城 끝부분으로 갈수록 더 높게 남아있을 가능성이 큰 것으로 추측된다. 甕城의 너비는 8m정도로 體城보다 더 넓으며 바깥선은 약 20m, 안쪽선은 약 13m 정도 노출돼 있다. 甕城의 속채우기도 막돌을 이용했다. 평기와와 백자 조각 등 유물이 다수 출토되었다.[17)

〈사진 7〉 울산 병영성 체성 외벽 축조상태

17) 경상일보 1999년 10월 7일자 참조.

〈사진 8〉 울산 병영성 체성 외벽1

〈사진 9〉 울산 병영성 체성 외벽2

4. 개운포진성

개운포성지는 조선 초기에 설치되어 임진왜란 이전까지 수군절도사영으로 운영된 곳으로 울산광역시 남구 성암동 443－1번지 일대에 위치한다.

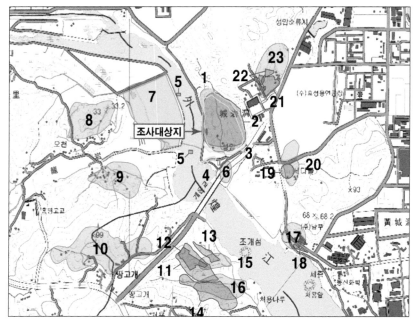

〈그림 12〉 개운포진성 위치도

　이 일대는 외황강과 울산만이 만나는 곳으로 개운포성지는 외황강변의 해발 50m정도의 구릉과 평지를 포함하는 포곡식성으로서 평면모양은 남북으로 치우친 타원형을 띠고 있다. 성지의 둘레는 1,264m, 면적 102,919㎡, 체성은 최대폭 400~470m, 최대높이 240cm 정도이다. 울산발전연구원 문화재센터에 의해 2차례 걸쳐 발굴조사가 실시되었다. 개운포에 수군이 존재하고 있었다는 최초의 기록은 태종 7년(1407)에 확인되고 있으며, 개운포에 만호영이 있었다는 기록은 태종 11년(1411)의 『開雲浦萬戶 曺敏老가 바다의 적을 막을 만한 재질을 갖추지 아니하기 때문에 그의 職帖을 剝奪한다...』라는 기사에서 확인되고 있다.

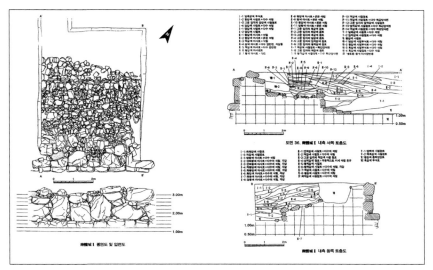

〈그림 13〉 개운포진성 체성 평면 및 입단면도

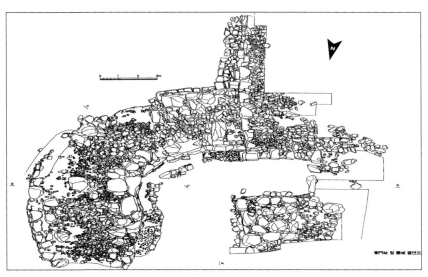

〈그림 14〉 개운포진성 동문옹성

〈사진 10〉 개운포진성 전경

또한「慶尙道地理志」에 세종 7년(1425)조에도 開雲浦 萬戶鎭이 있었음을 알 수 있고, 成宗 24(1493)년조에『慶尙左道水營이 본래 東萊縣 富山浦에 있었는데 국가의 主將이 倭人과 混處하고 있어 居處로서 마땅하지 아니하여 蔚山 開雲浦로 移轉하였다.』라는 기사에서 左水營을 開雲浦로 이전한 것을 확인할 수 있다. 또한 중종 29년에 다시 開雲浦에서 東萊 海運浦(南村)으로 좌수영이 이전되었다.[18]

동문지 주변의 체성 초축 너비 3m, 증축시 너비 4m 정도이다. 1,2차 조사 결과 동·서·남·북문지와 성벽이 조사되었다. 확인된 동문지와 북문지의 경우 편문식 옹성이 설치되어 있으며 추정 서문지내부에 뻘이 상당한 두께로 쌓여 있고 문지 위치가 골짜기 입구에 위치한 점으로 볼 때 개방식 수구와 유사한 수문시설일 가능성으로 보고되고 있다.

해자는 성벽전체에 설치된 것으로 보이는데 조사된 동편 해자는 자연경사면을 최대한 이용하여 깊이 6m 이상으로 축조하였다.

---

18) 좌수영의 이전시기에 관해서는 중종 29년(1534)과 선조 25년(1592)으로 양분되고 있다.

출토되는 유물은 "卍", "甲"의 명문이 새겨져 있는 와편이 있으며 특히 "卍"이 새겨진 銘文瓦가 많다.

동문지 근처에서 塼과 密陽長興庫 名 粉靑沙器片이 수습되었고, 서문지에서는 백자 굽의 안쪽에 "上", "水"자가 새겨진 銘文白磁가 수습되었다.

〈사진 11〉 개운포진성 남벽 체성

〈사진 12〉 개운포진성 동문지 옹성

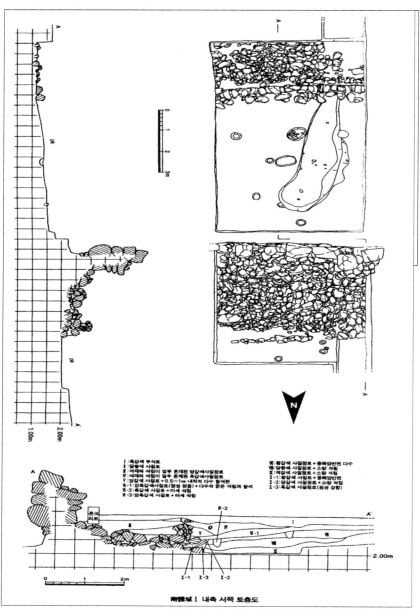

〈그림 15〉 개운포진성 체성 및 해자 평/단면도

5. 금단곶보성

　금단곶보성지의 위치는 부산시 강서구 녹산동 산 129－4번지 일대이다. 진해－부산간 2호선 국도중 녹산동과 송정동을 경계로 한 성고개 정상동쪽 아래부분에 해당하며, 바다가 보이는 서쪽 해발 189.2m 산의 동북쪽 골짜기에 위치한다.

　성은 석축으로 성고개 정상부를 남북 직선으로 달리다가 동쪽 傾斜地로 이어져 가장 낮은 문지로 연결되며, 남쪽으로는 산과 평지가 만나는 경계면을 따라 성벽이 축조되어 平面 橢圓形을 보이고 있다.[19]

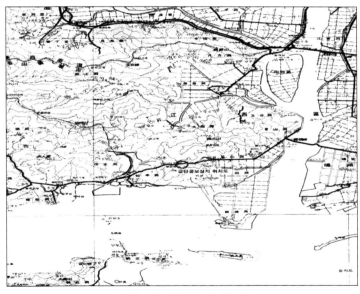

〈그림 17〉 금단곶보성 위치도

---

19) 나동욱 · 성현주, 「金丹串堡城址發掘調査槪報」, 『박물관연구논문집6』, 부산광역
　　시립박물관, 1997.

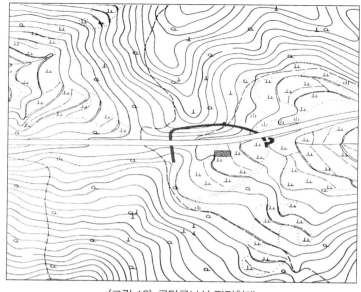

<그림 18> 금단곶보성 평면형태

성내부의 지형은 서쪽에서부터 동쪽 방향으로 비교적 급한 경사를 이루는데 얕은 골짜기를 형성하고 있다. 지대가 높은 곳은 밭으로 경작되고 있었고 낮은 곳은 건축폐기물 등으로 覆土되어 있었다. 서쪽 밭에서는 기와편과 자기편들이 보이고 있어 건물지가 있었던 곳으로 추정하고 있다.

체성 축조수법을 살펴보면, 먼저 성벽이 될 부분의 표토를 제거하고 성안쪽에서 외벽쪽으로 생토면을 'ㄴ'자상으로 정지하여 그 위로 10cm 내외의 작은 돌(敷石)로 축조하였다. 외벽쪽은 부석 상부에 외벽에서 내벽쪽으로 1,5m 정도까지 두께 20cm 내외의 판석을 깔아 지대석을 만들고, 그 위로 기단석을 올려 약 10~20cm정도 뒤로 물리어 대형(90× 60×80cm정도 크기)의 성석을 놓은 형태이다. 내벽은 부석 위로 정방형에 가까운 벽채움석을 채워 넣은 상태로 's'자상으로 절토된 내벽쪽 수평면에서부터 내벽이 시작되고 있다. 노출된 성벽을 통해서 보면, 내벽의 채움석은 성벽 진행 방향으로 열을 맞추어 있으며 외벽쪽으로 계단상을 이루고 있다.

성벽 너비는 6m내외로 'ㄴ'상으로 생토면을 정지한 부분에서 외벽간이 4.5m 정도이고 'ㄴ'자상으로 절토된 곳에서 내벽까지가 약 1.5m 정도이다. 성벽의 잔존고는 1m내외로 지대석과 기단석 장대한 외벽석은 대부분 1段 정도가 남아 있었고, 그 이상의 성벽석은 훼손되어 성밖으로 밀려난 상태이다. 한편 동쪽 경사지에서의 성벽축조는 기본적으로 계단식 축조방법을 사용하였는데 , 동북쪽 성벽의 경우 성벽의 진행방향과 직교하는 높이 약 2m 내외의 석축이 각각 3m, 3.3m, 3.6m, 4.2m, 등의 너비로 저지로 내려 갈수록 그 폭이 넓어지며 직교하는 석축과 다음 석축사이는 성벽의 뒷채움석으로 채우듯 쌓은 형태이다. 외벽쪽으로는 잔존한 판석상의 기초석만이 수평차를 보이면서 깔려 있어 경사면에 있어서의 체성의 축조수법은 여타 체성의 축조수법과 동일하다. 성벽은 조선 전기 읍성 축조와 유사한 수법으로 축조하였으며, 특히 경사지 성벽축조에 있어서 성벽 기초를 생토층을 파고 축조하였고 또한 계단식으로 성벽과 직교되게 석축을 쌓았는데 이러한 것은 보고자는 성벽의 붕괴를 방지하기 위한 당시 축조기법으로 파악하고 있다.

문지는 조사지역의 동쪽 현 국도 남쪽 아래에서 조사되었는데, 지형적으로 볼 때 성벽이 위치한 곳에서 높이가 가장 낮은 지역이다. 동북쪽 경사진 지형의 계단상 석축이 평지로 연결되는 부분으로 정면 1칸, 측면 2칸의 문지 초석이 조사되었다. 초석간의 중심거리는 정면이 3.6m, 측면이 1.7m 내외이다. 외벽쪽으로는 제일 바깥 초석에는 직경

10cm 내외의 원형홈이 있다. 문지의 바닥에는 판석상의 석재(40×30×15cm)가 깔려 있는데, 남쪽에 치우쳐 폭 25m 정도의 소형 배수구가 조사되었다. 내벽쪽 배수구위 측벽석 위에 일부 판석이 덮혀있는 것으로 보아 폐쇄식으로 보인다. 문지의 북벽은 비교적 양호한 상태를 보이고 있으나 남벽은 상대적으로 허술하다. 북벽의 경우는 지대석은 외벽석을 기준으로 약 50cm 정도 밖으로 돌출되어 있고, 그 위로 약 25cm 정도 안으로 기단석을 들로 보인다. 그 외 분청사기, 백자편 등도 다수 출토되었다.

옹성은 동쪽 문지의 밖에 둘러진 보호시설로, 성밖에서 볼 때 시계반대 방향으로 돌아가서 성벽과 나란히 개구부가 북쪽으로 난 반원형의 편문식(片門式) 옹성이 조사되었다.

전체적으로 볼 때 도로쪽의 옹성은 비교적 양호한 편이나 문지의 동남쪽 옹성벽은 외벽의 경우 지대석만 남아 있고, 내벽의 경우는 일부 성벽이 1단 정도 남아 있는 상태이다. 성벽의 특징은 조선시대 읍성의 석축과 같은 방법으로, 비교적 큰 판석을 세워쌓고 상부로 갈수록 작은 돌로써 축조하되 그 틈새를 작은 도롤 메우는 방식이며, 옹성의 內直徑이 약 7.4cm이고, 성폭은 4.8m, 최고 잔존높이 2.5m이다. 기단부의 축조는 체성벽의 경우와 마찬가지로 바닥에 부석을 깔고 외벽쪽에서 약 1m 정도 안까지 판석으로 地臺石을 깔았다. 옹성 내벽의 경우 지대석은 외벽석을 기준으로 약 50cm 정도 밖으로 돌출되어 있고, 그 위로 약 25cm 정도 안으로 기단석을 들여 쌓아 장대석을 종평적을 한 형태이다. 성벽은 최고 가로 1.9m, 세로 0.4m, 두께 1m 크기의 장대석으로 축조된 부분도 있다.

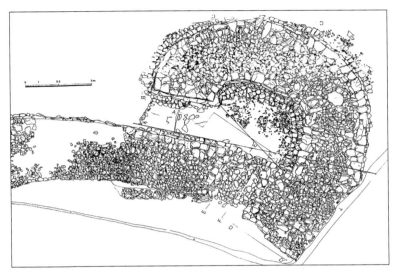

〈그림 19〉 금단곶보성 동문지 옹성평면도

잔존한 남쪽의 체성과 옹성벽의 접합부가 서로 맞물려 있는 것으로 보아 성벽과 동시에 축조된 것으로 보고 있다. 치성은 북쪽 정상부 성벽과 여기에서 동쪽으로 약 35m 떨어진 절개지 단면에서 확인되었다. 정상부의 경우 기단석과 외벽석은 잔존하지 않으나 체성벽의 판석상 지대석이 성벽의 진행방향과 직각으로 돌출되어 있으며 바닥에 깔린 판석상의 지대석만이 조사되었으며 동쪽 절개지에서 조사된 치성의 축조수법과 동일한 치성으로 추정하고 있다.

한편 동북쪽 치는, 체성벽에 덧대어 쌓은 것으로 가로 2.7m, 세로 5m 정도의 규모이다. 치성벽의 축조방법은 체성벽의 축조방법과 동일하여 바닥에는 잡석을 깔고 그 위에 체성벽에서 치성 외벽까지 30~40cm내외의 판석이 전면적으로 깔려 있었다. 이 지대석 위에 가로 90cm, 세로 60cm두께 30cm, 크기의 대형 판석상 기단석을 쌓고, 그 위에1.1m×0.7m×0.8m 크기의 돌을 입수적하였다. 북서쪽의 벽면이 약 1.2m 정도로 잔존해 있다. 배수로가 조사되었는데 북쪽 정상부에서 계단상 석축이 끝나는 부분 외벽 바깥에 체성부 성벽의 것으로 보이는 석재들이 외벽을 기준으로 폭 4.2m~10.6m까지 확인되었다. 석재의 분포는 북쪽 성벽쪽에서는 외벽과 붙어서, 동북쪽 절개지 단면에서는 치성 외벽에서 약 2m 정도 떨어져서 성외에 약 4~5m 폭으로 둘러져 있다. 이것은 북쪽 성벽이 지형상 산쪽에서 내려오는 능선을 절개하여 축조되었기 때문에, 많은 비가 내릴 경우 성벽의 붕괴가 초래할 수 있으므로 배수로를 축조한 것으로 추정하고 있다. 유물로서는 기와와 분청사기류가 주류를 이루며 백자와 청자편들이 출토되고 있다.

금단곶보성의 성벽은 조선 전기 읍성 축조와 유사한 수법으로 축조하였으며, 특히 경사지의 성벽축조에 있어서 생토층을 파고 축조하였고 또한 계단식으로 성벽과 직교되게 석축을 쌓았다.

〈사진 13〉 금단곶보성 각 유구 전경

〈사진 14〉 금단곶보성 출토유물

　이러한 것은 성벽의 붕괴를 방지하기 위한 당시의 축조기법으로 보여 진다. 다음 옹성의 경우에는 주초석을 비롯한 기단석이 완벽하게 남아 있으며 또한 조사된 배수로의 경우 계단식석축과 더불어 성벽붕괴를 막기 위한 방지책의 일환인 것으로 판단되고 아울러 사실상 해자의 기능[20]도 일부 겸한 것으로 추정된다.

6. 다대포진성

　부산의 서남단에 위치한 사하구는 장군봉, 천마산, 아미산, 시약산을 경계로 동쪽으로 서구와 접하고 낙동강을 경계로 서쪽에 강서구, 구덕

---

20) 나동욱, 「金丹串堡城址 發掘調査 槪報」, 『박물관연구논문집6』, 부산광역시립박물관, 1997.

산 서쪽 능선과 승학산 줄기를 경계로 북쪽에 사상구, 그리고 남쪽으로 남해와 접하고 있다.

이 가운데 다대포는 북쪽으로 장림동, 감천동과 접해 있고, 그 나머지는 해안으로 둘러싸여 있다. 다대포는 지리적으로 좋은 조건을 가진 포구이며 예로부터 다대진으로 불리웠다. 다대진은 지금의 사하구 다대동에 설치되었다. 행정구역상 부산광역시 사하구 다대동 1218-1 일원이다.

『일본서기』에서 다다라진, 다다라(多多羅)라는 기록이 확인되고 있다.『신찬성씨록(新撰姓氏錄)』이란 일본고서에 다다라(多多羅)라고 한 것을 볼 때 다대(多大)는 답달(畓達), 다다라(多多羅)에서 변하여 생긴 이름으로 부산의 지명 중 그 유래가 가장 오래되는 곳으로 파악된다.

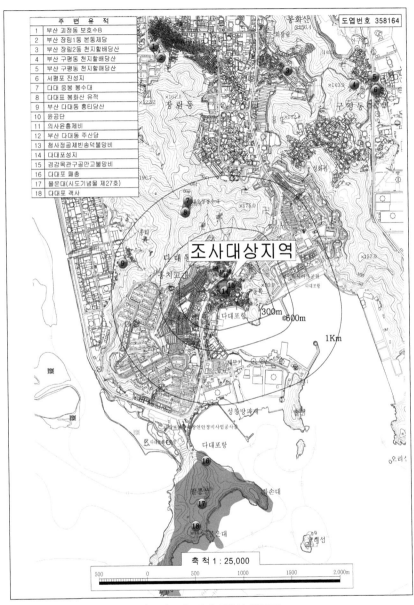

주 변 유 적	
1	부산 괴정동 보호수B
2	부산 장림1동 본동제당
3	부산 장림2동 천지할배당산
4	부산 구평동 천지할배당산
5	부산 구평동 천지할매당산
6	서평포 진성지
7	다대 웅봉 봉수대
8	다대표 봉화산 유적
9	부산 다대동 홍티당산
10	윤공단
11	의사윤흥제비
12	부산 다대동 주신당
13	첨사정공제빈송덕불망비
14	다대포성지
15	검감목관구공만고불망비
16	다대포 패총
17	몰운대(시도기념물 제27호)
18	다대포 객사

도엽번호 358164

조사대상지역

300m 500m

1Km

축 척 1 : 25,000

〈그림 20〉 다대포진성 위치도

현재 다대포의 지명은 다대진에서 유래하며, 조선시대에는 동래현 소속의 다대포가 해방 요처로 부각되어 부산포에 주둔했던 경상좌도 도만호가 진장을 겸했다. 이후 다대포진 천호가 임명되었고 부산포 소속의 병선 3척이 배속되었다. 그러나 이때의 다대포진은 병선을 정박할 장소나 관련 관아시설을 제대로 갖추지 못한 실정이었으며 다대포진 천호가 부산포에 머물렀다. 이후 1417년(태종17) 수군만호(종4품)가 파견되는 수군진이 되었으며 병선 9척과 723명의 군사가 배치되었다. 성종 때 이르러 다대포진은 성곽을 갖추게 되는데 초축 당시에는 수군만호의 제진이라 체성의 둘레 1,298척, 동서 360척, 남북 244척 이었다. 이후『신증동국여지승람(新增東國輿地勝覽)』동래부조에는 성종 21년(1490) 다대포영은 석성으로 축조되고 둘레 1,806척, 높이 13척이다. 라고 기술하고 있다.[21] 그러나 1510년 경오왜변 당시, 성의 방어 부실로 인해 군민들이 모두 내륙의 동래현으로 피난했다. 이에 도찰체사 유순정의 상주에 따라 다대포진은 낙동강 하류의 제석곶(권관 주둔진)과 합병되면서 두진 사이에 위치했던 장습포로 진을 옮기게 되었다. 그러나 장습포의 이전이 대간들의 비판을 받게 되면서 다대포진은 옛 자리로 복설되었다. 1544년 사량진왜변이 발생하자, 경상도 순변체찰사 이기의 상주에 의해 다대포진은 당상관급 첨사로 승격되었고, 성벽을 높이고 참호와 해자를 깊이 파고 소속 군병을 증강시켰다. 또한 이전보다 더 많은 군관과 수군이 주둔하였으며 대맹선 1척, 중맹선 2척, 소맹선 6척, 무군소맹선 1척을 갖추게 되었다. 그리고 선조 22년(1589) 7월에는 경상도에 성지수축에 주력하였으며 이때 동래성(17,219척), 좌수영성(9,190척), 다대포성(1,870척) 등이 있었다.[22] 한편, 임진왜란이 발

---

21)『新增東國輿地勝覽』권23, 東萊府條,「多大浦營... 石築周一千八百六尺 高十三尺」

발하자 개전초에 다대포진성은 고니시 유키나가의 부대에게 함락되고 첨사 윤흥신 이하 군관민이 역전하였으나 피살되었다. 당시의 상황을 서애 유성룡이 쓴『징비록(懲毖錄)』에 다음과 같이 기록되어 있다. "부산진성을 함락시킨 왜적은 군사를 나누어 서평포(西平浦)와 다대포(多大浦)를 함락시켰다. 이때 다대포첨사 윤흥신(尹興信)은 적을 막아 힘써 싸우다가 죽음을 당했다"고 하였으며 전투 날짜나 전투상황은 밝히지 않았다. 영조 33년(1757) 당시 동래부사를 역임한 부제학 조엄(趙曮)이 쓴 다대포 첨사 『윤공전망사적서(尹公戰亡事蹟敍)』에 의하면 "내가 징비록을 본 바에는 다대포 첨사 윤흥신이 역전하였으나 피살되었다."고 하고 또 『재조번방지(再造藩邦志)』에는 "왜적이 군사를 나누어 서평을 함락시키고 다대포에서는 다대포 첨사 윤흥신이 역전하였으나 피살되었다."라는 기록이 있다. 이러한 기록으로 볼때 당시 첨사 윤흥신의 행적은 파악할 수 있으나 기타 전투와 관련한 날짜와 상황을 확인할 길이 없다. 그리고 정유재란 때에는 카토 키요마사의 재침을 받았다. 임란이후 다대포진은 적로의 제일선임을 인식하여 여타의 진들과 달리 이설되거나 폐지되지 않았고 바로 복구되었다. 한편 변경 백성들을 이주시키면서 진의 호구는 1천여명을 유지했으며 매달 충원되는 원방수군의 수도 700명에 이르렀다.

임진왜란 이전에는 경상좌도수군절도사 관하에 1개의 첨사영과 10여개의 만호영으로 이루어져 있었으나 임진왜란 이후 다대포영이 첨사영으로 승격하고 해운포영, 염포영, 오포영이 폐지되어 2개의 첨사영과 8개의 만호영을 두었다. 이후 영조 27년(1751)에 변지구이력과(邊地區履歷窠)가 되면서 다대포첨사는 일정 이상의 이력과 무재를 갖

---

22)『朝野僉載』권27,『春坂堂明錄』권7.

춘 경군문 출신 장수가 첨사로 부임하는 자리가 되었다. 18세기 다대포 진에는 당상관급 첨절제사를 비롯하여 첨사 밑에 군관 14명, 진리 24명, 지인 13명, 사령 10명, 군뢰 8명이 있었고, 전선 1척, 귀선 1척(후에 전선으로 교체), 병선 2척, 사후선 4척 등 총 8척의 선박이 2개 선단으로 운영되었다. 또한 1895년에 편찬된『영남진지(嶺南鎭誌)』에는 "다대진의 성은 주위의 둘레가 포척(布尺)으로 1,918척이다." 라고 기록하고 있다.[23]

다대포첨사영은 현재 부산유아교육진흥원 위치에 있었다. 원래는 종4품의 만호영이었으나 이후 첨상영으로 승격하여 정3품의 당상관이 첨사로 임명되었다. 효종5년(1654)에는 첨사가 국마장(國馬場)목장을 감독하는 감목관을 겸하게 되었다가 숙종 2년(1676)에 겸임이 폐지되었으나 이듬해 다시 겸임하게 되었다. 첨사영은 둘레 1,806척, 높이 13척의 석성으로 동서남북에 성문과 문루가 있어 동문은 패인루, 서문은 영상루, 남문은 장관루, 북문은 숙위루라 하였다. 성내에는 객사인 회원관과 동헌인 수호각을 비롯하여 군기소인 청상루, 관청, 금산소, 목소, 공방소, 도훈도소, 지통소, 제향소, 대동고, 유포고, 대변소, 진창 등이 관사와 창고가 있었다. 이밖에 성밖에 주사의 관문인 진남루와 주사의 대변소인 진남정이 있었다.

다대포진성은 평면 주형의 잔존 성둘레 약 835m의 석축으로 된 영진보성이다. 다대진성이 위치한 곳은 북쪽에 있는 아미산의 구릉 말단부에 위치하며 지형적으로 동쪽이 높고 서쪽이 낮은 편이며 남쪽은 바다와 매립지로 형성된 다대포항이 연접하고 있다. 현재 다대포진성 체성부는 대부분 민가 담장으로 사용되거나 훼손된 상태이다. 북쪽은 도

---

23)『嶺南鎭誌』,「一城堞周回布尺一千九百十八尺」.

로개설 및 최근 지하철 공사 터파기로 인하여 체성부가 훼손된 상태이며 전체적으로 가장 잔존 상태가 불량한 상태이다. 다만 부산유아교육진흥원 담장으로 사용 중인 다대포진성 북벽 체성부 일부(약 15m), 다대동 174,175-1번지 일부(약 30m), 180-1, 180-4, 181-1, 182번지(약 50m), 남벽 182, 183-3, 190-1, 191번지 100m, 1121, 1122, 1123, 1129번지 일원(80m)과 서벽 1109-4, 1111번지에 체성부 일부(약20m)가 잔존하는 것을 확인 할 수 있다. 전체적으로 대략 300m 내외의 체성부가 잔존하고 있다.

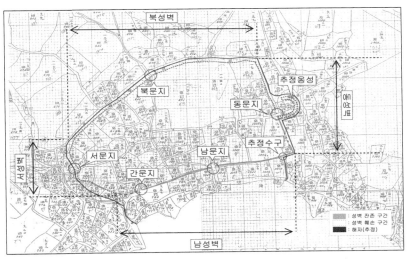

〈그림 21〉 대정 2년(1913년) 지적원도(다대포진성 평면형태)

또 주변지역에는 윤공단, 다대포패총, 다대포 객사, 다대포 응봉봉수대 등이 위치하고 있어 이 지역에서는 오랜 기간 인간의 활동이 이루어진 것을 알 수 있다.

다대포진성에 대한 축성논의가 처음 확인되는 것은 성종14년(1483)

울산지역의 수영을 다대포로 이설하려는 논의가 이루어지면서 부산포와 제포의 예와 같이 축성[24] 하고자 하는 의견이 개진되었다.

그러나 이때에는 다대포진에 아직 성곽이 축조되지 않았다. 이후 성종 15년에 남해안지역의 영진보성의 축조논의가 이루어지고 그 결과 홍응을 축성사로 삼아서 해당지역의 영진보성에 대한 성기를 심정케 하였다. 이때 홍응의 계문에 의하면 다대포진성은 초축 당시에는 수군만호의 제진이라 체성 둘레 1,298척, 동서 360척, 남북 244척이었다.[25] 이후 『新增東國輿地勝覽』동래부조에는 성종 21년(1490) 다대포영은 석성으로 축조되고 둘레 1,806척, 높이 13척이다. 동서남북에 성문과 문루가 있어 동문은 패인루, 서문은 영상루, 남문은 장관루, 북문은 숙위루라 하였다. 성내에는 객사인 회원관과 동헌인 수호각을 비롯하여 군기소인 청상루, 관청, 금산소, 목소, 공방소, 도훈도소, 지통소, 제향소, 대동고, 유포고, 대변소, 진창 등이 관사와 창고가 있었다. 이밖에 성 밖에 주사의 관문인 진남루와 주사의 대변소인 진남정이 있었다.[26]

이외에 『東萊府誌』, 『萬機要覽』, 『東萊府邑誌』, 『萊營誌』, 『東萊府邑誌』 등에서는 다대포진성의 성둘레를 1,806척으로 기록하고 있다.

반면에 1893년 발간된 『多大鎭各房重記册』에서는 1,908尺에 193垛로 기록되어 있다. 1895년 발간된『多大鎭誌』에서는 10척이 늘어난 1,918尺으로 기록되어 있다. 타구의 숫자는 193垛로 동일하다. 그러나 1895년 발간된 『東萊府事例』에서는 다시 1,806尺으로 기록되어 있다. 그러나 다대포진성은 첨사영성으로 승급되었음에도 초기 축조 당시 만호영의 성둘레 1,806척을 장습포 및 서평포로의 이설과 합병, 다시

---

24) 『성종실록』 권154, 14년 5월 8일 기해.
25) 『성종실록』 권176, 16년 3월 25일 병오.
26) 『新增東國輿地勝覽』 권23, 東萊府條,「多大浦營... 石築周一千八百六尺 高十三尺」

초축 성지로 이전, 이후 임진왜란을 거친 조선 후기까지도 증축은 이루어지지 않았다.

다대포진성은 중종 5년(1510) 4월9일에 왜구에 의해 침탈되어 성내 외부와 군선이 불탔다.[27]

동년 5월 24일 무인일에 이와 관련하여 도원수 유순정은, 다대포의 병선이 불태워져 남은 것이 없고, 병선이 불타는 것을 방지하고 위해 수중목책을 설치토록 건의한다.

이때 이후에 설치한 수중목책이 제포진성, 당포진성 등의 조사에서 확인되고 있어 다대포진성에도 이때에 수중목책이 설치되었을 것으로 판단된다.[28]

다대포진성의 성곽 수개축과 관련하여서는 선조 26년(1593) 윤11월 14일에, 선조와 유성룡의 대담 내용에 임진왜란 발발 전인 1591년 신묘년에 전국에 걸쳐 성지를 선축하는데 다대포진성 역시 체성부 및 해자의 수개축이 이루어졌던 것으로 언급하고 있다.[29] 이때에 이르러서 초축 이후 부분적인 수리가 아닌 대규모의 수축이 이루어졌음을 알 수 있다.

---

27) 『중종실록』권11, 5년 4월 10일 을미.

28) 『중종실록』권11, 5년 5월 24일 무인. "都元帥柳順汀狀啓曰: … 且前者賊倭等, 焚蕩 薺浦ʹ 永登浦ʹ 安骨浦ʹ 釜山浦ʹ 多大浦兵船無餘° 賊若復寇, 則必如前焚蕩, 須植 大木, 以鐵鎖, 次次聯接, 橫截藏船浦口"

29) 『선조실록』권45, 26년 윤11월 14일 갑오. "謹査小邦, 前於辛卯夏, 日本賊酋, 遣妖 僧玄蘇, 來叩邊門投書, 其言絶悖, (贅) 小邦以從已° 小邦君臣, 爲之痛心 疾首, 知必 有賊變, 卽差使臣, 馳奏京師° 又分差巡察使金睟 于慶尙道ʹ 李洸于全羅道ʹ 尹先 覺于忠淸道, 巡邊使 申砬ʹ 李鎰于京畿 黃海道, 點閱軍丁, 修造軍器, 繕築城池° 又以慶尙道前受敵之地, 增築釜山ʹ 東萊ʹ 密陽ʹ 金海 多大浦ʹ 昌原ʹ 咸安等城, 鑿深壕塹° 其內地之無城處, 如大丘府ʹ 淸道郡ʹ 星州牧ʹ 三嘉縣ʹ 永川郡ʹ 慶 山縣ʹ 河陽縣ʹ 安東府ʹ 尙州牧, 悉發民築城° 又慮人情狃安怠 慢, 國王連發近 臣ʹ 承旨等官, 閱視催督, 其違慢失機者, 以輕重行罰° "

임란 이후 다대포진성의 수개축과 관련하여서는 숙종 33년(1708) 12월 지중추 이인엽이 서계에 나온 내용 가운데 변방의 가장 요해처에 다대포가 포함되어 있으며 다시 더 증수하도록 하는 내용이 확인된다.[30]

또한 고종 5년(1868) 8월 22일에 다대포진성의 성첩과 군기를 수리한 공을 들어서 다대 첨사 김기혁에게 포상하는 은전을 베풀도록 하고 있어 이때에 이르러 다대포진성을 수개축한 것을 확인할 수 있다.[31]

다대포진성 체성 축조수법을 살펴보면, 체성 외벽 잔존 높이는 1.5m로 약 3~4단이 확인되었다. 외벽은 풍화암반 위에 갈색사질점토층을 정지하고 그 위에 황갈색토 및 흑갈색토를 교대로 쌓아 다졌다.

그 위에 편평한 지대석을 놓고, 다시 그 상부로 치석된 대형 석재들을 약 10cm 정도 뒤로 물려서 성벽석을 축조하였다.

외벽 성석 사이에는 잔돌을 끼워 넣었다. 상부로 올라갈수록 비교적 작은 할석들을 사용하여 외벽을 축조하고 있으며 세워쌓기와 눕혀쌓기를 혼용하였다.

체성 외벽 지대석 앞쪽으로 판상형 석재를 이용하여 약 110~120cm 폭의 외벽기단보축을 설치하였다.

다대포진성 부대시설을 살펴보면, 성문 4개소(동, 서, 남, 북), 간문 1개소와 북벽에서 해자가 확인되었다.

서문과 동문, 북문은 현재 도시화가 진행되어 그 형태를 파악할 수 없

---

30) 『숙종실록』 권45, 33년 12월 27일 을사. 乙巳/知中樞李寅燁上疏條陳鳥′竹兩嶺防守事, 仍言: 一, 卽今憂 處, 多在海防踈虞之端, 非止一二° 沿海列鎭, 雖星羅碁布, 而凋殘疲弊, 土卒鮮少, 脫有綏急, 無以得力° 臣之淺 慮以爲, 擇其最要害處, 如嶺南之巨濟′南海′加德′多大浦, 湖南之加里浦′蝟島′古羣山, 湖西之元山′安興, 海西之白翎′所江, 關西之廣梁′宣沙, 更加增修, 島中人民, 盡爲劃給, 團束作隊, 時時鍊藝°
31) 『고종실록』 권5, 5년 8월 22일 병인.

으나 지적원도를 참고할 때 그 위치를 대략적으로 파악해 볼 수 있다.

고고학적 발굴조사에서 확인된 다대포진성 해자는 북벽 체성부에서 10m 이격된 지점에서 폭 5.2m 정도이다. 생토면을 굴착한 후 3.3~3.7m 정도의 폭을 둔 해자 내외호안석축으로 확인되었다. 이 호안석축은 지대가 낮은 동쪽에서 높은 쪽인 서쪽으로 축조된 것이다.

해자는 지표아래 약 40cm에서 확인되고 있으며 해자의 북쪽 호안석축은 지대석을 포함하여 2단이 잔존하고 있으며 잔존 길이는 약 8m, 잔존 높이 50cm 이다. 북쪽 호안석축 1단은 기반암인 풍화암반을 "L"상으로 절개하여 판상형 석재 및 할석을 이용하여 지대석을 축조하고 있다. 일부지점은 기반암을 그대로 이용하였다. 이때 굴광선과 해자호안석축 사이에는 점성이 강한 암갈색점질토와 풍화암반 알갱이편이 포함된 다짐층이 확인된다. 호안석축에 사용된 석재는 지대석은 20~25×30cm, 기단석은 25~30×20cm의 할석을 사용하였다.

남쪽 호안석축은 지대석과 기단석의 2단이 잔존하고 있다. 잔존 길이는 6.4m이며 호안석축의 일부는 지대석 없이 기반암에 그대로 축조한 반면 일부는 지대석을 축조하여 호안석축을 설치하고 있다. 다대포진성 해자바닥은 편평하며 목익 등 시설물 및 유물은 확인되지 않는다.

〈사진 15〉 다대포진성 체성 내벽
노출상태

〈사진 16〉 다대포진성 체성 외벽
잔존상태

〈사진 17〉 해자 전경

〈사진 18〉 해자 외측 호안석축

7. 당포진성

당포성은 통영시 산양읍 삼덕리에 위치한다. 전체면적 14,967㎡로 원래 이 성은 고려 공민왕 때에 왜구의 침략을 막기 위해 최영 장군이 수많은 병사와 주민들을 동원하여 쌓았다고 전한다. 그 후 이 성으로 인하여 왜구의 침략을 효과적으로 방어할 수 있었다. 임진왜란이 발발한 1592년 왜적에게 당포성이 점령당했으나 6월 2일 이순신이 다시 탈환하였는데 이것이 당포대첩이다.

당포성에 대한 기록은『성종실록』16년 성기 심정 내용을 보면, "좌지 동남향이고 둘레 1,400척이며, 남북으로 길쭉한 타원형의 지형에 수천이 없었다."고 하고 있다. 성내에 수천(水川)이 없는 불리한 조건 때문에 재론과정에서 이론이 나타난바 있었으나, 애초의 심정에 따르기로 하였고, 성종 21년 8월에 완공한 것은 둘레 1,445척, 높이 13척으로 대략 심정 때의 그것과 일치하였다. 1934년에 간행된『통영군지』에도 "산양면에 있으니 당포진의 옛터다. 둘레가 1,445척(약 676m)이고 높이가 13척(약 4m)인데 수군 만호를 두어 지켰던 곳이다."라고 되어 있다.

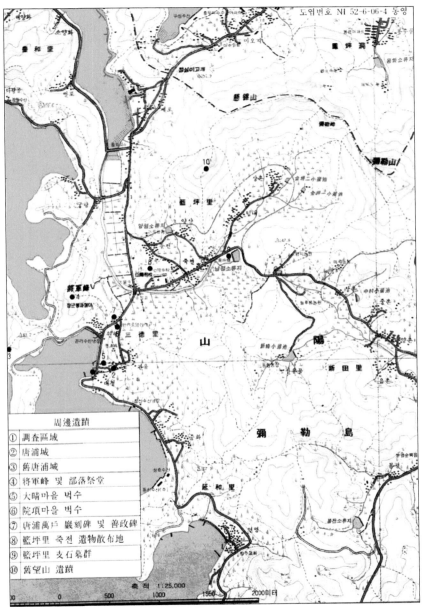

周邊遺蹟

①	調査區域
②	唐浦城
③	舊唐浦城
④	將軍峰 및 部落祭堂
⑤	大晴마을 벅수
⑥	院項마을 벅수
⑦	唐浦萬戶 巖刻碑 및 善政碑
⑧	藍坪里 죽전 遺物散布地
⑨	藍坪里 支石墓群
⑩	舊望山 遺蹟

縮尺 1:25,000

〈그림 22〉 당포진성 위치도

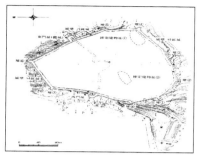

〈그림 23〉 당포진성 평면형태

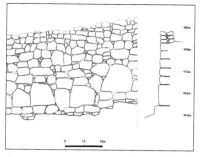

〈그림 24〉 당포진성 체성 외벽 입단면도

　당포성 체성은 평평한 자연할석을 일렬로 배열하여 기단석을 삼고 20cm 정도 안으로 들여서 역시 자연할석으로 외벽을 수직으로 쌓아올리면서 내벽은 외벽보다 작은 돌과적심석을 쌓은 후 흙을 다져 밋밋하게 쌓아 올린 내탁수법으로 축조되었다. 여말선초 산성에서 흔히 볼 수 있는 석축성의 전형으로 삼덕리 야산 봉우리와 구릉 경사면을 이용하여 남향으로 쌓은 포곡식성이다.

〈사진 19〉 당포진성 전경

〈사진 20〉 당포진성 체성 외벽 축조상태

　남쪽 해안에 정문을 두고 산 쪽으로 동문과 서문을 두었으며 문에는 옹성을 쌓았다. 동문과 서문 좌우에 각각 1개의 치성이 있고 남벽에 4

개 치성을 두어 모두 8개 치성이 있고 지금 남아 있는 석축은 최고높이 2.7m, 폭 4.5m이다. 남쪽 일부석축이 무너진 것을 제외하고 동서북쪽 망루 터는 양호한 상태로 남아있다. 남문쪽에 있는 옹성이 비교적 그 형태도 잘 보존되어 있다.[32]

〈사진 21〉 당포진성 동문지 옹성 전경

8. 두모포진성

부산광역시 기장읍 죽성리 47번지 일대에 소재하는데 현재 육안으로 확인되는 것은 죽성리 46－1번지 일대의 성벽으로 청강천이 굽어지는 곳에서 서남쪽으로 논을 가로 질러 축조되어 있다.

---

32) 統營市, 1997, 「唐浦城 地表調査 報告書」.

〈그림 25〉 두모포진성 위치도

고려시대 왜구방비를 목적으로 처음 토성으로 축조하였으나 조선
중종 5년(1510年) 둘레 1,250尺, 높이 10尺 규모의 석성으로 개축하였
다. 임진왜란시 앞의 죽성리 왜성을 축성하면서 대부분의 석재를 이곳
에서 운반하여 갔기 때문에 훼손되었으나 인조 7년(1629) 부산시 수정
동으로 두모포영이 이동됨으로써 이름은 그대로 두모포영이라 불렀으
며, 기장현의 두모포란 지명을 두호로 개칭하였다고 한다.

둘레는 약 600m이며 높이는 약 3m이다. 종4품의 水軍萬戶를 두었는데 釜山浦鎭의 종3품 水軍僉使의 지휘를 받았고 병선 16척과 군사 843명을 두었다고 한다.[33] 현재는 석축 일부가 남아있다. 『東國輿地勝覽』機長縣 關防朝에 '豆毛浦營 在縣東七里 水軍萬戶一人 正德庚午始築石城周一千二白五十尺高十尺'라고 기록하고 있다.

체성은 현재 기단석과 그 위로 성벽인 대형 판석만 남아 있는 상태로, 662번지 옆 현재 기장으로 가는 도로의 민가의 뒷편에 축대로 사용되고 있는 성벽이 가장 양호하게 남아있다. 성벽의 잔존 높이는 2.5m이고 하부는 2.0×1.5m 크기의 대형판석이며 그 위는 50~70cm×40~50cm 크기의 돌로써 성벽을 축조하였다. 이 성벽은 도로를 따라가다가 남쪽으로 이어져 죽성리 왜성 지성이 있는 654

〈사진 22〉 두모포진성 평면형태

번지 일대의 산쪽으로 연결된다. 산쪽으로 연결된 성벽은 서쪽 구릉 정상부에서 내려오는 지성의 남쪽 성벽이 다시 북쪽으로 꺾이다가 동쪽 성벽으로 내려오는 왜성벽과 맞물리는데 이곳에서 동쪽으로 일직선상

---

33) 『新增東國輿地勝覽』 권23 기장현 관방 「豆毛浦營 在縣東七里 水軍萬戶一人.(新增) 正德庚午始築石城 周一千二百五十尺 高十尺」
『慶尙道續撰地理誌』 기장현 관방 「豆毛浦, 在縣東去官門五里, 有軍兵船八隻軍七百名 無軍兵船五隻」
『慶尙道邑誌』 관방 豆毛浦鎭 「在縣東七里水軍萬戶一人正德庚午始築石城周一千三百五十 高十尺 崇禎二年革移于東萊後多年 只存城址」
『輿地圖書』 기장현 관방 「豆毛浦營在縣東七里 水軍萬戶一人 舊增正德庚午始築石城 周一千三百五十 又高十尺 新增崇禎二年移鎭于東萊」
『增補文獻備考』 권33 해방 豆毛浦 「在南二十四里有萬戶鎭宣祖二十五年自移機張于釜山肅宗六年又移0倭館舊基」

으로 연결된다. 도로쪽에서 올라온 성벽은 능선을 따라 축조하여야 하기 때문에 자연히 각이 생기게 되며 조망을 위하여 雉城이 설치된 것으로 보인다.

두모포진성 체성 축조수법을 살펴보면, 체성은 기저부를 기준으로 잔존성벽 높이는 3.0~3.1m, 외벽석인 기단석과 성석은 5단 가량 잔존하고 있으며 지대석부터 2.6~2.7m이다. 성벽에 사용된 석재는 인근지역에서 채집한 것으로 추정되며 특별한 치석의 흔적이 보이지 않는다. 축조방식은 허튼층쌓기(亂積)으로 축성하였으나 단을 맞추어 쌓은 것이 확인된다. 성벽을 거의 수직에 가깝게 축조하였으며 서쪽 체성 상부 성석은 밖으로 10~20㎝가량 밀려나와 있다. 이러한 현상은 체성부 뒤편 콘크리트 도로 조성 때 생긴 압력으로 인한 배부름 현상으로 판단된다.

기저부는 기반암층을 폭 3m로 굴착하고 15~25㎝×20~30㎝의 할석을 이용하여 기존지형에 맞추어 지정하였다. 그 위에 지대석을 눕혀서 축조하였고 기단석은 조사대상지에서 9.8m가량 잔존하고 있으며 두께 50~70㎝, 길이 60~150㎝의 방형 및 장방형의 석재를 사용하고 있다. 조사대상지 중앙 장방형 기단석은 성벽과 반대방향으로 기울어져 있으며 이는 도로조성 중 파괴 또는 체성부의 하중에 의하여 기울어졌을 것으로 추정된다. 성석은 기단석으로부터 4단이 남아있다. 기단석 상부에 두께 25~35㎝, 길이 30~40㎝의 석재로 1단을 조성, 2단은 두께 35~60㎝, 길이 55~150㎝의 중형의 석재를 사용하였다. 3과 4단은 1단과 비슷한 크기의 석재를 사용하고 있으며 상부로 올라가면서 석재의 크기는 감소하고 있다. 조사구역 서쪽 끝에는 두께 85㎝, 길이 65㎝의 석재 있으며, 2~4단 성석의 구간별 구분을 위한 표지석으로 추정된다.

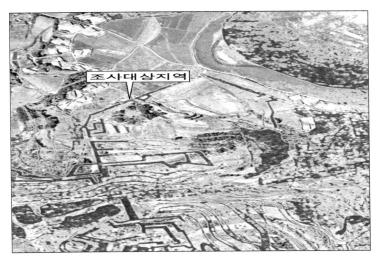

〈사진 23〉 1948년 항공사진에서 본 조사대상지와
추정왜성지(국토지리정보원)

〈사진 24〉 1948년 항공사진에서 추정 두모포진성

체성 내벽부는 하부 폭 3m, 상부 폭 4.5m로 기저부 및 기단부는 경사면 일부를 'ㄴ'상으로 굴착하고 조성하였다. 기반암을 굴착하고 폭 3m가량 기저부 및 기단을 조성하였으며, 기단석 뒤편으로는 인두대 크기의 할석을 뒤채움하였다. 성석이 있는 1단부터는 폭 3m가량 인두대 크기의 할석을 채우고 그 뒤편이 빈공간은 토사로 채웠다. 상부로 올라가면서 성석과 뒤채움석의 폭이 1.5m까지 줄어들며, 나머지 기반층이 있는 경사면까지 3m가량은 토사를 이용하여 뒤채움을 하였다. 체성은 구릉의 지형을 따라 등고선과 비교적 평행하게 조성한 것으로 보이며 일부구간은 기반층 또는 기반암층을 굴착, 성벽을 산탁 편축하였다. 체성부 뒤채움은 앞서에서 언급한 것처럼 기저부는 할석을 이용하였으며 상부로 가면서 할석을 전면에 쌓고 뒤채움으로 토사를 이용하였다. 유물은 체성의 상부와 기저부 전면에서 백자저부 및 저부편, 옹기편 등이 수습되었다.

치성은 서벽이 약 4m로 높이 1.3m가 남아있다. 치성의 축조수법도 체성벽과 같이 두께 약 40cm의 기단석을 배치하고 20~30cm 정도 뒤로 물려 2.0×3.0×1m 크기의 대형 판석을 쌓고 틈새는 잡석을 끼워 보강한 형태이다. 이곳의 석재 역시 해안지대의 암석을 판석상으로 가공하여 입수적하였다. 동쪽으로 연결되는 두모포진의 성벽이 치성에 이르기까지의 성벽과 약간의 차이점이 있다면 평지에서 보이는 대형의 판석에 비해 하단부에도 장방형의 석재로 옆줄 눈을 맞춰 쌓은 점이다. 이곳의 석축은 1~5단의 석축이 높이 약 2m 내외로 남아 있으며, 폭 6m로 왜성의 축조수법과는 근본적으로 다른 모습을 보이고 있다. 이 성벽 상면에는 성 안쪽으로 폭 2m정도의 1~3단의 석축이 있어 하단의 석축과 단을 이루고 있는 점에서 왜성의 담장 기초의 일부로 추정하고 보이지 않는다. 이후의 성벽은 지적도상에서 복원하여 보면 성벽은 도로를 지나 죽성리 43－1, 44－1, 45번지의 동쪽 끝을 경계로 淸江川과 나란히 가다가 46－1번지의 북쪽 귀퉁이로 연결된다. 전체적인 평면형태는 복원하면 방형을 띠게 된다. 참고로 구주대학교 소장의 『機張城圖』를 보면 논두렁을 가로 지르는 진성의 서북쪽 성벽 중간지점이 단절되어 있으면서 석축이 성 안쪽으로 나란히 들어와 있으며 북동쪽의 성벽은 왜성의 櫓臺와 같은 분위기를 자아낸다. 또한 동쪽 성벽의 일부도 단절이 보이는데 역시 북쪽 성벽은 안으로 꺾여 들어오고 남쪽의 성벽은 동쪽벽이 강안과 나란한 치와 같은 모습을 보이고 있어 진성의 문지나 문지와 관련된 적대로 추정된다.

〈사진 25〉 두모포진성 전경

〈사진 26〉 두모포진성 체성 전경

〈사진 27〉 북벽 잔존 체성

〈사진 28〉 북벽 잔존 체성 세부

〈사진 29〉 체성 절개면 및 기단부 전경　〈사진 30〉 죽성리 왜성 추정 문지 전경

〈사진 31〉 두모포진성 체성 왜성문지　　〈사진 32〉 추정 문지 세부

9. 서생포진성

　서생포진성은 울산광역시 서생포면 화정리 산 68일원에 위치한다. 구진마을에서 약간 북으로 떨어진 웃구진마을(현재 홍종호씨의 집)의 주위 약 2,300여 평에 위치하고 있다. 서생교 서쪽 끝부분과 마주 보고 있는 산 구릉에 회야강을 내려다 보는 포곡식 평산성이다. 현재 성터의 흔적은 1/4 정도 남아 있으며, 특히 동쪽 끝 성곽의 흔적은 도로가 형성되어 찾아볼 수 없다. 아마 바로 강가까지 성을 쌓았던 것으로 추정된다. 이 지형은 파도를 막고 배를 정박하기에 편리하며 바다로부터 그리

노출되지 않는 곳이다. 이 성은 당시 해안가 축성법에 따라 성내에 우물이 있고 적에게 노출되는 것을 피하기 위해 바다쪽에서는 볼 수 없는 막힌 포구에 위치하여 인접 지역과 연락이 편리한 곳을 성터로 삼았다. 성곽은 산구릉을 따라 곡선형으로 하고 성벽은 수직으로 쌓은 견고한 석축성이다. 성곽의 반은 산구릉 위에 걸친 평산성이며, 성 주위에는 해자를 파고 망루대는 반드시 구릉 위에 세웠다. 그리고 출입정문은 바다의 배 선착장과 연결되어 있다. 성의 축성시기는 정확히 알 수 없지만 같은 진성인 염포성이 성종 21년(1490) 5월에 쌓은 것으로 보아 이와 비슷한 시기로 추정할 수 있다.

〈그림 26〉 서생포진성 위치도

서생포진성에 대해서는 『경상도속찬지리지』, 『세종실록지리지』, 『신증동국여지승람』 등에 "울산읍성을 밖에서 보호하는데, 만호는 3품이며, 병선 20척에 군졸 767명이 성에 상주하였다." 염포군 동쪽 15

리에 있다. 개운포 군 남쪽 37리에 있다. 서생포 군 남쪽 44리 거리에 있다. 모두 수군만호가 있어 수어한다. 등이 기록되어 있다.[34]

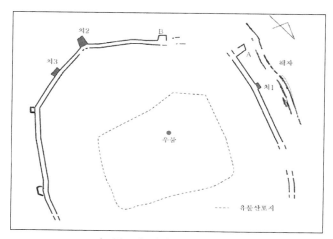

〈그림 27〉 서생포진성 평면도

〈그림 28〉 울산 서생진지도

---

34)『경상도속찬지리지』, "西生浦左郡南愁余里去官門四十里 有軍兵船七隻 所騎船軍五百二十名無軍兵船四隻.

임진왜란 이후 서생포진은 경상도 부산포진관 서생포 수군동첨절제사영으로 승격되었고 1600~1604년 인근의 서생포왜성 내로 이동하여 고종 32년(1895)까지 유지되었다. 울산 서생진지도를 보면 서생포왜성 전체를 사용한 것이 아니라 남쪽 일부만 사용한 것으로 추정된다. 서생포진성은 잔존 둘레가 550m, 체성은 동서 최대너비 175m, 최대높이 1~1.5m 정도이다. 체성부 성벽은 내벽과 외벽의 폭이 약 4m정도이다. 내외벽 사이의 공간에 할석과 천석을 채워 넣은 양상이다. 외벽은 현재 지대석과 그 상부에 기단석 1~2단이 잔존하고 있다. 내벽은 대부분 유실된 상태이다. 체성부 외벽의 바깥에는 체성 축조에 사용된 성석들이 무너져 있다. 북벽은 현재 국도건설로 완전히 삭평되었으며 남벽 일부가 과수원조성으로 삭평되어 있다.

성벽은 지표면을 굴착한 후 지대석을 가로눕혀쌓기로 기단부를 조성한 후 지대석에서 약 20~30cm 가량 뒤로 물려서 폭 120cm, 길이 80~90cm, 두께 45cm 내외의 판석을 기단석 1단을 축조하고 있다. 기단석은 대부분 횡평적으로 축조되어 있고 성석과 성석 사이의 공간과 상면을 편평하게 하기 위하여 작은 할석을 끼임돌로 박아 넣었다.

서생포진성에서 확인된 치성은 3개소이다. 동벽 1개소, 서벽 1개소, 북동성우 1개소가 확인된다. 현재 지대석과 그 상부에 기단석 1단이 잔존하고 있다.

서생포진성에서는 해자가 조사되었다. 서생포진성 해자는 서벽에서 약 13m 떨어져서 축조되어 있다. 해자가 축조되는 지형은 경사진 구릉지로 물을 채우지 않은 황(隍)으로 추정된다. 발굴조사에서 약 88m 가량 확인되었다. 해자는 크게 2차례에 걸쳐 수개축이 이루어졌다. 해자 단면형태는 U자형으로 굴착한 후 내외 호안석축을 축조한 형태이다.

해자규모는 너비 최소 3.5m에서 최대 10m로 확인되고 있으며 깊이는 1.2~2m 내외로 추정된다. 축조수법은 지형에 따라 차이가 확인된다. 우선 평탄면에서는 풍화암반토를 편평하게 정지하고 최하단석이나 기단석을 놓았다. 경사면은 지반이 편평하게 계단성의 구를 파고 기초석을 놓고 그 위에 기단석을 축조하였다. 호안석축에 사용된 석재는 40~60cm 크기의 할석을 이용하여 허튼층쌓기하였으며, 잔존 최대 5~6단, 최대높이 약 120cm, 너비 약 50cm이다. 토층과 1차 해자 높이 등을 고려하여 2차 해자 높이는 2.5~3m로 조사자는 추정하고 있다.

성내에서 출토되는 유물 중 기와편은 창해파문이 주를 이루고 있고, 자기편은 분청사기와 백자편이 일부 확인되고 있다.

〈사진 33〉서생포진성 전경

〈사진 34〉 서생포진성 체성 외벽

〈사진 35〉 서생포진성 해자 외측 호안석축

〈사진 36〉 서생포진성 해자 내측 호안석축

〈사진 37〉 서생포진성 해자 호안석축 평면　　〈사진 38〉 서생포진성 해자 호안석축 입면

10. 소을비포진성

소을비포진성은 경상남도 고성군 하일면 동화리 398-3번지외 14 필지에 위치한다. 이곳은 고성군 소재지로부터 서쪽으로 직선으로 30km 지점이며 사천시에 통합된 삼천포항에서는 동쪽으로 직선거리로 약 10km 지점에 위치한다. 지도상 동경 128°11 '북위 34°54' 지점에 해당한다.

이 성은 해안의 서쪽으로 뻗은 구릉의 9부 릉선상에 석축으로 축조 하였으며 그 평면은 동서가 길고 남북이 짧다. 동쪽은 남쪽으로 관통하는 도로가 개설되면서 북벽과 남벽 일부를 훼손 시켰으나 전체규모를 파악하는데 지장이 없다. 성내에는 동쪽 산지쪽으로 현재의 도로에 연하여 주로 건물이 배치되고 동·서·북 3방향에 문지를 배치하고 있다.

현존하는 체성의 평면은 자연지형을 이용하여 축조하였으며, 전체적으로 장방형에 가깝다고 할 수 있다. 유적의 북쪽인 A지구를 비롯하여 서쪽의 B, C 지구, 남쪽의 D지구, 동쪽의 F지구가 조사되었다. 북쪽 체성의 A지구는 9부릉선상에 축조하였으므로 체성의 동쪽으로 치우쳐서 북문지가 조성되어 있다.

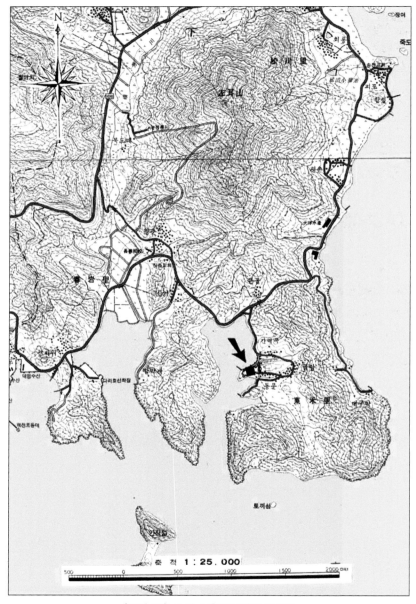

〈그림 29〉 고성 소을비포진성 위치도

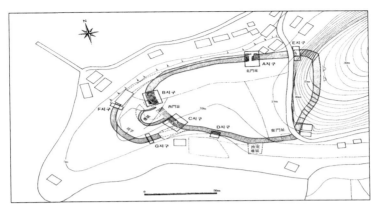

〈그림 30〉 고성 소을비포진성 평면형태

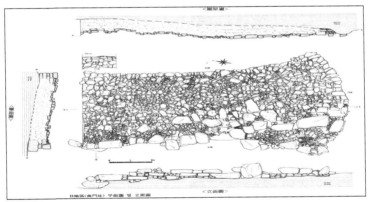

〈그림 31〉 고성 소을비포진성 체성 축조상태

　이곳이 성내에서 석축이 비교적 잘 남아 있는 부분으로 축조수법을
살펴보면, 지대석에서 일부 높이까지는 내탁하는 수법으로 석축을 배
치하여 외벽 면석으로 삼고 있는데 현존하는 성벽은 內托된 부분만 남
아 있는데 생토층면을 평평하게 다듬어서 비교적 납작한 냇돌로 가지
런히 깔아 지대석을 삼고 지형이 낮은 곳은 지대석을 2~3단 정도 깔아
서 북벽 전체의 지대석 상면이 수평하도록 조치하고 그 위에 자연대석

의 기단석을 올려놓았다. 이때 기단석은 지대석에 수직하게 세우고 그 뒷편에는 소형 할석으로 채워 적심석으로 사용하고 있으며, 기단석과 그 아래 지대석 직선상을 띠며 석축과 그 바깥은 평탄지로 원래는 경사를 이루었으나 후대에 성벽에 덧대어 밭으로 경작하고 있다. 그 아래는 급경사가 바다에 이어지며 북문지는 동쪽으로 약간 치우친 지점에 있다. 동쪽 체성은 지형상 가장 높은 지역에 해당하여 기단부까지 훼손되고 일부 지대석만 민묘의 축대로 사용되어 확인 할 수 있을 정도이다. 남쪽 체성은 구릉의 계곡 부분에 해당하여 지형상 가장 낮은 곳이며 여기에는 대나무와 잡목이 무성하였다. 성벽은 경사진 지형을 따라 계단상을 이루고 축조되었는데 조사구역 C지구의 경우 생토층면을 ㄴ자모양으로 삭토하고 그 위로 10cm 내외의 작은돌(敷石)을 깔고 축조하였다. 외벽쪽은 부석 상부에 외벽에서 내벽쪽으로 4m정도까지 두께 20~30cm 내외의 판석을 깔아 지대석을 만들고, 그 위로 기단석을 올려 쌓은 형태이다. 성벽은 부석 위로 천석을 적심석으로 채워 넣은 상태로 내벽은 적심석이 성벽 진행 방향으로 열을 맞추어 있으며 외벽쪽으로 계단상을 이루고 있다. D지구는 동남쪽 계곡부의 남벽 중간에 해당하는 곳이며 위치상 성내에서 가장 낮은 지역이다. 지금은 전면에 민가 1동이 있고 그 앞에는 해변도로가 공사 중이며, 과거에는 체성 바로 아래까지 바닷물이 들어왔다. 지금도 성벽에는 만조시 바닷물의 유입흔적이 나타나고 있다. 이곳 체성은 바닷물로 인한 성벽의 유실을 막기 위해 기단석을 이중으로 축조하고 있음을 알 수 있다. 기단부에서 150cm 정도 바깥으로부터 계단상의 지대석 보강시설을 설치하고 그 내부는 할석을 채웠으며 그 위에 두께 20cm정도 되는 판상의 지대석을 세워 놓았다. 그 위의 성석은 판상의 장대석을 이용하여 눕혀쌓기와 세워쌓기를 교대로 하고 있다. 하부 지대석으로부터 높이는 4m이고, 기단석으로부터 높이는 3.5m이다. E지구는 북벽의 동쪽 끝부분이며 경사를 이루면서 구릉에서 산으로 이어지는 부분이다. 현재 동문리로 들어가는 마을길을 내면서 체성을 절개시켰으므로 그 단면이 노출되어 있다. 이곳을 정리하였더니 현재 도로가 개설된 부분과 나란하게 石築이 확인되었다. 단면에 노출된 석축은 생토면 위에 잔돌을 깔아 2단 정도 성폭 규모로 나란히 깔아 지대석을 설치하였다. 그 위에는 다시 인두대의 할석이 채워져 있고 외벽쪽에는 면석으로 사용된 대형 판상 석재들이 나뒹굴고 있다.[35] 동서북문이 있으며, 그 중 북벽에 위치한 북문지가 가장 양호한 상태를 유지하고 있는데 體城을 절개하여 개구시킨 형태로서 외벽 면석에 맞추어 처음에는 내부에 正面 3간 側面 1간 구조의 문루를 배치하였던 것으로 추정되며 그 뒤에 3~4차에 걸친 개수한 흔적이 있다.[36]

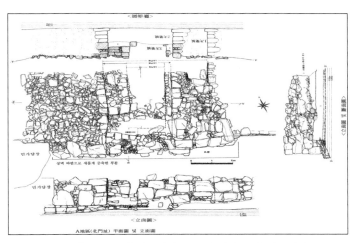

〈그림 32〉 고성 소을비포진성 북문지 평면도 및 입 · 단면도

35) 심봉근 · 이동주, 1999, 『舊所乙非浦城址地表調査報告書』, 東亞大學校博物館.
36) 심봉근 · 이동주, 1999, 위의 책.

〈사진 39〉 고성 소을비포진성 체성
축조상태

〈사진 40〉 고성 소을비포진성 해자
노출상태

西門址는 이 城의 正門으로서 일반 읍성의 正門과 같이 비교적 큰 규모였다고 판단되지만 경작지 개간으로 대부분 훼손되었다. 이 西門址는 그 바깥에는 垓字도 확인되었다. 東門址는 도로 개설로 그 주변이 훼손되어 構造 확인이 어려웠으나 과거로부터 이곳을 동문이라고 현지 주민들이 부르고 있었고, 奎章閣 소장 古地圖에도 門址 흔적을 나타내고 있는 것으로 미루어보아 문지 위치가 확실하며 규모와 구조는 전기한 北門과 동일한 것이었다고 생각된다. 특히 東門址로 추정되는 곳의 서쪽에 있는 기단석 석재들이 體城 바깥으로 돌출해서 정연하게 축조되어 있는 상태는 문지 주위에 배치한 雉城일 가능성을 시사케 하고 있다.

西門址의 바깥쪽에 해당하며 이 일대는 평탄한 구릉 정상부 지역이다. 遺蹟이 위치하는 곳에는 대형 민묘가 위치하며 지형상 城의 가장 전면에 해당하는 부분이며 지형이 평탄하여 외부로부터의 접근이 용이하므로 지형을 고려한 特殊防禦施設로서 垓子를 설치한 것으로 보여진다. 이 垓子는 자연암반층을 굴토하여 단면 U자형을 띠고 있으며 깊이 2m, 폭 6.4m이다. 이곳의 垓字는 토층상 9개의 층위로 구분되고 제4층에서는 할석들이 많이 매몰되어 있었으며, 그 아래에는 패각층이 형성되어 있었다. 그리고 4층에서 상부 표토층까지는 거의 동일한 시기에 퇴적된 토층을 이루고 있었다. 따라서 垓子의 기능이 상실되면서 의도적으로 내부를 일시에 메운 것 같은 느낌이었다. 매몰된 할석과 함께 白磁片, 甕器片, 瓦片들이 수습되었으며, 그 가운데 기와는 문양이 희미한 무문양이나 滄海波文이 얕게 타날된 소파편들이 많이 나타나고 있는 것으로 보아 조선 후기나 말기에 垓子의 기능이 폐지되었던 것으로 조사자는 추정하고 있다. 마지막으로 성내에는 문지 외에도 동헌, 군기고, 병사막사 등 각종 건물이 배치되었던 것으로 추정되지만 발굴조사를 거치지 않아 자세한 구조와 형태를 알 수 없다. 다만 동쪽에 있는 민묘 주변에는 건물의 초석과 축대로 추정되는 대석들이 남아있고, 규장각 소장 지도에도 건물 배치상태가 비교적 자세히 나타나고 있다.[37)]

연화문 와당

①

〈外面〉

1 2 3 4 5

〈사진 41〉 고성 소을비포진성 출토유물

---

37) 李日甲, 2000, 「南海岸地域 朝鮮時代 鎭·堡에 關한 硏究」, 동아대학교대학원석사학위논문.

白磁片, 甕器片, 瓦片들이 수습되었으며, 그 가운데 기와는 문양이 희미한 무문양이나 滄海波文이 얕게 타날된 소파편들이 많이 나타나고 있는 것으로 보아 조선 후기나 말기로 추정하고 있다.[38]

11. 오량성

오량성은 거제군 사등면 오량리 1107번지 일대에 석축으로 축조된 관방성이다.

이곳은 사등면의 서쪽 지역이며 城은 산으로 둘러싸인 좁은 해안평야에 위치하고 있다. 조선시대 전기에는 오량성에서 얼마 안되는 지점까지 견내량의 해안선이 다달았다는 것을 감안한다면 고려, 조선시대에 거제도와 육지를 연결하는 역(驛)으로서는 최상의 지리적인 환경을 갖춘 곳이라고 생각된다.[39]

현존 체성은 지형적으로 동고서저 충적대지 위에 평면 제형 형태로 축조되어 있다. 城의 구조는 체성 사벽에는 중간을 개구하여 4곳에 성문을 두고 성문 옆과 4개소의 성우에는 방대상의 적대(敵臺)와 각루(角樓)를 각각 배치하고 그 바 깥에는 너비 20m 해자(垓子)를 두르고 있다. 현재 체성은 북쪽과 동쪽부분이 비교적 잘 남아 있고 남쪽과 서쪽은 거우 기단부만 남아있다. 문지는 지금도 城內 주민들이 도로를 개설하여 사용 중이고, 적대와 각루는 평면 방형이다. 각 문지입구에 적대 하나씩과 4성우에 각루 하나씩을 배치하여 치성(雉城)이 모두 8개이고, 해자는 자연지형을 이용하여 산골짜기에 흐르는 자연수를 체성 바깥을 너

---

38) 조상훈, 2007, 「固城 所乙非浦城址」, 韓國城郭硏究叢書 11, 한국성곽학회.
39) 沈奉謹, 1994, 「巨濟 烏壤城址」, 東亞大學校博物館.

비 20m 크기로 삭평하고 끌어들인 형태이다. 이 성은 조선 연산조에 석축으로 개축된 것이며, 현존 둘레 1,150m, 높이 4m, 너비 4.5m이다.[40]

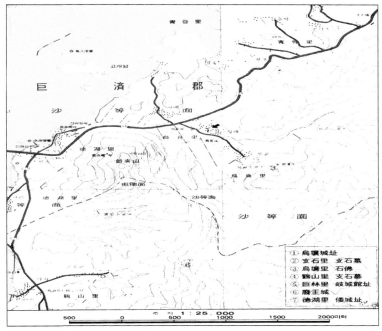

〈그림 33〉 오량성 위치도

체성은 자갈로 된 퇴적층을 다지고 그 위에 바깥쪽에는 인두(人頭) 크기보다 약간 작은 천석(川石)을 한벌 깔아둔 듯 배치하였으며 안쪽에는 대소 천석을 구별하지 않고 적심석(積心石)처럼 깔아 다졌다. 그 위

---

40)『高麗史』권82지 권36兵2 참역조「山南道 掌二十八 盤石(全州) 築山(高山) 舟嶺(鎭安)…春原 排頓(固城) 德新(南海) 烏壤(巨濟) 藾溪(淸巨)」
『세종실록』권29 7년 을사 8월 계미.「復立巨濟島烏壤驛 從知縣事孫以恂之請也 初自固 城松道驛 至巨濟縣七十里 至玉浦永登各浦 又加療隔松道之馬 多因斃 故置此驛」
『慶尙道地理志』晉州道 巨濟縣條「驛二 新驛 烏壤 今皆亡」
『慶尙道續撰地理誌』晉州道 巨濟縣 站驛條「烏壤驛 西距固城丘墟驛二十九里十步」

에는 다시 납작한 천석을 깔면서 그 끝이 계단지게 안쪽으로 들어온 지점에 놓았으며 전면이 수평되게 깔았고 성벽내측의 적심바닥도 마찬가지로 성폭부분까지 깔아 다졌다. 그 위의 지대석(地臺石)은 바깥에만 성석 기단부를 다시 그 위에 올려 놓은 상태인데 모두 안쪽으로 약간씩 들어간 지점에 각각 그 끝을 맞추었으므로 성석 기단부의 경우 3단의 계단상을 이룬 모습이다. 기단석 위의 성석은 지대석과 수직하게 대석을 이용하여 쌓았고 적심석이 놓인 성너비는 4.5m 정도이며 안쪽벽은 바깥처럼 대석을 이용하지 않고 일반 담장처럼 수직으로 쌓아 적심석이 무너지지 않도록 보강한 정도이다.

치성(雉城)은 성곽의 북쪽성벽과 서쪽성벽이 만나 직각으로 꺾어지는 부분에 평면장방형의 방대상 성우(城隅)를 축조한 것인데 축조과정에서 체성에서 치성을 분리시켜 별도로 쌓는 것이 아니고 성벽양단을 둔각상으로 넓히면서 연속해서 쌓은 것이 특징이다. 잔존부위에 의하면 치성단벽과 북측벽이 2차에 걸친 다리공사로 파손되어 확실한 규모는 알 수 없으나 너비 7m, 길이 5m정도였을 것이 예상된다. 축조수법은 여타 체성축조수법과 동일하였다. 즉 자갈로 퇴적된 지반을 두드려 다진 다음 인두대보다 약간 작은 천석을 한벌 깔고 그 위에 다시 납작한 냇돌을 한벌 깔아 기초지반으로 삼았다. 장대석으로 된 지대석은 그 위에 올려지고 지대석상에는 다시 계단상으로 안으로 약간 들어간 지점에 대석인 성벽 기단석을 올려 세웠다. 이때 기단석은 지대석에 수직되게 세워진 상태이며 뒷편에는 인두대의 천석을 채워 적심석으로 삼고 인접한 기단석과의 연결은 약간 치석하여 틈바구니가 생기지 않도록 노력하였다.

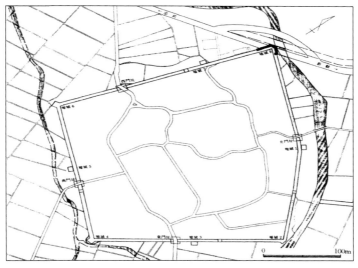

〈그림 34〉 오량성 평면형태

　해자(垓子)에 해당하는 성곽 바깥부분이 뒷날 많이 퇴적되어 기단석이 보이지 않을 정도로 매몰되어 있고, 지대석 하부는 천석과 편평석을 깔아 지반으로 삼았다. 기단석은 대석을 이용하여 지대석에 수직되게 쌓는 등 그 축조수법이 전기한 치성이나 북벽과 동일하다. 그리고 적심석 속에서 조선시대 어린이 옹관(甕棺)으로 사용되었던 것으로 추정되는 옹기편이 많이 수습되어 폐성 이후 성벽이 많이 교란되었음도 알 수 있다. 체성 축조수법이나 적심석 배치상태도 치성 축조수법과 동일하다. 이 유적에서 수습된 유물은 성벽 기단부 주변과 적심석 속에서 확인된 것인데 조선시대 분청사기편과 백자편, 옹기편이다. 그 중 분청사기편이 대부분을 차지하고, 기형은 접시, 대접 사발이고 인화문분청이 중심이다. 백자는 후대의 순백자편으로 뒷날 성벽 내에 혼입된 것인 듯하다. 옹기는 어린이 매장시 옹관으로 사용되었던 것이다.

〈사진 42〉 오량성 원경

〈사진 43〉 오량성 북쪽 체성 외벽

〈사진 44〉 오량성 문지

〈사진 45〉 오량성 치성

12. 옥포진성

옥포진성은 옥포동 417번지 일대에 위치한 석축성이다.

옥포진성은 해발 14m 내외의 바다에 인접해 있는 평지에 축조된 모서리의 각을 약간 줄인 방형의 평지성이다. 옥포만의 중심해안이며 현재 체성 내외에 민가가 밀집하면서 성벽은 대부분 훼손되고 민가의 담장에서 부분적으로 그 흔적을 확인할 수 있을 정도이며, 얼마전 까지도 문지와 방대상의 적대가 사방에 남아 있었다고 하지만 현재는 확인하기가 어렵다. 옥포성은 남해안 수군 진보성중에서 드물게 평지에 축조된 것이며 다른 진성에 비해 사용기간도 길었던 것으로 알려져 있다. 현존 둘레 590m, 높이 1.2m, 폭 3m 정도이다.『朝鮮王朝實錄』이나 각종 지리지에 나타나고 있는 문헌의 내용을 참고하면, 옥포성은 조선조 성종 21년(1490年)8월에 수군 진성으로 축조되었으며, 규모는 둘레가 1,074尺, 높이 13尺 정도였다. 『대동지지(大東地志)』와 『증보문헌비고(增補文獻備考)』에서는 축성시기를 성종 19년으로 기록하고 있다.41)

성의 규모는 잔존둘레 590m, 높이 1.2m, 너비 3.8m 정도이다. 성벽은 서쪽과 남쪽에 일부 남아 있으며 최근 시굴조사에서 북쪽에서도 일부 확인되었다. 잔존하는 성벽의 경우는 대부분 협축식으로 확인되고 있지만 내외가 완전히 잔존하는 것이 없어 전체적으로 협축으로 축조되었다고 단언할 수는 없다.

잔존부위에 의하면 체성은 평면 방형에 가까운 형태로 협축하였으며, 외벽은 자연대석을 세워 겉쌓기하고 내벽은 막돌로 쌓은 뒤 속채우기는 대소석 구별 없이 체성 높이만큼 차곡차곡 메운 상태이다. 또한 시굴조사에서 확인된 체성부의 경우에는 초축 당시에 폭 3.8m가량의 내외협축으로 축조되었다가 개축시 내벽 뒤쪽을 굴착하고 점토다짐에 의한 내탁부를 조성한 것이 확인되고 있어 이러한 사실을 방증하고 있다.

성벽의 축조수법은 지대석과 기단석을 배치하고 그 위에 성석을 배치한 것으로 상부로 가면서 점차 그 크기가 작아진 것으로 추정되며 이러한 축성양상은 조선 전기 연해읍성 축조수법과 대동소이하다. 옥포성은 남해안 수군 영진보성 가운데 드물게 평지에 축조된 것이며 다른 진성에 비해 사용기간도 길었던 것으로 알려져 있다.42)

---

41) 『성종실록』권176 16년 을사 3월 병오.「四道巡察使洪應書啓 諸道諸浦設堡處......玉浦設堡處坐地南向 周回一千四百四十尺 東西長三百六十尺 南北廣三百四十尺 堡內水泉三池一 自浦西至巨濟縣 陸路二十五里 南至知世浦 水路七十里.......」
『성종실록』권243 21년 경술 8월.「是月 築慶尙道釜山浦城 周二千二十六尺 玉浦城周一千七十四尺 唐浦城 周一千四百四十五尺 加背梁城 周八百十三尺 並高十三尺」
42) 『成宗實錄』권176 16년 을사 3월 병오.「四道巡察使洪應書啓 諸道諸浦設堡處......

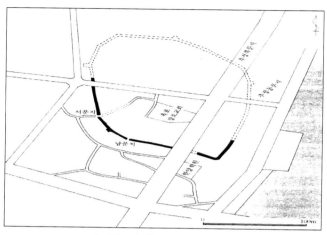

〈그림 35〉 옥포진성 평면형태

　　체성의 축조수법은 외벽에 석축을 하고 그 내부는 흙을 채우는 내탁식이다. 체성 북쪽 외벽은 하부 지대석과 지대석 뒤쪽에는 체성과 직교하는 1~2단 석열을 설치하였다. 지대석의 아래에는 인두대 크기의 할석과 잔돌을 이용하여 水平을 유지하고 있다. 또 성석과 성석 사이에는 잔돌을 끼워서 간격을 메우고 있다. 지대석의 뒤쪽에는 체성부와 직교하는 침석으로 추정되는 자연대석들이 놓여 있다. 외벽의 안쪽으로 약 380cm 정도의 너비로 굵은 석재와 할석들이 무질서하게 채워 넣고 그 안쪽으로는 흙을 채워 넣었다. 그리고 마지막에 흙이 밀려나지 않도록 내벽의 가장 안쪽면에 1~2단의 석열을 설치하였다. 외벽 앞쪽으로는 원토양과 지반유실을 방지하기 위해 판석을 이용하여 보축석이 깔려 있으나 전반적인 양상은 확인할 수 없다.

玉浦設堡處 坐地南向 周回一千四百四十尺 東西長三百六十尺 南北廣三百四十尺 堡內水泉三池一 自浦西至　巨濟縣 陸路二十五里 南至知世浦 水路七十里.......」
『成宗實錄』 권243 21년 경술 8월. 「是月 築慶尙道釜山浦城 周二千二十六尺 玉浦城周一千七十四尺 唐浦城 周一千四百四十五尺 加背梁城 周八百十三尺 並高十三尺」

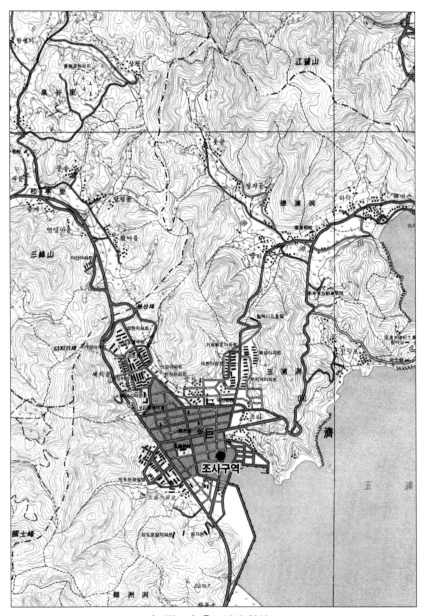

〈그림 36〉 옥포진성 위치도

다만 여타의 읍성과 진성과 같은 양상으로 추정된다. 옥포성 체성은 축조 당시 내외협축으로 너비 약 3.8m로 석축하였다가 임진왜란 이후 퇴락한 체성을 정지하고 내벽에 석축 대신 흙을 성토다짐하여 내탁식으로 개축한 것으로 추정된다. 이와 같은 것은 내부 다짐토내의 상부와 하부의 잡석층 양상이 상호 구별되고 있다.

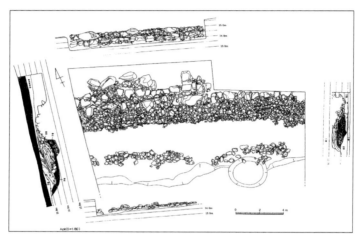

〈그림 37〉 옥포진성 체성 평/입단면도

출토되는 유물 역시 선후시기가 차이가 나는 것에서 알 수 있다. 기와편은 두께 2~3cm가 대부분으로 무문, 격자문, 복합문, 삼각집선문이 시문된 것들이다. 이 가운데 격자문과 복합문이 다수를 차지하고 있다. 와편은 대부분 체성부 내탁부 내부토층에서 확인되고 있으며 개축시 혼입된 것으로 추정된다. 자기류는 상하층의 출토유물의 성격이 명확히 구분되어 도자사연구에 좋은 자료를 제공하고 있다.

자기편 가운데 초축관련 토층에서 출토된 것에는 주로 분청사기가 출토되고 있는데 이 경우에는 상감분청, 인화분청, 인화+귀알분청, 귀

얄분청 등 다양한 기법의 분청사기가 출토되고 있다. 특히 이 가운데에
는 ○○○庫 라는 명문이 새겨진 분청사기편이 확인되었다.[43] 이 분청
사기의 명문을 판독하면 대략 성주 장흥고(星州長興庫)로 추정된다.

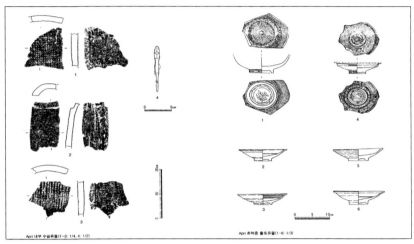

〈그림 38〉 옥포진성 출토유물

이 분청사기는 성주장흥고에서 옥포의 수군진으로 공급한 물건으로
추정 된다.[44] 흥미로운 것은 인접한 진주나 하동, 진해 등지에도 장흥
고가 있음에도 성주명 장흥고의 분청사기가 출토되고 있는 것인데 때
조선 전기의 중앙과 지방의 자기 공급체계를 연구하는데 좋은 자료로
생각된다.[45] 이외에도 백자편의 경우 주로 내벽 내탁부 상부에서 출토

---

43) 세종실록에 보면 각 지방에서 貢納用으로 만들어 중앙에 바친 그릇의 질에 우열이
    심했다는 기록이 나오는데 그릇에 지방명을 새겨 넣은 것은 그 책임을 묻기 위해서
    였던 것으로 추정하고 있다.
44) 姜敬淑,「韓國陶磁史」, 一志社. 291~293쪽.
    長興庫는 돗자리, 油芚, 紙地 등을 관리하고 官廳에서 쓰는 물품을 공급하는 官司
    의 명칭이다.
45) 星州의 경우 河東, 高靈과 더불어 朝鮮時代부터 最上의 질을 자랑하는 고령토의 산

되고 있고, 접시와 완 종류가 주류를 이루고 있다. 대부분 모래받침으로 구운 것이고 기형은 동체에서 외반한 것들이 수습되고 있다. 주로 조선 중기 이후에 해당하는 것으로 개축과 관련이 있는 것으로 추정된다. 또한 백자와 더불어 옹기편도 다수 수습되었으며, 동물뼈들도 일부 출토되고 있다.

〈사진 46〉 옥포진성 체성(전경)

〈사진 47〉 옥포진성 체성 노출상태1

〈사진 48〉 옥포진성 체성 노출상태2

지로 世宗實錄地理志에도 陶器所가 존재한 것을 볼 때 상당한 수준의 자기들이 생산되고 있었을 것으로 판단된다.

<사진 49> 옥포진성 체성 내벽 잔존상태　　　<사진 50> 옥포진성 출토유물

13. 천성진성

　천성진성은 부산광역시 강서구 가덕도 천성동 1513번지 일대에 위치한다. 부산광역시기념물 34호로 조선시대 경상우수영 산하 수군진성 중 하나이다. 천성진성은 남해안지역 영진보성 중 비교적 원형이 잘 남아 있는 편이다. 부산박물관에 의해서 최근까지 3차례의 시ㆍ발굴 조사가 이루어졌다. 조사결과 초축 이후 증개축이 이루어졌다.

　천성진성은 중종 39년(1544) 수군 진관체제 조정을 통해 가덕진과 함께 신설되었다. 문헌기록에는 중종 39년(1544) 6월에 시작하여 그해 9월에 축성을 완료한 것으로 나타난다. 천성진은 만호진이다. 천성진은 임진왜란 발발과 종전시까지 수복과 점령이 반복되었다. 왜란 후 효종 3년(1652) 천성진을 안골포에 있는 신문(新門)으로 옮겼으나 원래 위치로의 이설 논의가 있고, 효종 7년(1652) 가덕도 원래 위치로 이설되었다. 이후 천성진성은 고종 8년(1871)까지 왜선과 이양선 등의 출현으로 외적에 대한 요망과 방어 역할을 수행하였다. 고종 32년(1895) 갑오개혁 이후 군제개편을 통하여 쇠락된 것으로 파악된다. 천성진성에 대한 기록은 신설 및 이설, 운영에 관한 기록이 『경상도읍지』46), 『통영지』47), 『영남진지』48) 등에 수록되어 있다. 다만 그 규모와 축조 등에 관한 기록은 거의 남아 있지 않다. 1872년 지방도에서 천성진성 내 우측의 객사, 좌측의 아사 등 내부 시설과 4대문이 표현되어 있다.

문헌기록과 발굴조사 결과 천성진 설치 · 이진 · 복진은 총 3기로 나누어 볼 수 있다. 1기는 중종 39년(1544) 천성진 설치부터 임진왜란(1592) 발발 전까지이다. 평면 장방형 체성과 평면 반원형 옹성을 갖춘 형태로 축조되었다. 외벽의 축조수법은 가덕진성과 유사할 것으로 파악되고 있다.

2기는 임진왜란(1592) 이후 안골포로 이진한 천성진이 가덕도로 복진(1656)하기 전까지 시기이다. 조선군과 왜군에 의해 점거 및 퇴거가 반복된 시기로 파악되고 있다. 이 시기 초축체성이 무너졌을 가능성이 보고되고 있다.

3기는 가덕로 천성진이 복진(1656)한 이후부터 갑오개혁에 의한 폐지(1895)까지 시기이다. 북문지 일원은 무너진 체성을 개축한 것으로 확인되었다. 이때 초축 체성 옹성에 증축체성을 덧대어 붙여 평면 사각형 내옹성이 축조되었다. 옹성과 연접하는 증축체성 내벽 축조수법은 층단식으로 축조되었으며, 등성시설이 확인되기도 한다.

---

46) 『경상도읍지』웅천현조, "天城堡 在縣南水路三十里 嘉靖二十三年甲辰 建置 萬曆壬辰沒城 其後六十年 初創宇新門 順治十三年丙申九月日 還入本島 在加德鎭 西陸路十五里 戰艦一隻 兵船一隻 伺候船二隻..."
47) 『통영지』"..兵符所在十五鎭 加德 彌助項 龜山 赤梁 天城 安骨 薺浦..."
48) 『영남진지』"開國五百三十一月日 天城鎭誌乃事例成冊 ...船將一人 旗牌官一人 都訓導一人 射夫十八名 鎭撫十名 通人二人 使令十名 火砲手十名 砲手三十四名 櫓軍一百四十八名.."

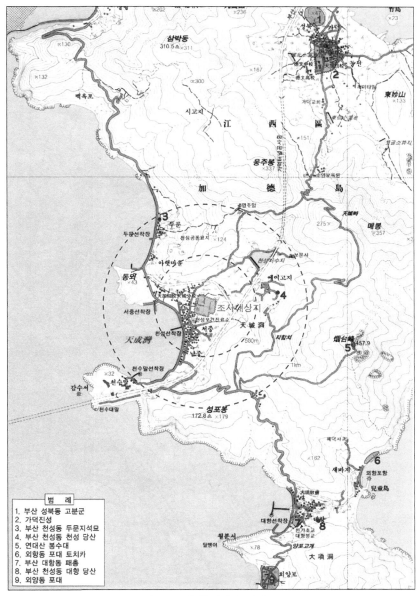

<그림 39> 천성진성 위치도

범 례
1. 부산 성북동 고분군
2. 가덕진성
3. 부산 천성동 두문지석묘
4. 부산 천성동 천성 당산
5. 연대산 봉수대
6. 외항동 포대 토치카
7. 부산 대항동 패총
8. 부산 천성동 대항 당산
9. 외양동 포대

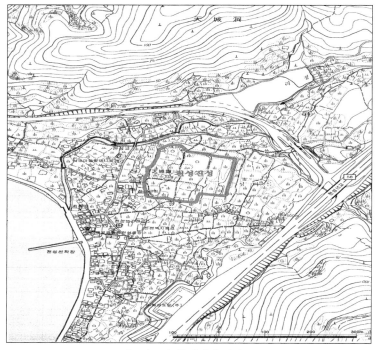

〈그림 40〉 천성진성 평면도

천성진성 축조수법을 살펴보면, 진성 북서쪽으로 평면형태상 돌출
된 모양으로 드러난 성벽은 증축성벽임이 확인되었다. 증축성벽 내측
에는 초축성벽 기저부가 확인되었다. 초축 성벽의 내벽 기저부는 기단
석의 면을 맞추었으며 외벽 면석은 확인되지 않는다. 천성진성의 북서
쪽 부정형상의 성벽은 증축성벽임이 확인되었고 증축 성벽 안쪽에서
초축 성벽과 관련한 기저부가 확인되었다. 추정 북문지는 사각형편문
내옹성으로 밝혀졌으며, 체성벽 문지의 확돌이 확인되었는데 너비는
2.1m 정도이다. 내옹성은 초축 성벽에 붙여 동시에 축조되었으며, 개·
보수 및 성벽의 증축과정에서 입구부의 일부와 옹성부분이 증축성벽

과 연결되었음을 확인하였다. 추정 북문지 옹성내의 토층조사에서 확인된 폐기와층 및 소결층 및 마름쇠의 출토는 천성진의 일시 폐진 또는 임진왜란 등의 외침과 관련된 것으로 추정된다. 추정 북문지의 내옹성은 잔존한 서문지와 남문지가 반원형 옹성이란 점에서 차별되며 천성진성의 북벽과 동벽은 평면상 남북방향으로 긴 직사각형 형태의 기존 성벽이 임진왜란 때 왜군의 점거, 환진 등으로 여러 차례 개·보수가 이루어지면서 지금의 형태를 보이는 것으로 판단된다.

천성진성 해자는 북쪽 해자는 개천을 이용하였다. 동쪽 초축 성벽의 해자로 추정된 남북으로 가로 지르던 석축은 해자 시설이 아닌 것으로 확인되었으나, 그 하부에서 초축과 관련한 붕괴된 해자의 흔적이 확인되었다.

〈사진 51〉 천성진성 전경

〈사진 52〉 천성진성 체성 외벽

〈사진 53〉 천성진성 체성 외벽 2

〈사진 54〉 천성진성 옹성 전경

〈사진 55〉 천성진성 계단식 내벽 〈사진 56〉 천성진성 치성

14. 통영성

통영성은 통영시 문화동, 중앙동, 태평동, 북신동 일대에 위치한다. 경상남도 기념물 제160호인 통영성지는 중앙에 위치한 세병관을 중심으로 남쪽은 대부분 시가지로 변모한 상태로 훼손되었고 북쪽 여황산 주변에 일부 체성이 잔존하고 있다. 특히 통영시가지의 확대로 인해 북문, 남문, 동문 등의 체성부와 관련한 대부분의 유구가 훼손된 상태이다. 이에 통영시에서는 통영성지 복원정비사업을 추진 중에 있으며 이 사업의 일환으로 2010년 6월 17일부터 7월 18까지 행정구역상 경상남도 통영시 태평동 440−11번지 일원(면적:450㎡)에 대한 발굴조사를 실시하였다. 고고학적 조사를 통해 근·현대 생활폐기물에 의한 교란된 상부층 아래에서 동포루지 치성 및 통영성 체성기단부가 일부 확인되었다.

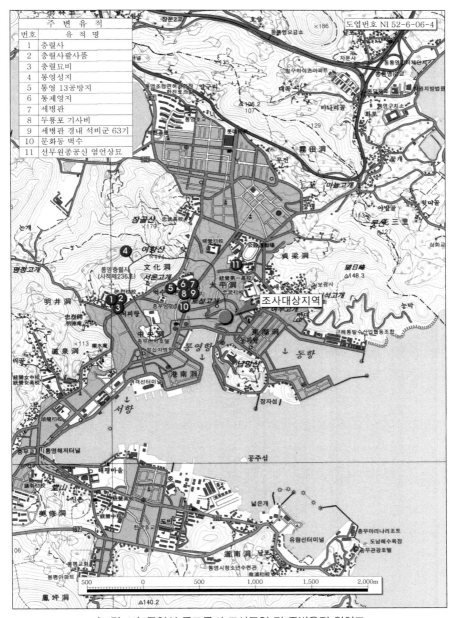

주 변 유 적	
번호	유적명
1	충렬사
2	충렬사팔사품
3	충렬묘비
4	통영성지
5	통영 13공방지
6	통제영지
7	세병관
8	두룡포 기사비
9	세병관 경내 석비군 63기
10	문화동 벽수
11	선무원종공신 염언상묘

도엽번호 NI 52-6-06-4

조사대상지역

〈그림 41〉 통영성 동포루지 조사구역 및 주변유적 위치도

통영성은 왜적을 방어하고 거주지와 생업지를 갈라 놓는 두 가지 목적으로 1678년(숙종 4)에 통제사 윤천뢰가 축성하였다. 평지와 산지의 지형을 절충한 평산성식 성곽으로 해발 174.2m 여황산을 등에 지고 지금의 북신, 문화, 명정, 태평, 정량동에 걸쳐 쌓은 둘레 2,800m, 높이 4.5m, 폭 4m의 성이다. 북문 북쪽 여황산 기슭에서 서문 북쪽 산기슭까지 여황산 양쪽 등성 약 1km는 토성이고 나머지는 석성이다. 토성은 산등성이를 이용하여 기단부는 삭토식으로 조성하다가 상부로 가면서 석심을 넣고 흙을 다지면서 사다리꼴 모양으로 쌓았고, 석성은 남문을 위시한 4대문과 2암문(暗門) 양쪽에는 네모 반듯하게 다듬은 무사석으로 협축(夾築)하였다. 나머지 부분은 지세를 따라 사행으로 가면서 자연석으로 바깥쪽을 물림쌓기로 축조하고 안쪽은 흙과 잡석으로 쌓아 올린 내탁식으로 축조하였다. 1885년 통제영이 없어지고 일제강점기에 성벽과 문루가 훼철되어 지금은 토성의 유지와 석성의 일부분만 남아있다. 옛 통영성에는 4대문, 2협문(夾門), 3포루(鋪樓), 동서목책(東西木柵), 좌우변내장(左右邊內墻), 석주(石柱) 등과 아울러 동쪽에 춘생문(春生門), 서쪽에 금소문(金嘯門), 남쪽에 청남루(清南樓), 동남쪽에 암문, 북쪽에 의두문(依斗門)이 있었다고 한다. 동문은 홍예문(虹霓門)으로 축성할 때 함께 지었는데, 1748년 통제사 장태소(張泰紹)가 신흥문(新興門)이라는 편액을 문루에 걸었고, 1792년 통제사 이윤경(李潤慶)이 고쳐 지으면서 춘생문(春生門)이라 하였다. 서문 역시 홍예문으로 축성 때 함께 지었는데 1790년 통제사 신응주(申應周)가 고쳐 짓고 금숙문(金肅門)이라 하였다. 남문도 홍예문으로 축성시에 지었는데 일명 청남루(清南樓)라 하였다. 1843년 통제사 허계(許棨)가 중수하였다. 북문은 통영성을 축성할 당시에는 문루가 없었으나 1771년 통제사 원중회(元重會)가 문루를 짓고 이름을 공북루(拱北樓)라 하였는데, 일명 의두문(依斗門)이라고도 하였다. 동·남의 두 암문은 성을 쌓을 때 함께 만들었는데 문루가 없었다. 동암문은 일명 수구문(水口門)이라고도 불렸는데 자세한 이유는 모르지만 항상 잠가 두었다고 한다. 3포루는 1694년 통제사 목림기(睦林奇)가 세웠다. 통영성을 방비하던 산성중군(山城中軍)이 순찰과 경비를 하던 초소로 때로는 장수가 이곳에서 군사들을 지휘하였기에 장대라고도 하였다. 북포루는 여황산 정상에 있었는데 북장대라고도 불렸으며 1993년 2월에 복원되었다. 동포루는 성동쪽 동피랑 꼭대기에 있어 동장대, 서포루는 성의 서쪽 서피랑 꼭대기에 있어 서장대라고도 하였다.

통영성은 통영성내 서포루 일원 지표조사(통영시 문화동 216번지 일원)[49], 통영성 북문지 유적[50], 통영 하수관거 정비사업부지내 유적 발굴조사[51] 통영성 동포루 등이 조사되었다.

동포루 조사구역 북동쪽 끝에서 통영성의 성벽 일부를 확인하였다. 정상부를 편평하게 하기 위하여 체성부의 적심부를 돋았으며 움푹 들어간 정상부의 암반을 메꾸어 지면을 조성하였다. 정상부 암반에서 북쪽으로 떨어지는 곡부에서 정북 방향으로 진행하는 동벽 체성부를 확인하였다. 이는 정북으로 진행하며 동쪽을 바라보고 있다. 잔존 체성부 남쪽에서 치성의 일부도 확인하였으나 문루와 관련된 시설로 추정되는 흔적은 확인할 수 없었다.

동벽 체성은 조사구역 북동쪽 해발 44.4~44.6m 지점에 위치한다.

49) 경남문화재연구원,『통영성지내 서포루 일원 지표조사』, 2004.
50) 경상문화재연구원,『통영성지내 북문지 문화재 발굴조사 약보고서』, 2009.
51) 부경문물연구원,『통영 하수관거 정비사업부지 내 유적 발굴(표본)조사 결과 약보고서』, 2011.

조사구역 동쪽의 상단부에서 북쪽으로 기단부가 진행되며 동쪽을 바라보고 있다. 정상부로부터 곡부로 이어지는 성벽이 약 10m 정도 확인되었으며 기단석을 포함하여 2단만이 잔존한다. 동포루 추정지 동벽 안쪽에서 시작하여 계곡부인 정북으로 경사지게 내려간다. 잔존하는 체성은 내벽이 높고 외벽이 낮은 형태로 확인되는데 기저부인 암반의 지형에 따른 것으로 판단된다. 풍화암반의 경사면을 계단식으로 정지하여 지대석을 놓고 그 위에 기단석을 포함하여 1,2단의 성석이 잔존하고 있다. 지대석과 기단석을 포함한 성석의 크기는 25~32cm 정도이며 세워쌓기와 눕혀쌓기로 교대로 실시하였다. 지대석은 길이 50~72cm, 높이 15~19cm, 성석은 길이 26~52cm, 높이 14~32cm이다. 지대석과 연결되는 계단식 기단석의 높이는 25~32cm 정도이다.

체성 축조수법을 살펴보면, 먼저 기저부의 암반을 60~80cm 굴착·정지하여 지대석을 설치하였다. 이때 체성부 일부 지점에서는 인두대 크기의 할석을 이용하여 높이를 맞추고 있으며 그 위에 지대석을 설치하였다. 지대석을 설치한 후 그 위에는 장방형 내지 방형의 면석이 보이도록 일부 가공이 이루어진 성석을 축조하고 있다. 체성부 외벽의 뒤편은 황갈색 사질점토로 채워 넣었던 것을 일부 확인할 수 있었다.

〈사진 57〉 북포루에서 본 통영항 전경

〈사진 58〉 북포루에서 바라본 서포루   〈사진 59〉 서포루에서 바라본 동포루

〈사진 60〉 통영항 및 서포루

〈사진 61〉 동포루 주변 잔존성벽 1   〈사진 62〉 동포루 주변 잔존성벽 2

〈사진 63〉 복원된 북포루   〈사진 64〉 복원된 서포루

〈사진 65〉 복원된 서벽   〈사진 66〉 서벽 잔존 성벽 1

〈사진 67〉 서벽 잔존 성벽 2   〈사진 68〉 서벽 잔존 성벽 3

〈사진 69〉 동벽 체성 축조상태

〈사진 70〉 동벽 체성 전경

〈사진 71〉 치성 내벽부 전경

15. 합포진성

합포진성은 경상남도 유형문화재 제153호로 지정되어 있으며 경상남도 창원시 합성동 73-4, 73-18번지에 위치하는 평지성이다. 원래 고려 말 왜구의 방비를 목적으로 배극렴이 축조한 것으로 알려져 있다. 현재 체성의 대부분은 훼손되고 일부만 잔존하고 있으며, 성내는 도시

계획으로 그 형태를 알아보기 힘들게 되어 있다. 잔존하는 성벽은 북문지 주변 체성 일부와 적대이다. 합포성 주변에는 서쪽으로 가까운 거리상에 이산성지와 남쪽으로 마산왜성이 있으며, 서쪽으로는 회원성지가 있다. 그리고 동쪽으로 창원읍성지가 있고 북쪽으로 염산성지가 위치하는 등 주변에 많은 성지가 분포하고 있다.

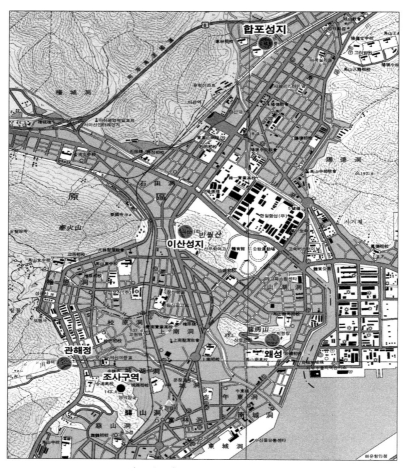

〈그림 42〉 마산 합포성 위치도

이 성지는 고려 우왕 4년에 왜구의 침범을 막기 위하여 설치된 합포진 병영에 새로 부임한 배극렴 부원수(副元師)가 석성(石城)을 계획하고, 부하 장졸과 인근 주민을 동원하여 축성한 것이다.(1360년대) 이 성의 규모는 둘레 4,291척, 높이 15尺이라 하며, 이첨의 축성기에는 성위에 2척 간격으로 여장을 설치하고 여장마다 방패 하나 창 하나씩을 배치하고, 파수병이 주야로 감시하여 그 위용을 과시했으므로 적이 감히 넘나보지 못했다고 한다. 4대문 가운데 동문을 원인, 남문을 회례, 서문을 회의, 북문을 용지라 하고 성내에 의만창, 회영고를 두었다고 한다. 조선조 태종 때에 여기에 영을 두었다가 그 뒤 세종 8년(1426년)에 좌우도병영이 합쳐져 합포성이 경상도 병영이 되었다가 세종 19년(1437년) 다시 분리되었으며, 선조 16년(1593년)에 경상병사 이수일이 진주에 우도병영을 옮긴 뒤, 합포진으로 남은 듯하다. 지금은 원형이 거의 멸실되고 성벽 일부만 남아있다.

마산 합포성지 체성은 현존하는 직선상의 80m 정도의 석축의 가장 오른쪽이며 조사 당시 외벽은 양호한 곳이 지표에서 150cm 정도 잔존하고 나머지는 20~30cm 정도가 잔존한다. 지표 아래 150cm~200cm 지점에서 기단석이 나타났다. 비교적 양호하게 남은 외벽은 지표 아래 부분은 자연대석을 사용하였다. 축조수법은 표토층을 걷어내고 생토층을 깔아 지대석으로 삼고 지대석 위에 다시 기단석을 올려 놓았다. 그리고 그 끝을 장대석 끝에서

〈그림 43〉 창원 합포성 평면형태

안으로 약간 들어간 지점에 놓아 계단석을 이루게 하고 성석은 가급적 평면이 바깥쪽으로 보이도록 하면서 세워쌓기·눕혀쌓기를 석재에 따라 고르게 사용하고 있다.

성석의 크기는 200cm×150cm×80cm 정도 것이 대부분이고 점판암계 석재들이다. 외벽은 장대석으로 된 지대석에서 수직으로 쌓아 올렸는데 상단부로 오를수록 대석에서 소석으로 바꿔지는 경향을 보이고 있다. 외벽 바깥은 평지가 10m 폭으로 둘러지고 그 끝에 단면 U자상의 해자(垓子)가 있었다.

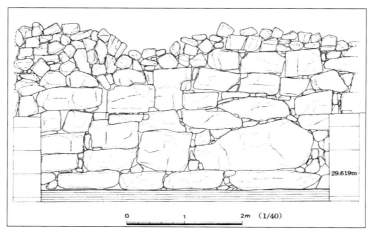

〈그림 44〉 합포성 체성 외벽 입면도

이곳 체성은 생토층면에 자갈을 다져 튼튼한 지반을 형성한 뒤, 외측에는 장대석을 지대석으로 삼고 그 위에 큰 성석을 올려놓았으며 내벽은 자갈층 지반 위에 약간 큰 할석으로 쌓았다. 이 경우 내외벽을 동시에 축조하였으므로 처음부터 협축수법을 사용하게 된 것이다. 그리고 점차 상단부를 올려 쌓았으면서 내벽측은 계단상으로 좁혀 쌓기를 하였으며 처음 내외벽 기단부 폭은 880cm이었고 다시 720cm 지점, 400cm 지점에서 각각 계단상을 이루도록 하였다.

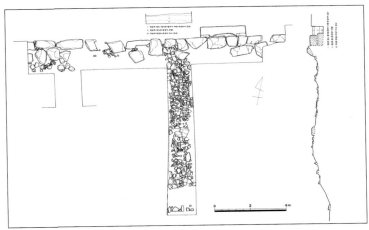

〈그림 45〉 합포성 체성 평면상태

외벽 바깥은 평지가 10m 폭으로 둘러지고 그 끝에 단면 U자상의 壕子가 있었다고 한다. 또 내벽은 윗면이 일정한 높이를 가진 것이 아니고 계단상을 이룬 모습이었다.

즉 당시 표토층을 30cm 정도의 깊이로 파서 표토를 제거한 뒤, 다시 크고 작은 돌을 채워 지반의 기초를 형성하고 그 위에 할석을 일렬로 배치하여 내벽 기단부로 삼아 축조하였다. 이 내벽 뒷편의 속채우기는 자갈을 사용하였고 이때 채워진 적심은 내벽의 석축 높이 정도였다. 그 뒤에는 침석처럼 생긴 긴돌을 일정한 폭으로 쌓았으며 이 경우도 높이는 내벽 높이와 같았다. 이곳 체성은 생토층면에 자갈을 다져 튼튼한 지반을 형성한 뒤, 외측에는 장대석을 지대석으로 삼고 그 위에 큰 성석을 올려놓았으며 내벽은 자갈층 지반 위에 약간 큰 할석으로 쌓았다.

이 경우 내외벽을 동시에 축조하였으므로 처음부터 협축수법을 사용하게 된 것이다. 그리고 점차 상단부를 올려 쌓았으면서 내벽측은 계단상으로 좁혀 쌓기를 하였으며 처음 내외벽의 기단부 폭은 880cm이었고 다시 720cm 지점, 400cm 지점에서 각각 계단상을 이루도록 하였다.

합포성 치성은 문지 주변에 위치하고 있었으므로 적대에 해당한다. 합포성은 과거 지적도에 의하면 4방향에 위치한 성우와 동, 서, 남, 북 문지 좌우의 적대를 포함하여 8개 정도의 치성이 있었다고 추정되고 있다. 조사에서는 북문지 서쪽에 위치했던 적대 기단부가 지하에서 확인되었다. 적대 규모는 길이 720cm, 너비 700cm로 길이는 끝부분에 하수구가 설치되면서 일부 훼손되어 확실한 길이를 알 수 없다. 이 적대 기단부는 체성과 같이 생토층에 자갈을 깔아 다진 튼튼한 지반을 형성하고 그 위에 성석과 같은 크기 돌을 배열한 것으로 체성과 연결된 석축이 아니고 먼저 축조된 체성에 덧대어서 방대형의 적대를 축조한 것으로 장대석의 지대석은 배치하지 않았다. 이 치성에서 약 115m 떨어진 지점에서 정북방향을 기준으로 서쪽으로 약 20°가량 기울어진 잔존 정면 폭 약 8m, 길이 6.3m의 방대상의 치성이 확인되었다. 확인된 치성은 과거 지적도상에서는 확인되지 않는 곳이다. 이번에 확인된 치성

〈사진 72〉 합포성 치성

은 길이의 경우 체성부에 연결된 부분이 현재 주택의 담장으로 인해 피복되어 있어 정확한 길이를 파악할 수 없었다. 다만 성석으로 추정되는 성석이 인접한 지점에서 확인되고 있어 그 지점을 기준으로 한다면 대략

7m가량으로 추정된다. 이 치성의 축조수법을 살펴보면, 기단부는 기반 암층인 회흑갈색층의 사질＋역석층의 위에 점질토를 깔아 다져 지반을 정지하고 그 위에 25cm×25cm 내외 크기의 판석을 눕혀쌓고 그 위에 다시 20cm가량 물려서 50cm×30cm 크기의 할석을 계단상으로 축조하고 있다. 그 위로 70~100cm×30~50cm 크기의 치석한 장대석을 지대석으로 깔고 30cm가량 뒤로 물려서 50~200cm×40~60cm 크기의 치석한 장방형 면석들을 기단석으로 축조하고 있다. 치석한 면석을 이용하여 겉쌓기한 내부에는 70~80cm 크기의 침석이 외벽면석과 직교하여 바닥에 깔려 있고 내부바닥에도 20~50cm 내외의 판석들을 차곡차곡 채우는 속채우기를 하고 있다.

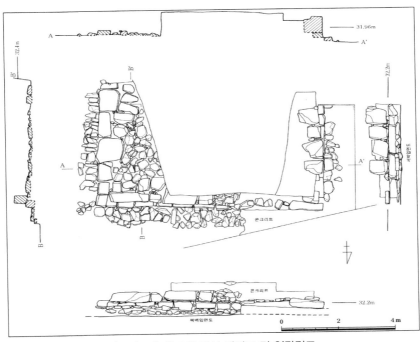

〈그림 46〉 합포성 치성 평면도 및 입단면도

이 치성의 경우는 지대석 설치 시에 정교하게 치석한 성석들이 사용되고 치성 하단 주변에 판석재 보도를 설치한 것으로 보아 과거 동아대학교박물관에서 조사한 치성보다는 발전된 형태의 치성으로 추정된다. 현재 기저부 최하단석에서 잔존 기단석 높이까지는 대략 1m이다. 지대석 위로는 훼손되어 정확한 높이는 확인할 수 없다. 과거 조사된 치성에서는 다량의 기와가 수습된 것에 비해 여기에서는 기와편이 소량 출토되고 있어 누각과 같은 목조건물은 설치되지 않은 것으로 판단된다. 또한 이곳에서는 소량의 기와편을 제외하고는 자기류와 옹기류 등의 유물이 거의 출토되지 않고, 마름쇠 1점이 수습되고 있다. 전반적으로 유적 보존상태는 불량하다.

합포성 출토유물은 주로 기와류와 자기 및 마름쇠가 출토되었다. 기와는 목조 건물지 주변과 북문지 서쪽 적대 주변에서 주로 출토되었다. 이와 같은 현상은 치성 상부에는 누각과 같은 누층건물이 존재하였던 것으로 추정해 볼 수 있겠다. 암기와 문양은 호상문[52]이 시문된 것들이 출토되고 있다. 이외에도 이면(裏面)에는 포목문이 시문되고 표면에는 집선문, 화문, 격자문 등 다양한 타날문이 시문되어 있다. 또한 합포성에서는 조각난 마름쇠가 출토되었다. 이 마름쇠는 조선시대 해자 내부 방어시설로 사용되는 철질려[53], 능철[54], 여철로 불리우는 것이다. 이 철질려는 신라 태종무열왕 8년에 고구려가 북한산성을 공격하자 성주

---

52) 金成鎭, 위의 논문, 2005, 52쪽.
53) 민승기, 「조선의 무기와 갑옷」, 조선사회사총서 22, 가람기획, 2004, 321~323쪽. 철질려는 4개의 뾰족한 날이 달린 철조각으로서 질려, 능철(菱鐵), 여철(藜鐵), 마름쇠라고도 한다.
54) 鐵蒺藜와 菱鐵은 같은 의미로 사용되기도 하고, 혹은 조금 다른 의미로 사용되기도 한다. 『咸坪邑誌』에 철질려는 1좌라고 표시했고, 능철은 낱개로 표시했는데, 여기에서 철질려는 능철을 줄로 엮어 가시덤불처럼 만들어 놓은 상태를 말한다.

동타천(冬陁川)이 성밖에 철질려를 던져놓아 사람과 말이 다니지 못하게 했다는 기록이 있으며,[55] 양주 대모산성[56], 부여 부소산성[57], 이천 설봉산성[58]에서도 삼국시대 철질려가 출토되기도 하였다. 또한 분청사기편은 내면 바닥에 인화문이 시문된 조선시대 전기 것이다.

〈사진 73〉 합포성 체성 계단식 내벽

〈사진 74〉합포성 내부 건물지

55)『三國史記』新羅本紀 第五, 太宗武烈王 八年條
　　「五月九日...中略...城主大舍冬陁川 使人擲鐵蒺藜於城外 人馬不能行...」
56) 문화재연구소 · 한림대박물관, 1990,「양주 대모산성 발굴보고서」, 188~189쪽.
57) 부여문화재연구소, 1995,「부소산성 발굴조사중간보고」, 189~190쪽.
58) 단국대학교 매장문화재연구소 · 이천시,「이천 설봉산성2차발굴조사보고서」, 매장문화재연구소 학술조사총서 제6책, 2001, 483~484쪽.

참고문헌

1. 사료

『萬機要覽』, 『新增東國輿地勝覽』, 『嶺南鎭誌』, 『朝鮮王朝實錄』, 『朝野僉載』, 『民堡議』

『春坂堂明錄』, 『海東繹史』, 『慶尙道續撰地理誌』, 『輿地圖書』, 『慶尙道邑誌』, 『增補文獻備考』, 「夢山全集」, 『濟州兵制烽臺摠錄』, 『三國史記』, 『高麗史』, 『亂中日記』, 『農圃問答』

『磻溪隨錄』, 『承政院日記』, 『日省錄』, 『通典』

2. 보고서

경남발전연구원, 『거제 옥포진성』, 조사연구보고서 제36책, 2005.

_____, 『마산 합포성지』, 조사연구보고서 제49책, 2006.

_____, 『통영읍성』, 조사연구보고서 제107책, 2013.

공주대학교박물관, 「소근진성」, 1996.

국립부여박물관, 「서천 장암진성」, 『국립부여박물관고적조사보고』 제5책, 1997.

국보학술문화연구원, 『부산 다대진성 문화재 발굴조사 결과 보고서』, 2016.7.

동아대학교박물관, 『울산왜성·병영성지』, 1986.

_____, 『마산합포성지기초조사보고서』, 1991.

_____, 『거제시 성지 조사보고서』, 1995.

_____, 『거제장목관광단지조성지역 문화유적지표조사보고서』, 1997.

_____, 「진해제포수중유적」, 1999.

_____, 『구소을비포성지지표조사보고서』, 1999.

_____, 『진해 제포수중유적』, 1999.

마산지방해운청, 경남문화재연구원, 『통영삼덕항내 당포수중유적』, 2001.

목포대학교박물관, 『무안군의 문화유적』, 1986.

_____, 『해남군의 문화유적』, 1986.

_____, 『신안군의 문화유적』, 1987.

_____, 『장흥군의 문화유적』, 1989.

_____, 『강진 병영성 발굴조사보고서』, 1991.

_____, 『완도군의 문화유적』, 1995.

복천박물관, 『기장 두모포진성·죽성리왜성-시온-죽성간도로공사구간 내-』, 2008.

부산광역시 사하구, 『다대포진성 복원을 위한 흔적 찾기 기초조사 용역 결과보고서』, 2016.

부산광역시립박물관, 『경상좌수영성지』, 2001.

_____, 『다대포성지 내 건물 신축에 따른 정밀지표조사』, 2001.

부산박물관, 『천성진성 2016년 시굴조사보고서』, 부산박물관 학술연구총서 제55집, 2017.

부산대학교 한국문화연구소, 『경상좌수영성지 지표조사보고서』, 1990.

부산대학교박물관, 『기장군 문화유적 지표조사 보고서』, 1998.

울산발전연구원 문화재센터, 『울산 개운포성지』, 2004.

_____, 『울산 개운포성지II』, 2007.

_____, 『경상좌병영성』, 학술연구총서 제59집, 2011.

_____, 『울산 경상좌도병영성 동문지-울산 병영성

월성개나리아파트~동문지 정비사업구간 내 유적』, 2016.

울산시 · 국립창원문화재연구소, 『울산 병영성북문지』, 학술조사보고서
　　　　제11집, 2001.5.

시공문화재연구원, 『기장군 죽성리 662-1번지 단독주택 신축부지 내 유적
　　　　문화재 발굴조사 약보고서』, 2019.

전라남도 강진군 명지대학교 부설 한국건축문화연구소, 『康津 全羅兵營城
　　　　址 査報告書』, 2005.

통영시, 『당포성 지표조사보고서』, 1997.

한겨레문화재연구원, 『용리 · 화정리유적』, 2014.

　　　　　　　　　　, 『개운포성지 치성 및 객사 추정지 시·발굴조사』, 2019.

한국문물연구원, 『다대1구역 주택재개발정비사업부지 문화재 지표조사결
　　　　과보고서』, 2006.

한울문화재연구원, 『강진 병영성 발굴조사자료집』, 2017.

　　　　　　　　　　, 『강진 전라병영성 정비사업부지 내 유적 (성 외부 해자
　　　　정밀발굴조사)』, 1~3차 학술회의 자료집, 2017.

3. 저서 및 논문

고용규, 「조선시대 전라도 수군진의 고찰 – 연혁을 중심으로」, 『전남문화
　　　　재』 12, 전라남도, 2005.

권순강 · 이호열, 「제포진성의 축조배경과 공간구조」, 『한국건축역사학회
　　　　춘계학술발표대회』, 한국건축역사학회, 2010.

권순강, 「경상도 남부지역 읍성의 축조양상과 공간구조에 관한 연구」, 부
　　　　산대대학원 박사학위논문, 2018.

국립해양문화재연구소, 『조선시대 수군진조사 Ⅰ – 전라우수영편-』, 2011.

　　　　　　　　　　　　, 『조선시대 수군진조사 Ⅱ – 전라좌수영편-』, 2014.

_____,『조선시대 수군진조사 Ⅲ-경상우수영편-』, 2016.

_____,『조선시대 수군진조사 Ⅳ-경상좌수영편-』, 2018.

김상룡, 「조선시대 경상도수군 영진의 변천과정과 그 원인에 관한 연구」, 경남대학교 대학원석사학위논문, 2005.

김석희, 「임진왜란과 부산항전」, 『항도부산』 9, 부산시사편찬위원회, 1992.

김재근, 「한국선박사연구」, 서울대출판부, 서울, 1984.

나동욱, 「부산지역의 성지에 관한 검토」, 『박물관 연구논집』 2, 1993.

_____, 「慶南地域 邑城과 鎭城의 試·發掘調査 成果」, 『東亞文化』創刊號, 2005.

_____, 「경상우수영 수군진보성 연구」, 『조선시대 수군진조사Ⅲ』, 국립해양문화재연구소, 2016.

나동욱·성현주, 「금단곶보성지 발굴조사 개보」, 『박물관연구논집』 6, 1997.

민덕식, 「조선시대의 목책」, 『충북사학』 11-12, 충북대학교사학회, 1988.

박세나, 「조선시대 전라우수영 연구」, 목포대학교 대학원 석사학위논문, 2010.

손영식, 『한국성곽의 연구』, 문화공보부문화재관리국, 1987.

송해영·서치상, 「다대포진 관아의 공간구성과 해체과정 연구」, 2015.10.

시노다고이치, 『무기와 방어구-중국편-』, 들녘, 2001.

심봉근, 「조선전기 축조 병영성에 대하여」, 『석당논총』 제15집, 1989.

_____, 『마산 합포성지 기초조사보고서』, 동아대학교박물관, 1991.

_____, 「거제 고현성지」, 동아대학교박물관, 1991.

_____, 「거제 오양성지」, 동아대학교박물관, 1994.

_____, 「한국남해연안성지의 고고학적 연구」, 학연문화사, 1995.

_____, 『한국문물의 고고학적 이해』, 동아대학교 출판부, 2005.

심정보, 「한국 읍성의 연구」, 학연문화사, 1995.

유재춘, 「조선전기 성곽 연구」, 『군사』 제33호, 국방군사연구소, 1996.

_____, 『근세 한일성곽의 비교연구』, 국학자료원, 1999.

이일갑, 「남해안지역 조선시대 진·보에 관한 연구」, 동아대학교대학원 석
　　　　사학위논문, 2000.

_____, 「남해안 연해읍성의 해자고」, 『문물연구』 제10호, 2006.

_____, 「마산 합포성지에 대한 소고」, 『한국성곽연구총서』 12, 2007.

_____, 「경남지역 연해읍성에 대한 연구」, 동아대학교 대학원 박사학위
　　　　논문, 2008.

_____, 「남해안 연해읍성 옹성에 대한 연구」, 한국상고사학보 제60호,
　　　　2008.

_____, 「경남 남해안지역 영·진·보성에 대한 검토」, 『영남고고학보』 45,
　　　　영남고고학회, 2008.

_____, 「남해안지역 연해읍성의 평면형태에 관한 연구」, 『문물연구』제
　　　　13호, 2008.

_____, 「남해안 연해읍성의 해자」, 『한국성곽학회 초대회장 심봉근박사
　　　　퇴임기념논총』, 한국성곽학회, 2010.

_____, 「조선시대 성곽의 축조수법을 통한 형식설정」, 『동아시아의 문물』,
　　　　2012.

_____, 「해자」, 『성곽조사방법론』, (사)한국문화재조사연구기관협회 고
　　　　고교육총서2, (사)한국문화재조사연구기관협회 편, 2013.

_____, 「조선후기 축조 통영성에 대한 소고」, 한국성곽학회, 2014.

_____, 「남해안지역 조선시대 영진보성에 대한 일고찰」, 『석당논총』 제
　　　　71집, 2018.

_____, 「부산 다대포진성에 대한 연구」, 『항도부산』 제35호, 2018.

_____, 「전라병영성과 영진보 축성」, 『강진 전라병영성의 역사적 의의와
　　　　보존·관리』, 2019 강진 전라병영성 학술대회, 2019.

_____, 「울산 개운포진성 연구」, 『석당논총』 제79집, 2021.

_____, 「기장 두모포진성에 대한 소고」, 『해양문화재』 제14호., 2021.

이천우, 「남한산성 축성법에 관한 연구」, 명지대학교 석사학위논문, 2006.

장경호, 「해자의 기원과 그 기능에 관한 고찰」, 『삼불김원룡교수정년퇴임 기념논총』 2, 일지사, 1987.

조상훈, 「고성 소을비포성지」, 한국성곽연구총서 11, 한국성곽학회, 2007.

정진술, 「한국선사시대 해상이동에 관한 연구」, 동아대학교대학원 석사학위논문, 1990.

정중환·심봉근, 「창원군내 성지조사보고」, 『석당논총』 제1집, 1976.

지윤미, 「서생포만호진성의 해자에 관한 연구」, 『울주의 성곽』, (재)한겨레문화재연구원 개원 5주년 기념학술대회, 2014.

차용걸, 「고려말·조선전기 대외 관방사 연구」, 충남대학교대학원, 박사학위논문, 1988.

_____, 「남해안지역 관방유적(진보)의 성격」, 『여수석보의 종합적 검토』, 한국성곽학회·여수시, 2012.

최몽룡, 「고흥발포진성 발굴조사보고서」, 『백산학보』 29, 1984.

최원석, 「경상도 邑治 경관의 역사지리학적 복원에 관한 연구: 南海邑을 사례로」, 『문화역사지리』 제16권, 2004.

4. 기타

한국학중앙연구원, 『향토문화전자대전』, 2003.

문화재관리국, 1977, 『문화유적총람』.

井上秀雄, 1982, 「朝鮮城郭一覽」, 『朝鮮學報』 103집

한국보이스카우트연맹, 1990, 『한국의 성곽과 봉수』.

조선의 영진보성

남해안 지역을 중심으로

초판 1쇄 인쇄일	2022년 07월 08일
초판 1쇄 발행일	2022년 07월 15일

지은이	이일갑
펴낸이	한선희
편집/디자인	우정민 김보선
마케팅	정찬용 정구형
영업관리	한선희 남지호
책임편집	김보선
인쇄처	으뜸사
펴낸곳	국학자료원 새미(주)
	등록일 2005 03 15 제25100 · 2005 · 000008호
	경기도 고양시 일산동구 중앙로 1261번길 79 하이베라스 405호
	Tel 442 · 4623 Fax 6499 · 3082
	www.kookhak.co.kr
	kookhak2001@hanmail.net
ISBN	979-11-6797-055-8 *93910
가격	45,000원